Sigrid Nökel

Die Töchter der Gastarbeiter und der Islam

Sigrid Nökel arbeitet als Forscherin an der Fakultät für Soziologie der Universität Bielefeld.

Sigrid Nökel

Die Töchter der Gastarbeiter und der Islam

Zur Soziologie alltagsweltlicher Anerkennungspolitiken
Eine Fallstudie

[transcript]

Die Deutsche Bibliothek – CIP-Einheitsaufnahme
Nökel, Sigrid:
Die Töchter der Gastarbeiter und der Islam : zur Soziologie alltagsweltlicher Anerkennungspolitiken ; eine Fallstudie / Sigrid Nökel. - Bielefeld : Transcript, 2002
(Global, local islam)
Zugl.: Bielefeld, Univ., Diss., 2001
ISBN: 3-933127-44-0

Umschlaggestaltung & Innenlayout: Kordula Röckenhaus, Bielefeld
Satz: Stefan Schmitt, Bielefeld
Druck: Digital Print, Witten
ISBN 3-933127-44-0

Inhalt

Vorwort

Vorangehend möchte ich allen danken, die durch ihre vielfältige Unterstützung und eine Fülle von nicht immer sich niederschlagenden Anregungen an dieser Studie, die als Dissertation an der Fakultät für Soziologie der Universität Bielefeld entstanden ist, mitgewirkt haben. Dazu gehören unter anderem Hansjürgen Daheim, Nilüfer Göle, Juliane Jacobi, Ruth Klein-Hessling, Gudrun Lachenmann, Joanna Pfaff-Czarnecka und Karin Werner. Mein besonderer Dank gilt Georg Stauth. Er hat diese Arbeit über die Jahre hinweg konstruktiv mit nimmermüder Diskussionsbereitschaft und einem schier unerschöpflichen Potential an Anregungen begleitet, dabei zielgenau auf Schwächen gewiesen, ohne jemals seine Aufgeschlossenheit gegenüber dem Bedürfnis nach kreativer Arbeit zu verlieren.

Ohne die Volkswagen-Stiftung wäre diese Studie vielleicht nicht, auf jeden Fall nicht in dieser Form entstanden. Aus der Mitarbeit in dem von ihr geförderten Forschungsprojekt »Fremde in Deutschland: Untersuchungen zu den Grenzen und Möglichkeiten der Integration muslimischer Minderheiten« heraus erfolgte der Anstoß zur gezielten Auseinandersetzung mit dem Thema.

Dank gebührt auch denjenigen, die mir als Probanden oder Informanten Geduld entgegengebracht und mir ihre Zeit geopfert haben. Das gilt insbesondere für die jungen Frauen, die, zum Teil mit beträchtlicher Offenheit, ihre Lebensgeschichten, Teile ihres Lebens, vor mir ausgebreitet haben. Ihnen danke ich für ihr Vertrauen ebenso wie für die Freundlichkeit, mit der sie mich in ihrer Mitte aufgenommen haben und die diese Arbeit oft zu einer vergnüglichen Angelegenheit machten.

Einleitung

Die vorliegende Studie hat die Strategien junger Frauen der zweiten Immigrantengeneration, ihre kulturelle Identität als Musliminnen in Deutschland zu finden, zum Gegenstand. Es handelt sich also um Frauen, die den Islam zur Grundlage dessen machen, was man heute Identitätspolitik nennt. Sie treten damit in einen Prozeß der islamischen Selbstfindung ein und folgen in unterschiedlichen Formen und mit den unterschiedlichsten inhaltlichen Vorstellungen einem kulturellen Bild, das Stauth vielleicht mit überpointierter Abstraktheit »Idee Islam« genannt hat (Stauth 2000: 14). Dieser Prozeß des sich islamisierenden Selbst schließt nicht nur den affirmativen Akt des sich in einer Außenseiterlage findenden kulturellen Individuums ein, sondern auch die Tatsache, daß dieses Selbst nicht isoliert gefunden wird, sondern daß Identität in jenem breiten Feld erzeugt wird, das man erst einmal vage als bestimmt durch den alltagspraktischen Dialog und durch Aushandlungsprozesse mit kulturell Anderen zu betrachten hat.

Erstmals in Deutschland ins öffentliche Blickfeld geraten sind weibliche islamische Identitätspolitiken durch eine Reihe von »Kopftuch-Affairen« und Kopftuchdebatten, von denen vor allem die französischen Schulmädchenproteste seit 1989 breite Aufmerksamkeit erregt haben (Kepel 1993; 1996: 321f.; Leggewie 1990; Schiffauer 1993). Damit hat sich, zusammen mit anderen Ereignissen wie der britischen Rushdie-Affäre, der französischen Beurs-Bewegung und verschiedenen lokalen Auseinandersetzungen um Bau und Betrieb von Moscheen (Leggewie 1993), der Diskursradius über den Islam in Europa bzw. in Deutschland erweitert.

Nicht mehr allein die Frage islamischer Organisationen steht – wie etwa noch bei Binswanger/Sipahioglu (1988), Gerholm/Lithman (1988), Gür (1993), Metcalf (1996), Mihciyazgan (1993) und der Studien des Zentrums für Türkeistudien (1995b, 1995c) – im Vordergrund, sondern die von Kepel in aller Deutlichkeit eingeführte Perspektive nach dem Umgang mit einer »Forderung nach islamischer Identität mit kommunitaristischen Zügen ..., die ihre Anerkennung durch die Behörden kollektiv verhandeln will« (Kepel 1996: 342). Der Blick richtet sich damit auf die Erzeugung neuer gesellschaftlicher Spannungen und die politische Regulierung der gesellschaftlichen und kulturellen Ansprüche von Minderheiten (Barot 1993; Vertovec/Peach 1997).

Doch erfahren in dieser Perspektive der ersten Konzentration auf kollektive Identitäts- und Anerkennungspolitiken die Protagonistinnen der Kopftuch-Affairen lediglich Beachtung als folgsame »Adepten der Reislamisierungsbewegungen« (Kepel 1996: 325) und ihrer Ideologien. Andere Arbeiten wiederum stellen dezidiert weibliche individuelle Identitätspolitiken in den Vordergrund. Bei ihnen ist zumeist die Neigung zu einer recht einseitigen Individualisierungsthese festzustellen. Komplexere Zusammenhänge, wie das Zusammenspiel von Fremd- und Selbstzwängen, aufgezeigt in den Studien von Norbert Elias oder der von Michel Foucault herausgestellten Entfaltung einer Maschinerie von Macht und Wissen, die auf die Erzeugung des Individuums bzw. auf die Beschreibung des Selbst wirken, finden noch wenig Berücksichtigung (vgl. Gaspard/Khosrokhavar 1995; Jacobson 1998; Lacoste-Dujardin 1994; Klinkhammer 1999, 2000; Riesner 1990; Swietlik 1994; Venel 1999).

Die vorliegende Studie zielt darauf, solche gleichwohl in der subjektiven Perspektiven verhafteten, sozusagen subjektiv geerdeten, dennoch von spezifischen strukturellen und dialogischen Produktionsbedingungen von Identität durchdrungenen Prozesse der Suche und Definition des Selbst aufzuzeigen. Über narrativ-biographische Erzählungen werden konkrete soziale Handlungsfelder und kulturelle Bezugsfelder der einzelnen Akteurinnen nachvollziehbar; insofern geht es hier nicht um Einzelschicksale, um auf einzelne Personen begrenzte Modi der Entwicklung von Identität und Integration, sondern um die Rekonstruktion und Präsentation der sich aus dem weiblichen Islamdiskurs ergebenden Handlungs- und Dialogfelder.

Daß in Deutschland relativ unbemerkt, ohne Aufsehen erregende Kopftuch-Affairen und umgreifende Schülerinnenproteste[1], eine Islamisierungsbewegung unter den Vorzeichen individueller Identitätspolitiken im Verlauf der 1990er Jahre in Gang gekommen ist, wird bislang weniger deutlich in wissenschaftlichen Diskursen registriert als von Vertretern einer Medienöffentlichkeit, die unbeschwert vom ›Ausländerdiskurs‹ oder ›Integrationsdiskurs‹ einen Blick auf Ausdifferenzierung und praktische Multikulturalität werfen. So stellt zum Beispiel der *Spiegel Special* (1/1998) islamische Frauen und ihre Biographien unter der Frage »Einwanderer. Deutsch unterm Kopftuch?« vor. In einem Artikel der *ZeitPunkte* (2/1999: 41) findet sich die Formulierung, daß »innerhalb der wachsenden Gemeinde der Kopftuchträgerinnen ... für viele das Kopftuch eher selbstbewußtes Bekenntnis zur eigenen Identität« sei denn Ausdruck fundamentalistischer Religiosität.

In diesen Artikeln wird bereits ein neuer Typ von Muslimen skizziert: Das sind Mädchen bzw. junge Frauen, die in Deutschland geboren bzw. aufgewachsen sind, die nicht selten das Gymnasium besuchen und auf der Selbstverständlichkeit bestehen, das Kopftuch als Bestandteil der religiösen Pflicht zu tragen; sie kombinieren selbstbewußt religiöse Zeichen mit denen der Massenkultur und Gläubigkeit mit Modernität. Wäre da nicht das Kopftuch, so wären sie durch die »Attribute in ihrer Sprache (›cool‹) und ihrer Kleidung (Jeans, bedrucktes Shirt) ... von deutschstämmigen Jugendlichen nicht unterscheidbar« (*Frankfurter Rundschau, 5.2.1994*).

Diese Charakterisierung steht in einem bemerkenswerten Kontrast zu der vor zwanzig Jahren getroffenen Beobachtung von Lutz Hoffmann, wonach »der Wanderer ... nicht das souveräne Subjekt ... ist ..., sondern das hilflose Objekt einer sich nach ihren eigenen Gesetzen abwickelnden Veränderung« (Hoffmann 1981: 143). Demgegenüber erscheinen die jungen Frauen der zweiten oder dritten Generation als souveräne Subjekte, die keineswegs hilflos reagieren, sondern interkulturell agieren.

Diese Studie setzt sich mit diesen, in den genannten Artikeln als hybridisierend bzw. multikulturell charakterisierten Töchtern der Gastarbeiter auseinander, die nicht das Kopftuch tragen müssen, weil die Eltern es wollen, die sich nicht in den Nischen einer Parallelgesellschaft (Heitmeyer et al. 1997; Spuler-Stegmann 1998) einrichten, die nicht Reproduzentinnen traditionalistischer ›Heimatkulturen‹ sind, die nicht dem nahezu habitualisierten »Opferkonstrukt ... der Fremden« entweder als »›zwischen zwei Kulturen zerrissenes‹ Wesen« oder als »religiös determiniertes Wesen« (Nestvogel 1996) entsprechen. Diese Studie stellt vielmehr junge Frauen vor, die über subjektive Strategien, Lebensentwürfe und Selbstbeschreibungen verfügen, die sich mit dem begrifflichen Apparat der bestehenden Immigranten- bzw. Minderheitenforschung kaum angemessen erfassen lassen. Dieser ist tendenziell charakterisiert durch eine Essentialisierung erzeugende Selbstbeschränkung auf ein dichotomes und redundantes Traditionalismus-Modernismus-Konzept, auf dessen Basis Ethnien, nicht Individuen, konstruiert und ethnisch bedingter Habitus und Sozialstatus definiert werden. Erzeugt wird eine Differenz, die nicht neutral ist, sondern die »in der Form einer self-fulfilling-prophecy im Vollzug ihrer Unterstellung erst hervorgebracht« wird (Bukow 1996: 123) und eine Figur des diskriminierten Ausländers erzeugt. Wolf-Dietrich Bukow verweist in diesem Zusammenhang auf die Methode einer »operativen Schließung« (1996: 122), mit der ›ausländische‹ Jugendliche und ihr Handeln vornehmlich auf den Erklärungsfaktor von als dominant geltenden ethnisch-familiären Strukturen reduziert werden, während die Identitätsbildungskraft der vorhandenen multikulturellen Erfahrungs- und Aktionsräume unterschätzt werde. Auch Versuche, mit als postmodern bzw. posttraditional bezeichneten Kategorien zu arbeiten, erweisen sich nicht zwangsläufig als Ausbruch aus dem Zirkel der Fehleinschätzung und Verkennung. So etwa konstatiert

Bukow im Rückgriff auf ökonomische, politische und soziale Benachteiligung die systematische Verweigerung »einer eigenen Biographizität« (ebd.: 112), jener postmodernen Inklusionsform auf der Basis der Inanspruchnahme »biographische(r) Muster ..., die im Gesellschaftssystem veranker(t)« sind (ebd.: 108) und individuell ausgekleidet werden. Hier wird nicht ein ethnischer Habitus als Hemmnis für individuelle Lebensentwürfe diagnostiziert, sondern systematische Ungleichheit, die zustehende Inklusionsmuster entzieht. Hier ist die Person nicht Opfer ihrer familiären Bindung, sondern von sozialer Exklusion, getrieben in die Entwicklung einer »neo-ethnischen Identität« (ebd.: 113), die die Exklusion annimmt. Dieser Befund trifft aber, wie diese Arbeit zeigt, nicht auf die jungen Frauen dieser Untersuchung zu, die zwar Identität über den Islam produzieren, aber nicht im Kontext einer neo-ethnischen Konstruktion. Sie trennen vielmehr sorgfältig Islam und Ethnos und entziehen sich einer auf Ethnizität basierenden Kategorisierung. Der Islam erweist sich in ihrem Fall im Gegenteil als Instrument einer vertieften Inklusion, in der erleidende Subjekte den Opferstatus abstreifen und sich zu Akteuren machen, die in den von den Multikulturalitätsdebatten gebildeten »hegemonialen Deutungsdiskurs« – der »immer wieder dazu genutzt (wird), die Distinktion zwischen beiden Gruppen (Einwanderern und Eingesessenen, S.N.) zu konstruieren« (Dangschat 1999: 542f.) – intervenieren. Sie entwickeln als individuelle Akteure lokale Alltagspolitiken der Selbstbehauptung und sehen sich auch nicht als Opfer, die darauf angewiesen sind, daß ihnen regulierende Verwaltungsinstitutionen zu ihrem Recht verhelfen.

Analysiert man die Motive und Effekte der Islamisierung soweit sie die jungen Frauen betrifft, so gelangt man zu dem Ergebnis, daß die Akteure mehr beanspruchen als die Diskurse, die sie konstituieren, ihnen zugestehen. Verdeutlichen läßt sich das über Hannah Arendts Unterscheidung zwischen Gleichartigkeit und Gleichheit (Arendt 1960: 208f.): Im Falle der Gleichartigkeit oder des Konformismus agiert und fühlt der einzelne in einer »Arbeits- und Konsumgesellschaft ... wie das Glied eines Ganzen«. Er hat im funktionellen Bereich keine individuelle Identität, sondern es erfolgt eine »Verschmelzung der Vielen in ein Kollektiv«. »Antipolitisch« ist daran ist die »Aufhebung der Pluralität« zugunsten des reibungslosen Funktionierens des Arbeits- und Konsumprozesses. Das aber ist Arendt zufolge »der genaue Gegensatz jeglicher Gemeinschaft«, denn eine Gemeinschaft bildet sich erst durch Austausch, durch den Zusammenschluß Verschiedener, einander Ungleicher. Politische Gleichheit »kann nur von Ungleichen realisiert werden, die sich dann einander in gewissen, von vornherein festgelegten Hinsichten und für sie bestimmte feststehende

Ziele ›angleichen‹« (ebd.: 209), sich von ihren verschiedenen Perspektiven und Lebenslagen her annähern, sich austauschen: »Eine gemeinsame Welt existiert überhaupt nur in der Vielfalt ihrer Perspektiven« (ebd.: 57). Gleichartigkeit und Gleichheit können als zwei verschiedene, stufenartig angelegte Integrationsformen bzw. nationalstaatliche Vergemeinschaftungstypen betrachtet werden. Das der Ökonomie entstammende Prinzip der Gleichartigkeit beherrscht einen großen Teil der Migrationsforschung mit ihrem Fokus auf soziale Ungleichheit und systeminterne Mechanismen von Inklusion und Exklusion. Der zentrale Gedanke ist das ›Funktionieren‹ von Subjekten, ihr Zuschnitt und ihre Chance auf Substituierbarkeit. Was die islamischen oder sich im Prozeß der Islamisierung befindlichen Frauen dieser Studie auszeichnet, ist, daß sie nicht diese bloße entindividualisierende Substituierung anstreben. Aus ihrer jeweiligen Perspektive erbringen sie die Leistungen, die sie substituierbar machen, und sie finden auch weitgehend inklusive Strukturen bzw. erkämpfen sich als einzelne Subjekte Inklusion. In den biographischen Erzählungen finden sich nur wenige Ausführungen über erlebten Rassismus, wohl aber über einen alltäglichen ›Distinktionismus‹. Als Mädchen und Frauen sind sie in besonderem Maße sowohl kulturellen Pauschalisierungen wie auch faktisch divergierenden kulturellen Werten und der entsprechenden praktischen Prozedualisierungen ausgesetzt. Sie sind somit nicht nur sensibel für Differenz, sondern sie haben durch ihre Biographien einen Sinn für die »Entwertung aller Werte« (ebd. 1960: 299), für die Relativität von Werten entwickelt. Dieses Wissen über Distinktion und Relativität sowie ihre sozial integrierten Biographien führen sie dazu, über Gleichartigkeit hinaus Gleichheit zu beanspruchen (vgl. auch Yuval-Davis 1997). Dieser Anspruch fordert in erster Linie das Selbst und nicht, oder nur flankierend, institutionelle Organisation, die Gleichartigkeit, aber nicht Gleichheit sichern kann.

In der aus verschiedenen Perspektiven konstituierten gemeinsamen Welt oder, um es mit Bourdieu soziologisch zu wenden, in der distinktionsgeladenen Gesellschaft zeigt sich politische Gleichheit in der Auseinandersetzung um Klassifizierung und in Akteuren, die Distinktion handhaben. Über die Islamisierung schalten sich die jungen Frauen in diesen Prozeß als soziale Akteure ein. Der Islam erweist sich als Medium einer über funktionale Inklusion hinausgehenden Hyper-Integration, als Medium einer Vergesellschaftung, die die Position des Gleichen durch Differenz und Substituierbarkeit gleichermaßen erzeugt. Identität und Differenz und das Operieren mit Differenz wird somit in die eigenen Hände genommen und in »kreatives Handeln« (Joas 1992) überführt. Erzeugt werden islamische Akteure, die sich Essentialisierungen widersetzen und die sich weder auf einen rückwärts gewandten Traditionalismus noch auf ein neo-patrimoniales Zugeständnis einer simplen funktionalen Gleichartigkeit reduzieren lassen und die schon gar nicht auf Segmentierung zielen, sondern radikale Gleichheit auf der Basis allgegenwärtiger dialogischer Distinktionsspiele beanspruchen. Das ist die Grundthese dieser Arbeit, der in verschiedenen analytischen Feldern nachgegangen wird.

Die Grundlagen der Untersuchung

Die Basis dieser Studie bildet eine schwerpunktmäßig zwischen 1994 und 1996 durchgeführte Untersuchung im Bielefelder Raum sowie im hessischen Frankfurter Großraum. Der Anstoß erfolgte während der Mitarbeit in dem von der Volkswagen-Stiftung geförderten Forschungsprojekt »Fremde in Deutschland: Untersuchungen zu den Grenzen und Möglichkeiten der Integration muslimischer Minderheiten«. Dieses Projekt erforderte einen Aufenthalt von sechs Monaten in Frankfurt am Main. Für diese Zeit von Bielefeld nach Frankfurt umgesiedelt, gehörte zu meinen ersten Eindrücken ein mir bis dahin nicht ins Auge gefallener, urban wirkender und durch seinen Kleidungs- und Verhaltensstil im öffentlichen Raum auffallender Typ islamischer Mädchen und junger Frauen. Durch das Kopftuch eindeutig zu identifizieren, unterschieden sie sich allerdings ihrem gesamten Auftreten nach sichtlich von den Kopftuch tragenden Migrantinnen, die gemeinhin als typisch charakterisiert werden. Abgesehen von den sorgfältig arrangierten Kopftüchern und locker sitzender, aber unübersehbar an Modeströmungen und jugendlichen Lebensstilen orientierter Kleidung bewegten sie sich im Straßenleben nicht anders als andere Gleichaltrige, die nichts mit dem Islam zu tun haben. Mittlerweile, man braucht sich nur in der zweiten Tageshälfte in der innerstädtischen Einkaufszone und an stark frequentierten Haltestellen öffentlicher Verkehrsmitteln nach Schulschluß umzusehen, gehört dieser Typ heute auch zum Bielefelder Straßenbild. Im Verlauf der Studie ist immer deutlicher geworden, daß dieser Typ, der auf einen Wandel bzw. eine Ausdifferenzierung innerhalb des in Deutschland lokalisierten Islam und auf ein selbstbewußtes Verständnis als Muslima setzt, sich hier seit Mitte der 1990er Jahre mit steigender Tendenz herausgebildet hat. Man kann somit von einer allgemeinen Tendenz ausgehen, die im großstädtischen Bereich ihren Vorlauf genommen hat und parallel-versetzt, ohne daß es Verbindungen gäbe, sich jeweils lokal entwickelt.

Sicherlich gibt es lokale Unterschiede, die sich bereits aus dem Angebot verfügbarer lokaler Stimuli ergeben. So ist die Anzahl der Muslime verschiedener Nationalitäten, islamischer Orientierungen und islamischer Initiativen im Rhein-Main-Gebiet wesentlich größer als im östlichen Westfalen. Hier gibt es auch keine etablierte Einrichtung wie das nahe Frankfurt gelegene *Haus des Islam*, das mit seinem Seminarangebot für einen Teil der jungen Frauen zu Beginn ihrer Islamisierung ein wichtiges Relais bildet und einen Austausch Gleichgesinnter, die im Raum verstreut sind, ermöglicht. Das wird allerdings teilweise ausgeglichen durch Mobilität, indem weiter entfernte Veranstaltungen aufgesucht werden, sowie durch lokale Initiativen in bescheidenerem Maßstab, die zum Beispiel eine kleine Gruppe von Frauen in Bielefeld entwickelt haben. Andererseits belegen die biographischen Erzählungen, und das hebt den Unterschied partiell wieder auf, eine vielfach ausgeprägte, den Lebensumständen entsprechende individualistische Tendenz, die mit sporadischen Solidarisierung- sgelegenheiten auskommt. Hier wie da sind Frauen zu finden, die lokale Netzwerke anregen und tragen, in denen sie ihre spezifischen Interessen vertreten. Zum Beispiel bilden sie Schwimmvereine, um als islamische Frauen öffentliche Schwimmbäder zu den entsprechenden Bedingungen (Ausschluß von Männern, weibliche Bademeister) nutzen zu können. Oder sie bilden Kindergarten-Initiativen, um das Bedürfnis nach einer islamischen Erziehung zu befriedigen. Solche Initiativen stehen allerdings nicht im Fokus der vorliegenden Arbeit. Diese beschäftigt sich mit persönlich-biographischen Islamisierungsprozessen und ihrer Verankerung im sozialen Raum.

Im Rahmen des angeführten Forschungsprojektes besuchte ich Frankfurter Moscheen und führte Leitfadeninterviews mit Vertretern des Vorstandes der Kulturvereine, den Trägern von Moscheen sowie auch mit Besuchern dieser Moscheen.[2] Dabei stieß ich in einigen Fällen auf die Existenz von Mädchengruppen in den Moscheen und wurde eingeladen, diese aufzusuchen. Eine Analyse der Moscheenlandschaft und der weiblichen Partizipation in ihr stelle ich im ersten Kapitel dieser Arbeit vor. In den Moscheen bzw. Mädchengruppen lernte ich einen Teil der Kopftuchträgerinnen der zweiten Generation kennen. Einige von ihnen fanden sich dazu bereit, in biographischen Erzählungen über ihren Werdegang – es wurde im Verlauf der Untersuchung schnell klar, daß es sich um persönliche Entwicklungsprozesse handelt und nicht um bloße Tradierungen – als Muslima und ihre Erfahrungen zu sprechen. Ein anderer Zugang erfolgte über den *Verein islamischer Studentinnen*, der sich entgegen seines Namens nicht nur auf studentische Angelegenheiten beschränkt, und erbrachte in der Folge nach dem Schneeballsystem weitere Kontakte. Wieder andere

Frauen habe ich buchstäblich auf der Straße kennengelernt, woraus sich wiederum Bekanntschaften mit weiteren Frauen sowie teilweise längerfristige Beziehungen ergeben haben.

Das Sample dieser Untersuchung ist somit zufällig zusammengesetzt. Teilweise kennen sich die Frauen untereinander recht gut, was aber nicht bedeuten muß, daß sie durch engere und kontinuierliche Interaktionsbeziehungen miteinander verbunden sind. Die räumliche Streuung und die jeweils persönlichen Alltagsanforderungen erzeugen eine gewisse Isolation der einzelnen Personen. Man kann nicht von Beziehungsgebilden, die Jugendcliquen ähneln, sprechen. Es handelt sich eher um Netzwerke. Man kennt und sucht sich bei Bedarf als Gleichgesinnte im lokalen Rahmen. Als Muslima kann man auch im überlokalen Rahmen auf Solidaritätsleistungen anderer Muslimas hoffen.[3] Die gleiche Gesinnung schließt enge Kontakte und intimere Freundschaften nicht aus, aber erzeugt sie nicht automatisch und schließt keineswegs solche mit Nichtmuslimen aus.

Als von der Universität kommende Forscherin auf der Suche nach islamischen Biographien wurde ich innerhalb des Netzwerkes sozusagen weitergereicht an Personen, die im doppelten Sinn gut sprechen, das heißt, die »fest im Glauben« sind (eine häufig gebrauchte Formulierung), also überzeugt davon, daß sie das Richtige tun und auch wissen, warum sie es tun und die es auch sprachlich darstellen können und wollen. Offensichtlich ist bei dieser Konstellation die dem Forscher zugedachte Rolle die des Kanals einer Selbstrepräsentation, die für eine Öffentlichkeit gedacht ist. Es wäre naiv davon auszugehen, Interviews mit islamischen Frauen unter Ausklammerung des Motivs einer politischen Repräsentation führen zu können. Ihre Islamisierung steht von Beginn an, noch bevor sie überhaupt einsetzt, im Kontext einer Polarisierung. Sie ist, das wird im Verlauf der weiteren Arbeit deutlich, nie eine neutrale und nie eine nur private Angelegenheit, auch wenn sie individuell und persönlich ist, sondern sie steht im Zeichen alltagsweltlicher politischer Auseinandersetzungen und ihrer Sprache. Das führt zuweilen zu einer Vermischung von politischer und persönlicher Argumentation, so daß in einigen Erzählsequenzen nur schwer zu unterscheiden ist, wer jetzt spricht, die Politikerin oder das Subjekt. Aber die Referenz auf die persönliche Biographie und Lebenswelt schafft Bezüge, die auch eine eher ideologisch gestaltete Rede immer wieder durchbrechen. Zudem war es mir möglich, biographische Erzählerinnen ohne Übung in der Rede der Selbstbehauptung auszuwählen. Bei ihnen, wie streckenweise auch bei den explizit politisch motivierten, besteht nicht allein die Tendenz, sich zu erklären, sondern die eigene Biographie und die Wahl des Islam einer Rede zu reflektieren und dabei auch eine genealogische Spurensuche vorzunehmen. Das betrifft insbesondere jene Frauen, die ohne familiäre Anstöße und zufällig zum Islam finden. Die einzelnen Erzählungen unterscheiden sich nach dem Anteil, den beide Tendenzen jeweils in ihnen einnehmen.

Trotz der Zufallsauswahl sind die biographischen Eckdaten aller achtzehn hier versammelten Erzählerinnen sehr homogen. Alle haben »den Islam für sich entdeckt«, so eine häufige Formulierung, und zwar unabhängig vom religiösen Hintergrund der Familie. Als systematisch religiös erzogen betrachten sich die meisten nicht. Zum Teil haben die Eltern keine oder kaum explizite Berührungspunkte zum Islam, zum Teil war oder ist der Islam »irgendwie da«, ohne greifbar zu sein. Von einer nachhaltigen religiösen Erziehung berichten lediglich fünf der Frauen und nur drei von ihnen beschreiben sie als gelungen in dem Sinne, daß ihnen profundes Wissen vermittelt wurde. Bei diesen dreien haben die Väter eine akademische Ausbildung (Ingenieure, Lehrer) und die Mütter verfügen über einen höheren Schulabschluß. Die beiden anderen hingegen beschreiben einen allmählichen Prozeß der Enttraditionalisierung, der begleitet ist von wachsenden Ressentiments gegenüber »allem Türkischen« und allen Personen, die dieses Türkische repräsentieren und sie zu seiner Reproduktion zwingen wollen. Die Eltern der jungen Frauen stammen aus der Türkei, aus Marokko und aus verschiedenen Teilen der arabischen Region, die aus Gründen der Anonymität nicht einzeln aufgeführt werden.[4] Die Frauen sind zwischen 18 und 28 Jahren alt und damit bereits in einem Alter, in dem sie, wie erfahrene Biographieforscher feststellen, ziemlich kritisch ihre soziale Position, ihren Akteur-Spielraum und ihr Selbst im Verhältnis zu anderen reflektieren (Rosenthal 1995: 104f., 135f.). Dieser Aspekt ist insofern bedeutend, als die spät- oder postadoleszenten Erzählerinnen – im Gegensatz zu jüngeren, die von der kognitiven Reife her (vgl. z.B. Kegan 1986) nicht sehr viel anderes mitteilen können, als daß sie »den Islam toll finden«, daß sie »nach dem Islam leben« wollen – relativ genau und umfassend ihre Motive, Intentionen und subjektiven Kontextualisierungen darlegen können. Alle Erzählerinnen stehen in der Ausbildung oder streben nach einer Unterbrechung einen beruflichen Abschluß bzw. eine weitere berufliche Tätigkeit an. Schwerpunktmäßig handelt es sich um Schülerinnen oder Studentinnen, einige verfügen über berufliche Abschlüsse. Von den Verheirateten sind einige, weil sie kleine Kinder haben, vorübergehend Hausfrauen. Bis auf einige Ausnahmen sind sie in Deutschland geboren bzw. seit frühester Kindheit aufgewachsen. Ihre erfolgreichen biographischen Verläufe weisen sie, im Terminus der Diskurse der ›Ausländerforschung‹, als hochgradig integriert aus. Sie gehören zu jenem schmalen Teil der zweiten Immigrantengeneration, die als sogenannte »Bildungsaufsteiger« im ›deutschen System‹ Karriere gemacht haben (Lederer 1997: 107ff.; Zentrum für Türkeistudien 1995: 13), diese Karriere aber, dem Verständnis von Integrationsexperten wie auch Teilen der Immigranten selbst nach, mit ihrer Islamisierung, ihrem Rückfall ins Traditionelle oder ihren Schritt in die Radikalität des religiösen Fundamentalismus, gefährden.

Erklingt einerseits der Vorwurf, daß sie sich als Ikonen des Fortschritts, die sie für die marginalisierten Migranten bilden, entziehen, so wird andererseits Enttäuschung oder Verwunderung darüber breit, daß sie einen, vor allem über die Schule forcierten emanzipatorischen Wandel der Reversion unterziehen (Bukow/Ottersbach 1999). Die sich islamisierenden Frauen und Mädchen selber verstehen ihre Islamisierung nicht als Regression, sondern als Transgression, nicht als Minus, sondern als Plus. Aus ihrer Perspektive bildet sie als eine logische Antwort auf Diskurse und Praktiken der Ethnisierung, ›Genderisierung‹ und Selbstkonstituierung. Aus ihrer Sicht steht nicht die Frage der Integration zur Debatte. Wiederholt stellen einzelne Frauen in einem Tonfall der Verwunderung darüber, daß diese Frage überhaupt aufgeworfen wird, fest: »Ich bin doch integriert!«. Sie wehren sich vehement dagegen, zur Zeit der Untersuchung in der breiten Öffentlichkeit zirkulierende Begriffe wie Ausgrenzung und Selbstausgrenzung auf das zu beziehen, was sie tun und denken. Sie sehen keinen Zusammenhang. Zentral ist für sie vielmehr die Frage der Anerkennung als Subjekt, das willens und fähig ist, sich als authentisches Selbst zu gestalten und als solches zu handeln. Wenn, so lautet im Gegenzug ihre Frage, sie die Verantwortung übernehmen, sich zu einem authentischen Selbst zu bekennen, zu dem zufälligerweise islamo-kulturelle Wurzeln gehören, und sie den Mut aufbringen, sich dieser Tatsache, die auch eine Belastung ist, zu stellen, wieso ist es dann so schwierig, dieses anzuerkennen? Wo bleibt die praktische Toleranz des ebenfalls zu dieser Zeit viel beschworenen Multikulturalismus, der kulturelle Dezentrierung vorgibt? Wieso erfolgt über Verkennungsstrategien, die den jungen Frauen lächerlich und absurd erscheinen, wie die Unterstellung, es als Fundamentalisten auf die Störung der deutschen sozialen und politischen Ordnung abzusehen, oder persönliche, aus der Bikulturalität resultierende Identitätsschwächen ausgleichen zu müssen, eine Verweigerung der Anerkennung als weibliche Subjekte, die für diese Region zwar ungewöhnliche, aber durch ihre kontingente, nicht gewählte soziale Position logische eigene Wege der Selbstkonstituierung gehen?

Mit solchen Fragen, die in den biographischen Erzählungen in verschiedenen Zusammenhängen auftauchen und eine Sensibilität für öffentlich zirkulierende Diskurse zeigen, deuten die jungen Frauen auf die Islamisierung als Strategie einer Hyper-Integration. Und sie treffen damit ins Zentrum strukturell vorhandener, gesellschaftlich verankerter Widersprüche. Sie weisen darauf, daß nicht die bevölkerungspolitische Frage der Integration relevant ist, die bestimmte Bevölkerungsteile ins bio-politische Visier nimmt, sondern eine machtpolitische, sich auf vielfältige Weise in verschiedenen lokalen Beziehungen umschlagende und in den »molekularsten Elementen der Gesellschaft« (Foucault 1978: 83) residierende Frage von Anerkennung und Verkennung (Bourdieu 1991). Jeder ist stets in eine als nationalstaatliche Einheit gedachte Gesellschaft integriert, die Frage ist nur in welcher Position. Als Widerspruch moderner Klassengesellschaften läßt sich konstatieren, daß sie einerseits ein differenziertes Gefüge vertikal und horizontal angelegter Klassenfraktionen mit verschiedenen Schließungs- und Öffnungsmechanismen, mit unterschiedlicher Verteilung von Ressourcen (Bourdieu 1982; Eder 1989) bilden, daß sie also ein System sozialer Ungleichheit darstellen und andererseits ein historisch gewachsenen »Phantasma der Gleichheit« (Fuchs 1996) mit sich führen, dessen phantasmatischer Gehalt darin liegt, daß er angesichts der Prinzipien von Knappheit und Konkurrenz praktisch nicht umzusetzen ist. Das Paradoxon von Gleichheit und Differenz bzw. Universalismus und Partikularismus, dem Verhältnis vom Allgemeinen und Besonderen kennzeichnet sowohl den feministischen wie den multikulturellen Diskurs.[5] Der Islam bildet in diesem Feld einen spezifischen Fall. Wie auf globaler Ebene die alte symbolische Ordnung der Kulturen in der Umordnung begriffen ist (Huntington 1996), so erfolgt mit der zu beobachtenden islamischen Mobilisierung der Einwanderer eine Verschiebung auf der nationalstaatlichen Ebene.

Zur biographischen Methode

Charakteristisch für die deutsche Rezeption des Islam ist eine Dichotomisierung, bei der sich ein fundamentalistischer Islam und eine private Religiosität gegenüberstehen, einhergehend mit der Bewertung des Islam als Produzent gesellschaftlicher Konflikte oder als unpolitisches Phänomen ohne soziale Relevanz (z.B. Hippler/Lueg 1993; Heitmeyer et al. 1997 sowie die Repliken in Bukow/Ottersbach 1999). Oder aber der Islam wird generalisiert hinsichtlich der Spannung zwischen universalen Werten und partikularen Werten, die sich am islamischen Recht und im Spezifischen an der Frauenfrage und der Frage des Geschlechterverhältnisses festmachen, kritisch betrachtet – und zumeist verworfen (Pinn/Wehner 1995; Joseph 1998). In beiden Fällen werden Gegensätze, Spannungsverhältnisse und Bewertungskategorien aufgeworfen, die ideeller und ideologischer Natur sind und kaum mehr neutrale Auseinandersetzungen zulassen (Jasser 1999; Pasha/Samatar 1996). Zudem verstellen sie den Blick auf mikrosoziale alltagsweltliche Konfigurationen und Dynamiken, die weitaus komplexer sind.

Biographische Erzählungen vermitteln, auch wenn sie nicht frei sind von wissenschaftslogischen und ideologischen Denk- und Bewertungsoperationen, die in unmittelbar wirksame alltagspraktischen Zusammenhänge und lokale Wissens- und Bewertungsstrukturen einfließen, subjektiv-lebensweltliche Relevanzen und Bedeutungen, die einzelne Personen mit dem Islam sowie mit Ethnisierung und Multikulturalismus verbinden. Den Vorstellungen der »grounded theory« (Glaser/Strauss 1967; Strauss 1994) folgend, können narrativ-biographische Erzählungen als empirische Quellen verstanden werden, aus denen heraus theoretische Überlegungen formuliert bzw. überdacht werden können (vgl. Riemann 1991). Sie sind nicht nur subjektive und subjektiv gültige Betrachtungen der Welt und Mitteilungen über subjektive Erfolge oder Mißerfolge, sondern sie vermitteln Interferenzen und Transaktionen zwischen Subjekt und ›System‹. Narrativ-biographische Interviews basieren darauf, daß die Erzählenden möglichst ohne Unterbrechungen und ohne Gesprächsleitung durch den Interviewer den »narrativen Zugzwängen« (Schütze 1981) folgend lebensgeschichtliche Daten darlegen, nach eigenen Schwerpunktsetzungen komponieren und kommentieren. Damit erstellen sie ganz persönliche Trajekte der eigenen Biographie. Damit setzen sie stets Selbst und Umwelt in einen Zusammenhang. Die vorliegenden biographischen Erzählungen, deren Leitthema die persönliche Islamisierung ist, verbindet trotz persönlicher partikularer Züge die Standardisierung und Institutionalisierung des Lebenslaufs durch vorgegebene schulische und berufliche Karrieremuster (Kohli 1985, 1988). Aber auch die soziale Position erzeugt, wie Bourdieu (1982) dargelegt hat, ähnliche Lebenseinstellungen. Daher sind die vorliegenden Erzählungen relativ homogen hinsichtlich ihrer Erzählschwerpunkte.

Narrativ-biographische Erzählungen teilen stets vom Subjekt ausgehend Erlebnisse und Bewertungen mit. Sie sind, in welcher Form auch immer und an wen auch immer sich richtend, gleichermaßen Bekenntnisse wie Strategien der Selbstdarstellung (Gutman 1993). Sie sind zugleich ein Medium und eine Technik, die eigene Identität, die eigene Geschichte und ihre Konstruktionsbedingungen in der Dichte miteinander verschlungener Ereignisse und in der Verstrickung mit anderen Geschichten sich darzustellen, zu ergründen, sie sich im inneren Dialog als Lebenszusammenhang anzueignen (Bude 1984; Habermas 1968: 197f.; Hoerning 1995; Ricœur 1996: 194f.). Ricœur, die Konstruktionsbedingungen von literarischer Geschichte und Lebensgeschichte parallelisierend, hebt hervor, daß die »narrative Einheit des Lebens« stets »als ein unbeständiges Gemisch von Phantasiegebilden und lebendiger Erfahrung zu sehen« ist. Denn

> »gerade wegen des flüchtigen Charakters des wirklichen Lebens bedürfen wir der Hilfe der Fiktion, um letzteres rückblickend nachträglich zu verstehen – auch auf die Gefahr hin, daß man jede Figur der Fabelkomposition, die der Fiktion oder der Geschichte entlehnt wurde, für revisionsbedürftig und provisorisch hält« (Ricœur 1996: 199).

Biographische Erzählungen sind somit zu verstehen als begrenzt flexible und relative Kompositionen, die das Selbst im Fluß fixieren, begrenzen, es mit anderen Personen, mit Vorschriften und Regulierungen arrangieren (Bourdieu 1991). Sie sind nicht beliebig gestaltbar und auch nicht bloße Abbilder des persönlich Ge- und Erlebten, sondern weisen stets darüber hinaus: »one cannot reflect upon Self (radically or otherwise) without an accompanying reflection on the nature of the world in which one exists« (Bruner 1995: 165). Sie teilen stets soziale Konstruktionen der Selbstrepräsentation mit und sind somit nicht nur »narrative(s) expressing ›inner dynamics‹, but ... can be read ... as a cultural product as well« (ebd.: 162). Entsprechend stellt sich die Frage nach den Mechanismen und Formen der Islamisierung im Geflecht der kulturellen Produktion. In dieser Arbeit stehen zwei Fragen im Vordergrund: Die eine ist die nach der Selbstbeschreibung als islamischer Akteur, wie sie aus den Erzählungen hervorgeht. Die andere ist die nach den subjektiven Bedingungen, die spezifische islamische Akteure und »Interpretationsgemeinschaften« (Rabinow 1993: 183), die die Frauen hinsichtlich ihrer Einstellung sowohl in bezug auf den Islam wie in bezug auf ihre sozialen Situierung bilden, erzeugen.

Die vorliegende Arbeit folgt nicht den klassischen Bahnen der biographischen Analyse. Weder werden Einzelfälle detailliert aufgeschlüsselt noch erfolgt eine Klassifizierung nach Typen. Der gegenwärtige Stand der Forschung, der kaum Anknüpfungen an Vorarbeiten bietet und die spezifischen Fragen, von denen diese Studie sich leiten läßt, lassen es sinnvoll erscheinen, den Schwerpunkt anders zu setzen und die Dimension der Selbstbeschreibung und Interpretation zu ergänzen durch die handlungspraktische Ebene. Hier stellen sich andere Fragen: Durch welche praktischen Formen und Techniken ist die zunächst noch abstrakt entdeckte »Idee Islam« (Stauth 2000) bei den jungen Frauen charakterisiert und wie sind sie als islamische Akteure zu beschreiben bzw. was macht sie zu spezifischen lokalen islamischen Akteuren? Dieser praktische Aspekt ist nicht identisch mit Selbstbeschreibungen und Interpretationen, aber er ist ein ganz wesentlicher Bestandteil der Selbstkonstituierung. Meines Erachtens ist es in diesem Fall nicht fruchtbar, von einem Gegensatz zwischen Idealen oder Ideologie und lebensweltlicher Kultur auszugehen (Balibar 1993: 130f.), ein Gegensatz der dazu verleitet, heteropraktische Formen an einem orthodox-normativen Islam zu messen, sondern von einer reflektierten Erzeugung alltagsweltlicher Kultur, bei der, wie bei anderen Kulturproduktionen auch, eine Anknüpfung an Lebenswelt als »Ressource moderner Bildproduktion« (Stauth 2000: 54; vgl. auch Salvatore 1998) erfolgt. Der Islam ist in diesem Kontext zu sehen als »culture in action ... in a contested cultural arena« (Swidler 1986: 279). Er kann jenseits seiner Beurteilung als bloßes kulturelles Artefakt in einer sozialen Umwelt ohne gewachsene und fest verankerte Tradition und jenseits seiner Einschätzung als festgeschriebenes, durch Mimesis übertragenes Regime mit Ann Swidler als »Werkzeugkasten« (tool kit) oder Repertoire betrachtet werden, welches Akteure ihrer Lebenslage und ihren Bedürfnissen entsprechend nutzen und dem sie Bedeutung durch ihre Lebenslage und Bedürfnisse geben. Demzufolge erschließen sich die jungen Frauen den Islam als »tool kit ... from which actors select differing pieces for constructing lines of actions« (ebd.: 277). Es geht somit nicht um die Frage eines richtig verstandenen oder praktizierten Islam, sondern um die Frage, welche »pieces« gewählt werden, welche Handlungsspielräume über sie erschlossen und welche Handlungsstrategien entwickelt werden.

Einen Zugang, um sich diesen Fragen anzunähern, bietet der biographische Text durch seine Reflexion verschiedener Lebensbereiche, die zueinander in Beziehung gesetzt werden. Einen anderen bieten teilnehmende Beobachtungen, bei denen die intersubjektive Kommunikation zwischen islamischen Frauen zusätzliche Aspekte aufwerfen, die in den erzählten Lebensgeschichten nicht oder nur am Rande zur Sprache kommen, wie zum Beispiel technische Details hinsichtlich der korrekten islamischen Bekleidung oder des Essens. Zudem erlauben sie zuweilen Überprüfungen und Ergänzungen des in der Rede vermittelten Selbstbildes und lassen die erzählende Person als Akteur im islamischen »Bezugsgewebe« (Arendt 1960) erscheinen. Beobachtungsfelder sind Veranstaltungen verschiedener Art und Größe. Dazu zählen eine Kopftuchdemonstration quer durch die Frankfurter Innenstadt, Teilnahme an im jährlichen Rhythmus stattfindenden *Treffen deutschsprachiger Muslime (TDM)*, Tafsir-Treffen (Koranexegese) und Feste in verschiedenen Moscheen, Treffen in zwei sogenannten Mädchengruppen in Moscheen, informelle Zusammenkünfte von jungen Frauen in privaten Wohnungen. Mit einigen Frauen habe ich mich zu gemeinsamen Freizeitaktivitäten wie Spaziergängen, Ausflügen, Besuchen von Eiscafés, Kneipen, Kabarett- und Kirmesveranstaltungen getroffen. Auf diese Weise ist ein empirisches Material entstanden, das sich aus biographischen Darstellungen, informellen Gesprächen aus der Situation heraus und Gruppendiskussionen zusammensetzt und soziale Akteure in verschiedenen lebensweltlichen Kontexten beschreibt.

Methodisch ist diese Arbeit so angelegt, daß nicht allein die Analyse der »Fabelkomposition« (Ricœur) der persönlichen Biographie zentral ist. Es erfolgt keine detaillierte Präsentation einzelner Biographien und einzelner Personen, sondern aus den verschiedenen Entwürfen werden, unter Ergänzung der Ergebnisse aus den Interaktionssituationen, verschiedene Lebensbereiche extrahiert, die sich als fundamental erweisen für die Islamisierung als individuelle und weibliche Identitätsstrategie.

Die einzelnen Untersuchungsfelder

Der Aufbau dieser Arbeit richtet sich stark an Schwerpunkten aus, die in den biographischen Erzählungen hervorstechen und bringt auf diese Weise verschiedene thematische Felder zusammen, die aus der Sicht ›ethnischer‹ islamischer Frauen die symbolische soziale Ordnung und ihre Wirkungen auf die einzelne und deren Handlungsvermögen als einzelne, als Individuen beschreiben. Jedes der einzelnen Kapitel dieser Arbeit untersucht ein spezifisches Untersuchungsfeld der weiblichen Identitätsstrategien, die sich mit der Islamisierung verbinden.

Das Kapitel I zeigt im Rahmen einer Skizzierung der lokalen islamischen Landschaft die Verortung der jungen Frauen in diesem Feld. Es geht der Frage nach, in welchem Verhältnis ihr Projekt des Neo-Islam bzw. ihre zunächst abstrakt aufgegriffene »moderne Idee des Islam« (Stauth 2000: 14) zu den anderen lokalen Formen steht.[6] Ersichtlich wird dabei eine Ausdifferenzierung und eine Distinguierung von ›traditionellen‹ Organisationsformen, zu denen auch die Kulturvereine gehören, die vor allem seit den 1970er Jahren entstanden sind und von ›traditionellen‹ Deutungen. In ersten Umrissen wird aus dem Kontrast heraus und auf der Grundlage von Diskussionen in zwei sogenannten Mädchengruppen das spezifische Islam-Verständnis der Neo-Muslimas aufgezeigt.

Das Kapitel II konzentriert sich auf das Untersuchungsfeld der Selbstkonstituierung als ethisches islamisches Subjekt. Der Fokus richtet sich auf die verschiedenen Bestandteile der religiösen Praxis. Diese orientiert sich zum einen am rituell Vorgeschriebenen, überschreitet es aber durch eine vom ›Traditionellen‹ (d.h., was die jungen Frauen als traditionell identifizieren) unterschiedene Rationalität und durch die Verbindung mit spezifischen Anerkennungspolitiken. Essen und Kleidung bilden dabei Hauptkomponenten, über die sich nachvollziehen läßt, wie eine praktische islamische Lebensführung handlungsstrategisch aus dem sozialen »Bezugsgewebe menschlicher Angelegenheiten« (Arendt 1960: 173) heraus entwickelt und wie Akteure sich im Zusammenwirken von Kultur, Ideologie und Handlung reifizieren. Die ersten beiden Kapitel fokussieren somit Selbstbearbeitung zum islamischen Subjekt und Selbstverständnis als islamisches Subjekt.

Die nachfolgenden Kapitel III bis IV beziehen sich hingegen auf nichtislamische Konstitutionsbedingungen eines islamischen Akteurs und auf seine Strategien der Selbstaffirmation im sozialen Raum. Sie fokussieren die Auseinandersetzung mit dem und im öffentlichen Raum, während das fünfte und sechste Kapitel sich auf den familiären Raum beziehen. Schule (III), Beruf (IV), Beziehungen zu den Eltern (V) und zum (zukünftigen) Ehemann (VI) – das sind in den narrativen Erzählungen die zentralen Felder, die beschrieben und reflektiert werden, die »biographische Arbeit« (Apitzsch 1999) oder biographische »Fabelkomposition« (Ricœur 1996) erfordern, die zu Selbstbeschreibung und Analyse der Position des Selbst in je verschiedenen Beziehungsgeflechten und Machtordnungen anleiten (vgl. auch Arendt 1960: 174).

Von höchster Bedeutung sind in den narrativen Erzählungen die »Integrationsmaschine(n)« (Kepel 1996: 335) Schule und Arbeit. Die Schule erscheint dabei als die zentrale Institution der Essentialisierung als ›Ausländermädchen‹ und der Einschreibung der symbolischen sozialen Ordnung in die einzelnen Akteure (vgl. Bourdieu/Passeron 1973). Zugleich aber nutzen die jungen Frauen sie als produktive Kraft, um ihre eigene Position innerhalb der sozialen Ordnung zu verschieben.

Wie die Schule so ist auch die Arbeitswelt in den biographischen Bezügen der jungen Frauen ein eminent wichtiges Feld der Selbstaffirmation als leistungsstarke ›ethnische‹ und islamische Frau. Wie dort entfalten sich auch hier Spiele um Anerkennung und Essentialisierung – Spiele, die nicht immer angenehm, aber unvermeidbar und von durchaus produktiver Wirkung sind für den Prozeß der Selbstkonstituierung als moderner weiblicher islamischer und im öffentlichen Raum, im Austausch mit Anderen

Anerkennung akkumulierender Akteur. Dieses wird im vierten Kapitel detailliert aufgezeigt.

Mit den folgenden Kapiteln V und VI wendet sich die Perspektive von den Auseinandersetzungen mit den anderen in systemisch gestifteten Zusammenhängen in den Bereich der sogenannten privaten Beziehungen. Dabei wird offensichtlich, daß beide Bereiche nicht separat koexistieren, sondern daß die Frage von Identität und Anerkennung auch und gerade auf die private Sphäre und auf Primärbeziehungen zugreift, diese modelliert und zugleich hier ihre Ressourcen für die Produktion von Identität und Selbst-Anerkennung findet. In Anlehnung an Hannah Arendt läßt sich meines Erachtens aus den biographischen Erzählungen heraus belegen, daß das Private in einem auf weitere Universalität zielenden gesellschaftlichen Prozeß keinen »privaten ›Gebrauchswert‹«, der an einen bestimmten Ort gebunden ist, besitzt, sondern einen »gesellschaftlichen Wert, der sich nach seiner jeweiligen Austauschbarkeit richtet« (1960: 66). Das Private, mit anderen Worten, ist keine eigenständige oder randständige Domäne, es ist nichts Verborgenes, sondern hat öffentlichen Charakter. Es erzeugt nicht eine abgeschlossene privat-subjektive Identität, die mit einem bestimmten Personenkreis geteilt wird. Sondern, weil sie einen gesellschaftlichen und öffentlichen Wert hat und in das Spiel von Anerkennung und Verkennung eingebunden ist, erzeugt und bezeugt sie öffentlich Identität. Ebenso ist das Private aus dem Öffentlichen heraus durch Akteure modifizierbar. Das Private – die Familie und die Geschlechterbeziehungen, ihre internen Machtbeziehungen und habituellen Ordnungsmuster – erfährt durch die jungen Frauen eine Beschreibung und Bewertung vor dem Hintergrund dominierender, über schulische und berufliche Karriere und Geschlechtergleichheit vermittelte Entwürfe. Geprägt von der Idee einer modernen weiblichen Identität, kämpfend mit divergierenden habituell verankerten traditionellen Beständen, eingezwängt in Assimilationszumutungen von beiden Seiten, entziehen sie sich mit der Islamisierung beiden Polen, aber bedienen sie sozusagen gleichzeitig und bedienen sich ihrer zugleich (Flucht wäre die Alternative). Wie die jungen Frauen auf der einen Seite – im öffentlichen Raum – praktische Zeichen islamischer Authentizität setzen (z.B. durch das Kopftuch), so setzen sie auf der anderen Seite praktische Zeichen einer modernen Bürgerlichkeit. Über ihre Idee eines modernen Islam entwerten sie ein traditionelles Ordnungssystem und zielen auf eine verstärkte Absorption des Privaten. Darüber verwalten sie ihr Projekt einer modernen, aber ›authentischen‹ weiblichen Identität und der individuellen Selbstbehauptung.

Aufzeigen läßt sich dieser Prozeß über eine Analyse der biographischen Erzählungen hinsichtlich der Beschreibung der Mütter bzw. der Frauen der ersten Immigrantengeneration, mit der sich das fünfte Kapitel dieser Arbeit auseinandersetzt. Hierin wird nicht nur ersichtlich, wie öffentliche Institutionen den Blick auf soziale Beziehungen und die Bewertung von sozialen Beziehungen absorbieren, sondern auch, daß eine Dekonstruktion dieser Absorbierung kaum etwas entgegenstellen kann. Das zeigt sich kaum deutlicher als an der unüberbrückbaren Kluft zwischen einer als traditionell bezeichneten, von den jungen Frauen abgelehnten Weiblichkeit und einem mit dem Neo-Islam verbundenen Projekt eines modernen weiblichen und islamischen Akteurs im Prozeß einer Hyper-Integration.

Das Kapitel VI fokussiert die Ideen und Praktiken in Hinsicht auf die Gestaltung der Geschlechterbeziehungen. In Kohärenz mit der biographisch erkämpften Identität als moderne, gleiche Frau und der Idee eines egalitären Islam zielen die jungen Frauen auf eine Enttraditionalisierung und Enthierarchisierung der ehelichen Beziehung. Über das Konzept einer auf islamischem Wissen beruhenden ehelichen Gemeinschaft gerieren sie sich als soziale Akteure, die die Geschlechterbeziehungen im Licht der islamischen Ethik modifizieren und aus der islamischen Ethik und aus dem islamischen Wissen heraus ihre Leistung als Mütter und Ehefrauen rationalisieren und sichtbar machen. Damit legitimieren sie Ansprüche gegenüber den Ehemännern wie auch den Eltern. Daraus errichten sie Grenzen gegenüber traditionellen, auf Machthierarchien basierenden Ausprägungen der Geschlechterbeziehungen und sichern ihre weiblichen individuellen Interessen ab. Von Frauen initiierte Ehescheidungen mit der Begründung, der Mann habe nicht im Sinne des Islam gehandelt, zeugen davon. Die Frauen treten somit als soziale Akteure auf, die über den Islam parallel sowohl im Privaten wie im Öffentlichen durch ihre Weigerung der Reproduktion traditioneller wie sozialer, über Geschlecht und Kultur vermittelter Ungleichheiten darauf hinarbeiten, ihre marginalisierte Position verbessern. Über den Islam entwickeln sie Strategien der Selbstsouveränität und der Anerkennung.

Im Kapitel VII erfolgt abschließend eine theoretische Einbettung der empirischen Ergebnisse. Die subjektiven Reflexionen des ›inneren Selbst‹ in der Auseinandersetzung mit »Identitätszwänge(n) auf verschiedenen Ebenen« (Knapp 1997: 509), wie sie in bezug auf diverse »signifikante Andere« (Berger/Luckmann 1969), »signifikante anders Andere« (Berger 1970), in diesem Fall Nichtmuslime, und Institutionen beschrieben werden und die in den vorangegangenen Kapiteln an den alltagsweltlichen Details aufgezeigt und analysiert worden sind, werden in einer generalisierenden Perspektive gebündelt. Aufgespannt wird der größere »Aktionsrahmen« des über die Steuerungskapazitäten alltagsweltlicher Akteure hinausreichenden sozialen »Spiels« (Bateson 1984: 173), in dem die weiblichen neo-islamischen Mikropolitiken verankert sind. Ausgehend von den vorliegenden biographischen Erzählungen und Interpretationen wird jenen sozialen Mechanismen nachgespürt, die den Islam in Identitäts- und Differenzpolitiken einbinden und inklusionsfähig machen und auf die Akteure reagieren. Im Unterschied zu Gilles Kepels Feststellung von einer trotz spezifischer »kommunitaristischer Zielsetzungen ... kulturelle(n) Angleichung der islamischen Mobilisierung« (1996: 325f.), wie sie aus der Nutzung politischen Taktiken, derer sich bereits vorangegangene Protestbewegungen bedient haben, ersichtlich wird, stehen hier Angleichungsmechanismen im Vordergrund, die im Vorfeld, vor der Anwendung politischer Taktiken relevant werden. Es sind Mechanismen, die dem einzelnen Subjekt Identität geben und es auffordern, Identität zu produzieren. Wie die narrativen Erzählungen zeigen, sind es vier Kategorien, über die Diskurse und Praktiken auf die Bildung von persönlicher Identität zielen und Schnittstellen zwischen dem Persönlichen und dem Öffentlichen bilden: Klasse, Ethnie, Geschlecht und Selbst. Diese werden in Beziehung zur Islamisierung gesetzt.

I. Islamische Organisationsformen und weiblicher Neo-Islam

In Deutschland hat sich seit den 1970er Jahren, mit zunehmender Geschwindigkeit während der 80er und 90er Jahre, eine diversifizierte islamische Landschaft entfaltet. Das schlägt sich unter anderem nieder in der Gründung einer Vielzahl von Kulturvereinen, die eine Moschee betreiben oder Interessenassoziationen unabhängig vom Ritus bilden. Sie sind hinlänglich beschrieben worden (z.B. Abdallah 1987; Heine 1997; Nirumand 1990; Spuler-Stegemann 1998; Zentrum für Türkeistudien 1995b, 1995c). Im folgenden wird die islamische Landschaft, wie sie sich in Frankfurt am Main und in Bielefeld ausschnitthaft zeigt, vorgestellt. Im Fokus steht dabei die Frage nach der weiblichen Präsenz innerhalb der organisatorischen Strukturen und innerhalb der lokalen islamischen Landschaften. Aus dem lokalen innerislamischen Kontext heraus lassen sich in einem ersten Schritt bereits spezifische Charakteristika der jungen Frauen, die hier als Neo-Muslimas bezeichnet werden, im Vergleich zu anderen islamischen Einstellungen erschließen.

Lokale Eckdaten: Muslimische Bevölkerung und Organisationen in Frankfurt und Bielefeld

Der Hauptansatzpunkt zur Feststellung der Zahl der Muslime sind die kommunalen Statistiken, in denen die Einwohner nach Staatsangehörigkeit, aber nicht nach Religionszugehörigkeit differenziert werden. Das Frankfurter Amt für Wahlen und Statistik weist für das Jahr 1993 unter den sechs größten Minderheitengruppen einen Anteil von Türken auf, der, abgerundet, 35.400 Personen umfaßt. Dazu kommen 9.500 Marokkaner. Zu diesen knapp 45.000 vermutlichen Muslimen, die weniger als ein Viertel der gesamten ausländischen Einwohnerschaft Frankfurts (rund 191.000 oder 26 %) ausmachen, kommen noch über 4.000 Iraner sowie eine noch geringere Anzahl an Afghanen und Pakistanis (Schmid 1992: 10, 47). Ferner zählen noch Ägypter, Iraker, Bangladeshis, Senegalesen, Sudanesen dazu, wobei diese Gruppe sich durch einen sehr geringen weiblichen Anteil (von 7,5 % bei den Sudanesen bis 25 % bei den Ägyptern; vgl. Schmid 1992: 31) auszeichnet. Grob geschätzt, dürften in Frankfurt insgesamt ca. 70 bis 80.000 Menschen, einschließlich der Kinder, aus vorwiegend muslimischen Ländern leben. Wieviel davon praktizierend sind, ist nicht abzuschätzen. Ausgehend von Stichproben in acht Moscheen, darunter die fünf größten, für die jeweils die nach Augenmaß geschätzte Zahl von durchschnittlich ungefähr 500 Personen als BesucherInnen des Freitagsgebetes angegeben wurden, sind es noch nicht einmal ein Zehntel. Ein etwas anderes Bild ergibt sich, wenn man nur die überschaubare Gruppe der marokkanischen Frankfurter heranzieht. Von den ca. 9.500 statistisch erfaßten, amtlich gemeldeten Marokkanern sind etwa 3.000 jünger als 15 Jahre, also, abgesehen von den ca. 300 Kindern, die am muttersprachlichen Unterricht an den Wochenenden teilnehmen, keine Moscheebesucher. Von den verbleibenden 6.500 pflegen etwa 800–1.000 Männer und um die 100 Frauen, also etwa ein Sechstel, dem Freitagsgebet beizuwohnen. Abgesehen davon, daß die Schätzungen sehr vage sind, ist es fraglich, ob alle Praktizierenden regelmäßig das Freitagsgebet aufsuchen. Gerade die Frauen tun es häufig nicht. Auch ist die Teilnahme am Freitagsgebet kein zuverlässiger Indikator für eine intensivere islamische Praxis. Letztlich kann auf solchen Grundlagen nicht unterschieden werden zwischen praktizierenden und gebürtigen Muslimen. Laut einer globalen Schätzung des *Islamischen Zentralarchivs* in Soest, die auf der Mitgliederanzahl in islamischen Vereinen beruht, sind von den insgesamt 2,7 Millionen vermutlichen Muslimen, die Mitte der 1990er Jahre in Deutschland gelebt haben, etwa 120.000 als praktizierend einzustufen – das sind gerade mal 5 % gegenüber 95 % »Kulturmuslimen« (Heine 1997: 116), d.h. gebürtigen Muslimen (vgl. auch Spuler-Stegemann 1998: 39f.). Letztlich muß die Frage nach einer präzisen Verteilung zwischen gebürtigen und tatsächlich praktizierenden Muslimen somit offen bleiben, aber es wird deutlich, wo der Schwerpunkt liegt.

Der Anteil der Bielefelder ohne deutsche Staatsangehörigkeit lag im Jahre 1995 mit über 40.000 bei ca. 12,5 %. Etwa die Hälfte von ihnen stammt aus islamischen Kernländern, darunter über 80 % (rund 18.000) aus der Türkei. Die zweitgrößte Gruppe sind mit ca. 1.900 Personen Bosnier. Die drittgrößte Gruppe stammt mit knapp 600 aus Marokko, gefolgt von 255 Iranern, jeweils um die 100 Personen aus Afghanistan, Pakistan, Tunesien und Syrien sowie ferner jeweils um die 50 aus Ägypten, Algerien, Irak, Indonesien.[7]

Lokale muslimische Institutionen in Frankfurt und Bielefeld[8]

Die starke türkische Dominanz unter den Migranten aus muslimische Herkunftsgebieten spiegelt sich auch in der Moscheen-Landschaft wider. Die Dichte der Moscheen im Verhältnis zu den muslimischen Einwohnern ist in beiden Städten etwa gleich. Allerdings weist Frankfurt durch die größere Anzahl nicht-türkischer Muslime eine größere Anzahl an Gebetsräumen auf, die nicht türkisch-hanefitisch sind. Von den elf Moscheen bzw. islamischen Vereinen im Bielefelder Raum sind allein acht türkisch-islamisch. Bosnier und arabisch-maghrebinische Muslime haben jeweils einen Verein. Dazu kommt eine kleine lokale Gruppe, die zum Naqsbandi-Orden gehört und sich aus Türken, Arabern und Deutschen zusammensetzt.

In Frankfurt existierten um die Jahreswende 1994/1995 um die 25 Moscheen bzw. Gebetsräume. Sie gründen sich auf Vereine, die, wie auch in Belgien und den Niederlanden, in der rechtlichen Form als gemeinnützige Kulturvereine in das Vereinsregister eingetragen sind (Doomernik 1993). Im normalen Sprachgebrauch werden die einzelnen Einrichtungen in der Regel nach den Moscheen oder nach den Straßen benannt. Zum Beispiel lautet der offizielle Name der Taqwa-Moschee *Marokkanischer Verein für die Förderung des geistigen und kulturellen Gutes e.V.*; die zum *Verein der guten Sitten* gehörende *Fatih-Hamidiye-Moschee* wird im alltäglichen Sprachgebrauch nach der Straße, in der sie liegt, als Moschee Hinter der schönen Aussicht bezeichnet. Mehr als die Hälfte der Frankfurter Moscheen bzw. religiösen Vereine sind türkische. Vier bis fünf haben eine arabisch-maghrebinische Klientel, wobei Marokkaner als die zweitgrößte Gruppe unter den muslimischen Gastarbeitern die Mehrheit bilden. Dazu kommen jeweils eine afghanische, eine jugoslawische, eine iranische, eine pakistanische Vereinigung sowie ein *Bangladesh Islamisches Zentrum* und die aus Pakistan stammende *Ahmadiyya-Muslim-Gemeinde,* welche durch ihre Gründung in Frankfurt im Jahre 1959 die älteste Gemeinde Frankfurts ist und mit gegenwärtig fünf Zentren im Frankfurter Großraum und etwa 2.500 Mitgliedern (einschließlich Kinder) zu den größeren zählt. Im Vergleich zu allen anderen Gruppen findet sich hier die größte Beteiligung deutscher Muslime; sie verfügen über wichtige Positionen in Management und Außenrepräsentation. Ihre spezifische Synthese islamischer, hinduistischer und christlicher Dogmen, in der zum Beispiel die Bedeutung Jesus weitaus stärker betont wird als im Sunni- oder Shia-Islam, die Verehrung des Gründers Ghulam Ahmad (1839-1908) als Prophet hat der Ahmadiyya-Bewegung den Häresie-Vorwurf durch die Orthodoxie eingebracht. Auf der lokalen städtischen Ebene spielen solche theologischen Differenzen keine Rolle. Die offiziellen Vertreter anderer islamischer Vereine wissen bestenfalls, daß, was schon für sich als positiv gewertet wird, eine relativ große pakistanische islamische Gemeinde existiert; ansonsten hat man, außer vielleicht hier und da auf der Ebene des zufälligen, rein persönlichen, informellen Kontaktes, keine Berührungspunkte und sucht auch keine.

Es besteht eine muslimische interethnische Koexistenz auf der Basis, daß jeder Verein sich auf seine Belange und seine Klientel konzentriert. Die Organisation der jährlichen stattfindenden Islam-Woche in der Frankfurter Innenstadt sowie die Beobachtung des Mondes in der Sternwarte, um den exakten Beginn des Ramadan ankündigen zu können, werden in der Mitte der 1990er Jahre als die einzigen Kooperationsgelegenheiten benannt. In den letzten Jahren ist als eine weitere Plattform einer begrenzten Zusammenarbeit der kommunale Ausländerbeirat hinzugekommen, zu dessen Wahlen Vertreter einzelner Vereine antreten. Hier kann es in Einzelfällen zu Annäherungen von Vertretern verschiedener Vereine kommen durch gemeinsame Interessensartikulierung wie die Regulierung von rituellen Angelegenheiten im öffentlichen Raum (z.B. Begräbnisfelder). Von Allianzbildungen zu reden, wäre übertrieben; für Abgrenzungspolitiken gibt es wenig Anlaß. Der geringe Grad der institutionellen Einbindung und der politischen Wirksamkeit macht beides nicht erforderlich. Auch innerhalb der gleichen Landsmannschaft besteht eine Binnenorientierung auf die eigene ›Gemeinde‹[9]. Auf der anderen Seite nehmen Personen, die zahlende Mitglieder des einen Vereins sind, durchaus andere Moscheen zum Beten in Anspruch. Die Gründe können vielfältig sein: die rhetorische und rezitatorische Qualität eines bestimmten Imams, günstige Parkplatzverhältnisse, die Nähe zum Arbeitsplatz. Bezogen auf interethnische religiöse Kontakte dürfte die Einschätzung von Heine zutreffen:

> »In der Regel nehmen Araber oder Iraner nicht an Gottesdiensten teil, die in einer der zahlreichen ›türkischen‹ Moscheen stattfinden. ... Nach meinen Beobachtungen beruhen die vorhandenen sozialen Kontakte zwischen Muslimen unterschiedlicher Nationalitäten vor allem auf der Tatsache eines gemeinsamen Arbeitsplatzes oder anderer gemeinsamer Erfahrungen. Aus religiösen Gründen wird der Kontakt dagegen nicht gesucht« (Heine 1990: 95f.).

Die türkischen Moscheevereine sind nahezu alle in den bestehenden Dachverbänden organisiert (vgl. Binswanger 1990; Binswanger/Sipahioglu 1988; Heine 1990; Spuler-Stegemann 1998). Grob können sie eingeteilt werden in Moscheen, die dem türkischen Religionsministerium unterstehen, die einer mystischen Richtung angehören oder politisch-ideologisch orientiert sind (etwa in der Zugehörigkeit zur umgangssprachlich kurz Milli Görüs genannten *Vereinigung der Neuen Weltsicht in Europa e.V.*, abgekürzt AMGT).

Von den arabisch-maghrebinischen Vereinen in Frankfurt steht einer, der 1990 offiziell gegründete *Marokkanische Verein für die Förderung des gei-*

stigen und kulturellen Gutes e.V., in enger Beziehung zur marokkanischen Regierung und erhält auch, in als bescheiden angedeutetem Umfang, staatliche finanzielle Unterstützung. Hervorgegangen ist dieser Verein aus dem in den 1970er Jahren gegründeten *Freundschaftsverein Marokkanischer Arbeiter*, der eine Art lokale informelle Zweigstelle des Konsulats in Bonn war. Heute dient er zur Kanalisierung von Informationen, die Rechtsangelegenheiten der Frankfurter Marokkaner in Marokko, Änderungen in der marokkanischen Verwaltung, zum Beispiel hinsichtlich Zollangelegenheiten, Beratung in Richtung Firmengründung oder Studienmöglichkeiten in Marokko betreffen. In den 1980er Jahren, so lokale Informanten, habe sich im Freundschaftsverein eine religiöse Fraktion herausgebildet, die schließlich 1994 ein ehemaliges Fabrikgebäude erwarb. Die gegenwärtige Zahl der Vereinsmitglieder benennt eine im Büro hinter dem Schreibtisch aufgehängte Liste, die die Beitragszahlungen erfaßt, mit exakt 635, aber, so wird revidiert, faktisch liege die Zahl irgendwo zwischen 300 und 400. Diese Liste spiegelt wider, daß es sich bei den eingetragenen Mitgliedern in der Regel um Familienväter handelt; jeder Name steht somit für eine Familie. Nur in wenigen Fällen sind die Mitglieder weiblich; vermutlich handelt es sich um Witwen. Die Aufgaben und Funktionen des Vereins werden folgendermaßen umrissen: An den Samstagen und Sonntagen findet ein jeweils vierstündiger Arabisch- und Koranunterricht statt. Zum Ende des Jahres 1994 waren 250 Kinder und Jugendliche, darunter 80 Mädchen und 170 Jungen, nach Geschlechtern getrennt eingeteilt in 7 Gruppen, angemeldet. Pro Jahr und Kind entrichten die Eltern einen Beitrag von bis zu 100 DM, ausgenommen sind Sozialhilfeempfänger. Es gibt eine Fußballgruppe, jeweils eine Theatergruppe für Jungen und Mädchen. Laut Planung soll in dem neuen Gebäude, dessen Renovierung zur Zeit der Erhebung noch nicht abgeschlossen war, ein Jugendcafé eingerichtet werden, um »die Jugendlichen von der Straße wegzuholen«. Ebenso sollen ein Computerraum zur Fortbildung sowie, für die Mädchen, ein Nähraum eingerichtet werden. Der Imam ist die einzige Person, die hauptamtlich tätig ist und ein Gehalt bezieht. Zu seinen Aufgaben zählen: die Durchführung der fünf täglichen Gebete und des Freitagsgebetes; die Durchführung von Arabisch- und Koranunterricht einmal in der Woche für Analphabeten; das Besuchen von Kranken und Gefängnisinsassen; das Abhalten von sogenannten »Fragestunden« bezüglich religiöser Angelegenheiten – zum Beispiel wie man richtig betet – an den Samstagen und Sonntagen; die Begleitung und Vorbereitung der jährlichen Pilgerfahrt nach Mekka, wozu nicht nur das Üben von Verhaltensregeln und die Erläuterung des Ablaufes gehört, sondern auch ein Konditionstraining, das Waldläufe/Jogging einschließt, um die körperlich anstrengende Hadsch unbeschadet zu überstehen. Diese Aufgabenstruktur, wozu auch noch die Funktion der Moscheen als Ort für Hochzeits- und religiöse Feste gehört, findet sich im wesentlichen auch in den anderen größeren Vereinen bzw. Moscheen. Umfang und Ausführung sind abhängig vom Engagement der Mitglieder.

Ein anderer, seit Anfang der 1980er Jahre in Frankfurt ansässiger Verein, der Unterstützung aus Saudi-Arabien bezieht, worüber unter anderem das Angebot an Büchern Auskunft gibt, gehört zur *Islamischen Gemeinschaft in Deutschland e.V.*, dessen Zentrale in München ist, von wo auch die Unterhaltungskosten für die Miete des Hauses und das Gehalt für den Imam kommen. Von diesem abgespalten hat sich nach internen Auseinandersetzungen 1993 ein autonomer Verein (*Arabisches Kulturzentrum e.V.*, Tariq Ibn Ziad-Moschee), der wie die zuerst genannte Taqwa-Moschee vor allem marokkanische Mitglieder und Besucher umfaßt, aber weder staatliche Anbindung noch Zuwendung hat (allerdings das staatliche Augenmerk auf sich richtet; man spricht von Spionen aus dem Konsulat). Der Verein trägt sich aus den Mitgliedsbeiträgen, die wie überall Spenden genannt werden; dazu kommen, wie bei vielen anderen auch, wahrscheinlich – aber selten bestätigt – Einkünfte, die aus angegliederten Lebensmittelläden oder Friseurstuben[10] fließen. Hinzuzufügen sind noch die vielen unentgeltlich geleisteten Arbeitsstunden und Sachspenden (z.B. Wandfliesen, die aus dem Urlaub mitgebracht werden), die in die Renovierung der Gebäude fließen. Augenfällig spiegeln die arabisch-maghrebinischen Vereine eine Verteilung nach sozioökonomischen Merkmalen wider. So kann man beide marokkanischen Vereine als ›Gastarbeiter- Vereine‹ bezeichnen, das heißt, die Mitglieder und Besucher setzen sich vor allem aus Arbeitsmigranten zusammen, ergänzt durch Studenten der jüngeren Generation. Den Vorstand bilden die Älteren der ersten Generation. Sie leben seit den 1960er Jahren in Deutschland; viele von ihnen sind infolge der Anwerbemaßnahmen der Deutschen Bundespost und der Deutschen Bundesbahn migriert. Die *Islamische Gemeinschaft* dagegen stützt sich nach der Spaltung vor allem auf Studenten bzw. ehemalige Studenten aus diversen, vorwiegend arabischen Ländern.

In Bielefeld wiederum besteht seit den 1980er Jahren eine marokkanische Moschee, das heißt eine islamische Gemeinde, die sich zum größten Teil aus Marokkanern, die die größte arabisch-maghrebinische muslimische Gruppe in der Region bilden, zusammensetzt und in einer Etage eines ehemaligen Fabrik- und Bürogebäudes untergebracht ist. Eine neu gebildete arabische, vorwiegend ägyptische Gruppierung hatte sich zu Beginn der 1990er Jahre gebildet und auch eigene Räume nicht weit entfernt angemietet. Finanzielle Probleme zwangen beide Gruppen zur Fusionierung. Die arabische Fraktion, darunter überwiegend Akademiker, hat die Führung übernommen. Da, im Gegensatz zu den Frankfurter Vereinen, die jeweils über einen festangestellten Vollzeit-Imam verfügen, kein fest angestellter Imam bezahlt werden kann, übernimmt einer von ihnen die Rolle des Vorbeters. Für die Dauer der Ramadan-Zeit wird ein Gast-Imam aus einem arabischen Land eingeladen. Die drei Frankfurter Vereine verfügen über relativ großzügige Räumlichkeiten, die in einen größeren männlichen und einen kleineren weiblichen Teil, jeweils erreichbar über separate Zugänge, aufgeteilt sind. Die bescheidenen Raumverhältnisse in Bielefeld erlauben diese Ausstattung nicht. Folglich halten sich hier keine Frauen auf. Dieser Zustand soll sich jedoch bald ändern; geplant ist der Kauf eines Hauses, das zur Moschee umgestaltet werden soll.[11]

Organisation und Geschlecht

Vergleicht man die soziale Struktur einzelner Vereine und die Leistungen, die sie für ihre Klientel erbringen, so kann man zunächst eine Unterscheidung treffen zwischen Familienmoscheen und Männermoscheen. Die Mitgliederlisten allein geben darüber wenig Aufschluß; sie verzeichnen fast ausschließlich männliche Mitglieder. Zuweilen werden aber auch weibliche Mitglieder auf eigenen Wunsch nicht in Listen, die von anderen einsehbar sind, eingetragen. In der Regel ist der männliche Haushaltsvorstand als offizielles Mitglied eingetragen und repräsentiert die gesamte Familie.[12] Die Männermoscheen werden gar nicht von Frauen frequentiert, auch nicht zu Ramadan. Häufig ist noch nicht einmal ein Raum für Frauen vorgesehen. Zuweilen gibt es in größeren Gebäuden separat gelegene Räumlichkeiten, manchmal eine ganze Etage, die als Frauenräume bezeichnet werden, aber keine Frauen, die ihn, vielleicht abgesehen von Hochzeitsveranstaltungen, nutzen. Frauen, so eine abgegebene Erklärung vor allem in den türkischen Vereinen, gehen üblicherweise nicht in die Moschee. Ebenso gibt es kein Angebot an religiöser Unterweisung für Kinder. Die Familienmoscheen hingegen bieten regelmäßigen Koranunterricht an[13] sowie religiöse Unterweisung für Frauen (Tafsir, Fragestunden mit dem Imam), zuweilen auch Kurse mit weltlichen Inhalten wie Basketball, Nähen, Ernährung und Hygiene für Kleinkinder (AMGT). In ihren Räumlichkeiten werden religiöse Familienfeste (z.B. Hochzeiten, Geburtsfeste) abgehalten. Sie haben einen Gebetsraum für Frauen, an den stets ein eigener Waschraum, häufig auch eine eigene Küche angegliedert ist und der idealerweise einen separaten Eingang hat. Immer ist der männliche Gebetsraum der repräsentative heilige Raum, ersichtlich an der Ausstattung mit Gebetsnische (türkisch: Mihrap) und Kanzel (türkisch: Minber) und an der zentralen Lage. Der fast regelmäßig kleinere Gebetsraum für die Frauen befindet sich häufig im dunklen Souterrain oder im Dachgeschoß. Wo in großen Gebäudekomplexen eine Kantine bzw. eine Cafeteria existiert, ist diese allemal zentraler lokalisiert als der abseits liegende weibliche Gebetsraum. Seine marginale Position ergibt sich, außer aus der Etiquette, die vorsieht, daß Frauen von männlichen Blicken möglichst unbehelligt bleiben, auch daraus, daß die Teilnahme von Frauen am Freitagsgebet in den türkischen Moscheen nicht üblich bzw. sehr gering ist. Auch in den Einrichtungen des VIKZ (*Verein Islamischer Kulturzentren e.V.*, alltagssprachlich Süleymancilar genannt), der sich durch vergleichsweise rege religiöse Aktivitäten auszeichnet und in dem es regelmäßig einmal pro Woche eine abendliche Frauenveranstaltung gibt, besuchen die Frauen nicht das Freitagsgebet. Hingegen weisen die arabisch-maghrebinischen Familienmoscheen eine regelmäßige Frauenbeteiligung auf, die allerdings im Vergleich zur männlichen Präsenz wesentlich geringer ist. So werden in zwei Fällen die männlichen Besucher des Freitagsgebetes auf um die 400 bzw. 600 geschätzt, während die Anzahl der weiblichen Besucher sich zwischen 50 und 100 bewege.

Der organisierte Islam ist nicht nur durch eine männliche Dominanz geprägt, sondern auch durch eine Altershierarchie, die sich darin ausdrückt, daß die Männer der ersten Migrantengeneration zumeist Funktionärspositionen innehaben (vgl. auch Waardenburg 1988; Bastenier 1988). Allerdings ist zu differenzieren: Während in den Moscheen älteren Gründungsdatums die Männer der ersten Generation dominieren, treten in denen jüngeren Gründungsdatums die Männer der zweiten Generation in Leitungspositionen hervor. Letzteres zeigt sich deutlich in einigen Moscheen, die zur AMGT gehören. Zum Organisationsmuster der größeren Vereine gehören zunehmend auch männliche Jugendgruppen. Wenn die Räumlichkeiten es erlauben, ist ein Jugendcafé für männliche Jugendliche, zuweilen ausgestattet mit Billardtischen und Fußballkicker, vorhanden. Diese Ausstattung ist insbesondere in Vereinen der AMGT zu finden. Hier werden Jugendliche auch als individuelle Mitglieder mit monatlichen Beitragszahlungen registriert. Quer durch die Moscheen und ethnischen Zugehörigkeiten, von türkisch über marokkanisch bis hin zu pakistanisch, werden auch sportliche Aktivitäten angeboten. Fußball-, manchmal auch Basketballmannschaften oder Kampfsportgruppen sind häufig zu finden. Auch da, wo religiöse Formen sich mit einem Senioritätsprinzip verbinden, mögen die ›Alten‹ der ersten Generation die Leitung haben, aber die Bedeutung der Jungen und damit auch Effekte, die aus ihrer spezifischen Lebenslage resultieren, gewinnen zunehmend an Raum. Das zeigt sich in zwei jungen Funktionen: in der Außenrepräsentation, die Auftritte in den Medien oder regelmäßige, öffentlich angekündigte Führungen durch die Moschee einschließt, und in laienhaften sozialarbeiterischen Ansätzen im Umgang mit Jugendlichen, ausgehend von sozialen (statt religiösen) Bedürfnissen und den eigenen Erfahrungen intergenerationeller Konflikte. Hier finden sich somit Anzeichen einer Umorganisierung traditionell-hierarchischer Strukturen. In bezug auf die Frauen und Mädchen ist zu bemerken, daß Freizeitangebote in Moscheen bzw. Moscheevereinen für sie wesentlich seltener zu finden sind. Andererseits zeugt die Angliederung jener neuen, nicht rituell besetzten Funktionen von Spalten im Organisationsgebäude des Religiösen, die den Frauen der zweiten Generation über den Weg der Repräsentation Zugang zu ihnen verschaffen können (vgl. auch Jonker 1999).

Generalisierend läßt sich trotz Veränderungstendenzen diagnostizieren, daß Frauen im organisierten Islam weitgehend eine marginale Position einnehmen (vgl. auch Heine/Heine 1993). Der weibliche Islam, das heißt der von den Frauen praktizierte Islam, ist vor allem abseits der Organisationen im privaten Rahmen und in den Haushalten situiert (z.B. Andezian 1988; Bastenier 1988). In den Moscheen sind Frauen zumeist nur zu bestimmten Gelegenheiten, sozusagen außeralltäglich, präsent. Eine dieser Gelegenheiten sind die Koranrezitationen, zuweilen Ringlesung genannt, während der Ramadanabende. In manchen *Sufi*-Gemeinschaften (*tariqat*) erfolgen in den Moscheen *dhikr*-Treffen für Frauen, die zu den Techniken der islamischen Mystik gehören (manchmal als Meditation umschrieben). Hierbei wird im rhythmischen Rezitieren von Koransuren und der Aufzählung der Namen und Attribute Gottes eine Verbindung zwischen Gott und Selbst hergestellt, die in einen Trance-Zustand münden kann. Vom orthodoxen Islam werden diese Praktiken abgelehnt. Das hält aber auch Muslime, die sich selbst nicht als Sufis bezeichnen, jedoch auch nicht einer streng rationalen Richtung folgen, nicht davon ab, *dhikr*-Versammlungen zu besuchen oder sogar selbst zu veranstalten. Ein berühmter Sufi-Scheich, der eine Versammlung abhält, zieht Muslime aller Richtungen an.

Eine solche partielle rituelle Integration der Frauen in Verbindung mit Strukturen der Geschlechtersegregation führt zuweilen zu spezifischen weiblichen Positionen. Im Falle des *Vereins Islamischer Kulturzentren* (VIKZ) werden intern weibliche Hocas ausgebildet. Informellen Informationen zufolge werden Mädchen, die sich im Koranunterricht als besonders motiviert erweisen und die längere Zeit dabeibleiben, was in der Regel voraussetze, daß sie in ›tiefgehend‹ religiösen Elternhäusern aufwachsen, in internen Seminaren, zunächst durch den Hoca des lokalen Vereins, zu Expertinnen ausgebildet. Später lehren sie selbst, manchmal erst fünfzehnjährig, beginnend bei den Anfängerinnen und zunächst noch unter Anleitung, Mädchen im Grundschulalter wie auch ältere Frauen das arabische Alphabet, das Rezitieren des Korans und die Grundfragen des Glaubens (im Interview bezeichnet als Katechismus), einschließlich ›islamische Kultur‹, wozu insbesondere die Bedeckungspflicht (lange Ärmel, weite Röcke, blickdichte Strümpfe, Kopftuch) ab dem 12. Lebensjahr gehört. Der Koranunterricht wird regelmäßig an Samstag- und Sonntagvormittagen erteilt sowie täglich in den Schulferien.[14] Zumindest der lokale Verein, den ich kennengelernt habe, rekrutiert seine Schülerinnen aus dem gesamten Stadtgebiet. Selbst Mädchen und Frauen, deren Väter bzw. Ehemänner bekanntermaßen mit anderen Vereinen, zum Beispiel dem AMGT assoziiert sind, nehmen am Unterricht teil[15], der sich durch eine zuverlässige Kontinuität, die auf einen festen Stamm von Mitarbeiterinnen zurückgeht, auszeichnet. Ein anderer Aufgabenbereich der weiblichen Hocas, die im Hinblick auf die unangefochtene Autorität des leitenden Hocas einer Moschee als Hilfshocas bezeichnet werden können, erstreckt sich auf die meist an Wochenenden stattfindenden Zeremonien in Privathaushalten anläßlich von Geburten, Hochzeiten und Todesfällen, wo sie religiösen Gesang und Koranrezitationen bieten. Manche, die über sehr schöne Stimmen verfügen, werden fast jedes Wochenende geordert. Eine von ihnen merkt im Gespräch an, daß die meisten Leute die Zeremonien aus Gewohnheit durchführen ließen und nicht aus innerlichen Motiven. Sie resümiert: »Es ist wie bei Ihnen, den Christen. Die meisten sind nicht richtig gläubig.« Frauen füllen somit bestimmte religiöse und rituelle Funktionen aus und sind anerkannte Experten; von Entscheidungen, die den lokalen Verein betreffen, sind sie jedoch ausgeschlossen. Generell jedoch ist hier, wie auch in anderen Vereinen bzw. Moscheen, die Autorität an der Spitze männlich.

Ein weiteres Muster weiblicher Partizipation ist bei der *Ahmadiyya-Muslim-Jamaat,* einer anderen modernen, im Jahre 1889 von Ghulam Ahmad in Indien gegründeten islamischen Richtung – die Encyclopedia of Islam bezeichnet sie als »a late Indian sufi version of Islam activated by modern-Western infiltrations« –, gekennzeichnet durch christliche wie hinduistische Einflüsse (1960: 301). Ahmadis sind vor allem in Pakistan zu finden, aber infolge Vertreibung und reger missionarischer Tätigkeit quer über den gesamten Globus verstreut. Seit 1922 gibt es, auf Anregung des damaligen zweiten Kalifen, dem Oberhaupt der Bewegung, eine Frauenorganisation. An der Spitze dieser Frauenorganisation sind die nationalen Frauenverbände, deren Präsidentinnen dem in England lebenden Kalifen unterstehen. Den Boden bilden die lokalen Frauenverbände. Die lokale Frankfurter Präsidentin verfügt über einen Mitarbeiterstab, bestehend aus etwa acht »Sekretärinnen« mit verschiedenen voneinander abgesteckten Aufgabenbereichen. Diese erstrecken sich von der Kanalisierung von Informationen, der Kontrolle der Finanzen über die Produktion von Beiträgen für die Gemeindezeitung und ihren Vertrieb bis hin zu Wohlfahrt, Kinderarbeit, Erziehungswesen und Bildung. Letzteres schließt die Organisation von Korankursen, die Betreuung von Konvertiten, die Vermittlung religiösen Wissens wie auch der richtigen islamischen Lebensweise ein – die Informantin, auf die diese Ausführungen zurückgehen, hebt an dieser Stelle insbesondere die Ramadanzeit mit erhöhten Ansprüchen an die Selbstkontrolle hervor. Für Mädchen werden Freizeiten – auch ins Ausland – organisiert. Die Absicht, unentgeltliche Arbeit in personell knapp besetzten Wohlfahrtseinrichtungen, zum Beispiel Altenheimen, zu leisten, sei zum Leidwesen der pakistanischen Flüchtlingsfrauen, die sich auf diese Weise gerne für die erhaltene Unterstützung der Deutschen und des deutschen Staates bedanken würden, bisher an den Trägern solcher Einrichtungen gescheitert, so daß die karitative Arbeit sich vornehmlich auf die Unterstützung internationaler Projekte, wie etwa der Flüchtlinge aus Bosnien, oder Solidaritätsleistungen innerhalb der eigenen Gemeinde beziehe.

Für die Ahmadis wie für die Süleymancis gilt, daß die Spitze der Organisation männlich ist. Der Hoca bzw. Imam als höchste lokale Autorität wendet sich gegebenenfalls an die Frauen, aber umgekehrt nehmen die Frauen keine geschlechterübergreifenden Funktionen wahr. Dieses asymmetrische Verhältnis spiegelt sich auch horizontal, im Geschehen innerhalb der anderen Gemeinden wider. So läßt sich beobachten, daß bei Festen – ich beziehe mich hier auf solche nicht ritueller Art, die man als Gemeindefeste bezeichnen kann, mit Spielen für die Kinder, manchmal kombiniert mit Basaren, deren Erlöse für karitative Zwecke wie die Unterstützung von bosnischen oder tschetschenischen Muslimen gedacht sind – die anfängliche räumliche Geschlechtersegregation, die spontan in freien Räumen wie dem Hof errichtet wird, sich zugunsten der Männer verschiebt. Je länger ein Fest dauert, um so häufiger wird von männlicher Seite dieses Prinzip durchbrochen. Auch einzelne Männergruppen, die plaudernd irgendwo am Ende des Hofes stehen, schieben sich nach einer Weile, ohne ersichtlichen Grund, langsam aber sicher immer näher heran, so als ob sie signalisieren wollten, daß die Veranstaltung nun lange genug gedauert habe. Die meisten Frauen stören sich nicht daran, zumindest lassen sie es sich nicht anmerken, aber es wird allmählich eine Aufbruchstimmung produziert. Und wenn, wie zum Beispiel während der Darbietung einer männlichen, auf militärische Klänge spezialisierten Musikgruppe in malerischen Uniformen aus osmanischer Zeit, die bei solchen Gelegenheiten einen Auftritt hat, die größere männliche Zuhörerschaft allmählich, langsam aber unaufhaltsam wie eine Welle immer näher an das weibliche Areal heranebbt, weichen die Frauen automatisch zurück, so daß ihr Raum sich zunehmend verschiebt und verkleinert und sie immer dichter zusammenrücken, sich auch bedrängt fühlen, bis sie schließlich das Terrain aufgeben. Eine interessante Beobachtung war bei einem dieser Feste, das in einem Verein mit sufitischer Ausrichtung stattfand und sich vom Hof auf die angrenzende (vorher von der Polizei ordnungsgemäß gesperrten) Straße erstreckte, zu machen: Zu vorgerückter Stunde am späten Nachmittag erschienen auch einige wenige junge Familien bzw. Ehepaare neo-islamischer Ausrichtung, die sonst zu dieser ›Gemeinde‹ kaum Kontakt haben. Sie hatten sich nicht in die Geschlechter-Raumordnung eingefügt, sondern blieben in einer räumlichen Randposition, distanziert das Geschehen betrachtend, und zwar als Paare. In solchen Szenen repräsentieren sich Ausdifferenzierungs- und Wandlungstendenzen, die an der alltagsweltlichen symbolischen Ordnung ansetzen. Hinsichtlich des männlichen Privilegs der Überschreitung von Grenzen scheint es üblich zu sein, daß der eine oder andere Mann unter dem Vorwand unaufschiebbarer Ordnungsaufgaben den Frauenraum betritt und zuweilen unverblümt den Blick schweifen läßt. In der Regel scheinen sich die Frauen nicht daran zu stören, sie benehmen sich ohnehin kontrolliert ›öffentlich‹ oder sie lassen es sich nicht anmerken. Lediglich den zu Besuch weilenden jungen Frauen neo-islamischer Ausrichtung entschlüpfen leise Bemerkungen wie »Was hat der denn hier zu suchen?«. Umgekehrt sind solche weiblichen Interventionsakte nicht denkbar.

An der Spitze lokaler islamischer Organisationen in deutschen Rechtsformen stehen zwei Autoritäten. Das ist zum einen der Imam als rituelle Autorität, eine Position, die, je nach finanziellen Möglichkeiten einer ›Gemeinde‹, von einem Professionellen mit akademischem Abschluß hauptamtlich oder nebenamtlich, eventuell auch von einem Autodidakten mit Wissensvorsprung vor den anderen, ausgeführt werden kann. Die andere Autorität ist der Vereinsvorstand (faktisch können das ein oder zwei aktive Personen sein), der als Repräsentant nach außen fungiert und interne Organisationsangelegenheiten regelt. Auch der Vorstand wird fast immer von Männern besetzt. Aber es gibt Ausnahmen. Im Rahmen dieser Untersuchung war das in zwei Vereinen der Fall. In dem einen, einer Neugründung, handelt sich dabei um zwei Ehefrauen, deren Männer ebenfalls im Vorstand sind. Zwei Motive liegen zugrunde. Das eine ist unmittelbar praktischer Art und reflektiert die Streuung der langfristig ansässigen und sozial etablierten Araber in Deutschland, vor allem außerhalb der Ballungszentren. Der Kreis der befreundeten, allesamt akademisch gebildeten Gründungsmitglieder im begrenzten lokalen Rahmen ist zu klein, um die rechtlich erforderliche Anzahl von Vorstandsmitglieder zu rekrutieren. Also wird sozusagen mit den Frauen ›aufgefüllt‹. Das andere und in diesem Fall gewichtigere Motiv ist die symbolische Gleichstellung der Frauen, indem Frauen mit gleichem Bildungsniveau und islamischem Engagement gleiche offizielle Positionen innehaben. Dieses ist durchaus als Zeichen einer internen islamischen Auseinandersetzung um die symbolische Ordnung zu sehen. Neo-islamische Intellektuelle reifizieren damit ihr Konzept einer moralisch begründeten Geschlechtersegregation, das sich nicht auf Hierarchie, Exklusion und räumliche wie ›habituelle‹ Trennung gründet, sondern auf Konsens und Kooperation. Zwischengeschlechtliche öffentliche Kommunikation (zwischen Nichtverwandten beiderlei Geschlechts) wird möglich im institutionellen Rahmen, im Engagement für allgemeine Interessen (für die Muslime) und durch die Technik der individuellen Selbstdisziplinierung als Voraussetzung für die gegenseitige, vom Geschlecht unabhängige Anerkennung als islamische Person. Unter der Voraussetzung dieser »Geschlechterverhältnisse im Rationalisierungsprozeß« (Reese et al. 1993) finden hin und wieder von dieser Gruppe (und ähnlichen) initiierte öffentliche und private Diskussionsrunden statt, an denen beide Geschlechter teilnehmen. An vereinzelten weiblichen Kommentaren läßt sich ablesen, daß solche Übungen moderner islamischer Interaktion, die eine praktische Arbeit der symbolischen Umordnung sind (vgl. Bourdieu 1997), durchaus nicht einfach zu bewältigen sind, weil immer wieder die Grenzen ausgelotet und Konsensverfahren hergestellt werden müssen. Moralische und habituelle Probleme tauchen auf, die sich den Frauen nicht in anderen Feldern, wie zum Beispiel in der koedukativen Schulklasse, stellen.

Als Zwischenresümee läßt sich hinsichtlich der weiblichen Partizipation in den Moscheen festhalten: Lediglich in konservativ-traditionellen, stark zentralisierten und organisierten Gemeinschaften wie den Süleymancilar, in denen wöchentliche Frauenversammlungen stattfinden und Koranlehrerinnen bzw. »kleine Hocas« (in der eigenen Formulierung) ausgebildet werden, oder den, freilich anders orientierten, Ahmadis sind aufgrund einer klaren ideologischen Geschlechterordnung und einer räumlichen Geschlechtertrennung Strukturen einer kontinuierlichen weiblichen Einbindung – bei einer gleichzeitigen Hierarchie – vorhanden. In den Organisationen moderner, universal orientierter Muslime findet sich die Tendenz, eine Moral der Geschlechterbeziehungen, die Distanz einschließt, mit einer rationalisierten zwischengeschlechtlichen Kommunikation zu verbinden. Ansonsten sind Frauen in den organisatorischen Strukturen der westlichen islamischen Landschaft kaum vorhanden und von Entscheidungen und Politiken in den Moscheen ausgeschlossen. Die Strukturen der Geschlechtertrennung schließen einen formellen Fluß von Informationen von der männlichen zur weiblichen Seite der Moschee, so es diese gibt, aus.[16] Vergleicht man die einzelnen Moscheen, so haben Frauen in den überwiegenden Fälle keine kontinuierliche Präsenz. Sie sind in den größeren Vereinen nicht von religiösen Dienstleistungen ausgeschlossen: Sie nehmen teil an der gemeinsam vollzogenen Pilgerfahrt nach Mekka und deren sich über Wochen hinziehenden Vorbereitung. Der Imam bietet ihnen Beratungsstunden bezüglich religiöser Fragen an. Sie veranstalten während der Ramadanzeit abendliche Ringlesungen, in denen der gesamte Koran auf dreißig Abende verteilt rezitiert wird. Aber sie haben in der Regel keinen regelmäßigen alltäglichen Anschluß an die Moschee, wie ihn Männer durch die Arbeit in der Organisation oder durch das angebundene Café haben können.

Allerdings sind auch die Möglichkeiten zur Veränderung dieser Situation nicht ausgeschlossen, wenn eine entsprechende Interessenformulierung stattfindet. So haben Ende 1995/Anfang 1996 in einer Moschee jüngere, teilweise deutschstämmige Muslimas mit türkischstämmigen Frauen der ersten Generation durch ihr gemeinsames Interesse an einer regelmäßigen Teilnahme am Freitagsgebet zusammengefunden. In dieser, seit Anfang der 1990er Jahre in einem schrittweise umgebauten Fabrikgebäude lokalisierten Moschee gab es zwar einen Raum für die Frauen, der aber aufgrund des starken männlichen Andrangs an den Freitagen von den Männern gefüllt wurde, weil Frauen nicht regelmäßig teilnahmen. Nur war ihnen jetzt der Zugang unmöglich. Nachdem die Frauen ihr Interesse angezeigt hatten, wurde ein weiterer, ebenfalls separat zugänglicher Raum ausgebaut. Die großzügigen Räumlichkeiten und, wie zu vermuten ist, eine Intervention des Hocas zugunsten der Frauen ermöglichten diese Lösung. Häufiger scheint es allerdings zuzutreffen, daß Frauen sich den Gegebenheiten fügen, weil sie die Moschee nicht als für sie zentrale Institution betrachten.

In diesem Beispiel haben wir den eher seltenen Fall einer intergenerationellen weiblichen Interessensbündelung, während dagegen eine intergenerationelle Separierung die Regel zu sein scheint. Die oben angeführten Dienste werden von den jungen Frauen nicht oder nur selten in Anspruch genommen. »Unter Frauen« so führt eine der jungen unverheirateten Frauen an, »macht das echt keinen Spaß«, und es macht keinen Spaß, weil die Älteren sich anmaßen, das Verhalten der Jüngeren zu kontrollieren, es auch recht indiskret allen Ohren zugänglich kritisieren, weil sie auf Förmlichkeiten und auf das Respektieren der bloßen, von jeglichen individuellen Verdiensten ledigen Altershierarchie Wert legen. Sie selber, wie viele andere auch, sieht für sich keinen Anlaß für einen Moscheebesuch.

Allerdings zeichnen sich Veränderungen ab. So sind während der ersten Hälfte der 1990er Jahre Frauen- bzw. Mädchengruppen entstanden. Das sind zum einen relativ feste Gruppen, die sich zu festgesetzten Zeiten in der Moschee (in der Regel eine jüngeren Gründungsdatums) treffen oder auch in privaten Räumen. Zum anderen handelt es sich um Organisationen, die außerhalb der Moscheen angesiedelt sind. Im folgenden Abschnitt werden vor allem die Gruppen der ersten Form vorgestellt.

Mädchengruppen in den Moscheen

In den Gemeinschaften, die, wie bei den Süleymanli und der Ahmadi, eine inkorporierte Präsenz von Frauen aufweisen, ist eine bestimmte Gruppe von jungen Muslimas[17], die ich hier zu Zwecken der Abgrenzung als Neo-Muslimas bezeichne, kaum zu finden. Abgesehen von den ethnischen Affiliationen dieser Gruppen sind es die relativ starken organisatorischen Regulierungen, die Bindung an ein Oberhaupt (Hoca, Scheich, Khalif) und die eindeutig konservativ-hierarchischen Geschlechterbeziehungen, die ihrer individuumsorientierten Attitüde entgegenstehen.

Ein eher uneindeutiges Bild bieten die einzelnen lokalen Organisationen der AMGT. Der Weiblichkeitsdiskurs, der zum Bestandteil des modernen Islam geworden ist und von islamischer Seite aus zu Inklusionssemantiken und -praktiken geführt hat, zeigt sich, bezogen auf die türkische Moscheenlandschaft, am deutlichsten bei der AMGT. Im Vergleich von vier Zweigstellen ergibt sich folgendes Bild: Ein großer Frankfurter Verein hat eine Art Frauenprogramm, das an Volkshochschulangebote erinnert: neben Kursen zur Koranrezitation und -exegese stehen Nähen, Seidenmalerei, Säuglingspflege, Basketball, Calanetics zur Auswahl. Zur Zeit meines Besuches lag dieses Angebot allerdings, aufgrund geringer Nachfrage und fehlender Kursleiterinnen, weitgehend brach. Ein anderer kleiner Verein mit nur wenigen, zumeist miteinander verwandten Mitgliedern im Frankfurter Außenbezirk wurde regelmäßig am Wochenende von Frauen gemischten Alters aufgesucht; Bemühungen der Jüngeren, Gleichaltrige zu werben, blieben weitgehend erfolglos. Ein weiterer kleiner Verein wird, abgesehen von Koranschülerinnen, überhaupt nicht von Mädchen und jungen Frauen aufgesucht. Zwar haben die jungen Männer eigene Räume (ein separat zugängliches sogenanntes Jugendcafé), nicht aber sie. Ein Frauenraum ist zwar vorhanden, aber der Zugang zu ihm führt mitten durch die sogenannte – von Männern besetzte – Kantine, und dort von männlichen Blicken begleitet hindurch zu defilieren, wird als äußerst peinlich empfunden.

Aber nicht nur die räumliche männliche Kontrolle hält die jungen Frauen vom Besuch der Moschee ab. Auch das, worüber sie sprechen wollen, Themen, die, wie zum Beispiel AIDS, durch ihre Verbindung mit Sexualität nicht gerade dem Ort angemessen erscheinen, führt sie aus der Moschee heraus. Als Alternative initiierten junge Frauen einen rotierenden »Mädchentreff«, der im mehrwöchigen Abstand reihum in den privaten Wohnzimmern stattfindet, immer gerade dort, wo der Vater Spätschicht hat und die restlichen Familienmitglieder woanders hingeschickt werden können. Aus den Informationen einer der Initiatorinnen ergibt sich folgendes Bild dieser Zusammenkünfte: Häufig werden Video-Filme, die aus der Schule, der Bibliothek oder der Videothek stammen, gemeinsam angesehen und diskutiert. Das kann ein Bericht über AIDS sein, anhand dessen man – Gesundheit, Wissenschaft und islamische Weisheit verbindend – diskutieren kann, »warum man vor der Heirat keinen Geschlechtsverkehr haben sollte«, oder ein Beitrag über Brustkrebs und Maßnahmen für Frauen, »auf sich aufzupassen«. Auch »islamische Filme« bzw. Filme, die den Islam thematisieren wie »Nicht ohne meine Tochter«, wo der Iran der 1980er Jahre aus der Sicht einer Amerikanerin dargestellt wird, geben Anlaß zu Diskussionen.[18] Nur einige, die zu diesen Treffen kommen, sind Kopftuchträgerinnen, während die anderen jene sind, die »auch mal ein bißchen vom Islam mitkriegen sollen«. Aus den Informationen über diesen von Wohnzimmer zu Wohnzimmer wandernden Mädchentreff geht hervor, daß hier formale Vermittlungsformen abgelegt und Hierarchieformen umgangen werden. Das Verständnis vom Islam zeigt eine Entgrenzung: In Beziehung gesetzt zu AIDS und Wissenschaft wie zu lokalen Traditionen und Entwicklungen deutet sich eine alltagsweltliche Zusammenschließung von Islam und Universalismus an, die unter den älteren Frauen kaum zu finden sein dürfte, aber den Jüngeren erst Zugang schafft.

Im vierten Fall, ebenfalls einer größeren ›Gemeinde‹, trafen sich vor einiger Zeit junge Frauen an den Wochenenden. Geleitet wurde dieses Treffen von einer deutschen Muslima. Aus nicht nachvollziehbaren Gründen hat sich dieser Kreis aufgelöst. Seitdem, so die Aussage einer jungen Frau, die diesem Kreis ihre islamische Sekundärsozialisation und Transformation vom rigiden türkischen Verständnis (ihrer Ansicht nach) zu einem mehr globalen, individuell-reflektivem verdankt, passiere dort für Frauen überhaupt nichts mehr. Diese vier Fälle zeigen, daß bereits in verschiedenen Zweigstellen der gleichen Organisation verschiedene Ausprägungen weiblicher Partizipation zu finden sind. Ihre Gemeinsamkeiten sind die schwache Institutionalisierung und die Abhängigkeit vom Engagement einzelner Personen.

Daß die Einrichtung sogenannter Mädchengruppen, die durchaus auch bereits verehelichte Frauen einschließen, nicht des Anstoßes durch Organisationen bedarf, sondern aus den Bedürfnissen der Frauen und Mädchen selbst resultiert, zeigt sich am Beispiel einer Gruppe, die sich in einer marokkanischen Moschee zusammengefunden hat. Bedingt durch die große Streuung von relativ wenigen marokkanischen Familien besteht bei den jungen Frauen eine Situation der Individualisierung. Insbesondere in den Schulen und erst recht in den Betrieben sind sie in der Regel die einzigen muslimischen ›Ausländerinnen‹ und die einzigen marokkanischer Abstammung. Spürbar ist ein Bedürfnis nach Kommunikation mit gleichgesinnten Frauen der gleichen Lebenslage. Wie wichtig die Kultur der Herkunft trotz der Einbettung in eine durch institutionalisierte Lebensverläufe gestaltete Universalkultur und in interethnische Freundschaftsbeziehungen ist, zeigt sich im doppelten Umgang mit Elementen der ethnischen Kultur in Situationen, die nicht durch Abruf geprägt sind, sondern durch spontanes Zusammenspiel: Beispielsweise stürmte während des Wartens im Hausflur einer Moschee vor der Tür des Frauengebetsraumes, wo eine Gruppe von Mädchen und jungen Frauen das Ende des Freitagsgebetes *(khutba)* erwartete, um den Raum für die Versammlung ihrer Mädchengruppe in Beschlag zu nehmen[19], eine junge Frau zu ihren Bekannten und fragte, die Pose des anpreisenden Händlers annehmend, ob jemand heiraten wolle. Sie könne ihren Bruder anbieten, der sich entschlossen habe, daß es an der Zeit sei zu heiraten. Er habe, so begann sie für ihn zu werben, sehr schöne Augen. Dafür fehle es ihm leider ein wenig an Hirn, aber erstens sehe man das nicht und zweitens hätten das ja alle hier angesprochenen Frauen selber, so daß man darauf verzichten könne. Denjenigen, die trotzdem Wert auf Hirn legten, könne sie allerdings einen anderen Bruder empfehlen, nur hätte der leider keine schönen Augen. Sie selber, wieder auf den ersten Bruder zurückkommend, würde die schönen Augen präferieren. Die anderen, den Einsatz aufgreifend und Interessentinnen mimend, spielten amüsiert mit und führten die Geschichte fort. Man kann sich diese Situation und ihre Komik in einem Kreis, der sich überwiegend aus Deutschen zusammensetzt, kaum vorstellen. Eigene Traditionen, die für die anderen ein Tabu sind, und die selber ambivalent als Gefahr, zumindest Unannehmlichkeit empfunden, aber zugleich auch in modifizierter Form affirmiert werden, weil als Angehörige einer versprengten Minderheit und als Muslima die alleinige Partnersuche schwierig ist (vgl. Kapitel 6), werden auf diese Weise und nur in diesem Kreis zu einem Gegenstand von Kommunikation, den man weder erläutern noch rechtfertigen muß gegenüber einer anderen ethischen und moralischen Orientierung.

Im Falle dieser Mädchengruppe, die mit 10 bis circa 30 Teilnehmerinnen, manchmal auch mehr, relativ groß ist, sind private Räumlichkeiten nicht mehr ausreichend. Die Nutzung bestehender öffentlicher sozialpädagogischer Einrichtungen für Mädchen ist, wie Tuchfühlungen einzelner muslimischer Frauen gezeigt haben, wegen der dort vorherrschenden Befürchtung von kontraproduktiven Effekten auf ihre Emanzipationsarbeit an benachteiligten Migrantenfrauen nahezu ausgeschlossen. Moscheen mit einem separaten Zugang zum weiblichen Raum zu nutzen, ist deshalb naheliegend. Die Beziehung der jungen muslimischen Frauen zur Moschee ist und bleibt, wie ich aus teilnehmenden Beobachtungen in zwei verschiedenen Einrichtungen, einer türkischen und einer marokkanischen, rekonstruieren kann, allerdings schwierig. Einerseits fühlen sie sich durchaus im Recht, die Moschee in Anspruch zu nehmen; schließlich sind sie Gläubige wie die Männer auch. Andererseits fühlen sie sich wie Eindringliche in einem Terrain, dessen Ausgestaltung andere vollziehen. Von seiten der Imame, in beiden Fällen jüngere, erst seit wenigen Jahren in Deutschland lebende studierte Theologen, die vorher um Erlaubnis gefragt wurden, die Moschee benutzen zu dürfen und zwar unter der Hinzufügung, daß man nicht nur über religiöse Dinge im engen Rahmen reden werde, ist die Initiative begrüßt worden. Der Imam ist aber nicht die einzige Autorität, und die Geschlechtersegregation verhindert den Austausch mit den Mitgliedern des männlichen, altersmäßig der Vätergeneration angehörenden und eher traditional eingeschätzten Vereinsvorstandes. Die Haltung derjenigen, die über die organisatorische Seite bestimmen, ist somit unbekannt. In einem Fall fand sich neben der von den jungen Frauen am Schwarzen Brett im Frauenraum ausgehängten Einladung zur Teilnahme an der Mädchengruppe eine nicht mit Namen gekennzeichnete Notiz von »den Männern« – vermutlich ein Angehöriger des Vorstands –, daß man diese Gruppe begrüße und ihr Erfolg wünsche. Die jungen Frauen waren einerseits erleichtert, weil ihr Tun somit im Nachhinein legitimiert war. Andererseits ist durch diese anonyme Form der Anerkennung nicht klar, von wem die Mitteilung stammt, so daß sie ist trotz des wohlmeinenden Inhalts ein unübersehbares Zeichen vorhandener, nicht durchschaubarer Kontrolle ist.

Das Bestreben der jungen Muslimas nach Eigenkontrolle und das Verständnis der Islamisierung als Akt der persönlichen Selbstsouveränität bei der gleichzeitigen Suche nach einer angemessenen, Traditionalismus transzendierenden islamischen Form, für die die Mädchengruppe ein Forum bildet, läßt sich mit diesem Ungleichgewicht nur schwer vereinbaren. Das Vermissen eines eigenen abschließbaren Raumes oder wenigstens eines abschließbaren Schrankes zur Aufbewahrung von Unterlagen, die nicht jeder einsehen kann, das Angewiesensein auf den Hausmeister, der den Schlüssel besitzt und um Zugang gebeten werden muß, die ständige Befürchtung, daß die Zusammenkunft plötzlich durch unvorhersehbare männliche Präsenz gestört werden kann, weil Männer freizügigen Zugang zum gesamten Gebäude haben und den Frauenraum bei Bedarf kurzerhand mitbenutzen, aber nicht bekannt ist, wann sie ihn beanspruchen, während die Frauen sich peinlich genau auf den Frauenbereich beschränken – all dieses demonstriert deutlich ihren Status als Gäste oder Bittsteller. Sie verhandeln nicht auf der Ebene des Rechts, innerhalb formaler Strukturen, die Ansprüche regeln, sondern sind abhängig von der Akzeptanz, der Rücksicht und Sensibilität der Männer und deren Verständnis vom Einhalten der Geschlechtersegregation. Es sind in diesem Kreis insbesondere die traditional eingestellten bzw. sich traditional gebenden Männer, denen gegenüber der Vorwurf mangelnden Taktgefühls fällt und deren ›unzivilisiertes‹, auf Bildungslücken zurückgeführtes Verhalten weder durch Konsens, formale Organisation noch durch den Imam kontrolliert werden kann.

Auffällig ist ein Kontrast zwischen der durchaus auch nach außen demonstrierten Affirmation als selbstbewußte, eigenverantwortliche islamische Frau und der Scheu, sich in offene Auseinandersetzung mit traditionalen muslimischen Männern, die auf dezente Hinweise nicht reagieren, zu begeben. Hier entstehen Spannungen zwischen einem sich mühsam angeeigneten islamischen »modesty code« (Antoun 1968), der kleinliche Streitereien um Ressourcen ausschließt und auf Reziprozität angewiesen ist und der eingeübten Attitüde offensiver Selbstbehauptung im nichtislamischen Bereich. Beispielsweise kann man – eigentlich kein adäquates Verhalten für eine Muslima, aber bei Verteidigungsbedarf verzeihbar – einem Lehrer gegenüber »ausrasten« und ihn anschreien, wenn man sich grob unwürdig behandelt fühlt, etwa wenn er eine Kopftuchträgerin zurechtweist, daß der Sportunterricht kein Raum für Modeschauen sei. Gegenüber einem, der sich als Muslim versteht und gar in der Moschee ist dieses Verhalten einfach undenkbar. Der Anspruch auf Anerkennung, der sich in den öffentlichen Institutionen normativ und mit einer großen individuellen Durchsetzungsfähigkeit häufig auch praktisch einfordern läßt, ist im strategischen Raum der Moschee mit seinem eigenen Ordnungsrahmen nicht mit den gleichen Mitteln wie außerhalb durchsetzbar. Die jungen Frauen wiederum, deren Selbstkonstruktion universalistisch geformt ist und die das traditionell-partikulare Regime als Randbedingung verorten und keine Kontrolle über es haben, wenn es im organisatorischen Rahmen auftritt, verfügen in diesem Raum über keine strategischen Potentiale. Die daraus resultierende Spannung ist ihnen bewußt. Die einzige konsequente Lösung, die sie sehen, liegt in der Abkoppelung. Diese zeigt sich in diesem speziellen Fall in dem Plan, demnächst einen eigenen Verein zu gründen und eigene Räumlichkeiten zu mieten.

Exkurs: Die Frauen und der Imam

Interessant ist, um es an dieser Stelle einzuflechten, das Verhältnis zwischen dem Imam und den Frauen. Der Imam ist zumeist formal entweder ein Angestellter des Vereins, von dem er entlohnt wird, oder er ist, falls sein Arbeitsplatz zu einem Verein gehört, der dem türkischen Ministerium für religiöse Angelegenheiten untersteht, ein Staatsangestellter. In beiden Fällen ist er abhängig von den Organisatoren dieses Vereins; zumindest ist er Gleicher unter Gleichen und hat durch seine Position keinen herausgehobenen Einfluß auf Entscheidungen in organisatorischen Angelegenheiten. Die Kontakte zu den Frauen ›seiner Gemeinde‹ erschöpfen sich weitgehend in den sogenannten Fragestunden, in denen es um religiöse Regulierungen geht; häufig sind es Fragen zu Gebetsritual und Reinheit oder ähnlichen Angelegenheiten, die, wie ein Imam im Gespräch deutlich unzufrieden anmerkt, jeder halbwegs gewissenhafte und gebildete Muslim eigentlich beherrschen sollte, sowie einfachere rechtliche Fragen. Aber auch außerhalb festgelegter Fragestunden kann der Imam jederzeit von jedem, auch jedem, der ›seine Moschee‹ nicht aufsucht, telefonisch konsultiert werden. Zuweilen auch wird ein Imam, vor allem wenn er sich für soziale Belange ›seiner Gemeindemitglieder‹ interessiert, mit Fragen konfrontiert, die den religiösen Bereich überschreiten und ihn zu einer Konfliktberatungsinstanz machen, etwa wenn es bei einem Ehepaar darum geht, wie oft eine Ehefrau ihre Eltern besuchen darf[20].

Die jungen modernen islamischen Frauen stehen, soweit es aus den Interviews ersichtlich wird, in eher distanzierter Position zum Imam bzw. Hoca. Sie halten es für überflüssig, sich an ihn mit Fragen zu wenden, die die persönliche islamische Lebensführung betreffen. Texte – Koran und *sunna* (Überlieferungen aus dem Leben des Propheten), Exegesen – und eigene Vernunft sind ihrer Meinung nach ausreichende Mittel zur Selbstvergewisserung. Autodidaktischer Erwerb von Wissen und Eigenverantwortung sind für sie die Grundkomponenten zur Erzeugung einer individuellen islamischen Lebensweise. Für Fragen des täglichen Lebens, die jeder selber beantworten kann, wenn er sich damit auseinandersetzt, einen Experten in Anspruch nehmen zu müssen, erscheint ihnen peinlich; zeigt das doch an, daß es dem Fragenden an Bildung, Wissen und Eigenverantwortung fehlt. Einen Experten fragen zu müssen gilt, außer wenn es sich um kompliziertere Rechtsfragen handelt, als Zeichen von persönlicher Schwäche und Abhängigkeit von Autoritäten. Es bezeugt übermäßige Bequemlichkeit und das Unvermögen, mit den einschlägigen Texten – allen voran mit dem Koran, in dem »alles steht« – umzugehen und selbst nachzudenken, über Analogieschlüsse zu angemessenen Lösungen zu kommen. Sie selber schlagen, wenn sich plötzlich Fragen ergeben, die mit dem aktuell vorhandenen Wissen nicht zu beantworten sind, in entsprechenden Büchern nach, diskutieren gegebenenfalls auch mit Freunden. Da das in der Regel reicht, konsultieren sie den Imam selten. Andere Gründe, Kontakt mit ihm zu suchen, gibt es kaum.

In besonderen Fällen, wenn es nötig ist, Angelegenheiten mit der Moscheeleitung abzuklären, dient der Imam als Mediator. Wenn zum Beispiel junge Frauen auf die Idee kommen, ein Kinder- bzw. ein Familienfest zu veranstalten, fragen sie zunächst den Hoca um Erlaubnis, die Moschee zu nutzen. Dieser gibt diesen Vorschlag weiter (oder auch nicht) und fragt, wie in einem Falle, auch nach, ob alles wie vereinbart gelaufen ist. Das war es in diesem Falle nicht, denn der Ladenbesitzer, von dem für das Fest einige Waren abgeholt worden waren, bestand entgegen vorheriger Absprachen auf Bezahlung, die die Frauen nun aus eigener Tasche leisten mußten. Der Hoca intervenierte und brachte ihnen das Geld zurück. Sie selber hätten die Angelegenheit von sich aus nicht zur Sprache gebracht, obwohl sie deutlich unzufrieden mit der gebrochenen Vereinbarung waren. In Fällen wie diesen deuten sich Allianzen zwischen den jungen Frauen und dem Imam an.

In dieser Funktion als Mediator und Vermittler von weiblichen Interessen überschreitet er seine engen, aufs Religiöse bezogenen und unbestreitbaren Kompetenzen und erhebt konkurrierende Ansprüche auf vorhandene Ressourcen und Handlungsspielräume. Möglicherweise disqualifiziert er seine Autoritätsposition, indem er von den traditionellen Ordnungsvorstellungen derjenigen, die im Verein das Sagen haben, abweicht. Schließlich ist auch er nur ein Mann, der sich von Frauen und Mädchen zu distanzieren hat. Andererseits kann ihm an Initiativen, die mehr Leute als gewöhnlich in die Moschee bringen, gelegen sein. Das prekäre Verhältnis zwischen Amtsperson und Geschlecht kann abgefedert werden durch die Vermittlung der eigenen Ehefrau. So hält zum Beispiel eine ohne Gesten der Herablassung Kopftücher bereit für die jungen Mädchen, die sich, eher zufällig und unvorbereitet und anscheinend auch sonst weitgehend religionsabstinent, zuweilen in der Moschee einfinden. Daß sie neben religiösem Wissen ein abgeschlossenes Wirtschaftsstudium hat, wirkt auf die Besucherinnen durchaus beeindruckend. In anderen Fällen fungiert die Frau des Imam als Vermittlerin vor allem für ältere Frauen, die sich scheuen, sich an den Imam mit Fragen zu wenden, die Körper und Sexualität betreffen.

Es scheint somit insgesamt, sehr dezent und in Ansätzen, zuweilen eine punktuelle Allianz oder zumindest eine Solidaritätsbeziehung zwischen dem Imam und den jungen islamischen Frauen zu geben. In den symbolischen Auseinandersetzungen um die Machtbalancen der Geschlechter und der Generationen kann er auf der Basis der Auslegung des Textes durchaus Schiedsfunktionen zugunsten der jungen Frauen erfüllen.

In den Mädchengruppen: Auf der Suche nach Form und Inhalt

Die Formierung von Mädchengruppen, ob innerhalb oder außerhalb der Moschee, ist ein unübersehbares Zeichen für die Ausdifferenzierung nach Altersklassen und Lebenslagen. Das Treffen in altersgleichen Gruppen durchbricht als Forum des Wissenserwerbs und des Austausches nicht nur die Situation der Vereinzelung, sondern ist produktiv hinsichtlich der Sondierung und Erzeugung eines ›praktischen weiblichen Islam‹. Die Schriften geben in normativen Regeln und empirischen historisch gebundenen Beispielen zwar Anhaltspunkte für das Allgemeine, aber nicht für die unmittelbare praktische Umsetzung in einzelnen aktuell relevanten Situationen und sozialen Feldern. Daher haben die Akteure eine Arbeit der praktischen Islamisierung zu leisten. Die folgenden Ausführungen gehen auf Diskussionen in zwei verschiedenen Mädchengruppen zurück, deren Treffen ich wiederholt beiwohnte, sowie auf Schilderungen in den biographischen Erzählungen.

Aufgesucht werden die Mädchengruppen von Mädchen und Frauen im Alter zwischen etwa 15 bis Mitte 20; die meisten sind nicht verheiratet, aber trotz der Bezeichnung ist nicht der Familienstand ausschlaggebend, sondern das persönliche Interesse. Es gibt einen kleinen Kern von Frauen, die bereits, wie eine wiederholte Formulierung lautet, »fest im Glauben sind« und die als Leiterinnen oder Lehrerinnen fungieren. Sie bereiten Themen vor, delegieren einzelne Aufgaben, zum Beispiel Referate. Sie sind diejenigen, an die sich die ›Islam-Anfängerinnen‹ mit Fragen wenden, die über umfangreiche Nachschlagewerke verfügen. Ein Hauptmotiv der Besucherinnen, von denen ein Teil regelmäßig, ein anderer nur gelegentlich kommt, ist das Aufarbeiten von Wissensdefiziten über den Islam. Es besteht ein drängenden Bedürfnis zu erfahren, was »meine Religion« eigentlich ist. Vielfach sind die Anfangskenntnisse nicht viel größer als bei durchschnittlichen Deutschen und das Auge der Leiterin erkennt bei neu Hinzukommenden, noch bevor diese sich inhaltlich äußern, an Details, zum Beispiel an der Unbeholfenheit, ein Kopftuch so zu positionieren, daß es tatsächlich und einigermaßen dauerhaft die Haare bedeckt, sofort, daß zu Hause der Islam überhaupt keine Rolle spielt, daß elementare Handlungen dort nicht in ursprünglicher Weise gelernt werden können. Die vorsichtigen Fragen, die sie an sie richten, basieren auf Erfahrungen, daß selbst Grundlagenwissen als nicht vorhanden vorausgesetzt werden kann. Hin und wieder haben in den ›Gastarbeiter‹-Haushalten die Eltern den Kindern Koransuren beigebracht, aber der Wissensbestand beschränkt sich auf mechanische Instruktionen und Repetition. Von den Mädchen türkischer Abstammung haben einige mehr oder weniger lange den Koranunterricht besucht, die maghrebinischer und arabischer Abstammung haben häufig aus Mangel an Gelegenheit am Wohnort keinen besucht. Der Koranunterricht ist nahezu die einzige Quelle für elementaren religiösen Unterricht, so daß er die Angelegenheit von Fachleuten und nur in Ausnahmefällen von Eltern ist.

Regelmäßige religiöse Praxis scheint überdies in vielen Fällen an den Alterszyklus gebunden zu sein. Werner Schiffauer (1988) und Paul Geiersbach (1990) beschreiben in diesem Zusammenhang eine Ökonomie der Akkumulation und Tilgung von Sünden, nach deren Logik erst im späteren Alter eine intensivere Auseinandersetzung mit Religion nötig wird, um den angehäuften Berg der Sünden abzuarbeiten. In diesem Sinne berichten einige Frauen, daß die Väter, manchmal auch die Mütter, erst kurz vor ihnen begannen, sich mit religiösen Prinzipien auseinanderzusetzen und einen für sie gültigen Lebenswandel, der zum Beispiel regelmäßiges Beten, gelegentliches Koranlesen sowie den Verzicht auf Alkoholgenuß und Kartenspiel einschließt, zu entwickeln, den sie nicht unbedingt auf die Familie zu übertragen suchen. Ausschlaggebend an diesem Muster ist für die Kinder, daß sie Religion nicht als frühzeitig inkorporiertes Kapital kennenlernen. Sie können sich davon als ›Vaters Angelegenheit‹ oder ›Mutters Angelegenheit‹ distanzieren oder, wenn sie ebenfalls beginnen, sich damit auseinanderzusetzen, mag nun das Vorbild der Eltern eine Rolle spielen oder nicht, dann findet das statt unter der Bedingung der Reflexion, die durch bereits, vor allem durch das Bildungssystem und alltagsweltliche Orient-Okzident-Imaginationen, eingepflanzte universale Rationalitätsprinzipien geprägt ist.

Anstöße zum Aufsuchen einer Mädchengruppe bilden nicht selten Situationen, in denen sie zum Islam als ihre Kultur befragt werden, wie zum Beispiel im Schulunterricht, und feststellen, daß sie nichts dazu sagen können. Neben dem Aufarbeiten von Wissensdefiziten geht es ihnen auch darum, die Wahrheit zu finden zwischen der traditionellen Imagination des Islam (soweit sie aus der alltagweltlichen Praxis der älteren Generation oder von Urlaubsaufenthalten im Herkunftsland bekannt ist), den Splittern der modernen islamischen Imagination des Islam (bekannt durch die mediale Vermittlung über östliche wie auch westliche Islamisierung wie Kopftuch-Affairen sowie durch zufällige persönliche Kontakte zu Mädchen, die sich verschleiern) und der anti-islamischen Imagination (spürbar zum Beispiel in der Herabsetzung der eigenen Kultur durch die Gleichsetzung mit Terrorismus in den Medien oder mit Geschlechterdiskriminierung in der Alltagskommunikation).

Betrachtet man die Mädchen in der Moschee, so ist auf den ersten Blick nicht ersichtlich, welche sich als gläubige Muslima begreifen. Alle tragen, dem Ort angemessen, Kopftuch, viele lange Röcke. Das heißt aber nicht, daß diese Kleider auch außerhalb der Moschee, auf der Straße und am Arbeitsplatz getragen werden. Viele wissen nicht, wie man betet und beäugen Betende mit großem Interesse. Eine für sie, auch wenn sie sich als gläubig bezeichnen, brennende Frage ist die nach dem Wahrheitsgehalt der Schöpfungsgeschichte, wenn es andererseits in der Schule heißt, der Mensch stamme vom Affen ab. Die Glaubwürdigkeit der Schöpfungsgeschichte wird aus der konkurrierenden Sicht der Evolutionstheorie überprüft. Der ständige Vergleich von Wissenssystemen, der sich auch auf andere Fragen bezieht, und von Verhaltenssystemen zieht sich wie ein roter Faden durch die Diskussionen und verlangt von der Leiterin und den fortgeschritteneren Muslimas, permanent religiöse Sätze mit wissenschaftsrationalen Erklärungen zu füllen und sie im stetigen Vergleich zu reflektieren, sie in ein plausibles Verhältnis zum säkularen Schulwissen und zum ›normalen‹ Verhalten zu bringen. Es ist somit nicht damit getan, mechanische Wissensbestände zu akkumulieren, sondern sie müssen sich in bestehenden, vorformulierten Sinnzusammenhängen legitimieren und mit ihnen konkurrieren können. Selbst überzeugte Frauen kommen somit immer wieder in die Pflicht der Argumentation und Reflexion. Dieses, so bemerkt eine der Leiterinnen einer Mädchengruppe, sei ein Merkmal der Mädchen in Deutschland. Sie selber, die überwiegend im islamischen Heimatland aufwuchs, sich dort kurz nach Beginn des Studiums islamisiert und einer studentischen Gruppierung angeschlossen hatte und somit eine vergleichende Perspektive hat, stellt fest, daß dort dieser ständige Vergleich eindeutig nicht präsent sei; entweder man sei gläubig oder nicht und wenn ja, bemühe man sich um Wissen darum, was richtiger, von der Tradition zu scheidender Islam sei, aber man befinde sich nicht ständig im Kampf mit anderen Weltanschauungen.

Neben den ›Anfängerinnen‹ finden sich in den Mädchengruppen ›Fortgeschrittene‹, für die es keine Frage ist, daß sie gläubige Muslimas sind. Ihr Wissensbestand ist bereits größer. Eines ihrer Hauptprobleme ist das Umsetzen religiöser Praktiken in den Alltag und ihre Begründung gegenüber den anderen. So wurde kurz vor Ramadan in einer Gruppe das Problem aufgeworfen, welches die adäquate Antwort auf die unausweichlich kommende Frage nach dem Grund für den Fastenmonat sei. Die Anderen, nichtmuslimische Mitschüler oder Arbeitskollegen, würden nach dem Anlaß als Erklärung fragen, analog zu ihrem christlichen Horizont, nach dem das Weihnachtsfest auf die Geburt Christi zurückgeführt wird. Da in der spontanen Diskussion kein vergleichbarer Anlaß gefunden wurde und auch keine eingängige Begründung für das spirituelle Erlebnis, wurde schließlich als Lösung die kurze, aber bestimmte Antwort, das Fasten gehöre zu den fünf Säulen des Islam und sei Pflicht für jeden Muslim, vorgeschlagen. Mit einer solchen Lösung wird eine Abkopplung von einer durch die anderen auferlegten Erklärungsverpflichtung vollzogen und von ihnen verlangt, das Gegebene zu nehmen wie es ist, ohne Kommunikationszwang. Diese pragmatische und selbstbewußte Lösung, die im Horizont die Absage trägt, sich, sein Handeln, überhaupt seine Existenz in Deutschland ständig rechtfertigen zu müssen, stammt von der oben erwähnten Mädchengruppenleiterin und verblüffte durch die selbstbewußte Rigorosität offensichtlich die Mädchen und Frauen mit den deutsch durchgefärbten Biographien, die den Erklärungszwang verinnerlicht haben. In diesem Vorschlag deutet sich ein möglicher Akt der Selbst-Souveränität an.

Die Erklärung des Islamwissenschaftlers Louis Gardet zum Fasten ist relativ einfach. So heißt es unter anderem:

»Durch die Wahl des Monats Ramadan wird der religiöse Charakter unterstrichen, denn es ist der Monat, ›in welchem der Qur'an herabgesandt ward, eine Weisung an die Menschheit‹ [2, 185]. Es wird also gleichsam das Fest des Koran begangen, die 28 Fastentage sind eine einzige Gedenkfeier für die ›Herabkunft‹ des Buches.« (1968: 108)

Ein klar umrissener historischer Anlaß ist damit gegeben. Warum er in der Gesprächsrunde nicht auftaucht, läßt zwei Vermutungen zu: Er ist in dieser spontan entstandenen Gesprächssituation schlichtweg keinem eingefallen; er ist für Muslime selber grundsätzlich unwichtig und deshalb nicht präsent. Dieses Beispiel zeigt eine wesentliche Komponente des Rahmens auf, in dem junge Muslime im Westen den Islam rekonstruieren: Es ist die Logik der nichtmuslimischen Anderen bzw. eine Rationalität, die, ein Aspekt der Idee der Wahl, nach plausibler Erklärung für bestimmte Handlungen und ihre Ausformung verlangt. Plausibilität bedeutet dabei Meßbarkeit an den Kriterien einer dominanten Kultur, die im multikulturellen Kontext durch ihren institutionellen Verbreitungsradius (Kindergarten, Schule) zur universalen, den Diskurs bestimmenden wird. Nicht ohne Ironie verweisen etliche der jungen Frauen darauf, daß sie lange Zeit im Christentum besser bewandert gewesen seien als im Islam. Aber das institutionalisierte, das universale Andere hat einen zeitlichen Vorsprung und damit einen Vorsprung in der habituellen Verankerung. Das bedeutet für die jungen Frauen, daß das, was als eigene, essentiell gedachte Kultur eher vage und schattenhaft umrissen wird, in reflexiver Gestalt an die universale Kultur angehängt bzw. im Vergleich zu ihr, die die Bedingungen diktiert, kontrastiert werden muß. Die Regeln der Anerkennung, »where transparancy is *techné*« (Bhabha 1994: 110), umklammern sie und zeigen sich im alltagsweltlichen Rahmen als das Beugen unter Erklärungszwänge und im Rückgriff auf bestimmte Erklärungsmuster. Die multikulturelle Einbeziehung des Anderen stellt sich somit dar als Kooperationsverpflichtung des Anderen, Differenz in den bestehenden Semantiken darzulegen und zu gestalten, Differenz in Diversität umzulagern.

Zu den zentralen inhaltlichen Programmpunkten der Mädchengruppe gehören *tafsir* (übersetzt als ›Erklärung‹, zuweilen auch ›Interpretation‹; Koranexegese), Auseinandersetzung mit den *ahadith* und Gespräche über ein jeweils interessierendes Thema aus aktuellen Lebenszusammenhängen. Tafsirwissenschaft und Hadithwissenschaft (letzteres klassisch eher im Sinne der Rekonstruktion der Überlieferungskette) haben sich, bereits einige Jahrzehnte nach der Hidschra (der Auszug aus Mekka im Jahre 622, Beginn der islamischen Zeitrechnung) beginnend, über die Jahrhunderte bis in die Gegenwart entwickelt (Gardet 1968: 139 ff.; Murata/Chittick 1994: xxxvii). Beides sind Arbeitsgebiete hochqualifizierter Spezialisten. Rezitation und Memorieren hingegen gelten als Qualifikation der Gläubigen. Dazu bemerken Murata und Chittick:

»In the modern West, most people think of scripture as something one reads for edification, for learning about God and right living. In the Islamic context, the Koran was much more than that. Learning the Koran was the primary goal of traditional education, and it normally began early in life. No one thougt it important for children to understand the meaning of the Koran – after all, even adults, even great theologians, understand only snippets of its total significance. What was important in education was memorization of the Word of God« (ebd.).

Dieser Gegensatz ist sicherlich holzschnittartig, aber an dieser Stelle geht es nur um das Argument der Aufspaltung zwischen Experten- und Laienwissen und Experten- und Laienumgang mit der Religion. Offensichtlich ist eine zunehmende Verschiebung vom Experten zum Laien bis – im Gefolge der Islamisierungsbewegung in den letzten Jahren und Jahrzehnten – hin zum Alltagssubjekt.[21] In den Moscheen »Tafsir zu machen«, sich die Bedeutung der *ahadith* zu erarbeiten, ist ein Ausdruck für den Eintritt eines intellektuell-reflektierenden Alltagssubjekts in die vormals exklusive Interpretationsmaschine und, wie zu vermuten ist, ein Ausdruck für den Eintritt sozial differenter Positionierungen innerhalb der Muslime. Nicht die Kunst der Rezitation steht im Vordergrund, sondern der Inhalt, das Erarbeiten von eigenen Interpretationen, vom eigenen Verständnis des Textes. Betont wird, daß es sich nicht um ein starres Regelsystem handele, dem sich die Gläubigen entgegen dem eigenen Verständnis unterordnen müßten (oder dem die weniger Gläubigen sich lieber entziehen, weil sie es nicht verstehen); vielmehr komme es darauf an, sich (ich beziehe mich auf ein Gedächtnisprotokoll eines Treffens)

»gemäß dem zu verhalten, was man verstanden hat und stets in bezug auf die Aussagen des Propheten, dabei Freiräume auszunutzen. Diese Freiräume haben auch zu den verschiedenen Rechtsschulen mit diversen Interpretationen auf dem Boden der gleichen Prinzipien geführt«.

Für den alltagsweltlichen Umgang gilt als Prinzip, daß alles, was nicht ausdrücklich verboten ist, erlaubt sei. Zum Beispiel sei hinsichtlich der weiblichen Bekleidung festgelegt, welche Körperteile bedeckt werden sollen, aber nicht womit, zum Beispiel ob mit Rock oder Hose oder mit Kopftuch oder Hut. Letztlich besteht eine Idee vom Islam und islamischen Regulierungen als dichter Kern, der umgeben ist von einem weniger dichten, wandelbaren und deshalb von vernünftiger individueller Gestaltung und Organisierung abhängigen Außenring. Dieser Außenring bildet die Arena für die Konstruktion des modernen islamischen Individuums nach den Prinzipien von Wahl, Effizienz und persönlichem Fortschritt. Diese Einstellung setzt eine möglichst fleißige Auseinandersetzung mit dem Text voraus; der selbständige Erwerb von Wissen und die eigenständige Interpretation auf der Basis der eigenen Logik stehen im Vordergrund. Expertenwissen der Gelehrten, Theoretiker oder derjenigen im lokalen Kontext, die mehr wissen, dient als Anregung; aber es bezieht seine Validität aus der eigenen Überprüfung und der eigenen intellektuellen Durchdringung. In diesem Sinne gibt es keine konkrete personelle intellektuelle Führerschaft, auf die sich die einzelnen berufen, sondern lediglich geachtete Autoritäten, deren Ansichten verglichen werden. Es gibt auch keine Verpflichtung auf die lokal gültige Rechtsschule, in die man zufällig hineingeboren ist. Bieten andere Rechtsschulen plausiblere, das heißt dann zumeist praktikablere Lösungen für bestimmte aktuell anstehende Probleme an, so werden sie im Hinblick auf ihre größere Effizienz genutzt. Diese Technik ist nicht ungewöhnlich, aber nicht unbedingt im Alltagssubjekt verankert und auch nicht Bestandteil eines Lebensstils. Was zählt, sind der eigene Intellekt, der freilich islamisch, in eigener Verantwortlichkeit, geschult werden muß, und die islamischen Quellen, mit denen man sich sukzessiv in einem längeren Prozeß vertraut machen muß. Eine solchermaßen individualistische Ausrichtung verträgt sich nicht mit der Idee von Gefolgschaft oder blindem Vertrauen. Entsprechend finden sich unter den Neo-Muslimas keine Beziehungen zur um einen Scheich bzw. Meister zentrierten islamischen Mystik.[22]

Die Diskussionen in den Mädchengruppen und die biographischen Erzählungen zeigen, daß die jeweils persönlichen Auseinandersetzungen mit islamischen Prinzipien und Vorstellungen je nach bestehendem Wissens- und Interessensstand weit auseinandergehen. Während die einen z.B. Bücher lesen über die Frage, was mit der Seele kurz nach dem Tod geschieht, sind andere noch mit der Aneignung elementarer Regeln wie den Abläufen von Gebetsritual und ritueller Waschung (*wudu*), – sensible Angelegenheiten mit vielen Fehlerquellen, die ein Gebet ungültig, das heißt von Gott nicht als gute Tat anerkannt machen können –, der Bedekkung des Körpers oder mit Fragen wie Polygamie und weiblichen Rechten beschäftigt. Ein Thema von zentraler Bedeutung, das sie alle verbindet, ist in den Mädchengruppen die Konstruktion islamischer Weiblichkeit. Authentisch islamisch zu sein bedingt das Wissen um den islamischen Weiblichkeitscode und seine möglichst perfekte Umsetzung im Selbst ebenso wie durch das Selbst in der Alltagspraxis und den spezifischen Interaktionsfeldern. Es stellt sich eine doppelte Aufgabe, nämlich einen authentischen Weiblichkeitscode zu erarbeiten und ihn für sich, in den eigenen spezifischen Interaktionskontexten und in Kohärenz mit den Universalisierungsbedingungen in die Praxis umzusetzen.

Die Produktion eines authentischen islamischen Weiblichkeitscodes bildet für die jungen Frauen ein Kernstück des islamischen Lebensstils. Dieser Code rekurriert einerseits auf die als ungefiltert geltende, auf Koran und Sunna basierende Tradition und andererseits auf die modernen Rationalitätsprinzipien und deren Dynamiken. Vollbracht werden muß die Verknüpfung divergenter historischer Weiblichkeitsimaginationen und Geschlechterbeziehungen zu einer kohärenten, konkurrenzfähigen Einheit mit faktischer, alltagsrelevanter Gültigkeit. Relevant ist aber nicht die kognitive Herstellung einer Verbindung zwischen Ungleichzeitigem, die Umsetzung einer Utopie (al-Azmeh 1996: 7f.), sondern der Eintritt in alltagspraktische soziale Felder als kreative Akteure, die sich ins Spiel bringen und Effekte erzeugen, um ihre spezifischen Interessenslagen und Positionen im Spiel zu optimieren. Die Idee einer authentischen und zugleich modernen islamischen Weiblichkeit, die verstanden wird als dem Selbst gemäße eigene Wahl, die sich interaktionsbedingt in alltagsweltlichen Erzeugungsakten reifiziert, überlagert drei Positionen, integriert sie. Diese drei Positionen sind eine, in welchen Schattierungen sich auch immer präsentierende, traditionelle Ordnung, eine als universal definierte Ordnung (orientiert am ordnungsliebenden Bürger der deutschen Mittelschicht), als deren Reproduzentinnen sie gleichermaßen auftreten sollen und schließlich eine vergangene ideale, aber unwiderruflich verlorene ›original islamische‹ Ordnung.

Die Rekonstruktion der ›richtigen‹ islamischen Weiblichkeit wirft Probleme auf. Koran, *ahadith* sowie zahlreiche Kommentare offerieren einen Korpus an Normen, teils in der Form von nicht immer eindeutigen Regeln, die häufig an bestimmte Bedingungen gebunden sind, teils in der Form von, manchmal sehr knappen, Situationsbeschreibungen und Anekdoten, die sich auf den Propheten und die Frauen um ihn beziehen. Zum Teil beträchtliche Interpretationsspielräume, Widersprüche im einzelnen sowie die Divergenz moderner Lebenswelten, die nicht umfassend aus diesem

Korpus heraus regulierbar und rationalisierbar sind, lassen keine mechanische Übertragung zu. Es obliegt dem einzelnen Akteur, sein Handeln im Einklang mit islamischen Regeln gemäß des jeweiligen Wissensstandes, der eigenen Intention und des jeweiligen situativen Kontextes zu definieren. Bemerkbar ist ein vorsichtiges Abwägen, wie weit man gehen kann, um das Ziel der Selbstkonstitution, nämlich Muslima zu sein und soziale Anerkennung – vor allem im Feld der beruflichen Ambitionen – zu erreichen. Das setzt ein hohes Maß an Reflexivität der eigenen Position voraus. Es betrifft zum Beispiel Fragen des Gebetes am Arbeitsplatz bzw. in der Schule oder den Bekleidungsmodus.

Ein Problem besteht aber auch, wie die Diskussionen in den Mädchengruppen zeigen, hinsichtlich des persönlichen islamischen Habitus. Hier offenbaren sich Defizite, die mit der Disziplinierung des eigenen Selbst zusammenhängen. Sozialisiert im Habitus der deutschen Jugendlichen fehlen die Vorbilder oder Selbstverständlichkeiten. Eine Ahnung ungebrochen islamischen Verhaltens bekommen die Mädchen und jungen Frauen in den Urlaubsaufenthalten in der ›Heimat‹ und da in erster Linie in Form negativer Sanktionierungen, zum Beispiel wenn ihnen die anderen zeigen, daß es für Frauen ungehörig ist, sich auf der Straße laut zu unterhalten, dort andere Frauen zur Begrüßung zu küssen, oder die Schuhe im öffentlichen Raum zu schnüren, ohne in die Hocke zu gehen, erst recht sie auszuziehen und barfuß zu gehen, wenn sie drücken, oder zu lange und zu sichtbar am Fenster zu stehen und das Geschehen auf der Straße zu betrachten. Auch die Mütter können als Vorbilder oder Ratgeberinnen nicht weiterhelfen, weil sie, zumeist Hausfrauen, nicht in ähnlichen kompetitiven sozialen Zusammenhängen stehen. Hier setzt die Bedeutung der spät migrierten, bereits im islamischen Land islamisierten Frauen ein. Sie wirken als Erzieherinnen, indem sie, wohldosiert und wohlabwägend, wie eine Frau im Interview erwähnt, »nicht alles auf einmal verlangen«, sondern nach und nach in einer Politik der kleinen Schritte unter Hinweis auf rationale Begründungen als dezente Disziplinierungsagenten daran arbeiten, Verhalten zu reflektieren und zu verändern. Sie sind es auch, die eine sichere Unterscheidung zwischen positiven islamischen und negativen traditionalen Verhaltensanforderungen zu treffen vermögen.

Deutlich wird in den Diskussionen immer wieder die Rekonstruktion eines Islam in Konnotation mit der Konstruktion des Selbst, und zwar im Gegensatz zu einer als traditional-patriarchalisch deklarierten Deutung des Islam. So kam während eines Treffens einer Mädchengruppe das Gespräch auf Männer, die ihre Frauen und Töchter zur Verschleierung zwängen und zwar nicht wegen Gott (allein das erscheint schon als Widerspruch), sondern wegen der Nachbarn, um ihre Hausmacht zu demonstrieren und sich als guter, respektierlicher Mann zu präsentieren. Geradezu blasphemisch sei ein Satz wie »Sonst kannst du gehen, wie du willst, aber zusammen mit mir gehst du mit Kopftuch«. Auch die umgekehrte Einstellung, daß nämlich Väter von ihren gebildeten Töchtern verlangen, sich mit ihnen zusammen auf der Straße ohne Kopftuch zu zeigen, werden kritisiert. In solchen Äußerungen kommt die Frontstellung zwischen individueller tiefer ethischer Lebensführung und einer situationsorientierten Instrumentalisierung des Islam zum Ausdruck.

Andere wichtige Stützen in den Mädchengruppen sind die deutschstämmigen Muslimas, die für ihre Konsequenz, sich als kulturell Abtrünnige den islamischen Regeln zu unterwerfen und sich aus völlig freier Wahl heraus als Muslima zu behaupten, bewundert werden, vor allem von jenen, die, wie sie formulieren, »den Islam in sich haben«, aber sich scheuen oder scheuten, »ihn auch zu leben«, ihn mit allen Konsequenzen praktisch umzusetzen aus Angst vor den negativen Sanktionen der Anderen. Als wichtige Ressource bringen die deutschstämmigen Muslimas ein auf ihre Indigenität, ihre alternativlose Lokalität gründendes Rechtsverständnis auf Differenz und Gleichbehandlung, das in offensive Anerkennungsstrategien und Identitätspolitiken gegenüber Institutionen, einschließlich der Moscheen mündet, ein. Sie stecken vorbildhaft den Rahmen ab für das Forderbare, für persönliche Rechtsansprüche, und sie sind als unbestrittene deutsche Bürger selbstbewußt im Umgang mit Autoritäten und Institutionen. Im Effekt wirken beide, die ›eigentlich originäre Muslima‹ und die aus der anderen Kultur konvertierte Muslima zusammen. Sie sind mobilisierende lokale weibliche Autoritäten und Repräsentantinnen verschiedener islamischer Felder – des ›originalen‹ Islam oder, wenn man es mit Baudrillard (1991) formulieren will, der Simulation des originalen Islam und eines jungen kreativen, lokalisierungsbedürftigen Islam –, die sich aufgrund ihrer unterschiedlichen Biographien und Ressourcen ergänzen.

Die Bedeutung von islamischen Mädchen- und Frauengruppen, ob in den Moscheen oder außerhalb, liegt darin, daß sie Arenen für Diskurse, für Wissenserwerb, für Erfahrungsaustausch und Reflexion, für das Erkennen der eigenen persönlichen Situierung sind. Aber sie sind zugleich Arenen einer Habitualisierung, einer präverbalen praktischen Vermittlung von Islamizität, in der jede anwesende Frau mit ihrem Körper, mit ihrem Verhalten ein Spiegel für die anderen ist, mit Hilfe dessen das persönliche Projekt des islamischen Selbst überprüft und korrigiert werden kann. Mit anderen Worten: es werden Richtlinien des Islamischen gesucht und in den Mädchengruppen gefunden, aber sie werden ins Persönliche übersetzt.

Organisationen außerhalb der Moscheen

Typisch für die Konstellationen der Mädchengruppen in den Moscheen ist das Vorhandensein eines größeren Teils derjenigen, die sich über den Islam als definierbaren Bestandteil der eigenen Kultur informieren wollen. Einige, deren Interesse anhält, arbeiten ihn zum kulturellen Kapital aus. In der Regel gibt es einen kleinen, festen Kern, der regelmäßig zu den Treffen kommt, auch Teilaufgaben wie das Referieren über vorher abgesprochene Themenbereiche oder spezielle organisatorische Aufgaben (z.B. als Kassenwart) übernimmt, während die meisten als Konsumentinnen mehr oder weniger unregelmäßig erscheinen. Insgesamt weisen diese Gruppen eine hohe Fluktuation und durch die Abhängigkeit vom Engagement einzelner eine eher labile Gestalt auf. Aus der Definition der Moschee als einerseits männlich kontrolliertem Raum durch männlich dominierte Vereinsstrukturen und andererseits als heiliger Raum, in dem die Beschäftigung mit profanen, weltlichen Angelegenheiten nicht angemessen ist, resultiert ein unsicherer Status der Mädchengruppen. Diese Statusunsicherheit ist ein Motiv, die Moschee zu verlassen und sich außerhalb organisatorisch zu formieren. Ein anderes Motiv hängt mit der individuellen islamischen Biographie zusammen: Im Laufe der Zeit ist die Phase des Grundinformationsbedarfes abgeschlossen. Ein islamischer Habitus ist insoweit inkorporiert, daß er in seinen Grundprinzipien nicht mehr auseinandersetzungsbedürftig ist. Die islamischen Frauenfragen sind abgeklärt, ein Instrumentarium strategischer Argumentationen ist aufgebaut, die weitere Ausführung ist die Angelegenheit der einzelnen. Sind keine pädagogischen Intentionen vorhanden, macht die Anwesenheit in der Mädchengruppe mit den ›Anfängerinnen‹, die zumeist jünger sind, keinen Sinn, ›bringt nichts mehr‹ und man geht nicht mehr hin. Eventuell sieht man sich nach anderen Gruppen bzw. Aktivitäten um. Der Besuch von Mädchengruppen ist in der Regel eine vorübergehende Angelegenheit, die an einen kurzen bestimmten persönlichen Lebensabschnitt gebunden ist.

Erkennbar ist in den letzten Jahren eine Tendenz der Institutionalisierung, deren Kennzeichen nicht mehr private Identitätspolitiken sind, sondern öffentliche, nach außen gerichtete, die sich an die öffentlichen Diskurse und Ressourcenkanäle anschließen. Ein Beispiel sind die von den Mitgliederzahlen her gering bestückten ›Standesorganisationen‹ der (zukünftigen) Akademiker, wie diverse Islamische Gruppen an den Universitäten, die *Arbeitsgruppe islamischer Pädagogen* (AGIP), die *Arbeitsgruppe islamischer Wirtschaftswissenschaftler* (AGIW), beide in der *Muslim Studentenvereinigung in Deutschland e.V.*, oder der mit dem AMGT verbundene *Inter-*

nationale Akademikerbund Hessen e.V. (IABH e.V.). Fachvorträge und Arbeitsgruppen, die sich mit der islamischen Variante einzelner wissenschaftlicher Bereiche wie Pädagogik, Psychologie, Medizin, Jura, Wirtschaft auseinandersetzen, zeigen das Projekt der Herausbildung einer intellektuellen islamischen Elite an. Kennzeichnend für diese Gruppen ist eine Transformation der geschlechtlichen Segregation, die in gemeinsamen Diskussionen zum Zuge kommt. Zum einen ist die Anzahl der Mitglieder jeweils zu gering, um parallele Organisationen auf die Beine zu stellen. Zum anderen schlägt hier, im Raum der Funktionalität und des Intellekts, das Prinzip der Geschlechtergleichheit durch.

Ein Beispiel für eine reine, bildungs- und sozialpädagogisch orientierte und nach Aussagen der Initiatorinnen autonome, d.h. nicht an andere Organisationen gebundene islamische Frauenorganisation, die öffentliche Ressourcen in Anspruch nimmt, ist das Kölner *Begegnungs- und Fortbildungszentrum Muslimischer Frauen e.V.* (BFMF), das im Herbst 1996 seine Eröffnungsfeier hatte. Zum Angebot des BFMF gehören unter Beratung einer islamischen Gynäkologin und Hebamme durchgeführte Gesundheitskurse wie Geburtsvorbereitung, Schwangerschafts- und Rückbildungsgymnastik (die Kosten tragen die Krankenkassen), die Vermittlung von sechs Sprachen, Nähkurse, Stillgruppen, Nachhilfe für Schüler, islamische Kindergruppen und Freizeitgestaltung für Mädchen, Koran-Unterricht etc. sowie ein Frauen-Café. Der Verein trägt sich durch Fördermitglieder und hofft, wie eine Broschüre Auskunft gibt, auf die Unterstützung »öffentlicher Institutionen bzw. islamischer Botschaften«. Der religiöse Radius wird eindeutig überschritten. Die Moschee als Organisationsprinzip ist überflüssig geworden. Im Mittelpunkt steht eine kollektive weibliche Interessenspolitik mit eigenen Expertinnen, die eigene Organisationsstrukturen im kompetitiven Raum der institutionellen, universalen Landschaft entwickeln. An die Stelle der ethnisch-selbstgenügsamen Orientierung, die noch in den islamischen Kulturvereinen rund um die Moschee dominant ist, tritt die universalistische, auf die Legitimität der Partialinteressen insistierende Orientierung. Mit dem Eintritt in öffentliche Repräsentationspolitiken als kollektive Interessensgruppe einher geht die Selbstkonfigurierung als Staatsbürgerin, die ihre Interessen kennt, sie im universalen Rahmen zu formulieren und durchzusetzen weiß. Die Konstruktion des weiblichen islamischen Selbst findet über die öffentliche Anerkennung und in der Auseinandersetzung um öffentliche Anerkennung ihre Komplettierung.

Zusammenfassend kann festgestellt werden, daß die muslimische Landschaft in der Bundesrepublik Deutschland sich nicht nur erweitert, sondern auch ausdifferenziert hat. Einerseits ist, gebunden an die erste Migrantengeneration, eine Etablierung eingetreten. Moscheen und islamische Kulturvereine sind zum Bestandteil der lokalen Institutionenwelt geworden. Andererseits hat in den 1990er Jahren Gestalt angenommen, was Waardenburg (1988) als künftige Entwicklung angekündigt hat, nämlich die intellektuell geprägte Annäherung der Folgegeneration an den Islam über eine starke Orientierung am Koran. Ein wesentlicher, von Waardenburg nicht ins Auge gefaßter Teil dieser Entwicklung ist die aktive Involvierung von Frauen der jüngeren Generation. Die Erweiterung und Ausdifferenzierung der muslimischen Landschaft sowie die verstärkte Außenrepräsentation des Islam wie sie sich in öffentlichen Veranstaltungen, darunter auch in Kopftuchdemonstrationen im Jahre 1994 in Mainz und Frankfurt, der Beanspruchung öffentlicher Ressourcen wie Schwimmbadzeiten für muslimische Frauen und im islamischen Habitus der jüngeren Generation widerspiegelt, steht im Kontext des Prozesses der sozialen und zivilgesellschaftlichen Etablierung der ›Gastarbeiter‹ im nationalstaatlich definierten Einwanderungsland. Die Islamisierung der jungen Frauen vollzieht sich nur zum Teil innerhalb der bestehenden Moscheestrukturen. Diese werden, wenn möglich, genutzt, aber ihr Konzept Islam, das von dem in den Moscheen gepflegten Konzept abweicht und sich mit ihrer persönlichen sozialen Situierung gemäßen Identitätspolitiken verbindet, die in einem Spannungsverhältnis zur dortigen Machthierarchie stehen, überschreiten diese Strukturen. Greift man das Hybrisierungskonzept, wie es von Homi Bhabha formuliert wird, auf, so kann man von einer doppelten Hybridisierung sprechen. Verdoppelung durch Übersetzung erfolgt in zwei Richtungen. Sie bezieht sich auf die ›deutsche Kultur‹, in deren Strukturen und Ideengefüge die jungen Frauen agieren und die sie in den Islam übersetzen. Und sie bezieht sich auf eine ethnische Kultur, in die sie den ›wahren‹ Islam übersetzen – allerdings für sich und unter Vermeidung von offenen Konflikten. Autorität und Autoritätssymbole werden nicht aufgelöst, sondern in einer »metonomy of presence« (Bhabha 1994: 115) entstellt. Als weibliche soziale Akteure finden die jungen Frauen in der Regel, abhängig von den bestehenden mikrosozialen Bedingungen, nur begrenzte Entfaltungsmöglichkeiten. Die durch Geschlechtersegregation gekennzeichnete soziale Formation Moschee erfährt keine offene Kritik. Ihre pädagogische Bedeutung als Ort der islamischen Gemeinschaft bleibt unangefochten. Ersichtlich sind drei Wege einer weiblichen Zusatzstrategie: innerhalb der Moscheen die Ausdehnung im weiblichen Bereich, zum Beispiel durch sogenannte *da'wa*-Aktivitäten, islamische Aufklärung bzw.

Missionierung in Mädchengruppen oder temporären Veranstaltungen und die Übernahme sozialarbeiterischer Funktionen, zum Beispiel durch die Veranstaltung von Kinderfesten oder muttersprachlichen bzw. Nachhilfeunterricht für SchülerInnen; zweitens neben der Moscheen durch die Verlagerung in den privaten Bereich; und drittens, abgekoppelt von der Moschee, durch zivilgesellschaftliche Organisierung.

II. Islamische Lebensführung zwischen Ethik und Ästhetik

Die Moschee ist, auch wenn sie im Rahmen der Diaspora und der multikulturellen Repräsentation zum bedeutenden Zeichen und zur gewichtigen Institution wird, kein zentraler Bestandteil der religiösen Praxis. Der gute islamische Mensch ist aus der Sicht der jungen Frauen ohnehin nicht der, der sich oft in der Moschee aufhält, sondern der, der die Regeln des Islam wirklich kennt und gewissenhaft befolgt. ›Richtig‹ islamisch zu sein bedeutet eine persönliche Lebensart, eine persönliche methodische Lebensführung zu haben, die sich um islamische Prinzipien und Zeichen entfaltet und alle Bereiche des Alltagsleben zu einer ethischen Einheit zusammenfaßt. Einige der wichtigsten Elemente einer alltagspraktischen islamischen Lebensführung werden im folgenden vorgestellt.

Religiöse Praxis und Selbsttechnologie

›Richtig‹ islamisch zu sein, den Islam als Operationsbasis für die Herausbildung einer Ethik des Selbst zu begreifen, bedeutet zunächst in erster Linie, sich an den in den Texten dargelegten Regulierungen zu orientieren, seinen Alltag und seine Alltagshandlungen möglichst konsistent zu islamisieren. Die persönliche Islamisierung ist zunächst ein Prozeß der Erarbeitung des Wissens über diese Regulierungen. Sie ist sodann ein Prozeß der reflektierten Umsetzung dieses Wissens in den Alltag insoweit dieser Alltag kontrollierbar ist, das heißt in erster Linie in den Transformationen dessen, was man selber tut und denkt. Sie ist für die jungen Frauen vor allem auch ein Prozeß der Reflexion, indem Dinge, die man bisher getan hat, die sich als Gewohnheiten eingeschliffen haben, daraufhin observiert werden, ob sie islamkonform oder akkomodationsbedürfig sind und wie sie gegebenenfalls akkomodiert werden können. Die Regulierungen erfassen eine ganze Reihe von Alltagshandlungen – einschließlich Details aus den Bereichen Essen, Trinken, Kleidung, Wohnungseinrichtung, Sexualität, Familie, Freizeit, Gestaltung der Beziehungen zu anderen –, in denen das islamische Subjekt die Gelegenheit der Bewährung und der Selbstprüfung und -überprüfung hat.

Eine Richtschnur bildet dabei eine Ordnung, in der »die ›Beurteilung‹ und Zurechnung einer Tat zu einer der fünf Kategorien (*nutem*), nach denen die Rechtstraktate eine Handlung oder das Ziel einer Handlung einstufen« (Gardet 1968: 120), möglich ist. Demnach gibt es die Gruppe der »verdienstvollen Handlungen«, in denen eine Handlung Pflicht ist (*wajib*) oder »löblich und empfehlenswert« (*mahmud, fadil*). Zu den negativen Handlungen gehört das, was tadelnswert (*makruh*) oder verboten (*haram*) ist. Zwischen beiden Gruppen steht die erlaubte oder neutrale Handlung (*halal, mubah*). Hayrettin Karaman führt in einer im Auftrag des türkischen Ministeriums für religiöse Angelegenheiten erstellten Zusammenfassung, die sich an der hanefitischen Rechtsschule ausrichtet, weitere Differenzierungen der einzelnen Kategorien an (Karaman 1993: 9). Jusuf al-Qaradawi hingegen, dessen Schrift »Erlaubtes und Verbotenes im Islam« im Auftrag der al-Azhar-Universität mit dem Ziel, ein übersichtliches, praktisches Handbuch für Muslime und am Islam Interessierte im Westen zu schaffen, entstand, bezieht sich in seinen Ausführungen unter Berücksichtigung aller Rechtsschulen auf die drei Hauptkategorien: *al-halal*, das unbeschränkt Erlaubte, *al-haram*, das Verbotene und Strafbare, *al-makruh*, das Verabscheute und geringer Bestrafte (1989: 17). Damit deutet sich die Spannbreite an, in denen ein Umgang mit diesen Kategorien erfolgen kann. In den biographischen Erzählungen und Gesprächen ist diese Ordnung nie Gegenstand ausführlicher Erörterungen geworden. Aber im Zusammenhang mit konkreten Handlungen und Situationen und im alltäglichen Sprachgebrauch kommt zum Vorschein, daß die Frauen sich an einem Schema von fünf Kategorien orientieren. In der alltagssprachlichen Formulierung gibt es demnach Handlungen, die man a) machen muß (unabhängig von der persönlichen Einstellung), die man b) zusätzlich, freiwillig und gerne tut, die man c) machen darf (beides, b und c verstanden als Spielräume von Kreativität, aber nicht Artifizialität), die man d) nicht machen sollte (häufig verbunden mit der Suche nach einem akzeptablen Kompromiß) und schließlich jene, die e) kompromißlos verboten sind.

Fünf Handlungskategorien:

verpflichtend	–	empfehlenswert	–	neutral	–	tadelnswert	–	verboten
wajib		*mahmud*		*halal*		*makruh*		*haram*

Diese Ordnung bildet ein Feld der Entfaltung von Selbsttechniken und Selbstreflektion. Die beiden äußeren Pflichtkategorien sind relativ klar umrissen und pochen auf Pflichterfüllung. Die drei inneren Kategorien sind in einem gewissen Rahmen ›Spielkategorien‹, produktive mimetische Kategorien (Lukács 1963: 363f., 582f.), die sich aus der Übersetzung in den modernen Alltag und der persönlichen Positionierung im Alltag ergeben. Hinweise auf Autoren fallen nur selten. Das muß aber nicht heißen, daß sie den einzelnen Frauen nicht bekannt sind, aber ihre Ausführungen bilden nur Hilfsmittel, während ein persönlich erarbeitetes alltagspraktisches Wissen, dessen Tiefe von den persönlichen Ansprüchen abhängig ist, im Anwendungsbereich dieser Kategorien zentral ist. Dieses Wissen ist zunächst vor allem Buchwissen. Es begründet sich auf *Koran (qur'an)* und *Sunna. Sunna* bezeichnet die Tradition, die »Texte, in denen die vom Propheten ausgesprochenen Worte aufgezeichnet sind oder den Bericht über sein ganzes Tun und Lassen« (Gardet 1968: 14; vgl. auch Gibb 1986 sowie, eher historisch-anthropologisch gewichtet, Arkoun 1994 und für eine ausführliche Darstellung Goldziher 1971). Der Koran ist heilig, seine Anweisungen und Aussagen müssen befolgt werden. Aber sie sind nicht immer klar zu erkennen und dann übertragungs- und entschlüsselungsbedürftig[23] und damit bis zu einem gewissen Grad offen für Deutung bzw. Interpretation. Die Überlieferung des Lebens des Propheten, übermittelt in Hadith-Sammlungen, geht auf Berichte von Augenzeugen oder solchen, die sich auf Leute berufen, die etwas gehört oder gesehen haben, das heißt, auf ganz konkrete Situationen zurück. Der gesamte Korpus ist aufgeteilt in wahre und falsche bzw. starke und schwache *ahadith* bzw., eingedeutscht, Hadithe. Das heißt mit anderen Worten, Koran und Sunna haben für den Muslim bindenden Charakter, aber die Regeln und Anweisungen im Koran sind oft vage und knapp, »elliptic or allusive« (Lewis 1994: 2), während die Authentizität von Teilen der Sunna umstritten ist, so daß sich »a need for interpretation and an opportunity for creative ingenuity« (ebd.) ergibt.

Die jungen Frauen im Islamisierungsprozeß können – mit Ausnahme der wenigen, die Eltern mit einem hohen Bildungsgrad haben und die nicht selten im Verlauf der Migration und damit in der interkulturellen Konfrontation ein eher intellektuelles Verständnis des Islam ausgebildet haben – zumeist nicht auf ansozialisiertem religiösen Wissen aufbauen. Ist es dennoch vorhanden, halten sie es in den überwiegenden Anteilen für falsch und unbrauchbar. Sie sind somit aufgefordert, sich religiöses Wissen und Transformationsformen des religiösen Wissens anzueignen. In diesem Aneignungsprozeß bildet Alltagswissen, lokales, aus der eigenen sozialen Situierung resultierendes Wissen die tragende Komponente. Ihr religiöses Wissen ist zugleich Buchwissen und mündlich vermitteltes Wissen. In den Gesprächen der jungen Frauen untereinander zeigt sich das in gegenseitig gestellten Fragen danach, wie man denn dieses oder jenes handhabe. Ein Beispiel war im letzten Kapitel die Frage, wie man den Nichtmuslimen erklärt, warum man Ramadan begeht. Ein anderes ist, daß für eine Frau im Zuge der Auseinandersetzung mit der islamischen Lebensführung das Problem auftauchen kann, daß sie einem Mann nicht mehr die Hand zur Begrüßung geben will, aber nicht weiß, wie sie in der entsprechenden Situation am besten reagiert. Dann beobachtet sie andere, wie sie diese Situation handhaben oder fragt sie danach. An solchen Punkten setzen häufig spontane Diskussionen ein, in denen verschiedene Möglichkeiten, wie sie aus den Texten ableitbar sind oder wie man sie von anderen Frauen her kennt, erörtert werden. Nicht selten enden solche Diskussionen damit, daß mehrere Varianten nebeneinander bestehen, auch als gleichwertige, wenn es nicht gelingt, sie in eine Hierarchie zu bringen, oder daß offene Fragen stehenbleiben.

Viele Diskussionen werfen wieder neue Fragen und Unsicherheiten über die Grenzen auf, insbesondere im Zusammenhang mit der Übersetzung in die Alltagspraxis. Einen Halt bieten die schon länger islamisierten Frauen, die Text- und Erfahrungswissen, die Text- in Erfahrungswissen vermitteln und die durch zahlreiche Kommunikationskontexte Erfahrungen und Deutungen bündeln. Zentral ist weniger das bloße Textwissen, sondern die plausible Rückbindung von Handlung an Text. Nicht selten findet man in einer Runde, auch einer, deren Zusammensetzung gerade zufällig ist, mehrere Expertinnen mit offensichtlich verschiedenen Ansichten in den Nuancen, die sich aus unterschiedlichen persönlichen Anschauungen (›strenger‹ oder ›lockerer‹) und biographischen Einbettungen (zum Beispiel als Hausfrau, als Berufstätige, als Ehefrau eines Konvertierten, als Ehefrau in einer gescheiterten Ehe) ergeben. Zutage tretende Differenzen, auch Kontroversen[24] öffnen dann, den neu islamisierten Frauen ebenso wie den bereits seit längerem islamisierten, ihren Praxisbestand reflektierenden Frauen, sozusagen einen islamischen Raum gerade durch das Zusammenklinken von Text- und Alltagswissen. Der Islam steht in einem Spiel von Kalibrierung und Rückkoppelung, indem seine Formen an veränderte Interaktionskonstellationen anpaßbar sind (Bateson 1984: 242). Die im letzten Kapitel angeführten Mädchengruppen und die lokalen informellen Mikrogemeinschaften, die zumeist einen kleinen Kern haben, um den sich eine wechselnde Besetzung formiert, sind wichtig für die Zirkulation des islamischen Wissens. Hier lassen die jungen Frauen sich auch korrigieren und anleiten durch die, die mehr Wissen haben, aber die Befolgung der Regeln, die praktische Umsetzung zielt nicht nur auf das Subjekt, sondern geht von ihm aus. Im praktischen Handeln der Alltagswelt auf sich gestellt – als einzige Muslima in der Klasse oder in der Schule, im Betrieb, in der näherem Umgebung des Wohnortes[25] – obliegt der einzelnen Person die Arbeit an der islamischen Authentizität und der Aushandlung in den unmittelbaren interaktiven Kontexten. Nur die einzelne Person kann die Möglichkeiten der Umsetzung und die daraus resultierenden Folgen für sie einschätzen; gebunden ist sie dabei an ihr Gewissen und ihr taktisches Kalkül. Die Kategorien des Handelns bilden das Gerüst für eine »Ästhetik der Existenz« (Foucault 1989a: 122), welche auf einer Technologie des Selbst beruht,

> »die es dem einzelnen ermöglich(t), aus eigener Kraft oder mit Hilfe anderer eine Reihe von Operationen an seinem Körper und seiner Existenzweise vorzunehmen, mit dem Ziel sich so zu verändern, daß er einen gewissen Zustand des Glücks, der Reinheit, der Weisheit, der Vollkommenheit ... erlangt« (Foucault 1993: 26).

Im Rahmen dieser Kategorien findet eine Selbstbearbeitung (Hutton 1993) statt, wobei gleichzeitig auch diese Kategorien bearbeitet, das heißt in den modernen Alltag, in Alltagsverständnis und damit auch in die Mechanismen des durch Distinktionsspiele geprägten Alltags einschließen, transportiert werden. Im folgenden zeige ich dieses an verschiedenen Beispielen der religiösen Praxis auf. Ich beginne mit den allgemeinen Pflichten und gehe dann über zu dem, was als weibliche Pflicht im Zuge der Islamisierung begriffen wird.

Religiöse Pflichten

Die religiöse Alltagspraxis bezieht sich auf die sogenannten fünf Säulen des Islam, die als Pflicht eines Muslims gelten. Darunter fallen *shahada* (das Glaubensbekenntnis), *hadj* (die Pilgerfahrt nach Mekka, die jeder Muslim nach Möglichkeit einmal in seinen Leben vollziehen sollte), die täglichen fünf Gebete, das Ramadan-Fasten und *zakat* (Almosen). Die Pilgerfahrt – manche Mädchen nennen es unter sich »hidschen«/»hidschen gehen« – spielt für die Frauen in ihrer derzeitigen biographischen Phase, in der sie zumeist mit ihrer Ausbildung beschäftigt sind, offensichtlich keine Rolle. Auch *zakat* ist aufgrund der zumeist bescheidenen Einkommensverhältnisse nicht zentral. Diejenigen, die über eigenes Einkommen verfügen oder deren Ehemann einen regelmäßigen Verdienst hat, führen einmal jährlich einen festgelegten Teil des persönlichen Einkommens bzw. Vermögens (genannt werden 2,5 %) an Wohltätigkeitsorganisationen oder die Moschee ab, die Sammlungen für bestimmte Zwecke durchführt, oder sie unterstützen einkommensschwache Familienmitglieder. Dabei gibt es keinerlei Kontrolle, sondern jeder hat selbst nachzurechnen, was er an *zakat* zu leisten hat. Zinsen gelten als unislamisch, aber weil es vor Ort kein alternatives Banksystem gibt, als unvermeidbar. Diejenigen, die in der

Lage sind, Geld anzulegen, aber das sind in dieser Studie nur ganz wenige, suchen Anlageformen, die nicht Zinsen, sondern Gewinne erbringen (in einem Falle werden Aktienoptionen genannt).

Das jährliche Fasten gilt, und darin unterscheiden sich die jungen Frauen nicht von den traditionellen Muslimen, als Selbstverständlichkeit. Die vermißte Feststimmung wird hergestellt über gegenseitige abendliche Einladungen zum Fastenbrechen, bei denen Frauen zusammengeführt werden, die nicht nur zum engeren Freundschaftskern gehören. Hin und wieder werden auch Parties am Ende des Ramadan organisiert. Eine solche, in den Räumen einer Tanzschule organisierte Party führte einen großen Kreis Frauen verschiedener Nationalitäten, islamischer Orientierungen und verschiedenen Alters aus der näheren Region zusammen, die sich sonst kaum sehen und die in ihrer Verschiedenheit kaum durch einen anderen Anlaß zusammengeführt würden. Das Fest fungiert, wenn man es mit Bhabha (1994: 139ff.) formulieren will, als pädagogischer Akt der multikulturellen islamischen Gemeinschaft in der ›Diaspora‹.

Das Fasten hat für Frauen besondere Schwierigkeiten, da Schwangerschaft, Stillen und Menstruation Gründe sind, mit dem Fasten auszusetzen. Das bedeutet allerdings, daß die fehlenden Tage nachgefastet werden müssen. »Außerhalb Ramadan allein, als die einzige in der Familie zu fasten ... ist sehr schwierig«, wie eine Frau berichtet, aber es gebe nach einer Rechtsschule die Möglichkeit der Kompensation, wenn man während der gesamten Phase schwanger sei oder stille (»das ist etwas, wonach sogar ich einen Imam gefragt hab«, kommentiert sie belustigt). Dann könne man »einem Fastenden ein Essen spendieren« oder in Bargeld auf deutsche Verhältnisse umgerechnet zehn Mark pro Tag als Ersatzleistung spenden. Das Geld, 300 DM für die gesamte Zeit, so führt sie aus, gehe normalerweise an die islamische Staatskasse. Da es die hier nicht gibt, werde es für einen guten Zweck gespendet, zum Beispiel »Muslime helfen« (eine Hilfsorganisation) oder man lasse es direkt Bedürftigen, die man kennt, zukommen.

Das Fasten ist allerdings keine Angelegenheit, die die islamisierten Frauen von den anderen Muslimen unterscheidet. Es ist ein religiöser Ritus, der Unterschiede einebnet. Viele fasten und feiern vor allem, auch die, die es sonst mit ihren religiösen Pflichten nicht so ernst nehmen. Yvonne Yazbeck-Haddad und Aidar Lummis (1987) haben aus diesem Umstand heraus den Begriff »'Id-Muslime«, Feiertags-Muslime geprägt. Gravierende Unterschiede sind hingegen bei der Handhabung eines anderer religiösen Rituals, des Gebetes, sichtbar. Das Gebet markiert deutlich den Unterschied zwischen den Neo-Muslimas und den 'Id-Muslimen. Es hebt einen wesentlichen Aspekt des Unterschiedes hervor: die ununterbrochene Systematisierung religiöser Praxis. Nach islamischem Ritus sollen über den Tag verteilt fünf Gebete, beginnend mit dem Morgengebet bei Sonnenaufgang, welchem Mittags-, Nachmittags-, Abend- und Nachtgebet folgen, verrichtet werden. Abhängig vom Sonnenstand ändern sich im Laufe des Jahres die Zeiten und die Zwischenräume zwischen den einzelnen Gebeten. In den Moscheen sind Fotokopien erhältlich, in denen bis auf die Minute (z.B. 12.53 h für das Mittagsgebet an einem bestimmten Tag; einige Tage später fällt der Beginn dieses Gebetes auf 13.02 h) die Zeiten für die nächsten Monate festgelegt sind. Jedes Gebet dauert etwa 10 Minuten. Ihm voran geht das Reinigungsritual (*wudu*), bei dem in festgelegter Reihenfolge – ein Problem für Ungeübte, denn ein Fehler kann das Gebet »ungültig« machen – eine symbolische Reinigung von Kopf bis Fuß mit Wasser erfolgt. Die meisten Frauen wissen ungefähr, wann der Zeitpunkt des Gebetes da ist. Alle beten ihren Angaben zufolge regelmäßig. Allerdings führen nur die ganz Eifrigen ungefähr zum festgelegten Zeitpunkt – eine zeitliche Toleranz ist dabei erlaubt – jedes einzelne Gebet durch. Andere hingegen, unter Verweis auf das sogenannte Reisegebet, einem vom Propheten formulierten Sonderfall, ziehen, wie sie es formulieren, die fünf Gebete zu dreien zusammen. Dann wird zum Beispiel das Mittagsgebet mit dem Nachmittagsgebet oder beides mit dem Abendgebet kombiniert. Welcher Modus auch immer gewählt wird – das hängt nicht zuletzt auch vom individuellen Tagesablauf ab –, es wird ziemlich strikt darauf geachtet, daß die Summe von fünf Gebeten pro Tag eingehalten wird.

Unterschiedlich gehandhabt wird das Beten am Arbeitsplatz bzw. in der Schule. Einige wenige hetzen, wenn die Strecke zwischen Arbeitsplatz und Haus nicht zu groß und die Pausenzeit lang genug ist, um die Mittagszeit nach Hause. Die meisten verschieben das Mittagsgebet auf einen späteren Zeitpunkt. Sie ziehen es vor, am Arbeitsplatz nicht zu beten, auch wenn ihnen Vorgesetzte von sich aus einen Platz dafür vorschlagen. Neben dem Argument, daß man die Pausenzeit brauche, um sich auszuruhen, um »abzuhängen«, ist es ihnen, die sozusagen auf weiter Flur jeweils der einzige islamische und überhaupt religiöse Mensch sind, auch peinlich, sich vor den Arbeitskollegen oder Schulkameraden mit ihrer Weltanschauung, die nichts mit dem ökonomischen System und ihrer Position darin zu tun hat, zu exponieren. Der Grund liegt nicht allein darin, daß das Beten nicht unbemerkt von den Kollegen vollzogen werden kann, womöglich unter Autoritätsverlust, sondern auch in der subjektiven Trennung zwischen dem Selbstbild als moderne leistungsstarke Frau in der Arbeitswelt und dem unterwürfigen Menschen in der religiösen privaten Beziehung zu

Gott.[26] Ein anderes Bild ergibt sich in öffentlichen Räumen wie zum Beispiel Universitäten oder Schulen, in denen Multikulturalität und kollektive Interessenspolitiken sich in Konkurrenz um Ressourcen und Anerkennungssymbole formieren und institutionalisieren. Hier steht der kollektiv formulierte Anspruch auf regelmäßiges Beten und einen entsprechend ausgestatteten Gebetsraum, der für andere zumindest zu den benötigten Zeiten absolut tabu ist, innerhalb der Mechanismen kollektiver Anerkennung.[27]

Im Punkte der Systematisierung und Disziplinierung unterscheiden sich die jungen Frauen ihrer Selbstbeschreibung nach von den älteren der Gastarbeitergeneration. Hier verbindet sich Ritus mit Lebensstil. Das Beten, so zeigt sich in biographischen Erzählungen und vor allem in den Gesprächen untereinander, bildet den Markierungspunkt. Den ›traditionellen‹, aus der Sicht der jungen Frauen, faulen, degenerierten, ihren Glauben nicht (mehr) ernstnehmenden Muslimen der Elterngeneration wird vorgeworfen, daß ihnen Selbstdisziplin und Wissen fehlten. Das kommt für sie deutlich in der Praxis des Betens zum Vorschein: Die meisten, so bemerken sie kritisch, beteten nur unregelmäßig, wenn sie daran dächten oder wenn es ihnen gerade passe. Sie verbänden das Beten mit strategischen Bedeutungen, die den Glauben unterminieren. Eine junge Frau erzählt in diesem Zusammenhang von der Gewohnheit ihrer Mutter, in Phasen des Streits mit dem Ehemann das Beten so lange zu unterlassen, bis er einlenke, ihn also mit der Verletzung religiöser Pflicht zu erpressen. Die meisten der Frauen monieren, daß, weniger die Väter, aber besonders die Mütter nicht nur nicht regelmäßig, sondern kaum beten. Bemängelt wird ebenfalls die Oberflächlichkeit des Betens; statt sich völlig dem Beten hinzugeben, werde etwa beobachtet, wer gerade zur Tür hereintrete und was er mache.

Deutlich wird das Absetzen von einem unsystematischen Volksislam und seinen Trägern, den Faulen und den Ungebildeten, die, wenn sie überhaupt eine nennenswerte religiöse Praxis haben, nicht in der Lage sind, sie konsequent einzuhalten, sondern sich vom Eigentlichen, vom Wichtigen durch banale Alltagsdinge und oberflächliche Befindlichkeiten abhalten lassen. Als ihr Kennzeichen gilt das Nichtwissen, der bloße Glauben und die naive unreflektierte Gewißheit, richtig zu handeln und sich nicht auf Fehler und Korrekturmöglichkeiten hin zu überprüfen. Sie sind die reinen Alltagsmenschen, nur an ihren eigenen ›kleinen‹ Bedürfnissen interessierte Nicht-Bürger, die Agnes Heller (1984) charakterisiert hat, keine individuellen Selbste, sondern die von Foucault beschriebenen »Stultus-Individuen« (1985: 41), die sich treiben lassen, ohne Intention, sich zu kultivieren und sich in den Griff zu nehmen. Damit sind sie nicht nur aus der religiösen Perspektive Sünder oder schlechte Muslime, die sich aus Unwissenheit und Bequemlichkeit selbstverschuldet den Pfad zum Paradies verschließen, sondern sie weigern sich, der Logik der Linearität folgend, sich durch umsichtiges Handeln und Planen zu entwickeln und zu verbessern. Die sozialen Effekte liegen für die jungen Frauen auf der Hand. In Marokko zum Beispiel sind es die schlechten Straßen, der Schmutz auf den Straßen, der symptomatisch sei für den Verfall der Gesellschaft durch die Disziplinlosigkeit der Menschen. Der richtige, konsequente Islam hätte somit die Bedeutung einer bis in den Habitus wirkenden Entwicklungsstrategie. In Deutschland ist für sie das Gastarbeiterstigma der Effekt dieser Haltung. Der systematisch praktizierte Islam erscheint in der Funktion der Pädagogisierung mit dem Ziel habitueller Veränderung, nicht in der Form bloßer mimetischer Assimilation, sondern der Vertiefung ins Eigene, und somit als Strategie der Anerkennung als Gleicher. Diese Beschreibung, die Glauben und Wissen, Glück bzw. Zufall und Methodisierung, Äußerlichkeit und Innerlichkeit kontrastiert, und die nicht nur am Gegenstand des Betens hervortritt, sondern sich fortsetzt und sich für die jungen Frauen an anderen Gegenständen und in verschiedenen Situationen bestätigt, transportiert eine hierarchisch gesetzte Distinktion.

Selbstaffirmation und Abgrenzung: Das Essen im Fadenkreuz symbolischer Auseinandersetzungen

Ein Gegenstand der Regulierung in den Kategorien zwischen Erlaubtem und Nichterlaubten ist das Essen und Trinken. Schweinefleisch und Alkohol sind eindeutig verboten. Das Rauchen, ein neuzeitliches Phänomen, wird in Verbindung mit Verschwendung und Gesundheitsschädlichkeit als *haram* oder mindestens als *makruh* gekennzeichnet. Karaman (1993: 46f.) und al-Qaradawi (1989: 74) plädieren jeweils nach einer Erörterung, die die gesundheitlichen Schaden und Verschwendung hervorhebt, für die Bewertung als *haram*. In der Praxis ist unter gläubigen Marokkanern das Rauchen eher verpönt, während türkische Muslime kein Problem damit haben, sich im Büro der Moschee Zigaretten anzuzünden. Unter den türkischstämmigen Muslimas gibt es einige, die rauchen. Meistens waren sie Raucherinnen vor ihrer Islamisierung. Mit der Islamisierung versuchen einige mehr oder weniger erfolgreich, sich das Rauchen abzugewöhnen, während andere auch kein Problem damit haben, in der Öffentlichkeit zur Zigarette zu greifen. So etwa zündete sich eine Frau am Rande einer Menge, die sich zu einer Kopftuchdemonstration durch die Frankfurter Innenstadt versammelt hatte und auf das Startzeichen wartete, eine Zigarette an, völlig ungerührt von den erstaunten bis mißbilligenden Blicken oder dem Getuschel anderer Muslime. Eine andere raucht gelegentlich in den Schulpausen – eine Handlung, die ihre Bedeutung im Kontext der Anerkennung durch die nichtislamischen Mitschüler, denen sie erst beibringen mußte, daß ›ihr Islam‹ kein Verzicht-Islam ist, erhält. Bei großen Treffen der Muslime kann man die eine oder andere Frau sehen, die sich für eine Zigarettenlänge auf dem Parkplatz neben ihrem Auto sozusagen aus der islamischen Öffentlichkeit zurückzieht. Man soll nicht rauchen, es ist für viele ein Zeichen mangelnder Selbstkontrolle, aber es ist auch nicht eindeutig verboten, weil die lange vor dem Tabakgenuß entstandenen Quellen nichts dazu sagen. Dieser Schwebezustand ist paradigmatisch für viele andere Handlungen, die aufgrund von Analogieschlüssen, die zwar logisch, aber eben nicht richtig authentisch sind und daher dem Individuum Spielräume geben. Beispielhaft ist ebenfalls die Anlagerung mit wissenschaftlichen Gründen, die zur Entscheidung und Bewertung von Handlungen herangezogen werden.

Eindeutig *haram*, verboten, ist neben Alkohol der Genuß von Schweinefleisch. Daß dieses Verbot eine islamische Weisheit ist, ergibt sich für die jungen Frauen aus medizinischen Begründungen: Aus homöopathischer Sicht ist Schweinefleisch ein »bedeutsames Homotoxin (Menschengift)«[28], das den Körper auf verschiedene Weise belastet. Die Neo-Muslime zeichnen sich außer durch die Verfügbarkeit über wissenschaftliche Argumente noch durch eine weitergehende praktische Gründlichkeit aus. Auch Nahrungsmittel, die Gelatine oder den häufig verwendeten Emulgator Mono- und Diglycerid enthalten, werden abgelehnt, da Gelatine zermahlene Schweineknochen und Mono- und Diglycerid nicht im einzelnen deklarierte tierische Bestandteile, darunter auch Schweineschmalz oder schweinefleischähnliche Substanzen, enthalten kann. Als Konsequenz verwenden viele Neo-Muslimas erhebliche Sorgfalt auf den Einkauf und selektieren das Warensortiment mit großer Wachsamkeit. Statt wie bisher einfach in die Regale des Supermarktes zu greifen, werden die Inhaltsdeklarationen auf den Verpackungen sorgfältig studiert. Ehemalige Passionen wie zum Beispiel präferierte Eis- und Schokoladensorten oder auch Gummibärchen werden bedauernd abgelegt. Daß nur der eigenen Kontrolle zu trauen ist, zeigen gescheiterte Versuche, Eßgewohnheiten durch das Ausweichen auf Apothekenware, die sich nach eingehender Beschäftigung mit den Inhaltsstoffen auch nicht als gesünder erwies, aufrechtzuerhalten.

Die unverheirateten, im elterlichen Haushalt lebenden Frauen wirken auf die Mütter ein, die Küche umzurüsten. Birzel zum Beispiel sortierte, als sie von der Gefahr durch die Emulgatoren erfuhr, kurzerhand die ganzen Vorräte durch und füllte den Abfalleimer mit den Waren, die die entsprechenden Bestandteile enthielten. Ihre Mutter hielt das für Verschwendung, fügte sich aber und erledigte die folgenden Einkäufe nach der Zulässigkeitsliste, die ihre Tochter für sie erstellt hat. Gülay stieß auf mehr Widerstand; in ihrem Fall wurde das Essen zum Anlaß für einen Machtkampf, der zumindest partiell zu ihren Gunsten ausschlug. Sie erzählt:[29]

»Meine Eltern konnten das nicht verstehen. Die kamen da mit Argumenten *, ja wir essen das schon seit 20 Jahren, das kann ja nicht falsch sein (lachend). / Was wir schon so lange machen, kann ja nicht falsch sein. Das essen wir schon so lange und *, ich hätte jetzt neue Sachen eingeführt und ich würde immer nur übertreiben und *, die kann ja wohl nicht verhungern und die leben in einer Gesellschaft und so Sachen eben, ja. Die haben das also ziemlich dramatisiert. Und ich achte jetzt unheimlich auch darauf, z.B. mit dem Fleisch ist es ein Problem, es muß ja nach dem islamischen Recht geschlachtet worden sein, und wenn das Tier betäubt worden ist, also richtig betäubt, dann darf man das Fleisch nicht essen ...[30] ... Meine Eltern, die achten weniger darauf. Die gehen zum Türken, kaufen dort das Fleisch ein, essen das und das mache ich nicht. Die Türken machen das nämlich auch so. Die kaufen entweder von den Schlachthöfen oder von den Deutschen ein, oder wenn sie schlachten, dann eben auch mit *, mit dem Elektroschock erstmal, nur durch Betäubung. Ja, das ist so eine Sache, * da gab es eben Probleme mit meinen Eltern, daß ich eben dies nicht esse, jenes nicht esse, das war denen einfach zuviel. ... Also ich habe mich meinen Eltern nicht angepaßt, muß ich sagen, also ich war ziemlich stur, * weil ich eben der Meinung war, das ist eben das Richtigere, wenn man wirklich Moslem ist, wenn man sich * zum Islam bekennt. Wenn man, (4) * sich zu etwas entschlossen hat, wirklich etwas zu praktizieren, dann sollte man es auch richtig machen. ... Und, die mußten einfach einsehen, daß sie bestimmte Sachen falsch gemacht haben, daß sie auf bestimmte Sachen achten müssen. Auf Glück, von wegen, ja, es kann Schweineschmalz sein oder Rindertalg, * also das geht einfach nicht auf Glück. Man muß einfach sicher gehen, so ist es im Islam, also, wenn man Bedenken hat, wo es wirklich nicht fest steht, was es ist, dann muß man einfach darauf verzichten, weil es eben sein kann, daß da eben Stoffe drin sind, die man wirklich nicht essen kann. Und *, naja, meine Mutter hat es dann irgendwie eingesehen, die hat sich dann mir angepaßt. ... Also die hat dann auch immer gefragt, ob ich das esse und ob da wirklich was drin ist. ... Der Vater ist ein bißchen eigensinnig gewesen, * ist er immer noch (lachend). Der hält das immer noch für einen Unsinn so was. Das kann man ja gar nicht feststellen, das ist deren Meinung. Oder feststellen schon, aber dann wollten die von mir, das war ja der Witz der ganzen Sachen, die wollten von mir dann 'was über Lebensmittelchemie wissen. Ich sollte ihnen sagen, wie das hergestellt wird, ja, wie das dazu kommt, ja. Ich konnte es natürlich nicht (lachend), ich studiere kein Chemie oder ich kenne mich damit auch nicht so gut aus. Aber, ich meine, das wurde eben von *, Leuten, herausgefunden, die sich damit auseinandergesetzt haben und Lebensmittelchemie kennen oder andere Wissenschaftler, Ernährungswissenschaftler oder so. Und auch, wenn ich zum Beispiel die Möglichkeit gehabt hätte, das zu **erklären**, die hätten es ja gar nicht verstanden, wenn ich da angekommen wäre mit Molekülen und Atomen und chemischen Reaktionen, die hätten es ja gar nicht **begriffen**, ja. Das ist also völliger Unsinn gewesen, was die von mir verlangt haben, nur um sich eben zu rechtfertigen.«

Deutlich kommt die Frontstellung zwischen einer konsequenten Systematisierung, die mit Hilfe der Wissenschaft bis ins unsichtbare Innere, sozusagen bis in die molekularen Details dringt, als »das Richtigere ..., wenn man sich entschlossen hat, wirklich zu praktizieren« und dem ›Auf-gut-Glück-Islam‹, der sich am Äußeren, am Augenschein, am Konkreten, Gewohnten orientiert, statt sich mit dem Möglichen, mit Zweifel und Verzicht herumzuplagen, zum Vorschein. Zugleich manifestieren sich die über Bildung und Habitus entstandenen Differenzen zwischen den Generationen, wie sich überhaupt das Habituelle, das persönlich Habituelle, in Verknüpfung mit wissenschaftlich-rationalen Argumenten als Mittel der Auseinandersetzung in den Vordergrund schiebt.

Offensichtlich findet keine Anbindung an bestehende »Formen moderner ›Eßbewegungen‹« statt, in denen »ausgehend von der Ernährung ... ein Modell der Zivilisationskritik entworfen ... wird«, um eine »Utopie der Einheit zwischen individueller und kollektiver Identität in Harmonie mit der Natur« (Mann 1991: 6f.) herzustellen, wenngleich Argumente aus der Ökologie und dem Tierschutz fallen. Zwar bestehen ideologische Übereinstimmungen mit der Ökologie (vgl. z.B. von Denffer 1993), aber zur ökologischen Bewegung besteht eine große Distanz. So werden keine Bio-Läden oder Reformhäuser aufgesucht, sondern man bleibt im Supermarkt.[31] Allerdings gibt es auch Überschneidungen. So hat die oben zitierte Gülay im elterlichen Haushalt den türkischen Tee durch chinesischen ersetzt wegen der radioaktiven Bodenbelastung seit dem Reaktorunfall im sowjetischen Tschernobyl.

Die vom Islam abgeleitete ›positive‹ Diätetik, eine »Praktik der Diät als Lebenskunst« (Foucault 1989a: 140), die, orientiert an der eigenen ideellen Konstitution und ihrer Beziehung zu Elementen der Außenwelt, in ein Netz von Vorschriften und Maßnahmen mündet, konzentriert sich auf ihre eigenen Gegenstände. Sie steckt, nicht ohne Anleihen zu machen, ihren eigenen Rahmen ab. Auf den ersten Blick besteht die Intention darin, die Regeln des Islam möglichst perfekt zu befolgen, das praktisch umzusetzen, an dessen Weisheit man glaubt und das für einen selbst nur gut sein kann. Die Konsequenz und die besondere Vorsicht, die die jungen Frauen an den Tag legen, bezeugen, daß die Regeln um das Essen ein praktisches Feld bilden, aus dem heraus gleichermaßen die Konstitution des Selbst als ethisches Selbst und als distinguiertes Selbst Form annehmen. Die selbstaffirmative Distinktion geht in zwei Richtungen: als Abgrenzung im innermuslimischen Bereich und als selbst vollzogene Abgrenzung von den Strategien der Entwertung und kulturellen Okkupation der nicht islamischen Anderen. Beiden wird gleichermaßen demonstriert, daß, im Gegensatz zur ersten Migrantengeneration, die Verfügung über Wissen, Willen und Disziplin besteht, selbst die verborgenen Details – Gelatine, Mono- und Diglyceride – aufzuspüren und zu kontrollieren. Gülays Ausführungen über die Auseinandersetzungen bei Tisch bringen deutlich zum Ausdruck, daß es um die Veränderung von Machtkonstellationen und der eigenen Position in ihnen geht. Ihre Mutter paßt sich an sie an, ob aus Einsicht in die tiefe Logik oder nur, weil sie sich Szenen und überflüssige Arbeit ersparen will – denn die anderen ebenfalls erwachsenen Kinder, die die Religiosität der Schwester zwar für einen Tick halten, aber ebenfalls das Essen verweigern, wenn der Verdacht aufkommt, daß »da was Gesundheitsschädliches drin ist« –, bleibt dahingestellt. Mit dem Vater hingegen, der sich als Muslim versteht, kommt es zu einer harten Frontstellung. Hier verkehren sich die Rollen, indem die Tochter Verbote setzt und zwar wissenschaftlich begründete, die, wie sie ihm zu verstehen gibt, er zu begreifen nicht die Voraussetzungen hat. Mit abstraktem Wissen erwirbt sie Selbstsouveränität gegenüber seit langem wirkender Autorität. Die Geschwister wiederum, mit denen sie nicht mehr über Religion redet, weil diese Gespräche immer in Streitereien endeten, islamisiert sie in gewisser Weise auf praktischem Wege.

Das Essen als Bestandteil symbolischer Auseinandersetzungen im Hinblick auf Selbstsouveränität und kulturelle Okkupation durch die nichtmuslimischen anderen kommt in einem anderen Fall klar zum Ausdruck. Dabei handelt es sich um eine junge Frau, Hamida, die seit dem Säuglingsalter in deutschen Kinderbetreuungseinrichtungen aufwuchs, weil die Mutter arbeitete, und zum Schuleintritt Verwandten in Marokko übergeben wurde, bei denen sie bis zum Beginn ihres Studiums lebte, denn der Vater war ziemlich plötzlich zu dem Entschluß gekommen, daß es besser sei, daß »seine Kinder als Marokkaner aufwachsen«:

»Die Leute, die hier aufwachsen, die meisten Kinder leben in zwei Welten, also sie wissen nicht, ob sie überhaupt Marokkaner sind oder Deutsche. Also diese Probleme hatten mehrere Eltern, die ihre Kinder hier gelassen haben. Weil, Kinder, die können Freiheit bekommen hier in Deutschland zu machen was sie wollen und bei uns ist es nicht gut, irgendwie. Ich weiß nicht, also. Nun, ich bin auch der Meinung, daß viel Freiheit für kleine Kinder nicht gut ist, weil ein Kind weiß nicht, was richtig und was falsch ist. Aber wenn man diese Freiheit von Anfang an bekommt, dann ist dieses Kind irgendwie verloren, weil Freiheit bekommt man erst, wenn man richtig weiß, das sind die Regeln und das sind die Gegen- irgendwie, die Gegensätze sozusagen oder was weiß ich. Und wenn man diesen Boden überhaupt nicht hat, dann geht man hier, geht man dort, man weiß überhaupt nicht mehr, was man ist irgendwie. Was bin ich überhaupt, ein Marokkaner oder ein Deutscher oder ein Moslem oder was weiß ich. Und besonders war es bei mir schwer, weil *, ich war total kraß, weiß ich nur, total bescheuert. Erst als ich nach Marokko gegangen bin, hab ich mich total verändert, muß ich sagen, bin ich ein braves Mädchen geworden. Weil ich war ständig mit, mit zwei Monaten bin ich schon in der Kinderkrippe, also ich sehe meine Mutter nur selten und sofort nach der Kinderkrippe bin ich zum Kindergarten gegangen, also die meiste Zeit bin ich mit Deutschen, also in eine deutsche Umgebung und natürlich die Deutschen, die geben mir, was die haben, die lesen mir Geschichte usw. und das ist normal, weil eine Deutsche wird nicht sagen, okay, du bist jetzt Moslem und wir werden für dich alleine einen Kurs machen, das geht nicht. Also, alle Kinder sind gleich behandelt in einem Kindergarten und deshalb bekommen wir auch Sachen, die total nicht zu unserer Kultur gehören, zum Beispiel Geschichten, man ißt alles und meistens ist auch Schwein da gekocht, verstehen Sie, solche Sachen, solche Kleinigkeiten eben. Aber zum Beispiel, wenn ich mich daran gewöhne, alles zu essen, alles zu hören und alles zu akzeptieren, dann hab ich eben keine Persönlichkeit mehr irgendwie **als** Marokkanerin **und** als Muslim. Aber als Mensch natürlich, ich hab alles bekommen, was man braucht eigentlich. Also vom deutschen Denken jetzt her.«

Paradigmatisch ist die multikulturelle bzw. kulturrelativistische Haltung, die bei Hamida, die durch ihre mehrfach translokale Biographie – erst aufgewachsen in Deutschland, dann in Marokko, dann zum Studium nach Deutschland – und ihre pädagogische Arbeit als Leiterin einer Mädchengruppe, durch die sie einen Blick für die Schnittstellen von islamischer und ›westlicher‹ Lebensführung hat, besonders sensibel ist für Unterschiede und die Arbeit des Subjekts zur Ordnung dieser Unterschiede, zum Vorschein kommt. Keine strikten Contra-Positionen werden aufgestellt – etwa »the ›Umma‹ contra the ›West‹« oder »›Muslims‹ contra Christians«, wie Karin Werner (1997: 223f.) bei altersgleichen ägyptischen islamisierten

Frauen feststellt –, sondern die Frage der Einbettung, einer ›gerechten‹ Einbettung und der Nuancen, der »Kleinigkeiten« ist wesentlich. Diese Kleinigkeiten sind es, die Identität machen und dazu zählt ganz wesentlich das Essen. Im Netz der Einkreisung durch symbolische Akte und Gegenstände wie Bilder, die unterschlagen werden, zum Beispiel die Kopftücher oder Moscheen in den Bilderbüchern, mit denen sie im deutschen Kindergarten aufgewachsen ist und die sich unbemerkt einschleichen, kulturelle Identität formen bzw. kolonisieren, wird das Schweinefleisch zu einem der wenigen ganz deutlichen Markierer der Differenz und der Anerkennung von Differenz. Es zeigt einem, wer man ist. Freiheit wird gegen Identität, die über Selbstkontrolle, Selbstautorität, Selbstbearbeitung erfolgt, gesetzt. Freiheit im Sinne von Nichtregulierung ist dabei nicht generell negativ, aber sie nützt der Person nichts, die sich dadurch nicht erkennen kann. Sie nützt dem Anderen, der sich über ein Regelsystem erkennt und hält, nichts. Es ist, an Marcel Mauss (1984) anknüpfend, eine schlechte Gabe, die den Annehmenden moralisch erniedrigt, weil er sie nicht adäquat erwidern kann. Er kann sie nicht nutzen für seine Persönlichkeitsentwicklung. Sie macht ihn »bescheuert«, verrückt, sie dezentriert ihn, weil sie nur ein spärlicher Ersatz ist für das, was ihm statt dessen vorenthalten wird, was ihm im gegebenen institutionellen Rahmen nicht gegeben werden kann. Kultur, Moral und Institution stehen nicht in einem homologen Verhältnis, müssen also zwangsläufig zu Konflikten führen, die der einzelne auszustehen hat (Douglas 1991). Der Andere kann sich nur selbst konstituieren. Dazu braucht er die »Kleinigkeiten« der Alltagspraktiken wie die Regulierung des Essens. Hamida argumentiert hier nicht von der Religion her, sondern stellt die Persönlichkeitsbildung – ein Code-Wort für das Religiöse – in den Zentrum des Gedankens. Nicht »alles zu essen« hat den gleichen Stellenwert wie nicht »alles zu hören und alles zu akzeptieren«. Die bewußte Beschränkung auf die Essenz, auf das Partikulare ist das Grundthema. Hamida zeigt hier eine Klarheit und eine Radikalität, die sie von den anderen Frauen, die in Deutschland aufgewachsen und fester darin verankert sind, unterscheidet. Sie ist nicht nur eine sehr genaue, zeichenbewußte Beobachterin, sondern sie erfüllt zudem als ›Original-Muslima‹ mit Entwicklungshelferfunktion eine sich selbst auferlegte pädagogische Pflicht, klare Zeichen, Wege und Ziele zu setzen.

Aber auch bei anderen kommt zum Vorschein, daß das Essen nicht rein religiösen Charakter hat – eine Bedeutung, die aus ethnologischer und distinktionstheoretischer Sicht nie alleine steht (Bourdieu 1982; Douglas 1985) –, sondern ins Spiel von Selbstaffirmation und Abgrenzung eingebunden ist. Die Selektion des Essens steht symbolisch dafür, nicht mehr alles dieser Kultur, die einen und die eigene Identität zu okkupieren sucht, zu schlucken, sondern nach eigenen Kriterien, nach einer eigenen Ordnungslogik zu prüfen und für sich für gut zu befinden. Die Frauen führen das Essen als Gegenstand der symbolischen Auseinandersetzung nicht ein, sondern es ist als solcher vorgängig vorhanden und erfahren worden als Entwertungsstrategie der Anderen. So führt etwa die bereits oben zitierte Gülay im Rahmen ihrer Erzählung an, daß lange vor ihrer Islamisierung, als sie noch gefärbte Haarsträhnen hatte und die Kleidung trug, die alle trugen, so daß sie sich ihrer Ansicht nach von ihnen nicht unterschied, sie in der Klasse unter Türkenwitzen zu leiden hatte, Witze, die nicht direkt gegen sie gerichtet waren, aber ihr ihren Status deutlich vor Augen führten. Dazu gehörte der Witz ›Früher standen die Türken vor Wien; jetzt stehen sie vor Aldi‹ – eine deutliche Anspielung auf eine Kultur der Notwendigkeit (Bourdieu 1982) über geschmacklosen Billigkonsum, zudem noch durch die historische Verbindung konnotiert mit Degenerierung und einer quasi wesensmäßigen Unfähigkeit, in Europa Fuß zu fassen. Auch eine andere Frau erwähnt das Traktiertwerden mit Türkenwitzen; sie bezieht sich auf eine Szene, die mindestens zehn Jahre zurückliegt:

»Ich hab mir nie daraus was gemacht. Nie. Das hat mich doch nie bewegt gehabt. Heute, im Nachhinein, tut mir das dermaßen weh, ja. Der (ein guter Freund, S.N.) hat gesagt, ›wie, du willst nicht beißen gute Schweinewurst?‹. ›Nee‹, hab ich gesagt, ›da ist kein Knoblauch drin, das eß ich nicht.‹ Das ging an mir einfach runter. Das prallte ab, aber, heute sogar, im Nachhinein, tut mir das weh.«

Zu dieser Zeit bestand für sie noch längst kein Gedanke daran, sich zu islamisieren. Sie wußte, wie fast alle Kinder aus islamischen Familien, daß Schweinefleisch nicht gut ist und daß sie es nicht essen sollte. Im Nachhinein, als sich ihr das Verbot als mehr als eine bloße Marotte erschließt, die im Zusammenhang mit mangelnder Aufklärung und Bildung steht, sondern als Bestandteil eines ethischen Systems, als Teil einer »kulturellen Vernunft«, die sich in Essensgewohnheiten niederschlägt (Sahlins 1981: 242) sieht sie eine Entwürdigung. Vor allem auch sieht sie, die sich früher in der politisch linken Szene ihrer Heimatstadt engagierte und sich als »gut integriert« verstand, worin sie häufig bestätigt wurde durch die Mitteilung, sie sei eine »andere Türkin« – ein Satz, den sie heute so versteht, daß sie keine Türkin sein durfte und sich das Prädikat des Besseren nur über Anpassung und Verleugnung wesentlicher Elemente, die ihre Identität ausmachten, erkaufte – sich in der Retrospektive als partikulare Person von ihrem eigenen Freundeskreis, dem sie vertraute, nicht mehr ernst genommen. Auch als die »andere Türkin« wird sie über solche zudem in unzulänglichem Deutsch vorgebrachten Bemerkungen wie die mit der »Schweinewurst« über ein Kollektiv oder die Imagination eines Kollektivs identifiziert, dem sie sich selbst durch ihr Denken und Handeln nicht zugehörig fühlt. Türkische oder marokkanische Eltern zu haben, die als Gastarbeiter gekommen sind, kann somit, das ist die Lehre, die sie mit anderen Erzählerinnen teilt, jederzeit in interaktiven Situationen als Strategie der individuellen Deklassifizierung eingesetzt werden und die persönliche Arbeit der Biographie- und Selbstkonstitution entwerten, ja zunichte machen.

Das Essen ist ein Markierungspunkt, der die Frauen bzw. die Kinder aus muslimischen Familien mit einer Ordnungspraxis konfrontiert, die über ihren Köpfen besteht. Sie bemerken die doppelte Ebene, das heißt, daß das Essen nicht nur eine persönliche Angelegenheit ist, die man wählen oder abwählen kann, sondern ein Zeichen symbolischer Auseinandersetzungen, in die man als Person ohne eigenes Zutun, ohne Kontrolle involviert ist. Mit der Islamisierung werden sie zu Zeichenexperten. Sie werden sich der Klassifizierung durch Zeichen bewußt, ergreifen sie und drehen sie um, kodieren sie neu. Religiöse Regulierungen wie das Verbot des Genusses von Schweinefleisch und das Schächten geben den normativen Rahmen, aber die Subjekte setzen das Normative um in eine Alltagspraxis, die durch ihre biographisch bestimmte Position in den Feldern der sozialen Auseinandersetzung geformt ist. Der Ritus fließt ein in die Selbstkonstitution; er korsettiert und macht dadurch unmittelbar leiblich fühlbar, wer man ist. Er erzeugt Distanz, aus der heraus Identität in einem Spiel zwischen dem religiösen Ritus und dem Alltagshandeln erzeugbar ist. Durch »kulinarisches Handeln« (Neumann 1993: 421) und seine spezifische Einbettung in eine eigen-sinnige Bedeutungsorganisation treten die jungen Frauen als taktierende Subjekte in die symbolischen Auseinandersetzungen ein.

Exkurs: Das Schächten

Distinktionsbestrebungen bzw. Differenztendenzen zeigen sich, wie in der oben angeführten Erzählsequenz Gülays hervortritt, auch im Punkt der Schlachtung. Ihrer Ansicht nach ist die Schächtung erforderlich. Deutlich wird bei ihr, daß Islamisierung und Ethnisierung nicht gleichzusetzen sind. »Zum Türken« zu gehen, löst nicht das Problem der Ethik. Das trifft vielleicht für die ältere Generation zu, die vertraut, aber nicht weiß. Die auf Systematik trainierten Jüngeren zeigen sich hingegen kompromißlos. »Der Türke«, der türkische Händler oder Schlachter unterliegt den gleichen Auswahlkriterien, den Regeln einer Universalisierung, die das Ethnische kontextualisiert.

Hinsichtlich des Schlachtens gibt es verschiedene Einschätzungen. So halten einige Gelehrte es für unentbehrlich, daß während dieses Aktes der Name Allahs ausgesprochen wird. Andere halten das Fleisch für genießbar, wenn keine Nennung, vor allem nicht die eines anderen Gottes erfolgt. Verbreitet ist mit dem Hinweis auf die Aussage des Propheten, daß die Speisen und Zubereitungsarten der Leute der Buchreligionen (Juden, Christen, je nach Auslegung auch Buddhisten, Brahmanen, Parsen) *halal* sind (mit Ausnahme des Schweinefleischs) auch die Auffassung, daß auch andere Schlachtmethoden wie das Einsetzen von Elektroschock erlaubt sind. Die beiden bereits zitierten zeitgenössischen Gelehrten, al-Qaradawi und Karaman legen dies dar, präferieren aber das ›ur-islamische‹ Schächten letztlich durch ein eher technisches Argument, indem sie auf die relativ qualfreie Tötung durch diese Methode hinweisen (Karaman 1993: 38f.; al-Qaradawi 1989: 52f.). Das Schächten ist also nicht Voraussetzung für den Genuß von Fleisch, aber es ist eindeutig ›richtig‹ islamisch. Der einzelne kann hier wiederum entscheiden, wie er sich zu dieser Frage verhält. In der islamischen Praxis in Deutschland gibt es verschiedene Alternativen: Ein Laden, der zu einer Süleymancilar-Gemeinde gehört, bietet, allerdings zu einem höheren Preis, Fleisch an, das von einem speziellen Schlachthof aus einer weiter entfernten Stadt kommt. Die Ahmadiyya-Gemeinde hingegen hat nicht solche Möglichkeiten (oder sucht sie nicht), sondern arrangiert sich mit den gegebenen Bedingungen. Eine junge Frau verweist vage auf ›Möglichkeiten‹, wie sich Muslime zu helfen wüßten und deutet auf geheim betriebene Schlachtungen. Andere schränken ihren Fleischgenuß drastisch ein oder essen kein Fleisch, wenn sie nicht sicher sind, daß das Tier nach islamischer Methode geschlachtet wurde. Wieder andere greifen zu einer Art Selbsthilfe, indem sie den Hinweis einer Frau, einer Deutschen, die sich der sufitischen Lehre angeschlossen hat, folgen: Demnach wird zum Beispiel ein konventionell geschlachtetes Huhn genußtauglich gemacht, indem man vor der Zubereitung dreimal *bismillah* spricht. Die Alltagspraxis weist somit verschiedene Umgangsformen auf.

Die weibliche islamische Kleidung: Die ästhetische Dimension

Das Eingreifen in die Ordnungspraxis symbolischer Auseinandersetzungen erfolgt auch in bezug auf die angemessene weibliche Bekleidung. Mit ihr tritt das Interkulturelle als Konstitutionsbedingung stärker in den Vordergrund. Essen und Beten sind vornehmlich selbstbezogene Handlungen. Das Beten nach islamischem Ritus befindet sich an der Grenze nach außen, wird aber von den jungen Frauen in der Regel nach innen verschoben, der Öffentlichkeit entzogen. Mit der Kleidung hingegen, die zugleich eine Technik der Selbstkonstitution wie der Selbstrepräsentation ist, findet Kommunikation mit den anderen statt, steht Selbstaffirmation im Austausch mit den anderen. Insbesondere die Kleidung ist ein Zeichen der Grenzgänge. Sie ist weniger durch den Ritus vereinnahmt, aber hinreichend an ihn gebunden, um als auch von anderen intuitiv so verstandenes Instrument der »Souveränität über sich selbst« (Foucault 1989b: 116) zu fungieren. Im Gegensatz zum festgelegten Rituellen, dessen Mittel die Repetition ist und dessen positive individuelle Ausdrucksform nur in die Hyperkorrektheit münden kann, öffnet sie ein Spiel der kreativen Möglichkeiten, »sich als Subjekt seiner eigenen Handlung zu konstituieren und zu erkennen« (ebd.). Deutlicher als beim Essen zeigt sich bei ihr die Beziehung zwischen »body hexis and discourse« (Starrett 1995), die Konfiguration von körperlicher Ordnung, Selbstaffirmation und sozialer kompetitiver Ordnung.

Im Zusammenhang mit dem Essen ist vornehmlich der ethische Aspekt im Sinne des Entwurfes einer ethischen Lebensführung zur Sprache gekommen. Mit der Kleidung rückt der ästhetische Aspekt in den Vordergrund. Einerseits besteht bei den jungen Frauen die unmittelbare Intention, Inhalt und Form, Innen und Außen als sich widerspiegelnd zu repräsentieren. Über körperliche Ästhetik vermittelt sich zudem die partikulare Ethik sinnlich evokativ in einen universalen Kontext, übersetzt komplexe Inhalte und Zusammenhänge, die im alltagsweltlich spontanen Rahmen nicht erklärbar sind und auch nicht erklärbar zu sein brauchen, in sinnlich-praktische Erfahrungen und repräsentative Zeichen und Bilder (Jameson 1991; Lukács 1963, 1962: 578f.). Insofern spielt die Kleidung – durch die Vermittlung ins Universale, wohingegen Essen und Beten weitgehend partikular, selbstbezogen bleiben – als Bestandteil der Islamisierung in den Erzählungen, wenn man die quantitativen Anteile zugrunde legt, eine wesentlich größere Rolle als das Essen.

Ein Blick auf den normativen Diskurs zeigt, daß eine der umstrittensten Fragen, die weibliche Kleiderordnung, in den Quellen relativ knapp abgehandelt ist. Das zeigen drei Autoren, die jeweils bestimmte islamische Bevölkerungssegmente erfassen: Yusuf al-Qaradawi (1989: 133f.), Hayrettin Karaman (1993: 52f.) sowie Rabia Yalniz (1993) in dem von der Ahmadiyya-Gemeinde vertriebenen Heft mit dem Titel »Über den Schleier«. Als Grundlage dienen ihnen jeweils ein Hadith (al-Qaradawi und Karaman) und zwei Koranverse (Yalniz). In dem Hadith sind Frauen erwähnt, »die nackt sind, obwohl sie bekleidet sind, die verführen und verführt werden, deren Haare wie die geneigten Kamelhöcker frisiert sind« (al-Qaradawi 1989: 79[32]), womit sie sich den Weg ins Paradies versperren.[33] Daraus wird abgeleitet, daß enganliegende und durchsichtige Kleidung *haram* ist. In Sure 24 Vers 32 heißt es, daß Frauen

> »ihre Reize nicht zur Schau tragen sollen, bis auf das, was davon sichtbar sein muß, und daß sie ihre Tücher über ihren Busen ziehen sollen und ihre Reize vor niemandem enthüllen sollen als vor ihren Gatten, oder ihren Vätern ...« (usw.). In Vers 60 der Sure 33 » ...sollen ... die Frauen der Gläubigen ... ihre Tücher tief über sich ziehen ... Das ist besser, damit sie erkannt und nicht belästigt werden«.

Rabia Yalniz leitet daraus ein Verschleierungsgebot ab und führt überdies an, daß der Schleier »uns hilft, höchste moralische und spirituelle Eigenschaften zu entwickeln (1993: 14).[34] An anderer Stelle, in *Huda,* einer deutschsprachigen islamischen Frauenzeitschrift, in der Fragen einer islamischen Alltagspraxis breit thematisiert werden, finden sich bezugnehmend auf Diskussionen mit dem Theologen Qaradawi in München im Jahre 1996 folgende Aussagen:

> »[Es] sei völlig egal, womit der Körper bedeckt ist, wichtig ist doch nur was bedeckt ist. Ob eine Frau einen *Djilbab*, eine *Manto*, eine *Abaye* oder sonstwas trägt, ist unwichtig ... Außerdem wollte er (Qaradawi) sich nicht darauf festlegen, bestimmte erlaubte Farben zu nennen.«

Es gebe von Kultur zu Kultur unterschiedliche Präferenzen und Bedeutungen. Angesichts der Situation »einer multikulturell-islamischen Gesellschaft, wie wir sie in Deutschland vorfinden« sei es müßig, verbindliche Definitionen für eine islamische Kleidung zu suchen, insbesondere was die Bestimmung als männliche und weibliche Kleidung betrifft, sondern »wir (sollten) uns den kulturellen Gegebenheiten anpassen ..., wenn wir uns in einer kulturell relativ homogenen Gesellschaft befinden« (Huda 1996: 13). Diese Aussagen markieren zusammen mit der Feststellung, daß die Verschleierung in der Frühzeit das Statuszeichen eines freien Menschen gewesen sei, und der Definition, daß Gesicht, Füße und Hände als das, was aus funktionalen Gründen sichtbar sein müsse, in etwa den deutschen bzw. deutschsprachigen islamischen Diskurs um die äußere Erscheinung der islamischen Frau in der Öffentlichkeit.

Im alltagspraktischen Kontext wird auf die oben genannten Quellenverweise Bezug genommen. Sie werden nicht in Frage gestellt, aber sie werden als ein Rahmen begriffen, dessen Füllung in den Details von den einzelnen selber vollzogen wird. Das zeigt sich etwa an der für den Sommer relevanten Frage nach dem passenden Schuhwerk. Während die einen bloße Sandalen für angemessen halten, bestehen die anderen auf Strümpfen und festen Schuhen. Diskussionen über diese oder ähnliche Fragen verlaufen in der Regel so, daß die verschiedenen Positionen nebeneinander bestehen bleiben, ohne daß ein Anspruch auf Regelverbindlichkeit formuliert wird. Es gibt keine Autorität, die hier entscheiden könnte.

Die Hose – Ein Zeichen der Selbstsouveränität

Ein umstrittenes Kleidungsstück unter islamischen Frauen ist die Hose. Aus traditioneller Sicht ist sie eindeutig ein männliches Kleidungsstück. In den Süleymancilar-Gemeinden trifft man keine Frau an, die Hosen trägt. Aus orthodoxer Sicht ist sie ein problematisches weibliches Kleidungsstück. Mit dem Hinweis darauf, daß der Prophet das Nachahmen von Kleidung und Verhalten des anderen Geschlechts verdammt habe, sieht al-Qaradawi (1989: 80) in solchen Handlungen, allerdings ohne das Tragen von Hosen zu erwähnen, eine Zerstörung der natürlichen Ordnung, während Karaman (1993: 52f.) von »seelischer Störung und sittlicher Verirrung« spricht. Ob diese Zustände bereits mit dem bloßen Tragen von Hosen beginnen, bleibt unerwähnt. In der Alltagspraxis findet man gleichermaßen Frauen, die nur Rock oder nur Hose tragen oder alternieren. Aus dem Untersuchungssample gehen keine eindeutigen Kriterien hervor, warum sich welche Frau generell für oder gegen das Tragen von Hosen entscheidet. Einige präferieren Röcke als weiblicher, vor allem mit steigendem Alter, das heißt etwa ab 18, 20, als angemessener. Sie finden Hosen aber gleichwohl »praktischer« und »besser«, weil sie den Körper vollständiger bedecken und weniger Körperkontrolle erfordern, und auch »schöner«. Sie verpönen das Tragen von Hosen keineswegs, sondern betrachten sie als individuelle Wahl. Manche Spätislamisierten bevorzugen jetzt Röcke, auch wenn sie sie vorher haßten, als ein Manifest ihrer eigenen Wandlung für sich. Die Wahl, wann was getragen wird, kann aber auch strategische Gründe haben. So ist es sicherlich keineswegs ein Zufall, wenn eine junge, äußerst zeichen-bewußte Frau in der Schule, in der fast alle Gleichaltrigen Hosen tragen, Röcke präferiert, aber ausgerechnet auf dem Fest einer Moschee, an dem mehrheitlich traditionell eingestellte Frauen aller Altersgruppen teilnehmen, in Hosen erscheint. Für manche ist es weniger eine Frage des Prinzips, ob das Hosentragen mit einem islamischen weiblichen Lebensstil kompatibel ist oder nicht, sondern sie relativieren und machen es von der Figur der Trägerin abhängig: Sie müsse schlank genug sein, um die Unauffälligkeit des weibliches Körpers zu gewährleisten. Man muß »es sich leisten können« Hosen zu tragen und es gilt offensichtlich als Makel, es sich nicht leisten zu können. Davon zeugen die vielen Gespräche um das Thema Gewichtsreduktion. Einige der Frauen benutzen Heimtrainer oder besuchen regelmäßig Fitneß-Studios. Ersichtlich ist, ob das Tragen von Hosen das Ziel ist oder nicht, eine starke Orientierung an der vorherrschenden Körperkultur.

Für einige der Frauen gehört das Hosentragen zur Selbstaffirmation als moderne, selbstbewußte Muslima. Es markiert das Ende der Nicht-Souveränität. Das ist zum Beispiel der Fall bei Serpil. Sehr traditionell erzogen – im Elternhaus sowie durch mehrjährigen Aufenthalt in einem türkischen islamischen Mädcheninternat – begann sie im Alter von neunzehn Jahren Hosen zu tragen. Für sie war das ein Akt der Befreiung von traditionell-islamischen Normen, die ihr bisher als zu eng und nicht richtig erschienen waren, von der starken elterlichen Kontrolle und von der Tortur, sich in der Schulklasse nicht dazugehörig zu fühlen, »mit dir selbst nicht zufrieden« zu sein, »weil die anderen immer so gucken, ... weil alle auf das Äußere achten«. Sie begibt sich durch die Auseinandersetzung um ihre Kleidung in einen Machtkampf mit den Eltern und beginnt, ein festes Machtgefüge aufzubrechen. Kleidung, in diesem Fall die Hose, bildet einen konkreten Gegenstand, über den Machtbeziehungen etabliert, aber auch in Frage gestellt werden. Bereits in ihrer Kindheit war sie Gegenstand von Auseinandersetzungen: Der auf Haltbarkeit und Zweckdienlichkeit Wert legende Vater pflegte ihr »potthäßliche Oma-Schuhe« zu kaufen, die sie zu Röcken tragen mußte. Hosen waren nur in Verbindung mit Röcken erlaubt und unter diesen Bedingungen für sie nicht tragbar. Röcke sind für sie, ebenso wie später Mäntel, zu einem Zeichen von Macht und Unterdrückung geworden. Nach mehrjährigem Aufenthalt in einem türkischen islamischen Mädcheninternat, in dem sie sich sehr wohl fühlte und das sie zu ihrem Bedauern verlassen mußte, weil die finanzielle Lage der Eltern sich drastisch verschlechtert hatte, pflegte sie zwei Jahre in »türkischen Klamotten«, »so wie es üblich ist für Frauen, sich anzuziehen«, nämlich mit kniebedeckendem Rock, Feinstrumpfhosen, in den Rock gezogener Bluse, Gürtel und »klar, weil das alles so eng sitzt und so kurz, da sieht man alles, dann muß man ja auch einen Mantel drüber tragen«, im Klassenzimmer zu sitzen. Dann beschloß sie dieser »Qual« ein Ende zu machen, beginnend mit weiteren und längeren Röcken und Blusen, um den Mantel ablegen zu können. Heute trägt sie prinzipiell keine Mäntel mehr, aber auch keine Röcke. Das Tragen von Hosen allerdings hat sie sich erkämpfen müssen. Überhaupt sieht sie, wie die anderen Frauen auch, das Erkämpfen, das Ringen um das Erkennen und Durchsetzen der eigenen Bedürfnisse sowohl zu Hause wie auch außerhalb, als ein Leitmotiv ihrer Biographie. Einen Wendepunkt markiert dabei ihr Kampf um das Tragen von Hosen, der auf die bereits eingeschlagenen Veränderungen folgt. Im Alter von neunzehn, kurz nach dem Abitur und kurz nachdem sie erstmals junge Frauen, darunter vor allem eine Muslima deutscher Abstammung kennengelernt hatte, deren Einstellung zum Islam nicht von lokalen Traditionen geprägt war, die »anders gedacht haben ... so wie ich das oft tue« und die ihr gezeigt haben, »das ist doch kein falscher Gedanke, den du da im Kopf hast«, fühlte sie sich »ermutigt« und »reif dazu, endlich mal meine Meinung zu sagen, offen darüber reden zu können«, das heißt, die Eltern damit zu konfrontieren, daß sie beschlossen habe, Hosen anzuziehen. Folglich kaufte sie sich eine Hose, zog sie an und wartete auf die Reaktionen. Prompt kamen »böse Blicke: nein, darfst du nicht«. Daraufhin erfolgte ein Schlagabtausch islamisch legitimierter Argumente, den sie wie folgt schildert:

»Ich sagte, nee, das steht mir zu, und ich ließ nicht nach. Ich mußte ja mich aus islamischer Sicht verteidigen, weil, ich tu's ja auch, ich mein, ich achte ja selbst darauf. Aber nein, Frauen dürfen das nicht, das ist Männerbekleidung. Hab ich gesagt, wo steht das? Zeig mir das, ich zieh das nicht an. Also, mit meinem Vater hab' ich ganz normal gesprochen. Zeig mir, wo das steht und ich werd das nicht anziehen. Er konnte mir das natürlich nicht zeigen, weil das nirgendwo steht. Es steht nur, Frauen sollen nicht Männerbekleidung tragen. Das ist wahr, aber, wer sagt denn, daß Hose Männerbekleidung ist. Ich mein, was ist 'ne Hose überhaupt, wie will man das definieren, ne. Und er konnte nicht mehr. Da kann er ja nicht mithalten (lacht). Da mußte er das auch runterschlucken. Also, sie haben mich sehr oft gewarnt, wirklich sehr oft. Also, sie haben auch nicht sonderlich aufgegeben, immer wieder gesagt, was du machst, ist nicht gut. Du wirst verdammt von Gott und du wirst so und so. Also, als ob ich 'ne Hure wäre oder so, weißt du, so verdammt von Gott und wegen ner Hose. Und, sehr oft haben sie mir das gesagt, aber ich war knallhart, also ich bin auch knallhart, also nicht immer so, aber wenn ich was im Kopf habe und ich bin überzeugt, daß es richtig ist, daß ich's durchzieh', egal wer vor mir ist (lacht), ob's mein Mann ist oder meine Eltern oder sonst irgendwas, sonst irgendwer. Naja, dann hab ich das auch so durchbekommen. Also meine Mutter hat heute noch Probleme damit, mit meiner Hose. Aber, sie sagt nichts mehr, sie schluckt es, also ignoriert es.«

Das Hosentragen markiert für Serpil den Wendepunkt zur persönlichen Metamorphose vom eingeschüchterten, dem normativen Druck anderer ausgelieferten Objekt zum souveränen, optierenden Subjekt. Klar ersichtlich ist die Verschiebung der Machtbalancen zwischen den Generationen im Rahmen der islamischen Semantik. Der argumentative Austausch bewegt sich exakt im Rahmen der oben aufgezeigten koranischen und Hadithüberlieferungen. Serpil hat »meine Quellen und so«, sie operiert mit rational und logisch begründbaren Details (wie ist eine Hose definiert?), sie fragt nach dem Wesen der Dinge und zieht Vergleiche (andere islamische Regionen, in denen auch Frauen Hosen tragen), sie argumentiert, wenn man es so formulieren will, universal und bringt die beschränkte traditionelle Rede, die sich nur auf die Wiederholung beziehen kann, die den Text nicht deutet, um die Möglichkeit der Widerlegung. Gleichzeitig schlägt sie diesen Diskurs, indem sie seine Ausgangsposition, den Islam aufgreift, ihn übertrumpft, statt ihn bloß zu negieren. Über die islamische Semantik verläßt Serpil ihren Platz als gehorsame Tochter, die sich dem Zwang der Autorität beugt und präsentiert sich als Ebenbürtige und sogar Überlegene. Gegen Außenkontrolle setzt sie Selbstkontrolle und sucht darüber das Beziehungsgeflecht zu verändern und sich dabei Anerkennung zu sichern. So steht sie nicht als schlechte Tochter dar, sondern im Gegenteil als eine souveräne Beherrscherin islamischer Regulation, die nicht nur weiß, was verboten ist, sondern ebenso, was ihr zusteht (vgl. auch Nökel 2000). Dieses unterstreicht sie, indem sie zusätzlich einen Fachmann einbezieht, einen »wirklich guten Hoca«, der nicht nur nicht traditionelle Machtsstrukturen verteidigt, sondern zudem ein Freund des Vaters ist und dessen Stimme als solcher zusätzliches Gewicht erhält. Sie braucht ihn nicht als Verteidiger, denn all ihre Argumente kann er nur bestätigen und nichts hinzufügen, sondern als Vermittler. Auf diese Weise stellt sich ein Bündnis her, in dem Wissen und Ansprüche zählen und nicht Geschlecht. Auf die gleiche Weise verfährt sie auch wenig später, als sie sich entschließt, ein Fahrrad zur Fortbewegung zu benutzen. Fahrradfahren gehört sich aus traditioneller Sicht nicht für Frauen. Auch jüngere islamische Frauen setzen sich diesbezüglich mit der Frage der Schicklichkeit und der Technik auseinander: Röcke und Kopftücher könnten verrutschen; überhaupt die ganze Bewegung könnte der würdigen und geordneten Erscheinung widersprechen.

Mit der Auseinandersetzung um die Hose etabliert Serpil ein modernes, dem Individualismustheorem entgegenkommendes islamisches Programm. Auf die Frage, warum die Eltern so streng seien, erklärt sie:

»Ja, die haben es traditionell alles gelernt. Nicht *, so von den Quellen, wie wir das heute machen. Also wir erforschen auch sehr viel. Wir lesen auch sehr viel andere Meinungen, von anderen Gelehrten und wir sind nicht abhängig von einem einzelnen Gelehrten. Und die sind so. Die sind sehr abhängig. Also die haben nur so eine schmale Linie, die sie gehen, aber wir haben drei von denen jetzt. Also, X. [der Ehemann] und ich, wir achten beide darauf. Daß wir jetzt nicht alles so sehen, sondern mehr weitsichtig und, deshalb können wir uns auch mehr erlauben, als manche andere Muslime. Weil wir auch andere Meinungen akzeptieren und die auch befolgen. (2) Weil das wär ja auch schade, wenn wirklich Islam **so** eng wäre, also daß man so wenig Freiheit hat. Das wäre sehr schade.«

Wahl, Differenzierung und kritische Distanz zur Autorität zeichnen sich als Grundzüge der Selbstaffirmation der modernen Muslima ab. »Weitsichtig« zu sein, den Text genau zu studieren, ihn daraufhin zu untersuchen, welche Optionen er bietet, und sich durch die Verbindung von eigenem Wissen und kontrollierbarem Expertenwissen »mehr erlauben« zu können, erzeugt das ›freie‹ islamische Individuum, dessen Freiheit im souveränen Umgang mit den Regeln, nicht in deren bloßer Aufhebung besteht, und verleiht ihm moderne gesellschaftliche und diskursive Kompetenz. Darauf weisen auch Serpils Überlegungen, ab wann die Geschlechtergrenzen übertreten werden oder konkret, ob die Hose, wie ihr Vater argumentiert, ein männliches Kleidungsstück ist:

»... Und es gibt ein *hadith*, auch ein Ausspruch des Propheten, der sagt, Frauen, die so aussehen wie Männer und Männer, die aussehen wie Frauen, also möchten gerne so aussehen wie Männer zum Beispiel oder, Männer, die möchten gerne so aussehen wie Frauen, die werden *, verflucht von Allah. Also, okay, kann ich mir gut vorstellen, aber für mich heißt es, daß man sich total wie ein Mann gibt, also das ist nicht wegen der Hose oder deswegen, daß man ein Hemd angezogen hat, sondern, daß man so tut, als ob man ein Mann **wäre**. Oder diese, wie sagt man, die Transvestiten, ne. Das sind ja Männer, die sich als Frauen bekleiden und ich denke immer, daß solche Personen damit gemeint sind, die sich wirklich als Frau **geben**, auch so mit Make-up und so Klamotten und wie man geht, wie man sich benimmt. Und *, da kann ich mir nicht vorstellen, daß, einfach, wenn ein Mann zum Beispiel ein Kleid anzieht, aber benimmt sich wie ein Mann und spricht auch so und steht auch zu seiner Männlichkeit, ich würde nicht sagen, daß so ein Mann von Allah verflucht wird, nur weil er mal heute ein Kleid angezogen hat. Weil, er beabsichtigt ja auch nicht, wie eine Frau auszusehen, sondern einfach nur, daß es bequem ist für ihn, kann er sagen, oder wie er das begründet eben ...«

Abgesehen davon, daß Serpil hier die Geschlechterfrage verschiebt – bemerkenswerterweise bezieht sie sich auf die Transgression des Männlichen und nicht, wie in der Regel, des Weiblichen – zeigt sich hier eine Tendenz der Differenzierung. Ausschlaggebend ist das innere Motiv des Handelnden, nicht die äußere Konformität. So lange Geschlechtsidentität und biologisches Geschlecht nicht völlig divergieren und damit das islamische Geschlechterkonzept sprengen, sind Abweichungen tolerabel. Der einzelne muß damit selber sehen, wo die Grenze ist, wie er seine Intentionen begründen kann, wie er Grenzen und Intentionen integriert. Ersichtlich ist der Aufbau einer Doppelkonstruktion in der Anerkennung einer essentiellen Wahrheit durch den Glauben an die Offenbarung und subjektiven Partikularismen. Das transzendierende Individuum im Sinne Hellers (1984) vermittelt zwischen beidem und damit zwischen Pflicht und Recht, zwischen Gehorsam und Spiel. Der unentscheidbare Diskurs um das Tragen der Hose ist ein konkreter Punkt, an dem sich diese Haltung zeigt. Die Auseinandersetzung um die Frage, ob Frauen Hosen tragen sollten, ist somit, wie Serpil in anderen Erzählsequenzen andeutet, nicht nur im Kontext eines Prozesses der Aneignung von Selbstsouveränität und Anerkennung zu sehen. Der subjektive Umgang mit dem heiligen Text, die Konfrontation mit den Eltern als Vertreter von Tradition und die Auseinandersetzung um das Hosentragen repräsentieren Wandlungstendenzen, die außerhalb des Subjekts und seiner Kontrolle liegen. Sie betreffen die generellere Frage der Geschlechterabgrenzung und der Modifizierung der Grenzen. Fatima Mernissi hat, neben anderen, diagnostiziert, daß moderne Gesellschaften im islamischen Raum gekennzeichnet sind durch eine soziale Anomie, eine Konfusion, die auf der spannungsgeladenen Koexistenz verschiedener Regelsysteme zur Geschlechterordnung beruht (z.B. Mernissi 1987). Der Islam als patriarchalische Bewegung (Riesebrodt 1990) erscheint in diesem Rahmen als ein Gegengewicht. Aus den Erzählungen der jungen Frauen, deren Biographien durch ebensolche Spannungen charakterisiert sind, geht hervor, daß dieses Gegengewicht nicht als abgeschlossene Einheit zu betrachten ist. Vielmehr fließen öffentliche Diskurse ein und wirken auf eine Reinterpretation. Ausgehend von subjektiven alltagsweltlichen Überlegungen lassen sich folgende Annahmen formulieren: Moderne öffentliche Diskurse über Sexualität und Geschlecht, über Transvestismus, Homosexualität, Geschlechtsumwandlung in Verbindung mit Anerkennung sowie die Diversität von Geschlechterrollen auch in den Geschlechtergrenzen zeigen an, daß die Geschlechterzuordnung bzw. die Definition von Männlichem und Weiblichem uneindeutig geworden ist. Biographische Umstände wie Abgrenzung zum traditionellen Modell, Anerkennungspolitiken, Bildungskarrieren, wissenschaftlich orientiertes Denken erfordern eine Auseinandersetzung mit diesen Diskursen. Diese zwingen Wissen auf, das mit islamischem Wissen arrangiert werden muß und das islamische Wissen in bestimmte Reflexionszusammenhänge fügt. Oder anders formuliert: Hinsichtlich der Geschlechterfrage erweist sich der Islam als ein hochproblematisches Feld. Einerseits ist die Ordnung ganz eindeutig, andererseits gibt es Grenzfälle und es gibt ein Selbst, ein wertvolles, mit dem Recht auf persönliche Authentizität, auf die Realisierung seiner partikularen Bedürfnisse, die sich im Grenzbereich dieser klaren Ordnung befinden.[35]

Die Kopftuch-Technik des Selbst

Im Gegensatz zu den kontroversen Einstellungen und Praktiken hinsichtlich des Tragens von Hosen besteht ein Konsens darüber, daß das Haar zu bedecken sei, daß es zu den Teilen des Körpers gehöre, die nicht sichtbar sein sollen. Diese Einstellung wird auch vehement verteidigt gegenüber einzelnen Ansichten männlicher, häufig, aber nicht ausschließlich, deutschstämmiger Muslime, die das Kopftuch im Westen für überflüssig befinden, da das Haar dort nicht als erotischer Reiz definiert sei, wie überhaupt die Reizschwelle höher liege. Serpil, die, stets auf der Suche nach einer praktischen Logik, sich argumentativ nicht allein auf die koranische Vorgabe und auf den normativen Aspekt stützen will und auch das häufig geäußerte Argument vom Beurteiltwerdenwollen aufgrund der inneren Werte und nicht aufgrund des Äußeren nicht bloß repetitieren will, hatte sich eingehend mit diesen Einwänden auseinandergesetzt. Systematisch hat sie Modells, die Verkörperung weiblicher Schönheitsideale, betrachtet und dabei festgestellt, daß sie in der Regel eine lange Haarpracht aufweisen. Das sieht sie als Beweis, daß das Haupthaar eindeutig ein Bestandteil weiblicher Erotik ist und daß seine Bedeckung durch die islamische Ethik gerechtfertigt ist.

Eindeutig steht das Kopftuch im Kontext der Selbstaffirmation gegenüber der dominanten Kultur. Dabei entsprechen totale und uniformierende Verschleierungsformen wie der Tschador, das große schwarze Körpertuch, der türkische Tscharschaf, in der modernen Form ein gleichfarbiger Zweiteiler von Mantel und einem sehr großen, über den gesamten Oberkörper fallenden Tuch, das nur das Gesichtsoval freiläßt, oder der Gesichtsschleier (*niqab*) nur dem Geschmack einer winzigen Minderheit. Die jungen Frauen bestätigen solche Formen als »das Höchste«, die »höchste Stufe«, lehnen sie aber gleichzeitig für sich als unpraktikabel ab: Sie seien den anderen zu fremd; diese könnten nicht damit umgehen und man gerate in die Isolation. Soziale Exklusion wiederum steht konträr zum Projekt des aufstiegsorientierten und diskursfähigen Selbst. Mit dem funktionalen Argument verknüpfen sich auch Bedenken, die die Formierung als moralisches Subjekt betreffen. In diesem Sinne etwa erklärt die Studentin Hamida, wenn sie, was ebenfalls zur Vollverschleierung gehört, im Hörsaal ständig darauf achten müsse, daß die Hände bedeckt seien, könne sie nicht mehr richtig mitschreiben. Zudem entwickele sich eine hohe Schamgrenze, die den Umgang mit anderen Menschen und vor allem mit dem anderen Geschlecht erschwere und einen selbst in seiner Entwicklung blockiere. Die Vollverschleierung steht für sie somit im Kontext einer Sorge um sich, die in einen reinen, austauscharmen Selbstbezug mündet. Zugleich wird als Tatsache akzeptiert, daß die Arbeitswelt ein Raum der Kooperation und Konkurrenz der Geschlechter ist, in dem die übermäßige Betonung der Geschlechterdifferenz Nachteile bringt (vgl. auch Kapitel IV).

Eine der jungen Frauen hebt ihre Abneigung gegenüber dem Typ »Mullah-Frau« hervor. Zur Illustration verweist sie auf ein Bild vom iranischen Parlament, das sie kürzlich im Fernseher sah und auf dem die Parlamentarierinnen einheitlich einen schwarzen Tschador tragen. Das erinnere sie an *karafatma*, schwarze Käfer in der Art von Kellerasseln oder Kakerlaken. Sie findet diese Kleidungsart angsteinflößend und ist der Meinung, daß »man sich schon ein bißchen schön machen sollte«, und »wenn die Männer sich nicht verstecken, warum soll ich mich dann verstecken?«. Sie legt nicht nur Wert darauf, sich von politisch-religiösem Rigorismus und Puritanismus abzugrenzen, den sie mit Entpersönlichung und Einschränkung assoziiert. Sie betont über den ästhetischen Aspekt die weibliche subjektive Perspektive. Sie selber kauft zu jedem neuen Kleidungsstück gleich ein passendes Kopftuch, verfügt also über eine große Auswahl. Der ästhetische Aspekt ist für sie, wie auch für die anderen Frauen, von großer Bedeutung. Er bildet einen Teil ihrer Selbstidentität, ihrer persönlichen, sich im Prinzip der Wahl ausdrückenden Souveränität, die sich nicht über Uniformierung präsentieren läßt. Daß diese Haltung keine persönliche ist, zeigt sich an der Beliebtheit von Modeschauen islamischer Kleidung, die unter anderem von diversen in Deutschland lebenden Designerinnen entworfen wird.[36] Kleidung ist als praktisch wirksames Zeichen der Organisation von Handlung und des Arrangements der Beziehung zu den anderen zu sehen. Über die Kleidung manifestieren sich soziale Machtbeziehungen und Intentionen, Kleidung zu steuern, um darüber als Handelnder in diese Beziehungen einzutreten. Das Kopftuch ist ebenfalls ein Medium in diesem Machtspiel. Der Tschador wird von den jungen Frauen synonym gesetzt mit Versteck, Scham, Exklusion. Er ist für sie eine Technik des Partikularismus, der sich nicht transzendieren kann. Das Kopftuch hingegen erlaubt, im doppelten Sinne, die offene Stirn zu bieten. Es bildet eine Art kompromißbereite Minimalkonstruktion, eine wohldosierte Synthese zwischen partikularer Ethik und dominierenden Körperbildern bzw. ästhetischen Vorstellungen. Auffällig ist dabei, daß diese Minimalkonstruktion im Kreis der neo-islamischen Frauen kompromißlos in bezug auf die Bedeckung des Haares ist. Ein eminent hoher Wert wird darauf gelegt, daß nicht ein Härchen sichtbar ist. In der Konsequenz erfolgt eine, bei manchen fast schon manisch erscheinende, ständige Selbstüberprüfung und Rückversicherung durch andere Frauen und zwar auch dann, wenn Frauen unter sich sind. Dabei geht es keineswegs um die Aufrechterhaltung der Ordnung durch die Eliminierung erotischer Zeichen. Wie Hamida meint, »wird kein Mann umfallen, wenn er ein Stück meiner Haare sieht. Das hat nichts zu tun mit Weiblichkeit oder Sexualität, sondern damit, daß man strenggläubig ist und alles beachten will, was Allah gesagt hat«. Der Anflug plötzlicher Nervosität, der, wie sie formuliert, bei den »wirklich Gläubigen« die Information, man könne ein Härchen sehen, hervorruft, resultiert ihrer Meinung nach weniger aus der Furcht vor dem persönlichen Autoritätsverlust durch mangelnde Außenrepräsentation, sondern betrifft die Selbstaffirmation als gewissenhaftes, selbstdiszipliniertes, um die perfekte Erfüllung einer selbstauferlegten Leistung besorgtes Individuum. Insofern bildet das perfekt sitzende Kopftuch, das aller Sorgfalt zum Trotz zum Verrutschen neigt und dem sich vor allem die kleinen Härchen am Haaransatz nicht bereitwillig unterordnen, ein leibgebundenes Memorial individueller Perfektion und Selbstdisziplinierung – für sich und für die Anderen, die muslimischen Anderen mit ihrem unreflektierten und unsystematischen Volksislam und die nichtmuslimischen Anderen mit ihren diversen Orientalisierungsphantasien.[37]

Kleidung und Verhalten bzw. Leibordnung und Moral stützen sich gegenseitig ab oder, wie Hamida es formuliert: »Islam ist eine Religion, die Innerlichkeit mit Äußerlichkeit verbindet. Das geht nicht anders, sonst steht man nur auf einem Fuß.« Insbesondere das Tuch fungiert wesentlich auch für die Trägerin selber als Erinnerung an die Prinzipien der Selbstzucht bzw. Selbstführung, als Stütze der Selbstkontrolle, um sich in Gegenwart anderer nicht gehen zu lassen, eine würdige Haltung zu bewahren, insbesondere Männern gegenüber nicht zu vertraulich zu werden. Das Tuch demonstriert, daß man weiß, was man tut und selbstbewußt als Person gleichen Ranges oder Wertes bzw. gleicher Kompetenz auftreten kann.

Die Leibordnung unter islamischen Vorzeichen, und dabei insbesondere das Kopftuch, gilt als die Manifestation einer »totalen Persönlichkeitsentwicklung« (Hamida), die jede sich persönlich und kontinuierlich erarbeiten muß. Das schließt auch eine ganze Reihe von Verhaltensweisen ein. Dazu gehören ruhige, konzentrierte Ausdrucksformen, die mit dem Notwendigen auskommen, mit sparsam eingesetzter Mimik und Gestik. Es sei, so erklärt Hamida, einer islamischen Frau nicht angemessen, sich wie ein »Zappelphilipp« zu verhalten; beispielsweise reiche es, einfach zu sagen, daß man etwas vergessen habe, anstatt seine Vergeßlichkeit mit gespielter Panik laut herauszusprudeln und sich dramatisch mit einem lauten ›aah‹ mit der Handfläche an die Stirn zu schlagen. Solche Reaktionen sieht sie als typisch für die Mädchen der zweiten Immigrantengeneration, und sie versucht diese Generation, die im Zeichen der anarchischen Pippi Langstrumpf, »die Miniröcke trägt«, aufgewachsen ist, in diese Richtung zu sensibilisieren:

»Das Schleiertragen ist irgendwie ein Entwicklungsprozeß, das Schritt für Schritt kommt. Das kann nicht so, auf einmal, gut und in Ordnung und perfekt sein, aber es kommt mit der Zeit. Zum Beispiel ohne Schleier war ich ein bißchen ein Zappelphilipp sozusagen, ich <unverständlich> und ich rede mit Männer, ganz locker, aber wenn man islamisch wird, dann muß man, wie soll ich das sagen, so ein bißchen Ruhe und ruhig sein, also ruhig verhalten, nicht so immer mit Händen reden und mit Füßen und wie viele Frauen, zum Beispiel wenn man Kaugummi jetzt kaut, muß man es nicht mpfmpf, so machen. Also eine Frau, die Schleier trägt, muß eben respektvoll irgendwie aussehen. Wie zum Beispiel in königlichen Familien jetzt, zum Beispiel Diana, die kann jetzt nicht, was weiß ich, in eine Diskothek gehen und dann tanzen oder so. Es gibt bestimmte Benehmensart und -weisen, die eine verschleierte Frau *, also * haben muß, also bestimmtes Benehmen muß sie haben, nicht so wie kleine Kinder oder so. Das bestimmte Benehmen, ich weiß nicht, ob Sie mich verstanden haben, das ist genauso wie mit alten Gesellschaften, auch so wie hier in Europa zum Beispiel, also ich hab auch viele Bücher so gelesen von alten Zeiten, diese also, um ein Gentleman zu sein oder um eine richtige Lady zu sein, das muß man richtig, so jetzt so Kaffee normal trinken, also so bestimmte Benehmen gibt's, nicht so wie in Amerika auorrm, irgendwie keine so <unverständlich>. Man muß eben sehen, daß man sich verändert hat.«

Bemerkenswerterweise greift Hamida zur Erklärung auf den Adel und seine Techniken der Selbstdisziplinierung und Distinguierung zurück. Islamisierung bedeutet für sie Aristokratisierung. Es liegt nahe, ihre sehr persönliche anglophile Tendenz und ihren Faible für eine standesbewußte, selbstdisziplinierte Oberschicht aus dem Kontext des Gastarbeiterstigmas heraus zu erklären. Mit der Projektion eines ›Oberschicht-Habitus‹ tritt sie einem (klein-)bürgerlichen Regime, das sich entweder in der Attitüde selbstgefälliger Xenophobie oder der der Scheinfreiheit und -toleranz gefällt und je eigene Varianten des Gastarbeiterstigmas erzeugt, entgegen.

Überraschend an ihrer Erklärung ist, wenn man sie im Kontext der Kulturrelativitätsthese, die sie zuvor vertreten hat, liest, daß sie sich nicht auf die Sunna bezieht, sondern auf einen exklusiven Bestandteil eines europäisches Standesgefüges. Das legt das gleichzeitige Vorhandensein einer Universalitätsthese nahe, einer Idee der auf Mimesis beruhenden sozialen Konkurrenz. Sie bezieht sich nicht auf Charisma, sondern, gemäß der Entwicklungsidee, die bei ihr eine große Rolle spielt, auf Selbstdisziplinierung. Andere Muslimas hingegen verweisen im Zusammenhang mit islamischer Selbsttransformation auf die Sunna, auf das Vorbild des Propheten, den sie als tolerant, großzügig, gerecht, fürsorglich empfinden, und bemühen sich um Höflichkeit, Hilfsbereitschaft, Verzicht auf die Herabsetzung anderer und auf Tratsch. Sie versuchen alltägliche Handlungen zu islamisieren, wie zum Beispiel beim Servieren von Getränken von rechts nach links vorzugehen. Es scheint eine Art vagen Grundkonsens zu geben, was adäquates islamisches weibliches Verhalten ist, aber keinen verbindlichen Katalog, der in Richtung einer ausgefeilten Etiquette, wie sie Hamida anspricht, geht.[38] Als zentral und beide Orientierungen verbindend erscheint ein Bestreben, eine, um eine gängige Formulierung aus dem Bereich der Selbsttherapie aufzugreifen, islamische positive Ausstrahlung zu konstituieren, eine Selbstsouveränität auszustrahlen und auch zu haben, die sich abhebt von den Mangel- und Unterlegenheitsattributen, die das Gastarbeiterstigma bestimmen, wie mangelnde Bildung, mangelnde bzw. bäuerliche Umgangsformen. Sie dient aber auch als Schutzschild gegen Kränkungen und Verlust der Contenance, indem sie einen davor bewahren kann, auf Provokationen so negativ zu reagieren, »wie die es haben wollen«. Das beinhaltet allerdings nicht den Verzicht auf Wehrhaftigkeit, wenn man sich angegriffen fühlt. So schildert eine junge Frau eine Szene, in der einige Zeit nach ihrem Entschluß, das Kopftuch zu tragen, der Sportlehrer äußerte, er schätze es nicht, daß in seiner Stunde Modevorführungen veranstaltet würden, woraufhin sie »ausgerastet« sei und ihn angeschrieen habe.

Entsprechend hat sich ein respektabler islamischer Habitus nicht nur nach innen, in der Erzeugung von Selbst-Identität, sondern auch nach außen in der Erzeugung von Anerkennung zu manifestieren. Das zeigt sich in dem hohen Wert, den viele der jungen Frauen, jenseits der islamischen Regulierungen und unabhängig von den persönlichen Präferenzen des Islamischen, auf das sorgfältige Arrangieren der äußeren Körperordnung legen. Die Ästhetik der Erscheinung, die sich in geschmackvoller Abstimmung von Farben und Dessins sowie in der Handhabung der Verbindung des Modischen mit dem Islamischen zeigt, ist bewußte Körperpolitik. Ilknur etwa, die großen Wert darauf legt, täglich in von Kopf bis Fuß anderer Kleidung zu erscheinen und Wiederholungen nur im Abstand von zwei Wochen zuläßt, betreibt ganz bewußt Körperpolitik:

»Ich mag es, schön angezogen zu sein, wenn ich Kopftuch trage. Weil, es fällt ja in der Gesellschaft sowieso auf, wenn ich kunterbunt angezogen wäre. Es gibt ja sowieso diese negativen Bilder von den Medien halt. Ne, also das wird ja immer verschlechtert und wir werden als Fundis bezeichnet und ich mag es, wenn ich schön angezogen bin und daß die Leute eigentlich sehen, daß es auch andersrum geht, daß wir auch normale Menschen sind, die sich auch schön kleiden **können** ja, als Kopftuchträgerin. Und, daß wir auch irgendwo 'nen, Geschmack haben und äh, die Leute kapieren das nicht. Die denken, Kopftuchträger und was weiß ich noch, diese ganzen Vorurteile kommen dann richtig durch die Medien wieder hoch und so. Ich möchte dagegen auch mit, mit meiner Kleidung kämpfen halt, ne, daß wir nicht naiv sind. Das ist dann wichtig für mich. Das ist ein Stück Beweis auch für einige Leute, daß man auch ein bißchen anders ist. Und zwar aber, daß man ein normaler Mensch ist wie die anderen auch.«

Ilknur, die sehr leistungsorientiert ist, weil es, wie sie meint »für mein Image ... auch wichtig (ist), als Kopftuchträgerin nicht irgendwie naiv zu sein oder blöde im Kopf halt, wie viele gedacht haben an der Schule«, will nicht nur durch ihr individuelles Beispiel für das Kollektiv der Muslime den Beweis antreten, daß »wir« wie »normale Menschen« auch »uns schön kleiden können«, Sinn für Ästhetik haben. Daß sie ihre Kleidung als Kampfmittel zur Selbstbehauptung einsetzt, illustriert sie eindringlich in einer langen Erzählsequenz, in der sie detailliert ihr erstes Auftreten, oder treffender, ihren ersten bewußt inszenierten Auftritt am ersten Tag in einer weiterführenden Schule, der sie sozusagen zu einem geschichtsträchtigen Datum verhilft, da sie dort als erste Muslima einzieht, schildert. Großen Wert legt sie auf die Beschreibung der Schuhe in einer ausgefallenen, seinerzeit modischen Farbe samt der dazugehörigen Handtasche, die perfekt zur Kleidung paßten. Eingehend schildert sie die beeindruckten Reaktionen der anderen auf ihre Demonstration der Verbindung von Religion und Mode bzw. Modernität. Sie dokumentiert mit der sorgfältigen Wahl der Kleidung ebenso ganz selbstbezogen ihre individuelle Autonomie:

»Die ist doof im Kopf. Die trägt ihr Tuch, weil ihr Vater es so will. Ja, so haben viele gedacht. Nachher haben sie durch meine Kleidung, also in der Schule bin ich sehr aufgefallen durch meine Kleidung, und dann haben sie sich überlegt, wenn sie mit Zwang das machen würde, würde sie sich **so** erstmal nicht kleiden und ihre Tücher so wählen, daß die zu ihrer Kleidung passen. Das würde man schon sehen, haben sie gesagt.«

Der ästhetisch organisierte Kleidungsmodus der Neo-Muslimas hat eingestandenermaßen die Funktion der Distinguierung vom Gastarbeiter-Milieu und vom Bild des ›Aldi-Türken‹. Den Nichtmuslimen wird über das Zeichensystem Körper sinnlich erfahrbar zu verstehen gegeben, daß sie es nicht länger und nicht ausschließlich mit naiven oder unzivilisierten Orientalen zu tun haben, sondern mit Individuen, die sich auf die Transzendenz sozialer Ordnungskategorien verstehen, die ihren eigenen Stil entwikkeln. Ihnen wird bewiesen, daß auch Muslime Disziplin und Geschmack haben, daß sie in der Lage sind, Ethik und Ästhetik ausgewogen zu verbinden. Ihnen wird über Mode und Kleidung symbolisch die Beherrschung des sozialen Regelwerkes und das hohe, über die Erwartung der bloßen Anpassung hinausgehende soziale Integrationsniveau demonstriert. Mit dem Ineinandergreifen der Formen einer partikularen Ethik und einer universalen Ästhetik überbieten die jungen Frauen die Erwartung der bloßen Assimilation und werden damit zu Handlungssubjekten. Massenkultur und Islam werden gleichermaßen Techniken zur Selbstkonstitution entnommen. Ausgewählte und wohlgesetzte Elemente und Zeichen der Massenkultur sind nicht nur Bestandteile der Fabrikation eines partikularen islamischen Lebensstils, der verschiedene Anknüpfungspunkte hat, sondern haben in der multikulturellen Gesellschaft und ihrem Spiel zwischen Partikularismus und Universalismus geradezu überlebenstechnische Funktionen im Hinblick auf die Aushandlung von Anerkennung. Sie sind die Zeichen einer neuen Klassenfraktion, zeigen über das sie verwendende Subjekt überhaupt an, daß es eine gibt. Die sorgfältige Ordnung des Körpers ist ein intendierter Verweis auf die kultivierte innere Ordnung, auf Islamischsein als individuelles Projekt und nicht als Effekt von Fremdkontrolle. Hier erfolgt ›Körperpraxis‹, die nach innen wirkt als eine auf Selbstzucht basierende »Autoformation« (Foucault 1985: 10), die zugleich abhängig ist von der Anerkennung anderer als Bestätigung des eigenen Identitätsprojekts. Auf der Alltagsebene schalten sich die jungen Frauen via ›Körperdiskurs‹, in dem die Ästhetik des Körpers die ethische Tiefe der Person für sich wie für andere evozieren soll, in Diskurse um (›orientalische‹) Frauen-Körper und weibliche Identität ein.[39] Über Zeichen von Methodik und Systematik argumentieren sie gegen die Körper-Natur-Besetzung, machen sie sich ihren Körper als sprechendes Objekt zu eigen und reifizieren sich darüber als handelnde, selbstaffirmierende Subjekte.

III. Kontextualisierung des islamisierten Selbst

Gegenstand des letzten Kapitels war die Konstituierung als islamisches Subjekt durch die disziplinierte Aneignung einer persönlich erarbeiteten islamischen Ethik und Ästhetik. Ihrem Verständnis nach finden die jungen Frauen zu sich selbst, werden sie sich ihrer authentischen Identität bewußt; sie wissen oder nähern sich suchend dem an, was sie als ihr ›Inneres‹, ihr ›Eigentliches‹ eruieren können, das nur zu einer sinnvollen Existenz gebracht werden kann durch die Affirmation der Wurzeln, der Herkunft. Ihre Islamisierung erscheint als ein Akt der Selbstbestimmung, der von innen her, aus einem tiefen Selbst heraus motiviert und auf sich selbst gerichtet ist. Als eher zweitrangig, als Folgewirkung auf die Transformation des Selbst und der eigenen Lebensführung tritt für sie der Außenbezug in der Form eines Kampfes um Anerkennung auf. Das Kopftuch erscheint dabei als eine Grenzlinie zwischen Selbst und Gesellschaft, seine Verteidigung als notwendige Verteidigung des Selbst gegen partikularismusunsensible eigenkulturzentrierte Andere (Mihciyazgan 1993; Waltz 1996). In der eigenen Interpretation liegt der Fokus im Verständnis der Islamisierung als »biographisches Handeln« (Geissler/Oechsle 1996), dessen Logik sich aus dem bisherigen Lebensverlauf ergibt. Biographisches Handeln und biographische Selbstthematisierung sind nie rein subjektiv im Sinne einer freien Wahl, sondern sie vermitteln stets Einwirkungen von und Aushandlungen mit makrosozialen und institutionellen Kontexten (Gerhardt 1996; Weymann/Heinz 1996; Alheit 1997). Damit stellt sich die Frage, welche Kontexte an der Islamisierung von Frauen der zweiten Immigrantengeneration, von denen alle in Deutschland geboren bzw. seit früher Kindheit aufgewachsen sind und von denen lange Zeit nicht wenige so gut wie keinen Bezug zum Islam hatten, beteiligt sind.

Im folgenden wird auf der Basis der These von der Institutionalisierung des Selbst untersucht, inwieweit institutionelle Mechanismen der Erzeugung von Identität in den biographischen Erzählungen auszumachen sind. Im ersten Teil werden anhand verschiedener Situationsschilderungen und -reflektionen zum ersten öffentlichen Auftritt als Kopftuchträgerin die Deutungen und Argumente analysiert, die allesamt darauf hinauslaufen, die Islamisierung als eigene Wahl zu begründen. Diese Texte werden anschließend in einen theoretischen Rahmen der institutionellen Erzeugung des Selbst gestellt. Von da aus wenden wir uns in einem dritten Teil der in den Erzählsequenzen herausgehobenen Zentralinstitution, der Schule, zu, die nachhaltig die Thematisierung des Selbst formt. Die Erzählungen weisen eine gerade Verbindungslinie auf zwischen dort geübter (Selbst-)Essentialisierung und Islamisierung.

Der erste Schritt in die Islamisierung und das Motiv der eigenen Wahl

Deutlich zeigen die beiden letzten Erzählsequenzen im vorangegangenen Kapitel, daß die sorgfältige körperliche Ordnung ein Verweis auf eine kultivierte innere Ordnung ist, daß Islamischsein ein individuelles Projekt ist und nicht bloßer Effekt von Fremdkontrolle. Auch wenn die anderen, wie Ilknur meint, nicht wissen und nur schwer verstehen können, was diese kultivierte innere Ordnung ist, denn schließlich ist es nicht ihre Kultur – diesen Eindruck hat sie aus zahlreichen Gesprächen mit MitschülerInnen, in denen sie als Aufklärerin über den Islam und das Kopftuchtragen gescheitert ist, weil »die begreifen das nicht und fragen immer wieder dasselbe, auch wenn ich ihnen das schon zehnmal erklärt habe« –, so wird ihnen zumindest eine Ahnung vermittelt, daß es eine Ordnungslogik gibt, dem sich ein systematisch und diszipliniert denkendes und handelndes Subjekt verpflichtet fühlt. Und diese Ahnung erfolgt in erster Linie nicht über den verbalen Diskurs, sondern über den Körper und seinen Gebrauch.

Ilknur verweist auf eine ganz wesentliche Bedingung, die die Islamisierung zum ethischen und ästhetischen Projekt der Selbstkonstitution macht: die eigene Wahl (vgl. auch Klinkhammer 1999; Watson 1994; Weiss 1994; Werner 1997). Unter den Erzählerinnen kann man zwei Gruppen unterscheiden: diejenigen, die aus, wie auch immer ausgeprägten, religiösen Elternhäusern stammen und früh damit konfrontiert wurden, ein Kopftuch zu tragen, und diejenigen ohne religiöse Sozialisation, die von sich aus, teils gegen den Willen der Eltern erst spät, etwa um das achtzehnte Lebensjahr herum oder noch später, begannen, das Kopftuch zu tragen. Die meisten aus der ersten Gruppe wurden zu Kopftuchträgerinnen um den Zeitpunkt der Mensis herum, manche auch früher. Der frühere Zeitpunkt scheint ihnen allerdings nicht gerechtfertigt. Das geht zum Beispiel aus den folgenden Ausführungen Serpils hervor:

»Als wir (meine Schwester und ich, S.N.) dann im Grundschulalter waren, mußten wir manchmal Kopftuch tragen, draußen, also an den Wochenenden, in der Schule nicht, so in der Woche nicht, aber am Wochenende. Da hat mein Vater sehr viel Wert drauf gelegt, damit wir uns frühzeitig daran gewöhnen können, damit es für uns nicht fremd ist, wenn wir soweit sind. Und mußten wir dann immer tragen. Das haben wir nicht so gerne gemacht. Wir wollten auch nicht von den Mitschülern gesehen werden auf der Straße, so am Wochenende wollten wir sie überhaupt nicht treffen. Und wir haben dafür gebetet, hoffentlich sehen wir keinen (lacht). Das war nämlich für uns nicht so toll, daß man die Bekannten trifft. Die Fremden, die war'n mir eigentlich egal so ... Später dann, als ich 12 war, da mußte ich ja richtig Kopftuch tragen, weil ich schon meine Periode hatte und das hab ich damals auch, okay gerne hab ich das nicht gemacht, aber, ich hab's gemacht, ich mußte's einfach. Ich hab immer alles gemacht, was meine Eltern mir gesagt haben. Deshalb hab ich das auch gemacht, unter anderem.

... Ich weiß gar nicht mehr genau ... Ich hab das glaub ich sogar vor der Periode schon gemacht. Weil, ich wollte auch etwas früher damit anfangen ... In der sechsten Klasse hab ich im zweiten Halbjahr, da war ich zwölf, da hab ich angefangen und hab nur draußen, also auf dem Schulweg hab ich's nur getragen, in der Klasse nicht, weil ich nicht wußte, ob ich das überhaupt darf in der Klasse, weil einige Schulen und Lehrer gab es, die das nicht erlaubt haben, wie heute auch, ne. Und * ich hab dann einfach auf dem Schulweg getragen. ... In der sechsten Klasse da hab ich mit meinem Klassenlehrer gesprochen, ob ich das Kopftuch nach den Schulferien in der Klasse anziehen darf und er wollte mit dem Rektor reden. Dann war ich in der siebten, und die ganze Zeit hat er mir nie was gesagt. Und * in der siebten bin ich einfach mit dem Kopftuch in die Klasse 'reingegangen. Also ich bin auch mit dem Kopftuch dageblieben, normalerweise müßt ich das abnehmen. Und, alle waren auch sehr erstaunt, meine Kameraden auch. Jemand hat die ganze Zeit so Zeichen gemacht, ›Ziehst du das nicht aus?‹ und so während des Unterrichts. Und hab ich gesagt, nein, zieh ich nicht aus. Und dann hab ich meinen Lehrer gefragt, ich will jetzt so mit Kopftuch immer im Unterricht bleiben. Ja, hat er gesagt, ist gut. Er hat also nichts dagegen gesagt. ... Ich mußte ja, wenn dann überhaupt, **ganz** mit Kopftuch sein. Weil, da sind ja auch Jungs in der Klasse und dann muß man sich bedecken, normalerweise. Und so, so war das ja geplant. Nur in der sechsten, da hab ich zu früh angefangen. Das war noch vor meiner Periode. Da konnt' ich es noch in der Klasse abnehmen. Es war nur, daß die Leute sich mal langsam daran gewöhnen, ich würde das machen, in Zukunft. Es war nur so als Vorstufe (lacht), für die anderen und für mich auch eigentlich, daß ich mich selbst daran gewöhne.

Ist eigentlich alles unsinnig und unislamisch, also find ich heute. Heute find ich das nicht so schön. Heute würd ich's nur machen, wenn das Kind in dem Alter ist. Wenn es Pflicht ist, dann macht sie das eben. Punkt, fertig. Also keine Vorstufen, und nicht so als kleines Kind, so wie wir. Wir mußten auch, als wir zwei, drei Jahre alt waren, mußten wir wohl auch Kopftuch anziehen, hat meine Mutter uns erzählt, ich kann mich nicht daran erinnern. Sie hat erzählt, mein Vater hat sehr großen Wert darauf gelegt, die Mädchen mußten immer ein Kopftuch anhaben. So kleine Kinder, ... beim Spazierengehen, bei Besuchen und so, zu Hause nicht. Find ich nicht so schön. Weil, das ist keine Pflicht, warum soll man die Kinder damit belasten.«

Der Gedanke der Gewöhnung ist verbreitet – auch der eine oder andere Imam befürwortet dieses Vorgehen –, aber keine generelle Praxis. Unter den jungen Frauen herrscht einheitlich die Ansicht vom Kopftuchtragen als Pflicht, die an eine bestimmte Bedingung gebunden ist und erst dann, exakt mit Eintritt dieser Bedingung, einzulösen ist. Erst dann macht es Sinn als religiöse Pflicht; sonst ist es, weil der Sinn fehlt, nur Willkür, reine Form, persönliche Belastung. Für Serpil steht die Pflicht der Bedeckung mit Einsetzen der Menstruation nicht in Frage. Dem Alter entsprechend ist sie vor allem an elterliche Weisung gebunden. Gehorsam und abstraktes Wissen mischen sich. Allerdings hat sie keine Wahl; das ist ihr am Beispiel der offen rebellierenden älteren Schwester deutlich geworden, denn für diesen Fall »haben sie (die Eltern) eine Lösung gefunden«, wie sie ironisch formuliert, »die haben sie in die Türkei auf ein Internat geschickt, haben gesagt, da wird sie schon richtig erzogen und wir, die wollten ja sowieso nach, meine Eltern«. Sie empfindet diese »Lösung« als »hart«, beim Reden wird sie von Emotionen übermannt, die sie nur schwer zügeln kann und die auf diese Angelegenheit als Drama verweisen, aber sie enthält sich der Beurteilung. Sie ist mit diesem gewaltsamen Vorgehen nicht einverstanden, empfindet aber die Anforderung als legitim. Damit spricht sie einen Konflikt an, für den es unter den gegebenen Umständen keine echte Lösung gibt. Einzig Pädagogik als Konfliktvermeidungsstrategie kann greifen. Sie selber fügt sich in das Unvermeidliche, aber sie versucht den Prozeß für sich zu steuern durch eine Politik der kleinen Schritte, indem sie einen vorübergehenden Zwischenraum für sich und die anderen schafft. Sie tastet sich langsam vor, um herauszufinden, was erlaubt ist, was die anderen ihr erlauben – eine zögerliche und Schwäche andeutende Taktik, die sie im Nachhinein verurteilt und als überflüssig empfindet. Der Schritt zur Kopftuchträgerin ist hart, er ist eine psychische Belastung, die sowieso von der betreffenden Person gemeistert werden muß und nur allein gemeistert werden kann. Da ist nichts abzufedern. Diese Belastung muß aber nicht früher als notwendig, vor der biologischen Reife erfolgen. Aus der religiösen Perspektive ist das Kopftuchtragen vor diesem Zeitpunkt für Serpil wie für alle anderen Frauen durch nichts zu rechtfertigen.

Diese Position zeigt sich auch in alltagspraktischen Handlungsakten. So brachte eine der Frauen, Jehan, zum Treffen einer Mädchengruppe im Frauenraum der Moschee ausnahmsweise einmal ihre Tochter im vorpubertären Alter mit. Während traditionelle Muslimas es für selbstverständlich halten, daß Frauen und Mädchen in der Moschee und vor allem im Gebetsraum ihr Haar aus Respekt vor dem Ort bedecken, machte diese Frau, unbeeindruckt von skeptischen Blicken, keinerlei Anstalten, ihre Tochter entsprechend zu kleiden. Es wäre in ihren Augen reine Frömmelei, ein Akt der Ungläubigkeit, kein gesetzestreuer Akt, sondern ein Zugeständnis an die Traditionalisten gewesen.

Afaf, die ebenfalls aus einer religiösen Familie stammt, deren Eltern allerdings über hohe Bildungsabschlüsse verfügen (der Vater ist Akademiker; die Mutter hätte studieren können, wenn sie nicht geheiratet hätte und ihrem Mann nach Deutschland gefolgt wäre) und die sie, im Kontrast zu Serpils Eltern, als aufgeschlossen und keineswegs traditionell, wenngleich ein wenig altmodisch charakterisiert, begann ebenfalls im Alter von dreizehn das Kopftuch zu tragen. Die Mensis war für sie der Punkt, der, wie sie durch die älteren Schwestern wußte, die alsbaldige Veränderung einleitet. Sie spielte zunächst aber noch mit dem Zeitpunkt, indem sie sich und den Eltern, die danach fragten, das Ende der nächsten Ferien, dann den Beginn des neuen Schuljahres, dann wieder die nächsten Ferien als Termin setzte, bis sie sich endlich zum faktischen Handeln entschloß. Eine der Schwestern, so führt sie an, habe es noch länger, nämlich bis zu ihrem fünfzehnten Lebensjahr, hinausgezögert, weil sie Schwierigkeiten in der Schule erwartete. Afaf gibt als Gründe für ihre Verzögerungstaktik an, daß sie gewartet habe, bis sie sich zutraute den Fragen der MitschülerInnen und LehrerInnen nach den Gründen plausible Argumente entgegenzusetzen. Sie beschreibt ihre Einführung als Kopftuchträgerin folgendermaßen:

»... In der 6. Klasse kam ich dann nach den Sommerferien plötzlich mit Kopftuch in die Schule. Ja, da kam natürlich die Reaktion. Natürlich waren erst mal alle erstaunt, das ist immer so, wenn man was Neues macht. Haben sie mich gefragt, warum ich das mache. Ging schon im Bus los. Dann hieß es natürlich, du Arme, deine Eltern. Ja dann wird man erst mal bemitleidet, als ob das ein Zwang wär, dann tu ich denen leid. Daß meine Eltern mich gezwungen haben, denken die Leute. Das ist immer dieses Vorurteil, was sie meisten haben, daß, wenn die einen sehen, immer gleich denken, daß man das zwanghaft trägt. Ja am Anfang, das war wie 'ne Bombe, weil man von allen Leuten so auf einmal gefragt wird und bemitleidet wird. Da bin auf einmal nur in Tränen ausgebrochen. Und erst einen Tag später, ich hab immer nur so grob gesagt, ja, das ist wegen der Religion und so, und meine Eltern haben mir da freie Entscheidung gelassen. Ich hab' dann irgendwie doch geweint, weil, das war mir dann zuviel, weil, da hatte auch ein Mitschüler mir einmal das Kopftuch vom Kopf gezogen und das war mir dann so peinlich. Da stand ich da so vor allen. Dann hab ich auch irgendwie geweint. Aber am zweiten, dritten Tag hab ich denen das alles erklärt, warum ich das Kopftuch trage, aus religiösen Gründen, weil ich möchte, daß man auf meine inneren Werte achtet und nicht auf mein Äußeres. ›Ja, du hast doch früher auch keins getragen, warum denn jetzt auf einmal?‹ ›Ja, weil ich jetzt, ab der Pubertät, ich entwickele mich zu einer Frau, und da will ich halt, daß man auf meine inneren Werte achtet. Das trägt man nur vor **fremden** Männern‹. ... Und dann hab ich denen erklärt, daß ich das natürlich aus freien Stücken tue, weil ich davon überzeugt bin. Und dann war das für die Leute kein Problem. ›Ob du jetzt ein Tuch aufhast oder nicht, solang' du die alte bleibst, ist das kein Problem‹. Ja und das haben die dann auch gemerkt. Und das war eigentlich immer ein gutes Verhältnis. Gott sei Dank nicht 'mal ein Lehrer, was heißt unterstützt, die haben da kein Wort drüber verloren. Keiner hat gefragt. Es war, als würde ich es nicht tragen. Da hat sich nichts verändert. Gar keine Reaktion. Das hat mich wiederum auch gewundert, weil ich, okay, ich hab jetzt nicht damit gerechnet, daß man mich dadurch benachteiligt, aber ich dachte, wenigstens fragen sie ›Ja, warum machst du das denn jetzt auf einmal?‹ Aber das war total die Gleichgültigkeit. Ja, zuerst fand ich das ein bißchen komisch, kam ich mir ein bißchen blöd vor: Juckt die das nicht, was ich mache? Aber dann fand ich das auch gut. Hab ich gesagt, naja, vielleicht ist das für sie auch, daß sie mir nicht zeigen, daß ich jetzt anders bin. Vielleicht ist es für sie 'ne Hilfe, daß die mich jetzt nicht bedrängen. Weil, viele Lehrer trauen sich nicht so, die denken dann immer: Privatsphäre und das Kind, wollen nicht so an die Psyche. Dabei ist es eine ganz normale Frage. Also ich find es normal, wenn einer jetzt plötzlich mit Irokesenschnitt ankommt, dann würd ich sagen, wie kommst du auf einmal dazu oder, weil man irgendwie einen anderen Lebenswandel bekommt. Aber da hat keiner irgendwie ein Wort drüber verloren, was mir später eigentlich auch ganz recht war. Ja, und nach einem Jahr oder so war das dann für die normal, dann kannten die mich mit dem Kopftuch.«

Wie für Serpil ist es auch für Afaf einsichtig und unstrittig, daß sie als gläubiges Mädchen sich an religiöses Gesetz hält. Wie bei ihr gestaltet sich der Übergang als Krise in bezug auf das Verhältnis zwischen dem Selbst und den anderen. Ein Problem ist aus der psychosozialen Perspektive Robert Kegans (1986) in beiden Fällen eine Ungleichzeitigkeit in der Organisation des Selbst. Das Kopftuch ist die Technik, die den Auftakt für eine Neuorganisation des Selbst setzt, die innerlich noch nicht richtig in Gang gekommen ist, aber gegenüber den anderen vertreten werden muß. Hierfür braucht es sozialverträgliche Plausibilisierungsmuster, die Afaf von ihren Eltern und älteren Schwestern erhält, während Serpil, im traditionellen Milieu auf sich allein gestellt, auf die Gewöhnungstaktik ausweicht. Afafs Argumente wirken wie Bedienungsanleitungen, was nicht heißen muß, daß sie sie nicht für wahr hält, aber sie entsprechen kaum der Reife einer

Dreizehnjährigen und sie bleiben zunächst Teil einer abstrakten Rede. Anscheinend überzeugt die anderen, die den Sinn dieser Technik nicht sehen, weniger das Argument der »inneren Werte«, sondern das der Freiwilligkeit dieses Aktes, der aus persönlicher Überzeugung vollzogen wird. Das ist auch der Grund dafür, daß die ganze Angelegenheit nicht schamvoll verschwiegen werden muß, sondern daß man sich miteinander darüber auseinandersetzen kann. Darüber zu reden: Die Stimme ist neben der Körper- und Kleidersprache, der sich Afaf, die im Alltag Jeans und weitere Pullover bevorzugt, nicht in ausgefeilter Ästhetisierung (vgl. Kapitel II) bedient, für sie die wichtigste Plattform der Repräsentation des Selbst. Darüber vermittelt sie, daß sie ein eigenständiges Selbst und eine persönliche Motivation hat. Das wiederum führt dazu, daß das Kopftuch wie die ethische islamische Praxis einerseits dem religiösen Gesetz folgen und andererseits neben dem Irokesenschnitt und »irgendwie einem anderen Lebenswandel« eine gleichberechtigte verweltlichte Stellung im Wirbel der ›postmodernen‹ Zeichen und Subjektlagen einnehmen. Die gleiche Parallelität zeigt sich auch im Bestreben der damals dreizehnjährigen und jetzt über zwanzigjährigen Afaf in einer Person »die alte zu bleiben« und sich doch zu verändern.[40]

»Die alte zu bleiben«, die »kein Problem« macht oder ist, die nicht den Status quo der bestehenden Klassengemeinschaft anrührt, läßt sich hier sowohl als Taktik der Fortführung der bestehenden sozialen Integration[41] verstehen wie auch als subjektive Strategie der Herstellung einer Synthese von islamischer Kultivierung des Selbst und persönlicher Mentalität, die wiederum unter Umständen zu subversiven Akten hinsichtlich eines Islam als allumfassendes System der Methodisierung des Selbst führt. So schildert sie mit sichtlichem Vergnügen, wie sie trotz der Verschleierung in den Schulpausen mit den Jungen Billard spielte und ihrer Mutter, die sich beim Heimkommen von der Schule danach zu erkundigen pflegte, wie der Tag gewesen sei, auch ausführlich, geradezu genüßlich darüber berichtete, und zwar wohlbewußt, daß sie sie damit aufforderte, sie zu tadeln und darauf hinzuweisen, daß es schicklicher sei, sich in den Pausen »mit den Mädchen zu unterhalten«. Subversiv heißt hier nicht, daß sie heimlich und gezielt gegen ein System arbeitet, sondern sie füllt die Lücke, die zwischen islamischer Regulierung und von dieser nicht dezidiert abgedeckter Alltagspraxis liegt. Und sie legt, wo es um die Markierung ihrer subjektiven Deutung des angemessenen Handelns geht, eine dezidierte Offenheit an den Tag. Im Falle des Billardspielens mit den Jungen bedeutet das, daß sie, da sie damit keine erotische Intention verfolgt, auch keine Veranlassung sieht, sich eines harmlosen Vergnügens zu enthalten. Ihrer Ansicht nach verstößt sie gegen traditionelle, eher ritualistische Vorstellungen des zwischengeschlechtlichen Umgangs, aber nicht gegen moderne bzw. ›wirklich‹ islamische, die die subjektive Absicht als Maßstab setzen.

Zugleich bemüht sie, die sich in der Retrospektive als »Chaot der Klasse« und »Witzbold« beschreibt, sich um die Herstellung einer der islamischen Ethik gerechten Weiblichkeit. Das kommt in der folgenden Erzählsequenz zum Ausdruck:

»... Und dann haben wir auch Theaterstücke gespielt. Dann hatte ich meistens auch 'ne Hauptrolle, weil ich immer so gut schauspielerisch einiges darstellen konnte. Was ich damit eigentlich sagen will: daß ich eigentlich gut aufgenommen wurde. Ich war immer noch der Witzbold, der Chaot der Klasse und immer ganz lustig ... Da hat ich auch immer meine Bedenken, jetzt geben die mir keine Rollen mehr oder nur noch 'ne kleine. Hat mich mal 'ne Lehrerin gefragt, ob ich überhaupt noch bereit bin, das zu machen, weil ich mich ja jetzt verschleiere, wie sie gesagt hat, und ob ich dann noch bereit bin, so auf der Bühne den Kasper zu machen. Ja, das war ja ein normales Stück. Ich hab ja nicht da 'rumgetanzt oder so. Das würde dann auch wieder ... meiner Kleidungsvorschrift (belustigt) widersprechen, wenn ich mich vorschriftsmäßig verhalte und dann den Kasper spiele. Man soll dann ja auch die ganzen Bewegungen, ja aber war ganz normal in dem Stück, hab ich gesagt, nee, das mach ich ... Ja und da war ich eigentlich froh, daß sie—, also sie sagte, ja ich glaub' nicht, daß es die Leute stört. Ob du jetzt ein Tuch anhast oder nicht, Hauptsache, du stellst es schauspielerisch gut dar. Ja, da war ich auch ganz froh.«

Afaf verbannt den tanzenden Kasper aus ihren Bewegungen, die in eine neue weibliche Ordnung des Körpers und der Seele zu überführen sie bestrebt ist. Sie wechselt, was zugleich ein Motto ihrer Lebensführung ist, ins seriösere Genre, aber sie verläßt die Bühne nicht.[42] Sie tilgt den tanzenden Kasper, der Züge des Hofnarren hat, nicht gänzlich. Sie bejaht das islamische Ordnungssystem einschließlich der Geschlechteridee, aber sie ist zugleich bestrebt, es mit eigenen Wünschen und Handlungen zu durchsetzen. Wo andere Gegensätze definieren, formt sie Kombinationen. Daß sie sich islamischen Regulierungen unterwirft, ist für sie keine Frage, aber sie nimmt sich das Recht heraus, das Andere, daß nicht offensichtlich unislamisch ist, in ihr persönliches Handlungssystem zu integrieren, sich an die Gesetze haltend, aber selbst abwägend, zu synkreieren. Der offene Raum, der zwischen den Ordnungssystemen klafft, ist der Raum, der ihr ermöglicht, zwischen Alternativen zu wählen und der die Chance zu einer subjektiven Aneigung des Islam und einer Transformierung des Subjekts zum Islamischen hin ermöglicht, indem sie ihn, nicht beliebig, sondern im Rahmen der Verbindlichkeiten in ihre subjektiven Begehren eingliedert und diese, umgekehrt, mit seinen Normen und Werten abgleicht.

In Serpils wie in Afafs Argumentation ist eine Ambivalenz spürbar. Einerseits sind es, wenn auch in verschiedenen Formen, die Eltern, die auf das Kopftuch und damit auf Veränderungen von Selbstidentität insistieren; die Führung liegt eindeutig bei ihnen. Serpil zum Beispiel resümiert, daß sie gehorcht habe wie immer. Dann findet jedoch eine Verlagerung statt: Das Kopftuch und damit der Übergang in die Islamisierung wird angenommen und zur eigenen Sache gemacht. Die Mädchen übernehmen die Initiative und vertreten es in ihren sozialen Kontexten als Angelegenheit des Selbst und binden sich somit als Muslima sozial neu ein. Das tiefe Selbst als Begründung vermittelt nicht nur Selbstanerkennung, sondern auch die Anerkennung durch andere. Es ist eine Taktik, die der modernen Idee des Individualismus und jener prekären Balance zwischen Selbstbehauptung und Universalismus entspringt (Heller 1984: 14). Dazu bemerkt Dumont:

»Zunächst einmal impliziert die Auffassung vom Menschen als Individuum die Anerkennung einer ausgedehnten Entscheidungsfreiheit. Bestimmte Werte werden, anstatt dem sozialen Konnex zu entspringen, vom Individuum zu seinem eigenen Nutzen gesetzt. Mit anderen Worten, das Individuum als (sozialer) Wert verlangt, daß die Gesellschaft ihm einen Teil ihrer Befugnis zur Festsetzung der Werte abtritt. Die Gewissensfreiheit ist das charakteristische Beispiel. Das Fehlen einer zwingenden Vorgabe, das die Entscheidung möglich macht, ist folglich in Wirklichkeit durch eine höhere Vorschrift verordnet« (1991: 278).

Bezogen auf die jungen Frauen und Mädchen heißt das, daß sie intuitiv auf eine »höhere Vorschrift«, eine soziale Idee reagieren, die einen Entwurf von Identität und Techniken der Selbstkonstitution enthält. Mit dem Kopftuch werden sie somit in ein bestehendes soziales Spiel gedrängt, in dem die anderen entsprechend antworten, nachdem sie sich über Geständnisse, Gespräche und Zeichen (wie die Kleidung) vergewissert haben, daß die betreffende Person es will. In Afafs und Serpils Schilderungen kann man den Umschlag vom »sozialen Konnex« (Dumont) zum optierenden Individuum erkennen. Ihre biographischen Erzählungen zeigen darüber hinaus, daß sie sich in den folgenden Jahren in diese Richtung vervollkommnen. Sie verquicken zunehmend islamische Ideen und Regulierungen mit nicht islamischen oder setzen sie zumindest in eine Beziehung des Vergleichens und des Abgleichens zueinander. Sie islamisieren sich zunehmend und öffnen sich gleichzeitig zunehmend dem Nichtislamischen, aber keineswegs, wie sie betonen, dem Unislamischen, das das Islamische unterläuft. Das Selbst in der Idee des Individualismus bildet ein zentripetales Feld, in dem die eigene Urteilskraft residiert und Umorganisationen in Gang gebracht werden.

Im Falle der Frauen, die sich im späteren Alter islamisieren, bildet der Aspekt der Wahl als Bestandteil der Konstituierung zum souveränen Selbst von vornherein eine Rolle. Nachdem sie begonnen haben, sich mit dem Islam auseinanderzusetzen – teilweise zum ersten Mal in ihrem Leben, wobei die Betonung in den Erzählungen immer darauf liegt, daß man sich Wissen über den Islam als logisches Ordnungssystem angeeignet hat, also über Kopfarbeit, und daraufhin feststellten, daß sie an Gott und eine göttliche Gesetzgebung glauben – setzte die Frage des Kopftuchtragens ein. Mit der inneren Überzeugung gläubig zu sein, ist für sie der Zeitpunkt gekommen, ein Kopftuch aufzusetzen, um den Identitätsprozeß über die Technik fortzuschreiben wie auch den anderen sich als Individuum zu präsentieren. War in den obigen Fällen die biologische Reife der Ausgangspunkt, so sind hier Wissen und Überzeugung bzw. »Motivation«, wie eine Frau es formuliert, ausschlaggebend. In der folgenden, langen und komplexen Erzählpassage, die ich weitgehend ungekürzt wiedergebe, um das Prozeßhafte und Interaktive, das die Entwicklung zur Muslima charakterisiert, deutlich werden zu lassen, finden wir das Beispiel für den Schritt in die Islamisierung durch eine junge Frau, Amina, deren Eltern aus Marokko kommen:

»... Mitte der zwölften Klasse war ich mal zum Spaß ja, in einer Moschee. Ich wurde mitgenommen von einem Mädchen, ›ja komm doch mit in die Moschee‹. Es war Ramadan. Und ich, ›da gehen nur Männer hin und wieso‹, und all so, war sowieso halt deutsch, ich wußte nicht, daß auch eine Deutsche—, daß auch eine Frau oder eine, also eine weibliche Person in die Moschee gehen konnte und hatte bis dahin auch so sehr wenig über den Islam gewußt. Vor allem, weil ich kein arabisch konnte, also, die Bücher, ich hatte überhaupt keine Bücher über den Islam, ich hatte, ja gut, ich meine, es war halt islamisch und, das war es dann auch schon. Und dieses Mädchen hat mich dann halt *, mit in die Moschee genommen und ich hab dann halt so, so dieses Kopftuch und Jeans und, also ganz enge Jeans und also, man hat schon gesehen, daß ich nicht eine bin, die jetzt auch praktiziert. Habe ich mir alles angeguckt, ja, ›mmh, mmh, okay, gut, ja‹. Dann war da ein Mädchen, ein * zwanzigjähriges Mädchen, die hatte ihr Abi gemacht und ist hier aufgewachsen, hat die deutsche Staatsangehörigkeit und ihre Eltern auch, und * sie hat sich dann sehr für mich interessiert. Sie hat sich mit mir unterhalten, und mich hat das gewundert, weil ich bin ja eigentlich eine, die jetzt auch nicht zu ihr paßt, weil sie *, sie war eine praktizierende Muslima und hat Jura studiert oder so was. Und *, gut, dann, dann war lange Zeit nichts und dann kam, hat dieses Mädchen wieder, ›ja kommst du mit in die Moschee?‹ und ich ›ja, ja, mache ich mal‹. Weil das waren halt Mädchen, * da habe ich gespürt, mit denen habe ich irgendwas zu tun, ja. Also irgendwie so vom—, vielleicht jetzt marokkanisch oder arabisch oder wie auch immer, und mir ging es eigentlich um die Mädchen, ja. Und, naja gut, dann war ich halt da und * dann kamen halt auch so elementare Sachen, wurde halt unterhalten ja, * wie ist das jetzt mit dem und dem und islamisch und sollte man dies oder jenes und da habe ich halt erst so angefangen, mich mit dem Islam auseinanderzusetzen. Weil es ja meine Religion sein sollte eigentlich, und ich habe dann einen deutschen Koran gekauft, also, auf deutsch übersetzt, weil die arabische Sprache mir ja nichts sagte und * hat mir sehr gut gefallen, ich bin dann öfter mal hingegangen und * auch unterhalten, hat mich angesprochen in irgendeiner Weise, obwohl, anfangs fand ich viele Sachen, also, stand ich denen ablehnend gegenüber, hab das auch geäußert. Und es waren auch viele dabei, die auch kein Kopftuch trugen, also auch nicht praktizierend waren, und später habe ich halt auch mit dem Gebet angefangen und habe mit dem Mädchen auch öfter so Ausflüge und so, Unternehmungen gemacht und habe mich irgendwie zu denen *, ja ich konnte so sein, wie ich wollte, ja so, Ich sein, einfach Ich sein, und das war okay, also das hat mir ganz gut gefallen, mit den Mädchen, weil das war so wie ich. Also das waren Mädchen wie ich, halt, einige mehr oder wenige praktizierend. ...

Wir hatten dann halt mehrere Ausflüge gemacht. Mir hat das ganz toll gefallen, und, meine Eltern waren einverstanden, also die waren nur dagegen, daß ich in die Moschee gehe am Anfang, ›ja warum denn, und überhaupt, kümmer' dich um deine Schule‹ und so. Und ich, ›ja das ist ja auch wichtig‹ und also, ich hab das irgendwie durchgesetzt. Also mein Vater war am Anfang sehr dagegen. Weil er dachte, das wäre Ablenkung und das müßte nicht sein, eigentlich, ne. Ich bin dann halt trotzdem immer hingegangen und dann im Sommer, von der zwölften Klasse auf die dreizehnte Klasse, waren wir im X-Park und *, da habe ich halt, und ich habe mich aber vorher schon unwohl gefühlt, in meiner Haut ja. Irgendwie, in der Schule, ich, ich hab mich halt ganz normal frisiert wie jedes andere Mädchen auch, ja und, irgendwie kam dann immer mehr dieses Unwohlfühlen und Sichunwohlfühlen ja. Also * auch auf der Straße, wenn mir irgendwelche Männer begegnet sind, also nicht Deutsche, sondern unsere marokkanischen Männer, ich hab mich unwohl in meiner Haut gefühlt. Also so wie ich aussah. Ich, es war halt ohne Kopftuch und normal frisiert einfach. Und das hat sich dann Mitte—, nach der zwölften Klasse immer mehr verstärkt und, und dann habe ich mir überlegt, ›ja, fühlst du dich dann wohl, wenn du das Kopftuch trägst?‹. Da habe ich gemeint, nee, das kann ich auf keinen Fall machen. Was soll denn das, die Schule, die kennen dich doch anders, also das mache ich nicht, ne, auf keinen Fall und, das ist ausgeschlossen, das mache ich überhaupt nicht. ... Aber es war halt etwas in mir ausgelöst worden, so dieses Interesse an der Religion und *, naja. Und ich habe dann halt gefühlt, also selbst wenn ich jetzt nicht in die Moschee gehe, es wird nie so wie vorher, also es wäre ein Betrug, wenn ich jetzt dem einfach, wenn ich sage, ach, Zweifel beiseite, mach deine Schule und laß es einfach. Ich bin den Zweifeln nachgegangen und habe gemerkt, also ich habe eine tolle Religion eigentlich. ... Ich habe dann, also Fragen auf meine Antworten auch gesucht, weil, das Leben bestand ja nicht nur aus der Schule, ja. Also es gab ja auch ein Privatleben, wo man sich auch mit Sachen auseinandergesetzt hat, ja, wie ist das mit dem Tod und wie ist das mit dem und dem, und dem Sinn des Lebens und ich hatte auf der Schule auch ein Philosophiekurs besucht, und ich fand das so was von an-den-Haaren-herbeigezogen. Diesen Unterricht hatte ich von einem Atheisten bekommen, also ein überzeugter Atheist, also das war dann auch auf der einen Seite die Moschee und auf der anderen Seite dieser Philosophieunterricht. Das war dann immer so, ich muß mich einfach damit auseinandersetzen. Weil er meinte hier, gut, es gibt keinen Gott und der Beweis ist so und so. Für mich war das kein Beweis, den er mir erbrachte und, naja und dann gab es ein Hin-und-Her und ich erzählte ihm auch, daß ich in der Moschee war und das und jenes und überhaupt und, also eine lange Auseinandersetzung, ein halbes Jahr. In die Moschee bin ich immer hingegangen, habe ich mich wohlgefühlt mit dem Kopftuch und, ich habe mir gedacht, ja das muß doch, die ganzen Probleme müßten auf einen Schlag weggehen, wenn ich ein Kopftuch anziehe, ja. Dann, dann fühle ich mich vielleicht wohler und *, weil, ich hab dann auch mit dem Gebet, das war dann auch nicht so richtig, je nachdem, wie ich Lust und Laune hatte, aber ich habe halt gemerkt, das war nicht richtig, also, hatte auch so ein schlechtes Gewissen mir gegenüber.

Und, und von all dem haben meine Eltern nichts mitbekommen. Das war halt ein Prozeß gewesen, der sich in mir abgespielt hat. Auch die Leute um mich, ich hab nicht mit den Freundinnen darüber gesprochen, weil, nö also, das war für mich zu privat einfach. Und * dann, kurz vor Ende der Ferien, da kam ich praktisch in die dreizehnte Klasse, war so ein Ausflug angesetzt mit den Mädchen, wieder X-Park und fotografieren und Picknick und wie auch immer. Da hab ich halt zufällig ein Gespräch gehört, von zwei Mädchen, die vor mir gingen, jüngere, also so dreizehn, vierzehn oder so und ich war dann, irgendwas mit achtzehn glaube ich. Und die eine meinte, ›du hattest doch heute Premiere, wie war es denn? Wie wurde es aufgenommen?‹ Die andere meinte, ›ja so normal, och das war nichts, das war nicht der Rede wert, das war okay‹. Und dann habe ich halt gedacht, wahrscheinlich hat die heute das erste Mal das Kopftuch getragen, und dann habe ich zurückgefragt und, irgendwie war dann in mir so dieser Stachel darin gesessen, also das war für mich so dieser Anlaß. Das war bestimmt nicht die Ursache, ja. Die Ursache liegt wahrscheinlich ganz woanders. Am nächsten Tag ziehe ich mich an, um in die Schule zu gehen. * Ich ziehe mich ganz normal an, unbemerkt, also ohne zu merken, daß ich da mein Kopftuch anziehe ja, also. Das war dann ganz komisch, ja, daß ich so ein Kopftuch einfach ganz normal anziehe und dann gehe ich da langsam in die Schule, so wie in Trance einfach, ja. Und, vor der Schule denke ich, ja, das kannst du ja noch ausziehen, machst du das vielleicht. Wie sieht das noch aus und überhaupt, also, wer zwingt dich denn überhaupt? Es verlangt doch keiner was von dir und wie auch immer. Aber, habe ich halt gemeint, du gehst einfach durch und so. Gut, ziehe ich das durch und das war für mich ganz schlimm, weil das die dreizehnte Klasse war, * also eine andere Stimme in mir sagte, warte halt doch ab, bis du mit den Leuten nichts mehr zu tun hast und, du hast praktisch mit denen die ganze Zeit, von der fünften bis zur dreizehnten, und die kennen dich anders und du sollst jetzt auf einmal so auftreten, ja, wie soll denn das gehen? Die würden dich bestimmt nicht akzeptieren und du würdest Schwierigkeiten in der Schule bekommen und die Lehrer würden dich, eine, zwei, drei, vier, fünf Noten niedriger setzen.

Dann bin ich halt in diese gewohnte Gruppe gegangen, wo ich immer stehe, so mit meinem Kopftuch. Also es war ein unbeholfenes Kopftuch auch, diese normale Kleidung wie bisher und dann das Kopftuch. Also es paßte auch nicht so ganz zusammen. Ja hallo, hallo, ja ganz normal. Ich wurde gar nicht bestaunt, das war das Komische. Ich wurde überhaupt nicht bestaunt, nur, ja hallo, also es wurde gar nichts gesagt, also irgendwie überhaupt nicht. Ich habe darauf gewartet, daß irgendwie was kommt. Hätte auch die Antwort sofort parat gehabt oder patzig geantwortet. Nichts. Ja und dann ging es weiter zu den Lehrern. Lehrer ist ja so, <unverständlich>. Ja einige auch, ›ja, was soll denn diese Tracht?›, oder — also, spaßeshalber. Also es war nie bösartig. ›Ja was soll, was ist denn das?‹ Tracht, * das Trachtdings, also es wurde als Tracht ausgelegt und, ›ja was ist das?‹ und ›warum denn neuerdings?‹ und so. Ja gut und dann eben zwei Wochen später, sagt mir dann so ein Mitschüler ›Ja sag mal, was, was soll denn das? Warum ziehst du jetzt ein Kopftuch an?‹ (lachend) und so. Und dann hat halt der gemeint, ›ja, wir haben erwartet, daß du das eine Woche später vielleicht ausziehst, daß es vielleicht nur so eine Macke ist, so eine kurze, weil du doch in die Moschee gehst neuerdings‹. Ich meine ›nee, das habe ich für den Rest meines Lebens jetzt so bestimmt, ja‹. Ja und dann war der halt ganz bestürzt, ja warum denn und so. Weil, es war in deren Köpfen auch dieses — unterdrückt, Kopftuchunterdrückung und ich werde unterdrückt und man wollte das nicht so. Also man—, ich habe es aber nicht so ausgelegt, als, als würde das gegen mich gerichtet sein, sondern, man wollte das nicht für mich, also, ich sollte nicht so sein, also so nach deren <unverständlich>. Na ja gut und * so mit dem Kopftuch, daß irgendein Lehrer, wie ich von anderen Leuten jetzt gehört habe, gesagt hat, die unterrichte ich nicht oder daß irgendein Lehrer mich auch mit den Noten, also wegen meinem Kopftuch, nö, überhaupt nicht. Obwohl, ich habe das erwartet, also es gab, also das war wirklich bei uns so, der Lehrer konnte die Note machen, die er wollte und man konnte sich wenig dagegen wehren. Also, ich, ich hätte da echt keine Chance gehabt, wenn. Es gab da Lehrer, die konnten das durchsetzen. Und das war aber nie so gewesen. Das hat mich gewundert. Dann hab ich halt mit diesem Kopftuch auch mein ganzes Abi durchgezogen. Und *, ich habe mich dann wohler gefühlt. Also es war für mich wirklich eine Befreiung. Es war für mich echt gut. Ich habe dann auch diese Gebete, also mit dem Kopftuch, du betest auch regelmäßig und * auch in deinem Reden und wie auch immer, versuchst du mal etwas, halt, islamischer zu sein, weil *, ich meine, auch so an den Tod denkend, daß ich ja irgendwann mal, auch wenn ich noch jung bin, daß ich irgendwann mal sterben werde und daß ich dann auch Verantwortung, also, praktisch rechtfertigen mich muß. Einfach rechtfertigen, daß wir das noch nicht getan haben.«

Aminas Leben verläuft zunächst ausschließlich zwischen der Schule und dem Elternhaus. Sie fühlt sich offensichtlich, wie ihr anfangs entschlüpft, als deutsche Frau. In der Schule, einem gutbürgerlichen Gymnasium, das auch von Ministerkindern besucht wird, und das höchstens eine Handvoll ›Ausländerkinder‹ aufzuweisen hat, dem Zentrum ihres Lebens, ist sie sehr leistungsstark, hat da ihre Freundinnen. Mit achtzehn besucht sie zum ersten Mal eine Moschee und ist zunächst nicht besonders angetan davon. Ausschlaggebender ist, daß sie islamische Mädchen kennenlernt, die die gleichen Biographien haben wie sie, die »so sind wie ich« und bei denen sie »einfach ich sein« kann trotz ihrer anfänglichen Skepsis und ihrer, im Vergleich zu ihnen, gravierenden Mängel. Sie trifft sich mit ihnen und bekommt über die Gespräche über das »Islamische«, das an Alltagshandeln anknüpft, Interesse, sich mit dem Islam, der bisher überhaupt nicht zu ihrer Welt gehörte, auseinanderzusetzen, »weil es ja meine Religion sein sollte eigentlich«. Sie deutet ihren Schritt in die Islamisierung als ein Überrolltwerden von ihren innersten Bedürfnissen: Wie in Trance macht sie sich entgegen jeglichen rationalen Einwänden zur Kopftuchträgerin. Der Islam taucht aus dem Hintergrund als zweite innere Stimme auf, die die erste, seit Jahren dominierende zur Seite schiebt und den seit mindestens einem halben Jahr währenden Kampf für sich entscheidet. Sie ist in eine Entwicklung hineingeraten, die sie nicht mehr stoppen und erst recht nicht rückgängig machen kann und fühlt sich verantwortlich, keinen »Betrug« zu begehen, sie anzunehmen. Die ganze Sache ist ihr so privat, daß sie weder ihren Freundinnen noch ihren Eltern davon erzählt. Ihre Entwicklung hat sich völlig unbemerkt von anderen abgespielt. Sie ist enttäuscht, daß diese ihre innere Revolution nicht sehen, sondern nur das Kopftuch, das sie für eine vorübergehende »Macke« halten, für eine »Tracht«, die sie mechanisch übernimmt. Dabei hat sie, was ihnen völlig entgangen ist, eine schwerwiegende Entscheidung getroffen, die nicht nur ihre Lebensführung und damit ihre Persönlichkeit, sondern den »Rest ihres Lebens« betrifft; sie hat ihr weiteres »Leben bestimmt«. Ausnahmslos alle ihre Argumentationen sind subjektzentriert, auch wenn sie sich auf religiöse Vorgänge beziehen: Das Kopftuch setzt sie in erster Linie in Beziehung zu ihrer Befindlichkeit (sie fühlt sich nicht mehr wohl); wegen des anfänglichen unregelmäßigen Betens hat sie bald ein schlechtes Gewissen, ihrer Formulierung nach nicht gegenüber Gott, sondern sich selbst gegenüber, weil sie unentschieden ist, weil sie nicht die perfekte Leistung, den vollen Einsatz erbringt, wie sie es in der Schule tut. Die Sprache, die unbewußte Referenz ist ein Indiz für den verinnerlichten sozialen Wert des Individuums, der sozusagen vorgängig ist und das Reden über Religiosität bestimmt und den Kontext abgibt für das religiöse Empfinden. In dieser Sequenz tritt ebenfalls hervor, daß das Kopftuchtragen nicht ein Ziel, nicht nur ein Zeichen ist, sondern Bestandteil einer Selbsttechnologie, die auf Selbststeuerung zielt und methodisches Handeln, regelmäßiges Beten, »islamischeres« Reden und Verhalten, bewirkt. Damit übernimmt sie die Verantwortung und Kontrolle für ihr Leben.

Ein Insistieren der Eltern ist in Aminas Fall nicht gegeben; im Gegenteil, die Eltern, die sie als sehr traditionell, traditioneller als die anderen Marokkaner, die sie kennt, beschreibt, versuchen zunächst, sie davon abzuhalten, die Moschee zu besuchen. Als sie beginnt, das Kopftuch zu tragen, weigert ihr Vater sich zunächst, mit ihr unter diesen Umständen zusammen auf die Straße zu gehen. Er besucht selber die Moschee, ist aber der Ansicht, daß das Kopftuch zu einem erfolgreichen Mädchen wie Amina, stets eine der Klassenbesten, nicht paßt. Er hat, wie aus Aminas Erzählung herauszuhören ist, Angst um ihre weitere Karriere – ein Motiv, das er auch mit den Eltern der anderen Frauen teilt. Was er über ihre innere Entwicklung denkt, ist nicht zu erfahren. Über so etwas wird in der Familie nicht geredet und Amina spricht an anderer Stelle seinem pragmatischen Denken Transzendenzideen zur Gänze ab. Ihre Mutter, die selber ein traditionelles Kopftuch trägt, so berichtet sie, hat sich damit abgefunden, weil sie gesehen hat, daß es ihr besser geht. Mit ihrer Islamisierung nabelt Amina sich von ihrem Vater ab. Ihre Beziehung war jahrelang dominiert durch ihre sehr guten Leistungen in der Schule und ihre Angst vor schlechteren Schulnoten. Zunehmend weigert sie sich, sich nur als Leistungsmaschine anerkennen zu lassen. Daß sie als heranwachsende Frau starken Kontrollen ausgesetzt ist, daß sie ›als Marokkanerin‹ vielen Einschränkungen unterliegt, scheint sie zu akzeptieren, aber sie schafft sich als selbstdisziplinierte Marokkanerin einen Raum, »ich zu sein«, den sie verteidigt. Auch in diesem Fall erfolgt keine eigentliche Gegenhandlung, sondern eine verbesserte Selbstkalibrierung. Die Selbstdefinition als Leistungsmaschine wird nicht aufgegeben, sondern auf den anderen Bereich übertragen.

Alle drei Frauen – Serpil, Afaf, Amina – reflektieren ihre Islamisierung als zentralen Bestandteil für ein individuelles Projekt der Selbstkonstitution. Das Kopftuch – nicht als isoliertes Element verstanden, sondern als eine Art praktische und alltagspraktische »Technik der Verwendung von Zeichen« (Foucault 1984: 35, 1993: 26f.) im Hinblick auf eine noch zu gestaltende Technik des Selbst – bildet den Auftakt für einen Prozeß der Transformation des Selbst, der, sehr entfernt von Foucaults antikem Ideal, in diesem konkreten Fall zu einem »biographischen Handeln« (Geissler/Oechsle 1996) führt. Mit der Pubertät bzw. Spät-Adoleszenz stellt sich für die jungen Frauen aus islamischen Elternhäusern die Frage nach dem Umgang mit dem kulturellen Erbe. Was einerseits ursächlich als Zwang erscheinen mag – Serpil hatte kaum eine Wahl, Afaf konnte eine Wahl innerhalb eines begrenzten Zeitrahmens setzen, Amina argumentiert mit einem inneren Zwang, einem biographischen Schicksal – wird integriert in die »reflexive Struktur biographischer Entscheidungen«, in der es, wie Birgit Geissler und Mechthild Oechsle (1996: 246) in anderem Zusammenhang als Charakteristikum moderner Lebensverläufe herausstellen, gilt, »bewußt eine Entscheidung zu treffen, die eigenen Motive zu benennen und die Verantwortung für die getroffenen Entscheidungen zu übernehmen«. Das Tragen des Kopftuches wird als biographisches Handeln gedeutet, indem die Legitimierung der Entscheidung als eigene Entscheidung mit der persönlichen Verantwortung für die Folgen dieser Entscheidung verknüpft wird. Die gelungene Repräsentation dieser Entscheidung, von der die Mädchen und Frauen vorher nicht wissen, ob sie es dauerhaft »schaffen«, macht sie, trotz aller Belastung und Exklusionsängste zu Individuen im modernen Sinne, die sich selbst vertreten können. Daran ist allerdings eine Bedingung geknüpft: Diese Entscheidung muß integriert werden in die davor bestehenden biographischen Entscheidungen, in den bisherigen Lebenslauf, das heißt in die Bildungs- und Berufsoption und in die damit verbundenen sozialen Kontexte. Die alte zu bleiben bei der gleichzeitigen Herausbildung einer neuen Lebensführung, ein Projekt, das wie alle drei Frauen bestätigen, möglich ist, ist nur vorstellbar, wenn beide Prinzipien nicht durchgehend im Widerspruch zueinander stehen oder nicht als widerspruchsvoll gedeutet werden und wenn sie durch das Subjekt, durch seine reflektierte Wahl plausibel zusammengeführt werden. Diese Bedingung wiederum stellt das Subjekt mit der Aufgabe der Integration in den Mittelpunkt, macht den Mädchen und Frauen sich selbst als entscheidendes Subjekt spürbar.

Selbstbestimmung und Verteidigung im innerislamischen Kontext

Die Wahl als biographisches Handeln in einem Prozeß der Lebensplanung (Geissler/Oechsle 1996: 37) und die Verantwortung für die Folgen in einem Terrain der Individuen schließt den Aspekt der geordneten Entwicklung in der Form einer »biographischen Selbststeuerung« (ebd.: 42) an. Elterliche Zwänge als Form des »sozialen Konnex« (Dumont) gelten den islamisierten Frauen als unmoralisch: Ihrer Ansicht nach ist kein wahrer Glaube vorhanden, wenn Zwang im Spiel ist, wenn das Kopftuchtragen auf reiner Anordnung beruht. Die Verwendung elterlicher Autorität für die Produktion von Konflikten gilt als Mißbrauch. Damit verbindet sich eine Kritik an einer autoritären Pädagogik, die nur auf Hierarchie, auf bloßer Reproduktion, die noch nicht mal in einer Tradition zu verorten sind, sondern in einer Hypertraditionalisierung im fremden Raum beruht in Verbindung mit mangelndem Wissen. Hingegen kann nur jede Frau, jedes Mädchen selbst entscheiden, ob sie bzw. es ein Kopftuch trägt. Die einzelne Person ist die Entscheidungsinstanz. Nur sie allein kennt ihre Beziehung zu Gott. Es gibt, worauf alle Frauen, den Koran zitierend, hinweisen, »keinen Zwang im Glauben«. Nur die einzelne allein kann entscheiden, wann der soziale Zeitpunkt da ist, an dem sie, wie eine häufige Formulierung lautet, »sich stark genug« wähnt, um in die Auseinandersetzung mit den anderen zu treten, um ihre Fragen, ihre ironischen, demütigenden oder wie auch immer verkennenden Bemerkungen (»Vorher sahst du viel besser aus«; »Hast du Läuse?«) zu parieren. Nur die einzelne, in den Institutionen vereinzelte Person kann die Folgewirkungen, die zu tragenden Kosten (Verschlechterung der sozialen Position oder der Schulnoten, Kündigung des Arbeitgebers) und ihre Wirkungen auf die eigene biographische Entwicklung einschätzen. Damit liegt eine Ermächtigung des Subjekts zur Selbststeuerung vor.

In der Praxis können paradoxe Situationen entstehen. So etwa erwähnt eine der biographischen Erzählerinnen, die aus einem religiösen Elternhaus kommt, in dem sie allerdings, bedingt durch den höheren Bildungsgrad der Eltern, einen intellektuell-reflexiven und liberalen Zugang zur Religion bekommen hat, eine Jugendfreundin, »deren Familiensituation ganz anders war« als ihre, die von ihren Eltern »unter Druck gesetzt« wurde und der sie geraten hatte, »diese Lügen zu lassen«, das heißt, »den Schleier zu Hause aufzusetzen, dann in der nächsten U-Bahnstation wegzumachen«, denn es ist eine »Situation, mit der sie selbst auch nicht fertig wird, weil, wenn ihre Eltern sie dann irgendwann unverschleiert auf der Straße sehen, dann gibt es den nächsten großen Krach«. Statt dessen, so ihr Rat, solle sie sich »nicht verstellen, sondern offen mit ihren Eltern reden«. Die Freundin hatte, trotzdem sie diesen Weg wählte, »viele Probleme und ist dann irgendwann von zu Hause weggelaufen«. Die Erzählerin hebt hervor, daß es für sie problematisch war, ihr diesen Rat zu erteilen, denn im Prinzip »war ich schon dafür«, für das Tragen des Kopftuches, und sie hatte auf der anderen Seite, wenn Leute sie fragten, warum ihre Mutter einen Schleier (sie ist die einzige, die diese Bezeichnung gebraucht) trägt, es stets als deren freie Entscheidung verteidigt, ohne allerdings – trotz ihrer religiösen Einstellung – selbst so zu handeln. Die Erzählerin teilt hier widersprüchliche Konstellationen mit: In der einen verteidigt sie das Tragen des Kopftuches als subjektive Entscheidung, aber sie selber vermag diese Entscheidung nicht zu treffen. Auf der anderen Seite spricht sie sich gegen das Kopftuchtragen aus, insofern es auf Gewalt, Lüge und Verstellung beruht. Diese Widersprüche lösen sich durch die Referenz auf die personenspezifische Situation auf. Wie es in dem einem Fall falsch ist, kein Kopftuch zu tragen, so ist es in dem anderen falsch, eines zu tragen. Es gibt keine normative Regel.

Entscheidend ist, daß nicht die religiöse oder traditionale Norm als entscheidende Regulation betrachtet wird. Im Falle der Freundin werden soziale interessengebundene und damit willkürliche elterliche Strategien der Verweiblichung gesehen. Wahrhaft religiöse Eltern wie die der Erzählerin hingegen akzeptieren die individuelle Disposition und Entscheidung. Sie sehen es zwar als ihre Erziehungspflicht an, den heranwachsenden Töchtern zu vermitteln, daß ein Leben ohne regelmäßige Discobesuche möglich ist und daß das abendliche Ausgehen auf wenige Stunden begrenzbar ist, und sie übertreiben auch aus Unkenntnis und fehlender eigener Anschauung, aber sie machen keine Vorschriften hinsichtlich der religiösen Lebensführung, weil sie diese als Konsequenz der inneren persönlichen Einstellung verstehen. Diese innere persönliche Einstellung ist das einzige Kriterium. Alles andere ist Lüge und Verstellung, führt zu Anomie und Konflikten, die sich später nur um so heftiger entladen. Statt Gewalt und Unterordnung ist nur die offene Diskussion über Bedürfnisse und Ansprüche von Individuen die Lösung. Das ist eine Lösung, die, soweit aus dem gesamten Korpus der vorliegenden Erzählungen heraus feststellbar ist, weitgehend nicht zur Gepflogenheit der Familien der jungen Frauen gehört. Dagegen ist für die jungen Frauen die Reflexion der eigenen Bedürfnisse und Ansprüche zum Arrangement mit den anderen zentral. Die elterliche Autorität wiederum kann sich nur legitimieren durch die Berücksichtigung der Bedürfnisse und Ansprüche der Kinder, nicht durch eine Tradition. Religiöse Lebensführung ist eine hochgradig persönliche Angelegenheit und als solche nicht befehlbar. Das Subjekt wählt sie aus Überzeugung, inneren Bedürfnissen folgend; oder aber, die einzige Alternative, es wählt den anderen Weg. Ein Dazwischen gibt nur in der Form von Lüge, Verstellung und, wie eine weitere Frau im folgenden Abschnitt darstellt, persönlicher Anomie. Sie erklärt dies anhand einer türkischen Mitschülerin, dem einzigen etwa gleichaltrigen Mädchen mit muslimischem Hintergrund, das mit ihr das Gymnasium besuchte:

»Die ging mit dem Kopftuch von zu Hause weg, dann wurde alles ausgezogen. In der Schule kam sie dann ziemlich vulgär angezogen, also richtig auffällig, also genau ins Gegenteil geschlagen. Die war also wirklich, schon ganz krankhaft. Ich war bei ihr zu Hause einmal ... Die Eltern waren ganz komisch, die mußte auch zu Hause sogar im Kopftuch rumlaufen. Zu den Gebeten wurde immer barsch gerufen und der Bruder kurvte den ganzen Tag mit dem Motorrad in der Stadt 'rum, und die Mädchen saßen den ganzen Tag zu Hause.«

Auch in diesem Fall flüchtete das Mädchen nach dem Abitur aus dem Elternhaus. Auch hier verurteilt die Erzählerin, deren Vater ebenfalls einen Hochschulabschluß hat, die selber seit dem frühen Jugendalter das Kopftuch trägt und auch keine Anlaufschwierigkeiten erwähnt, die Einschnürung des weiblichen Individuums durch die Religion. Wie jene ist sie der Ansicht, daß, wenn man den Islam als rücksichtsloses und ungerechtes Zwangsregime kennenlernt, nur die Flucht vor ihm bleibt und eine Aversion, jemals »ein Buch über den Islam in die Hand zu nehmen«. Die Eltern machen sich schuldig, den Zugang zum Islam durch ihr Fehlverhalten zu verschütten. Sie verursachen Gewissensqualen und »krankhafte« Persönlichkeitszustände. Sie schneiden das Subjekt ab von einer geordneten Entwicklung, von seiner Selbstwerdung. Die Zentralität des Selbst beinhaltet auch die Anerkennung einer geordneten Entwicklung ohne Religion, falls der persönliche Glaube nicht vorhanden ist. Kennzeichnend für sie wie auch jene zuvor erwähnte Erzählerin ist eine strikte Kontraposition zu einem traditionellen Islam und seinen hierarchischen Strukturen, die das weibliche Subjekt und ihr Projekt der weiblichen Souveränität über den Islam negieren.

Jehan führt, bezugnehmend auf eine andere Freundin, noch einen anderen, bereits zuvor angesprochenen Fall von Anomie an, der nicht dem elterlichen Regime anzulasten ist, sondern dem schwachen Selbst: Dieser tritt dann ein, wenn eine Frau trotz klarer religiöser Einstellung kein Kopftuch trägt. Obwohl diese Freundin, die sie sehr gut und sehr lange kennt, »mit Sicherheit genauso fromm ist wie ich – und da will ich auch gar keinen Unterschied machen, weil das ja so viele für das Wichtigste halten« –, die »ein ganz reines Gewissen hat ..., betet und fastet und wirklich auch ein Gewissen hat für viele Kleinigkeiten«, die »ein ganz ganz toller Mensch ist«, die ihrer Einschätzung nach »wirklich gläubig« ist, kann »sie sich nicht überwinden, in der Öffentlichkeit ein Kopftuch anzuziehen« aus der Furcht vor persönlichen Kränkungen. Nach Jehans Diagnose ist sie »einfach nicht selbstbewußt genug« und weil sie »sehr verunsichert« ist, »passieren ihr lauter blöde Dinge, auch wenn sie kein Kopftuch trägt«, wie, daß ihr die Tür vom Kaufhaus vor der Nase zugeschlagen wird, daß sie »fertiggemacht wird wegen ihres ausländischen Nachnamens« und vieles andere mehr –, alles Dinge, mit denen sie, die Erzählerin, mit ihrem selbstbewußten Auftreten nie konfrontiert wurde. Im Gegenteil, sie zählt eine Reihe von Alltagssituationen auf, die ihr unmißverständlich zeigen, daß man sie respektiert. Anerkennung resultiert ihrer Meinung nach aus sicherem Auftreten, das heißt, aus der Position als Gleiche in einem Dialog:

»Ich glaub, daß ist auch etwas, wo die Leute—, weil die schieben dich ja irgendwo, wenn die dich sehen, sofort in 'ne Schublade, ja unterdrückt, versteht nix, kann nix, Dummchen *, vielleicht kann sie gut kochen und putzen, aber das war's dann auch schon. Und sobald man dann ganz normal mit den Leuten redet und sicher auftritt, sind die Leute nicht nur irritiert, sondern auch, dann akzeptieren die Leute einen auch oder respektieren einen.«

Mittlerweile, nach fruchtlosen Diskussionen, die ihre Freundin sich schließlich verbat, geht sie davon aus, daß sie »immer so eine bleiben wird, daß sie immer ein schlechtes Gewissen deswegen hat, aber es nie schaffen wird«. Das ist für sie eindeutig eine charakterliche Schwäche, an der man arbeiten muß, die man überwinden muß, aber sie hält ihr zugute, daß sie wenigstens »mutig genug« ist zu sagen, »eigentlich müßte man, aber ich trau mich nicht«. Dagegen gefallen ihr die Leute, »die sagen ›ja:, eigentlich steht das so gar nicht im Koran‹« überhaupt nicht. Ihrer Meinung nach geht die Bedeckungspflicht aus »Koran und Sunna ganz klar hervor« und sie wirft den Leuten, die es nicht sehen, vor, »viel Phantasie« zu haben sowie die Neigung, »sich dem Leben zu sehr anzupassen«, überdies »den Islam so mehr vom Kopf und nicht vom Herzen« zu verstehen. Außerdem »kann man jetzt nicht im dreizehnten oder vierzehnten oder fünfzehnten Jahrhundert des Islam kommen und sagen, das haben bis jetzt alle falsch verstanden. Ich verstehe den Qur'an jetzt richtig und da muß gar kein Kopftuch, das ist Quatsch.« Sie kommen ihr nicht »ehrlich« vor, diese »Leute, die meinen, man müßte ja gar nicht und so«. Überhaupt weiß sie nicht,

»was die überhaupt damit für Probleme haben. Das sind sowieso Männer. ... Aber irgendwie steckt auch 'ne Logik in der Sache. Der Islam geht von einer bestimmten Gesellschaftsform aus. **Und das Äußere der Frau ist nun mal nicht egal.**«

Hier findet sich eine verbreitete Haltung, nicht den einfachen Weg zu wählen und sich auf liberalere Interpretationen einzulassen. Diese letzte Äußerung muß im Kontext der vorangehenden gesehen werden: Das Kopftuchtragen erscheint als weibliche, auf Selbstdisziplinierung basierende Technik einer Selbstbehauptung, die nach innen als Zuchtordnung für den Aufbau einer souveränen Persönlichkeit wirkt, die sich gegen das Schubladendenken der anderen etabliert. Das Zeichen ›Kopftuch‹ und seine Umkehrung schafft einen Aktionsrahmen, das Frauen zu zentralen Akteuren werden läßt, die sich, für sich und für die anderen, durch alltagspraktische Anerkennungs- und Abgrenzungspolitiken wie sicheres Auftreten und »normales Reden mit den Leuten« reifizieren.

Selbstbestimmung im nichtislamischen Kontext

Eine Subjektzentrierung in dem Sinne, daß das Subjekt vorgegebene, durch andere verwaltete Bahnen zu transzendieren sucht und nach Selbststeuerung strebt, findet sich nicht nur im innerislamischen Kontext. Sich als ›autonomes‹ Subjekt zu begreifen, erstreckt sich auch auf andere Felder. Das zeigt sich im folgenden bei Gülay. Sie hatte als Kind und im Jugendalter den Koranunterricht besucht und auch später welchen gegeben – ohne außerhalb der Moschee jemals ein Kopftuch zu tragen. Sie beherrschte die religiöse Technik, ohne aber, wie sie meint, richtig religiös gewesen zu sein, das heißt Religion im Sinne der Selbstkonstitution zu verstehen. Irgendwann verlor sie das Interesse daran. Sie wurde mehr und mehr absorbiert von den Anforderungen der Schule, die sie sehr wichtig nahm, weil ihr angezieltes Studienfach einen guten Notendurchschnitt voraussetzte, sowie von ihren Bemühungen um persönliche Integration in den Kreis der Mitschüler. Den Zeitraum zwischen Abitur und Studienbeginn füllte sie mit einem Bürojob bei einer Firma, bei der sie bereits während der Schulzeit stundenweise beschäftigt war. Nicht mehr von der Schule in Anspruch genommen, begann sie, sich während dieser Phase mehr mit sich selbst und wieder mit der Religion auseinanderzusetzen. Angesichts eines gewaltigen Gewitters während eines Aufenthalts im Pariser Disneyland, das die gesamte Besucherschaft in Angst und Panik versetzte, sie eingeschlossen, faßte sie den Entschluß, zur Kopftuchträgerin zu werden:

»Also ich mußte das einfach machen, ich hatte keine andere Möglichkeit. Ich habe das immer hinausgezögert, wegen, *der Firma. Ich dachte, wahrscheinlich kann ich dann in der Firma nicht mehr arbeiten. Ich muß dann raus.* Dann habe ich überhaupt keine Beschäftigung mehr. Was, was willst du dann machen? habe ich zu mir gesagt. * Ich bin dann auch finanziell von meinen Eltern abhängig automatisch. Das wollte ich auch nicht. Das bin ich nämlich nicht gewohnt. Ich mußte immer finanziell unabhängig sein. Das waren die Fragen, die mich eben immer beschäftigt haben, deshalb fiel es mir schwer, diesen Anfang zu machen mit dem Kopftuch. Aber, irgendwann habe ich eben eingesehen, je mehr ich das hinauszögere, um so schlimmer wird es. Also,* ich habe mich nicht erholen können von dem Ganzen. Das hat mich ständig beschäftigt und, * ich mußte das einfach durchziehen. Jetzt oder nie habe ich mir gesagt, und das mußt du einfach in Kauf nehmen, daß du dann da deinen Job verlierst. Das habe ich dann auch in Kauf genommen. Ich bin dann zu meinem stellvertretenden Abteilungsleiter, habe ihm die Sache erzählt. Ich habe gesagt, daß ich mich eben dazu entschlossen habe, mich zu verschleiern, * und, daß ich eventuell dann auch kündigen muß. Und *, er hat mich aber mißverstanden, er dachte, ich will kündigen, weil ich eben mich verschleiere. Er dachte, meine Religion verbietet es mir zu arbeiten. Das war eigentlich gar nicht gemeint. Und er hat gesagt, daß es ihm egal ist, ob ich da nun mit oder ohne Kopftuch arbeite, Hauptsache, ich leiste was (lachend). / * Ja, das hat mich natürlich gefreut, damit habe ich nicht gerechnet. Ich war unheimlich froh darüber, daß er so tolerant war, daß er so darüber gedacht hat, und * er hatte eben nur gesagt, daß er in Urlaub fährt und ich solle eben warten, bis er zurück ist, dann will er es auch meinen Arbeitskollegen sagen, daß ich demnächst halt so herumlaufen werde, und der Abteilungsleiter wußte von überhaupt nichts. Ich habe mich erstmal einverstanden gegeben, ich war überhaupt froh, daß er einverstanden war, also, daß er das akzeptiert hat, und wie er in Urlaub war, ja und dann habe ich mir Gedanken gemacht, naja hier, (lachend) jetzt *, jetzt mußt du praktisch warten, damit **er dir** die Genehmigung gibt, Kopftuch zu tragen. Das hat mich dann auch wieder geärgert, weil ich mache das ja eigentlich aus religiösen Gründen. Und nicht *, weil mal ein Mensch von mir das verlangt oder oder mir die Genehmigung geben kann oder darf oder soll, und dann habe ich gesagt, * wenn du dich jetzt wirklich dazu entschlossen hast, aus religiösen Gründen, weshalb mußt du dann jetzt darauf warten, daß er dir die Genehmigung gibt * Kopftuch zu tragen? Ich habe das nicht eingesehen, und dann eines Tages ging ich dann eben mit Kopftuch hin, einfach so (lachend). Keiner wußte was davon, der Abteilungsleiter auch nicht und die anderen auch nicht. Die haben natürlich erstmal so komisch geguckt, ja * aber keiner hat sich getraut, irgendwas zu sagen. Also, die haben mich auch ganz normal gegrüßt und da habe ich mich eben in meinen Raum gesetzt, war da mit meiner Arbeit beschäftigt ... Erst einen Tag später haben sie mich daraufhin angesprochen. Einige haben mich bis jetzt, also noch nie daraufhin angesprochen. Einige kamen mit *, ja sie fanden mich vorher besser und die anderen kamen mit *, ob ich denn geheiratet hätte oder ob meine Eltern mich denn dazu gezwungen hätten. / Ich wurde mit diesen Fragen konfrontiert und *, naja, ich habe dann eben gesagt, daß ich mich so viel wohler fühle, daß ich * mich einfach dazu entschlossen habe, daß mein Entschluß auch feststeht, daß ich auch weiterhin so leben werde und *, daß ich mich in meiner Haut so viel, viel besser fühle. Das haben sie dann eben auch toleriert, die waren eigentlich auch ganz okay, meine Arbeitskollegen. ... (Der Abteilungsleiter hat mir später) seinen Raum zur Verfügung gestellt, daß ich dann dort also beten könnte. Er hat mir das angeboten, ich habe es aber abgelehnt, weil es nämlich eine Glastür war (lachend). Jeder konnte reinschauen, das war mir dann unangenehm. ... Ich habe dann immer, * das in Kauf genommen, daß ich nach Hause kommen mußte, um zu beten. ... Was ich auch sehr *, eindrucksvoll fand von dem Abteilungsleiter, war, beispielsweise, daß er mich gefragt hat, ob ich an einem Seminar teilnehmen kann, also, ob das mit den Gebetszeiten vereinbar ist. / Er wollte unbedingt, daß ich da teilnehme und *, er hat also sehr viel Wert darauf gelegt und hat mich eben gefragt, ob das bei mir ging.«

Gülays Befürchtungen, den Job zu verlieren, zumal sie die Anweisungen des unmittelbaren Vorgesetzten übergangen hatte, erwiesen sich als völlig unbegründet. Im Gegenteil, sie kann sogar Gesten des Entgegenkommens bezüglich ihrer religiösen Attitüde verbuchen. Im wesentlichen führt sie diese positive Aufnahme auf ihre Leistungsfähigkeit und ihre Funktionalität für den Betrieb zurück. Interessant sind an dieser Stelle auch Gülays Begründungen gegenüber den Kollegen. Diese konfrontieren sie mit den Motiven hochgradiger persönlicher Abhängigkeit in der Vermutung, ein Ehemann oder die Eltern seien die Anstifter der Verschleierung. Oder einzelne, in der Regel Frauen, argumentieren auf der ästhetischen Ebene, verbinden mit dem Kopftuch bzw. der islamischen, wenngleich modischen, aber eben ausgewählten Kleidung einen ästhetischen Rückschritt, über den die betroffene Person aufzuklären sie sich verpflichtet fühlen. Demgegenüber argumentiert Gülay nicht etwa mit religiösen Motiven, wie der Notwendigkeit, höheren Werten oder vernünftigeren Regeln zu folgen. Auch das auf die Beschränktheit des individuellen Lebens weisende Konversionserlebnis, bei dem ein Unwetter den vergnüglichen Tag im Disneyland plötzlich zu einem macht, »als als wär's der Tag meines Todes« und eine vorsorgende Lebensführung nahelegt, spielt keine Rolle. Vielmehr setzt sie ihre psychische Befindlichkeit dagegen, verweist auf das Optionale, auf die eigene Wahl und den eigenen Entschluß, sie selbst zu sein, auf ihre innere Stimme. Sie versäumt dabei nicht (wie zuvor auch Amina) klarzustellen, daß es sich um eine selbstbestimmte Planung des weiteren Lebens handelt, die bewußtermaßen Einschränkungen und Selbstbeschränkungen in Kauf nimmt, die nicht populär sind. Im Gegenteil, für Gülay ist es gerade der Entschluß für das Unpopuläre, der ihre Energien mobilisiert, ihr überhaupt erst Persönlichkeit und ein zentriertes Selbst verleiht. Vorher, während der Schulzeit, als sie, dem Modetrend folgend, noch aussah wie alle, aber stets darauf hingewiesen wurde, daß sie nicht ist wie alle anderen ist, daß die anderen sie nicht in ihre Mitte aufnehmen, ist ihr Bestreben, sich zu assimilieren, fehlgeschlagen. Andere Frauen, dabei auch solche, die fest in einer Jugendclique verankert waren und hinreichend Anzeichen der Anerkennung ihrer Person hatten, argumentieren ganz ähnlich, etwa mit den Worten »Du kannst dir die Haare rot färben und mit zerrissener Jeans 'rumlaufen, du bleibst doch immer die Marokkanerin« für die anderen. Zeichen, so ist die Schlußfolgerung, funktionieren nicht universal, sondern ihre Annahme besteht in Referenz zur sozialen Position. Die Anwendung der selben Zeichen sichert daher nicht automatisch Anerkennung. Gülays Formulierung, »daß ich mich so viel wohler fühle, ... daß ich mich einfach dazu entschlossen habe, daß mein Entschluß auch feststeht, daß ich auch weiterhin so leben werde und daß ich mich in meiner Haut so viel, viel besser fühle«, folgt eindeutig einer modernen, in der Selbsthilfetherapie angewandten Semantik von individueller, innerlich-authentischer Identität und wird so auch von den anderen angenommen. Für Gülay ist die Islamisierung zum Mittel geworden, sich zu einer selbstbewußten, zu einer souveränen Person zu entwickeln. Sie bestimmt selbst den Zeitpunkt, an dem sie das Kopftuch anlegt; sie wartet nicht mehr auf eine Erlaubnis, sondern konfrontiert die anderen mit ihrer Entscheidung. Sie ist nicht mehr diejenige, die sich bemühen muß, den anderen gewachsen zu sein, sondern, im Gegenteil, sie kategorisiert jetzt die anderen in die, die sie ignoriert und in die, die zur Verlängerung ihres Selbst werden, indem sie ihr entgegenkommen, sogar Zuvorkommendheit zeigen, und ihr damit Anerkennung zollen.

Deutlich wird die Koexistenz von Partikularismus und Universalismus, einem Wechselspiel zwischen dem Eigenen, dem Individuellen und dem Allgemeinen. Gülays Konzept der Selbstsouveränität, des Selbstseins stützt sich auf zwei Pfeiler, die auf den ersten Blick nicht viel miteinander zu tun haben: den Islam, mit dem sie ihre Persönlichkeit ausstattet, sozusagen ihre private Ethik, die die eine Matrix für ihre Identität bildet, und ihre funktionale Leistung und Effizienz im System, die Leistungsethik, die andere Matrix ihrer Identität. Beides »muß« sie »machen«, auch die Arbeit, die möglichst perfekte Leistung, in ihrem Fall eine vorübergehende Bürotätigkeit, die sie ziemlich stupide findet, die sie aber finanziell unabhängig macht, ihr Anerkennung einbringt und durch deren perfekte Erledigung sie ihre Transzendenz ins Universale zunächst als Türkin und später als Muslima bezeugt. Daß sie sich dabei nicht als religiöse, sondern soziale Sendbotin versteht, wird sichtbar in der Erwähnung, daß sie als erste in der, wie sie betont, internationalen Firma beschäftigte Türkin andere mit ›Gastarbeiter‹-Hintergrund nachgezogen hat, also durch ihr persönliches Beispiel Exklusionsregeln aufgebrochen hat. Damit ist sie, ist ihre Person der Beweis für die individuelle Befähigung zur sozialen Aufwärtsmobilität, zur sozialen Transzendierung der unteren Kategorie durch die Handhabung funktional relevanter Ressourcen. Ihre Selbstschätzung erhält enormen Aufwind durch solche kontextbezogenen Situationen wie die, daß sie unintendiert bewirkt hat, daß noch andere ›Ausländer‹, also Türken, eingestellt werden oder daß sie als Muslima (wider Erwarten noch) gebeten wird, an einem Seminar teilzunehmen. Letzteres bedeutet, daß sie auch als Muslima für wert befunden wird, in sie nach betrieblichem Kalkulationsdenken zu investieren, daß sie also gut ist für die Firma. Und es bedeutet, wenn man annimmt, daß dieses Seminar kein firmen- oder firmabteilungsinternes ist, daß sie als Muslima als Repräsentantin dieser Firma nach außen agiert. Für sie bedeutet das im Rückbezug, daß ihr Weg, »das Selbst für schätzenswert (zu) eracht(en)« (Ricœur 1996: 220), und ihr Entschluß, diesen Weg »durchzuziehen« (Gülay), richtig war. Sie weiß, bezeugt durch diese Situationen, in den Worten Paul Ricœurs endgültig: »Ich bin jenes Wesen, das seine Handlungen bewerten kann und das dadurch, daß es die Ziele seiner Handlungen für gut befindet, sich selbst zu bewerten, sich als gut zu schätzen vermag« (ebd.: 221) und damit Anerkennung findet.

Ricœurs ethisch-moralisch ausgerichtete Definition der Selbstschätzung beinhaltet, daß nicht »in erster Linie ... Leistungen, sondern grundsätzlich ... Fähigkeiten« (ebd.: 220) die Basis ausmachen. Er bleibt auf einer anthropologischen und moralischen Ebene, mit der er zwar das Selbst und das Andere in einer reziproken Beziehung gegenseitiger Anerkennung, einem Dialog, vornehmlich über sprachliche Aushandlung zusammenbringen kann (ebd.: 227f.). Davon ausgehend weist er öffentlichen Institutionen die Pflicht zu, Verteilungsasymmetrien, die durch einseitige Kontextualisierung entstehen, zu bereinigen (ebd.: 331f.). Auf diese Weise sucht er ein der (multikulturellen) Gesellschaft adäquates Konzept, basierend auf der Partikularität des einzelnen, aufzuspannen. Auf der alltagsweltlichen Ebene zeigen sich hingegen Praktiken, Handlungsakte und Taktiken als die primären Auseinandersetzungsebenen. Dazu kommen, und diese Perspektive bleibt bei Ricœur ausgeblendet, Formen einer Universalisierung, die die Lebenswelt und die Moral der Lebenswelt durchdrungen haben. In der zuletzt aufgeführten Erzählsequenz (wie auch in vorher angeführten und in den noch folgenden) spielt die von Ricœur als zweitrangig eingestufte Leistung, die mit Konkurrenz und Fremddisziplinierung verbundene Arbeitsethik, der meßbare Erfolg, der den einzelnen in sichtbarer Weise in Beziehung zu den anderen setzt, eine enorm große Rolle für die Selbstschätzung. Austauschbarkeit und Konkurrenz sind, in Referenz zu den symbolischen Auseinandersetzungen, Bezeugungen des Selbstwertes (vgl. Kapitel IV). Offen bleibt auch die Frage der konstitutiven Kraft von Macht und Wissen. Dieser Frage wird im nächsten Abschnitt nachgegangen unter dem Blickwinkel des Einfließens dieser konstitutiven Kraft in die alltagsweltlichen Narrationen und Selbstbeschreibungen.

Zur institutionellen Erzeugung des Selbst

Bisher ist anhand der biographischen Erzählungen deutlich geworden, daß sich mit der Islamisierung die Idee des sich selbst steuernden Selbst verbindet. Deutlich tritt aber auch hervor, daß diese Idee in und mit den institutionellen Kontexten und ihren Wertsetzungen erfolgt, in die die jungen Frauen als alltagsweltliche Akteure eingebunden sind und eingebunden sein wollen, die geradezu konstitutiv sind für ihr Projekt des Selbst. Die Frage ist, wie sie zu dieser Konstitution beitragen. Bevor wir uns wieder den Biographien zuwenden, erfolgt ein Blick auf theoretische Überlegungen, die dazu beitragen können, die narrativ-biographischen Reflexionen in dieser Hinsicht zu erhellen.

Die Leistungsidee, wie sie bei Gülay als alltagspraktisch relevantes Element hervortritt, verbindet zwei Pfeiler der Selbstkonstitution: nach außen als Verlängerung des Selbst, als Hinausstreben über den Partikularismus und als seine Vertiefung (Lukács 1963, Bd. 2: 600f.). Das Subjekt, Gülay, arbeitet daran, beides synchron herzustellen. Nur beides zusammen ergibt eine ethisch-ästhetische Einheit. Beides gibt ihr Praktiken zur Hand, sich als handelndes ethisches Subjekt zu verobjektivieren und als solches, und nicht lediglich als gut angepaßte dressierte Person, Anerkennung zu finden. Diese Technik der Produktion von Identität ist aber, mit Blick auf die älteren Arbeiten Foucaults, nicht das Ergebnis ›autonomen‹ selbstgesteuerten Handelns, sondern Effekt eines seit langem angelegten, immer engmaschiger werdenden Netzes von rechtlichen, medizinischen, pädagogischen und psychologischen Macht- und Wissensstrategien, die Identität und soziale Effektivität, Mechanismen zur Herstellung von Identität und Leistung produzieren und denen keiner entkommt, weil die »panoptische

Gesellschaft ... kein Außen ... hat« (Foucault 1977: 388). In seinen verschiedenen Studien beschreibt Foucault Institutionen und in bzw. von ihnen gesteuerte Prozesse, in denen Partikularität hergestellt und als Summe der Partikularitäten zu einem allgemeinen System »haushälterisch ..., (um) auch den nicht zu verlieren, den es (das Kerkernetz) disqualifiziert hat« (ebd.) wieder zusammengefügt wird.

Institutionen und ihre ausgehend von bestimmten Objekten und Praktiken erzeugten Erkenntnis- und Herstellungsweisen von Subjektivität und Subjekten, die die realen Subjekte absorbieren, sind Teil eines »Kerkernetzes«, das nicht nur diszipliniert im Sinne von Einengung, sondern eben darüber Formen, Strukturen und Diskurse produziert, die Wachstum erzeugen, Kräfte hervorbringen, ordnen und kontrollieren (Foucault 1978: 81; 1983: 163). Foucault erkennt eine, den christlichen Institutionen entstammende Machttechnik, die »›Pastoralmacht‹, (die der moderne abendländische Staat) in eine neue politische Form integriert hat« (1999: 168) und die sich auf das Individuum und sein Seelenheil bezieht:

»Sie erstreckt sich über das gesamte Leben und begleitet es ununterbrochen; sie ist mit einer Produktion von Wahrheit verbunden, der Wahrheit des Individuums selbst. ... (Sie) wird unmittelbar im Alltagsleben spürbar, welches das Individuum in Kategorien einteilt, ihm seine Individualität aufprägt, es an seine Individualität fesselt, ihm ein Gesetz der Wahrheit auferlegt, das es anerkennen muß und das Andere in ihm anerkennen müssen. ... Das Wort *Subjekt* hat einen zweifachen Sinn: vermittels Kontrolle und Abhängigkeit jemandem unterworfen sein und durch Bewußtsein und Selbsterkenntnis seiner eigenen Identität verhaftet sein. Beide Bedeutungen unterstellen eine Form von Macht, die unterwirft und zu jemandes Subjekt macht« (ebd.: 169).

Subjekte werden somit im Rahmen von Wissensregimen und Alltagspraxen gemacht und erkennen sich durch sie im Hinblick auf Referenzen, die sie bilden. »Institutionelle Lebenslaufmuster« (Beck 1986: 211; Beck/Beck-Gernsheim 1993), mehr oder weniger standardisierte Normalbiographien (Geissler/Oechsle 1996; Kohli 1985, 1991; Levy 1996; Heinz 1991) und Karrieren (Luhmann 1993: 231f.) bilden Muster und Vergleichsmaßstäbe für die (Selbst-)Definition von Subjekten und ihrer sozialen Position. Die Gestaltungsmacht öffentlicher Institutionen hinsichtlich der einzelnen geht so weit, daß sie als »cultural rules of society itself« bezeichnet werden (Meyer et al. 1987: 21). Das Leben, Denken, Urteilen des einzelnen und öffentliche, nationalstaatliche Institutionen sind untrennbar miteinander verbunden und finden ihren Niederschlag in einer »public institutionalization of the individual life course« und einer »public celebration of what is called the ›private‹ or subjective individual« (ebd.: 243f.) sowie im reziproken Reflex des einzelnen, »als Individuum zu posieren« (ebd.: 26) und sich wie seine Handlungen hinsichtlich der institutionellen Ordnungsregime und ihren ontologischen Konstruktionen zu kontextualisieren. Meyer konstatiert eine Integration, das heißt vor allem eine Homogenisierung der individuellen Lebensverläufe von der Geburt bis zum Tod bei gleichzeitiger öffentlicher Zelebrierung des Individuellen. Auch das Selbst ist institutionalisiert über Motive der eigenen Wahl und über wiederum institutionalisierte Motive:

»The modern self is free and is expected to relativize its stance to the institutional context. It seeks to find meaning and value in comparison to the referential structures set by the rationalized environment. Much doctrine, therapy, and advice is offered to this end. ... Modern systems are organized so that individuals *must* choose, and must often give reasons for their choice in terms of the motives of the self« (ebd.: 253).

Daß die Logik der institutionellen Rationalität zentraler Bestandteil der kulturellen Regel geworden ist, zeigt sich darin, daß sie in Handlungen und ihre Reflektionen eingehen, die formal nicht ihrer Steuerung unterstellt sind, sondern als Residuen des Persönlichen, Affektiven gelten (z.B. Taylor 1993):

»Even love and marriage must be presented by the human actor as a matter of choice. Now, individuals come under increasing pressure to explain to themselves and others why they remain in marriage, something once requiring no explanation. ... Of course, the institutionalization of the self is accompanied not only by required choices but by available lists of reasons, motives and aspirations that are equally institutionalizing. Elaborate structures for organizing the personal, leisure, and recreational aspects of the self evolve, thus providing outlets for the free experience of the proper self« (Meyer 1987: 249).

Das Konzept des freien, weil optierenden Selbst verbindet sich nicht nur mit einer starken institutionellen Einbindung des Selbst, sondern mit der Institutionalisierung des Selbst durch das Selbst, indem individuelle Identitätspolitiken auf einem Rationalitätskonzept basieren, das nach ökonomischen Mittel-Ziel-Relationen und dem Prinzip der Wahl modelliert ist. Kriterien wie Effizienz, Fortschritt, Gerechtigkeit und Gleichheit liefern sozialen Akteuren die strukturelle Basis dafür, ihre Handlungen, ihre situationalen Verstrickungen und Statuspositionen zu ordnen, zu bewerten, zu kommunizieren, wie sie auch daran von anderen gemessen werden (Meyer et al. 1987). Eben diese Prinzipien sind es, die erst den Maßstab liefern, um Kultur 1 und Kultur 2 bzw. Handlung A und Handlung B bzw. Wert X oder Wert Y, die ansonsten beziehungslos nebeneinander stünden, erst in eine Beziehung zueinander zu setzen, vergleichbar zu machen und damit hierarchisch anzuordnen (Deleuze 1989: 195f.).

Die Motive der Wahl und der Entwicklung des Selbst sind, wie die bisherigen Ausführungen zeigen, Prinzipien, die die jungen Frauen mit der Islamisierung verbinden und die ihr Verständnis vom Islam und seiner subjektiven Aneignung prägt und überhaupt erst ermöglicht im Rahmen einer annehmbaren Spannungsbalance. Ihre Institutionalisierung zeigt sich nicht zuletzt auch darin, daß es diese Prinzipien sind, die ihnen Anerkennung sichern, freilich unter gewissen Bedingungen: die Reflexion und Selektion islamischer Praktiken, die Panoptisierung islamischer Regeln insbesondere da, wo sie sich mit dem Nichtislamischen verbinden. Die Differenzierung des Islam in diverse »Ideen Islam« (Stauth 2000) verschiedener Träger und Effizienzen wirkt auf die Produktion von islamischem Wissen und ›islamischer Identität‹. Das in öffentlichen Institutionen und mit institutionalisierten Werten und Riten aufgewachsene Subjekt deutet den Islam aus dieser Perspektive heraus und wird zum produktiven Zentrum von Austausch und Transformierung. Wenn zum Beispiel die jugendliche, seit kurzem Kopftuch tragende und sich mit dem islamischen Weiblichkeitscode auseinandersetzende Afaf mit den Jungen in der Schulpause Billard spielt und ihre Mutter mit diesem islamungemäßen Verhalten konfrontiert, so zeigen sich in dieser Situation über die bloße persönliche Auseinandersetzung von Mutter und Tochter um Weiblichkeitsimaginationen hinausgehend die Öffnungen und Anschlußstellen ›ihres Islam‹, die sie als Mädchen im gegebenen institutionellen Rahmen und den dort herrschenden materiellen wie ideellen Reproduktionsprozessen findet und die sie als gestaltendes Subjekt in ihren unmittelbaren sozialen Umwelten arrangiert. Als mit den Jungen Billard spielendes islamisches Mädchen, das sich andererseits sehr wohl einem islamischen Geschlechterdiskurs verpflichtet fühlt, überschreitet sie bewußt ein Normensystem. Indem sie ihre Handlung mit der Intention begründet, keine »schlechten Absichten«, also erotische Intentionen zu haben, präsentiert sie sich als Selbst einer höheren Stufe, als »eigene Autorität«, als sich, seine Gefühle, seine Handlungen und seine Beziehungen zu anderen kontrollierender, ordnender »Verwaltungsbeamter« (Kegan 1986: 142), der überdies die »Vorschriften und Absichten des psychischen Verwaltungsapparates ... reflektieren ..., ihn als

Objekt begreifen«, ihn damit handhaben kann (Kegan ebd.: 145). Die Person ist fähig, wechselseitige Beziehungen zu steuern, und darüber hinaus zeigt es Moralität und Selbstsouveränität im Umgang mit anderen.

Dieses sind Charakterisierungen, die eine reife Persönlichkeit kennzeichnen. Kegans entwicklungspsychologisches Modell der Ich-Stufen, von denen jede eine Form der Organisation des Selbst in Beziehung zu anderen bildet, und das zum Grundlagenwissen von Pädagogen zählt (und dessen Spuren unübersehbar in Lifestyle- und Frauenmagazinen zu finden sind), kann als eine Richtschnur zum Messen von Selbstsouveränität begriffen werden sowie als eine Matrix der Institutionalisierung des Selbst. Es gibt dem einzelnen die Möglichkeit, sich selbst in seinem Verhältnis zu anderen zu überprüfen wie auch seine Reife anhand seiner interaktiven Handlungen von anderen beurteilt wird. Dieses Modell ordnet Personen hierarchisch an durch ihre Handlungen in Interaktionen. Es beinhaltet Wertungen durch die Organisation vom Selbst und Anderen. Die Ich-Stufen-Konstruktion kann als eine ko-institutionelle Technik gelesen werden, das Selbst in der Hierarchie zu verorten. Dem einzelnen gibt sie ein Instrumentarium der Selbsterkenntnis, des Messens seiner psychosozialen Situation und seines Souveränitätsstandes im Bereich des ›Zwischenmenschlichen‹ an die Hand. Das ›Zwischenmenschliche‹ wird, wie die Reflexion ihrer Lebensverläufe durch die jungen Frauen zeigt, vornehmlich geordnet durch öffentliche Institutionen, wobei die Schule, das Erziehungssystem einen prominenten Platz hält. Bezogen auf die Islamisierung läßt sich schlußfolgern, daß die Idee des ›starken Ich‹, das Beziehungen zu kontrollieren sucht, statt sich von ihnen beherrschen zu lassen, das sich selbst kontrolliert und auf Wachstum angelegt ist, ein grundlegendes Prinzip ist. Für die jungen Frauen ergibt sich damit die Gelegenheit, das Individuelle zu ermitteln, ohne allein auf das Ethnische oder das Kollektive zurückzufallen, es dominierend werden zu lassen. Die biographischen Erzählungen zeigen eine Parallelität zu diesem in der Pädagogik maßgeblichen, Seelenheil und Sozialität zusammenbringenden Persönlichkeitsmodell: Stufen, Wachstum, Perfektionierung, die zunehmende Unabhängigkeit von anderen, egal welcher Seite, spielen eine große Rolle in der Beschreibung islamischer ›Zustände‹. Die Ausführungsintensität von Praktiken wird auf Stufen angeordnet. Die Entwicklung einer Person zur Muslima wird als reflektiver Prozeß, der sich über mehrere Stufen der Vervollkommnung erstreckt, die man nach und nach erklimmen muß, beschrieben. Die einzelne Person untersucht mit jedem Schritt ihre Abhängigkeiten. Die Idee des Fortschritts und der Effizienz, die dem souveränen Selbst verbunden ist, steht diametral zur Idee des Verharrens, die den gebürtigen bzw. traditionellen Muslimen angelastet wird. Sie erzeugt Abgrenzung und Erhöhung zu dieser Seite hin. Sie erzeugt Abgrenzung und Gleichheit zur anderen Seite hin, indem sie Souveränität, Selbststeuerung und Kontrolle des sozialen Spiels – Kennzeichen der höheren Entwicklungsstufen – beinhaltet.

Schule und Identitätsproduktion

Aus den zahlreichen Beispielen, die Robert Kegan anführt (zum Beispiel 1986: 108ff.), läßt sich ersehen, daß Institution bzw. Agenten der Institution und Subjekt sich über dieses Stufenmodell ineinander vermitteln. Dabei ist insbesondere die Schule als eine der am nachhaltigsten wirkenden Institutionen zu nennen, zu deren Aufgaben Bildung nicht nur in bezug auf Vermittlung von (qua Definition universalem) Wissen, sondern auch die Bildung von Persönlichkeit, von Individuen, die sich zur Gesellschaft hin transzendieren, gehören. In den vorliegenden biographischen Erzählungen steht die Schule unangefochten im Vordergrund als ein das Leben durchdringender Ordnungsraum, der nicht nur eine Schlüsselposition in der Verteilung sozialer Chancen hat und damit die soziale Position festlegt, sondern als der nachhaltig wirksame Raum, in dem Mechanismen von Wissen und Macht, Homogenisierung und Hierarchisierung sowie Differenz und Essentialisierung arbeiten und in spezifischer Weise Immigrantenkinder bearbeiten (Borgogno 1990; Cohn-Bendit 1990; Gomolla 1997; Hauff 1993). Hier begreifen diese anhand einer Vielzahl von Situationen und Kriterien, die in einer Technologie des Vergleichs und der Standardisierung zusammenlaufen, daß sie ›Ausländerkinder‹ sind, kulturelle Eigenheiten aufweisen oder aufzuweisen haben.

In den biographischen Erzählungen ist die Schule zentral für die Beschreibung der Kindheitsphase und für die Selbsterkenntnis als Subjekt. Dabei sind es nicht einseitig Abwertungs- oder Marginalisierungserfahrungen, die ausschlaggebend sind. Die meisten der Frauen sind Bildungsaufsteigerinnen. In ihren Augen hat die »Integrationsmaschine« Schule nicht versagt (Kepel 1996: 335), noch fühlen sie sich bei der Verteilung von Bildungs- und sozialen Chancen benachteiligt, sondern sie haben ihre Chancen bekommen bzw. sich genommen, sie sich erkämpft. Aus den Erzählungen gehen Ordnungsleistungen der Schule hinsichtlich der Erzeugung des Subjekts hervor, die von den Subjekten gleichermaßen affirmiert und radikalisiert werden, indem sie in eine Auseinandersetzung um Subjektivität eingebracht werden. Sie weisen auf Auseinandersetzungen mit Subjektivierungsformen, die im und durch den Institutionalisierungsprozeß des Selbst entstehen und in der biographischen Rekonstruktion bedeutsam für die Morphologie des islamischen Subjekts sind.

Individuierung

Vergleicht man die einzelnen Erzählungen, so hebt sich eine bestimmte Konfiguration des Lebenslaufes hervor: Es erfolgt eine Rekonstruktion einer jeweils individuellen Fortschrittslinie entlang einer Reihe aufsteigender Sequenzen. Sie beginnt mit dem akzidentiellen Ereignis der Einwanderung bzw. der institutionellen Eingliederung in Kindergarten oder Schule als ›Ausländerkind‹, setzt sich fort in der zumeist erfolgreichen, aus eigenen Leistungen heraus gemeisterten schulischen Integration und erhält ihren Höhepunkt schließlich in der persönlichen Islamisierung, in der Selbstpräsentation und Verteidigung als Muslima, als dem wichtigsten Akt in der Entwicklung zur Bürgerin bzw. zum souveränen selbststeuernden Subjekt, das eigene und gesellschaftliche Bedürfnisse zur Deckung bringt. Das ist die Verlaufskurve, die fast alle Erzählungen in dieser Untersuchung teilen. Aufschlußreich sind die Eingangssequenzen, in denen die Einführung der eigenen Person erfolgt, und zwar auffällig häufig als Objekt zwischen Institution und familiärem Patriarchalismus. Folgende recht typische Eingangssequenz von Aynur, mit 26 eine der älteren Frauen im Sample, seit einem Jahr gläubige Muslima, zeigt dies an:

»Also ich bin mit fünf Jahren hier hergekommen, * und zwar * mit meiner Mutter und mit meinem Bruder. * Mein Vater war schon sechs Jahre—, also hier. Also er ist in den 60er Jahren hier hergekommen. ... Ich bin also 1971 hier hergekommen. ... Die Schwestern sind hier zu Welt gekommen. ... Und dann *, ich war ein Jahr lang zu Hause, habe Koranunterricht von meinem Vater erteilt bekommen und *, dann hat er mich in die erste Klasse angemeldet. ... Ich habe halt, natürlich am Anfang sehr viele Schwierigkeiten gehabt, weil ich habe kein —*, keine Deutschkenntnisse gehabt und —* auch kein Kindergartenbesuch, also gar nichts. Ich kam halt in die Schule und mußte halt lernen, und sehen, wie ich zurecht kam. Natürlich *, hatte ich Schwierigkeiten im Unterricht, also Deutschunterricht und so, da habe ich * keine tollen Noten erzielt. Das ist klar und *, mit der Zeit hat sich das auch ergeben, also, ich habe dann deutsch gelernt und wir sind dann * 1975 hierher gezogen. * Wegen meinem Bruder eigentlich. Mein Vater wollte, daß er hier einen Türkischunterricht besucht. Damals gab es das in Y. nicht, diese Möglichkeit. Er hatte vor, * zurückzukehren, also in ein paar Jahren, deshalb. Also, er hat ihn dann angemeldet in so einem türkischen Unterricht. Das ging drei Jahre und dann mußte er sich entscheiden, das ging ja nicht weiter. Dann mußte er ihn halt in die vierte Klasse, in die deutsche Schule einfach 'rein, damit er weiter hier zur Schule gehen konnte. * Das hat halt nicht geklappt mit der Rückkehr und so. Und, na ich habe— der war dann— *, hab dann abgeschlossen die Grundschule hier in X., die A-Schule und * kam auf die Förderstufe. ... Dort habe ich dann auch *, zwei Jahre die Schule besucht, die Förderstufe ging ja zwei Jahre und *, dann schlägt mich halt, von den Lehrern aus, vor für die * Realschule, damit ich da auf der Realschule weiter machen konnte. Meine Noten waren halt * geeignet für die Realschule. * Damals hatten die Eltern nicht so viel * mitzureden, also die Lehrer entschieden, wo das Kind dann —, auf welche weiterführende Schule kam. Und, ich ging ... auf die B-Realschule bis zur 10. Klasse und dann *, waren meine Noten eigentlich ganz gut und, * habe mich dann, ich hab dann weiter gemacht. Wollte das Abitur machen. Ich wollte, bei mir, ich hatte immer das Ziel zu studieren und dann habe ich hier mich, bei der C-Schule angemeldet, habe dort dann das Abitur gemacht.«

Auffallend ist die Definierung familiärer Beziehungen im institutionellen Nexus: Die Konkurrenz zum Bruder, der ansonsten in der gesamten Erzählung keine Erwähnung findet, wird ebenso in diesem Bezug formuliert wie auch die patriarchalische Allmacht des Vaters, dessen Pläne ausschließlich und von Beginn an die Karriere des Sohnes umfassen, während die ältere Tochter sich allein durchschlagen muß und er keinen Gedanken an ihre Zukunft verschwendet. Allerdings findet eine Entmachtung des Vaters, der zunächst der, wenn auch in ihrem Falle nachlässige, Mediator zur Institution und damit der Distributeur von Bildungs- und Karrierechancen ist, statt: Er diskreditiert sich selber, weil er seine Remigrationspläne nicht umsetzen kann und den Sohn schließlich doch dem deutschen Schulsystem unter erschwerten Bedingungen aussetzen muß, während die Tochter aufgrund ihrer eigenen Zielstrebigkeit und Leistungsfähigkeit ›an ihnen vorbeizieht‹ und aus eigenem Antrieb den akademischen Abschluß macht im Gegensatz zum Bruder, der später zusammenbricht und vom Vater durch das Studium gedrängt werden muß. Es stellt sich ein auf individueller meßbarer Leistung basierendes Bündnis zwischen Tochter und Agenten der Institution her, die nicht nur die Schwestern bzw. Töchter gegenüber den Brüdern bzw. Söhnen erhöht, sondern auch den Eltern die Entscheidungsbefugnisse aus der Hand nimmt. Über die durch die Institution anerkannte Leistung wird ein Stück Selbstsouveränität und Verfügungsgewalt über die eigene Biographie gewonnen. Anhand der angeführten Erzählsequenz läßt sich nachvollziehen, wie der Objektstatus, die Reaktion auf die Entscheidungen, die andere fällen, sich zunehmend wandelt: vom Objekt des Vaters, zum Objekt der Schule erfolgt die Präsentation als Subjekt, indem das Ich entscheidet, die Ausbildung in diese oder jene Richtung weiterzuführen. Gute Noten sind ebenso ein Mittel der Selbstbehauptung gegenüber Brüdern um die Anerkennung durch die Väter. Daß dieses ein probates Mittel ist, zeigt sich in einem Fall, in dem alle älteren Mädchen das Gymnasium besuchen, während die Brüder »irgendwo arbeiten« und sich beschweren, daß der Vater seine ohnehin knappe Zeit und Aufmerksamkeit mehr den Schwestern widme als ihnen. Frauen, die die jüngsten Mädchen in der Familie sind und erheblich ältere Schwestern haben, die lediglich die Pflichtschuljahre absolviert, früh geheiratet haben und deren Lebensverhältnisse, insbesondere auch die Ehebeziehungen, sie sehr kritisch beobachten, weisen darauf hin, daß ihre Bildungskarriere ihnen nicht nur die väterliche Anerkennung sichert, sondern auch einen größeren Entscheidungsspielraum hinsichtlich der weiteren Lebensplanung. Der Aspekt des Versorgtwerdens durch die Ehe wird zunächst in den Hintergrund verschoben. Leistung erscheint als eine Präventionsmaßnahme vor frühen Ehen (vgl. auch Kapitel IV).

Schulische Leistung wird immer als ganz eigene Leistung, erbracht aus einer schlechten Ausgangsposition heraus und nur auf der eigenen Kraft basierend, verstanden, für die man keinem etwas schuldig ist. Schulische Leistung wird als Instrument zur Steigerung von persönlicher Unabhängigkeit bzw. als Instrument der Gestaltung von Beziehungen zu anderen begriffen. Sie verschiebt Machtbalancen zugunsten der Töchter, deren Status mit dem geringsten Grad an Selbstsouveränität ausgestattet ist. Sie ist, wenn man den biographischen Erzählungen folgt, über Jahre und alternativlos das einzige verfügbare Mittel zur Sicherung von persönlicher Anerkennung und Selbstsouveränität.

Der biographische Verlauf wird erzeugt aus der Partizipation am pädagogischen Leistungssystem, und zwar oftmals in einem Maß, das über die Schule als Kernbestandteil einer Normalbiographie hinausgeht. Jeder einzelne schulische Abschnitt wird als Folge der individuellen Leistung begründet. Manche Erzählungen orientieren sich ganz an der Chronologie der aufeinanderfolgenden Klassen. Sie ordnen geschilderte Ereignisse stets dem Schuljahr zu, in dem sie gerade waren, oder strukturieren ihren Lebenslauf anhand der Schuljahre wie zum Beispiel »Dann kam ich in die sechste Klasse« und da passierte dies und jenes; » In der siebten Klasse war eigentlich nichts und in der achten Klasse ...«. Einige der Erzählerinnen schildern detailliert die seelischen Tiefen, die mit vorübergehenden Notenabfällen verbunden sind. Die ganze Person wird nahezu völlig von der Schule und ihren Leistungsanforderungen absorbiert. Es sind die Lehrer, die Agenten der Institution, die Entscheidungen über die weitere Karriere treffen, die sich durchaus wohlwollend als Vermittler oder Helfer anbieten zur Kompensation struktureller Ungleichheit, welche das ›begabte Gastarbeiterkind‹ in der Entfaltung seiner Lebenschancen behindert. Damit geben sie den Werten des Universalismus in der Beziehung zwischen Individuum und neutralisierten Regimetechniken eine lebendige Gestalt und kehren sie zugleich gegen eigenwillig-partikularistische ›Traditionen‹ oder Visionen davon (zum Beispiel verkörpert im patriarchalischen Vater, dem die Bildung seiner Tochter gleichgültig ist) hervor. Es ist die Kombination von Migrantenstatus und guten, stets neu zu erarbeitenden Leistungen, die die institutionelle Unterstützung sichert und zu einem Bündnis mit den die Karrierechancen distribuierenden Institutionen führt. Das Gastarbeiterstigma (Tochter von Arbeiter und Putzfrau) wird durch persönliche Leistungen revidiert, entzieht sich jedoch der Aufhebung. Sogar positiv gemeinte Bemerkungen haben ihre negative Rückkoppelung, wie der folgende Ausschnitt aus einem anderen, von der Struktur her sehr ähnlichem Interview verdeutlicht:

»Ich war dann so ein Alleinkämpfer und mußte das machen. Also das sagte mir der Lehrer immer, ja. Also ich meine, für mich war das nie, für mich war das ganz natürlich, daß ich das so mache und es war ja immer so und, ja, er hat mir das halt zum Bewußtsein gebracht. ... In Deutsch war ich sehr gut gewesen, ... wir hatten verschiedene, so Klassiker gemacht und da fand er, daß ich sehr gut war. Und er hat am Anfang, also hat er halt gemeint, ›ja das kann nicht sein, daß Sie die Interpretation ganz alleine gemacht haben und ohne Eltern‹ und, und ›ja, hat Ihnen denn keiner geholfen?‹ Dann hat er halt gesehen, daß mache ich schon alleine, das geht schon und *, hat dann halt, wie gesagt da, drauf, immer drauf, also auch vor den Schülern und Mitschülern, das war auch peinlich manchmal, weil *, wenn ein Lehrer einen lobt, das war dann irgendwie schon peinlich. Und *, also dieser Lehrer förderte mich sehr und hat mich auch überall verteidigt, * wo immer irgendwer irgendwas gegen mich sagte.«

Das Lob des Lehrers wird von Amina, einem von nur wenigen ›Gastarbeiterkindern‹ an einem ›gutbürgerlichen‹ Gymnasium und ausgestattet mit mehr als einem halben Dutzend Geschwistern sowie mit Eltern, die weder persönliche Kontakte zur Schule suchen noch über ein, in Relation zum schulischen Leistungssystem, nennenswertes kulturelles Kapital verfügen – alles Attribute, die sie von den anderen in ihrer Umgebung unterscheiden (praktizierende Muslima war sie zu diesem Zeitpunkt noch nicht, trug auch kein Tuch) – als zutiefst ambivalent erfahren. Die Bestätigung ebenso gut und noch besser zu sein als die anderen Schüler und das noch aus eigener Kraft und überdies präsentiert am nationalen Kulturerbe, das nicht das ihre sein kann, wird überschattet durch das Zuweisen einer exponierten

Stellung, die wiederum einer Exklusion gleichkommt. Die eigene Macht zur Selbstkonstruktion als ›Gleiche‹ auf der Basis von Leistung findet in der Bewertung, die immer den sozialen Hintergrund und seine hierarchische Einordnung mit einschließt, zugleich die Bestätigung des Unerreichbaren und des Ungebührlichen. Leistung als Identitätsmedium ist somit ambivalent. Sie ist ein wesentlicher Bestandteil der Selbstidentität, die in Konkurrenz zu anderen erworben wird. Über sie läßt sich Anerkennung erwerben, aber nur in Verbindung mit steter Überprüfung und Reproduktion der Leistung. Leistung ordnet die Individuen in Hierarchien und läßt sie sich selbst überprüfen und in Beziehung zu anderen setzen. Sie individualisiert und erzeugt ein persönliches Ethos, das aber nicht der eigenen Leitung unterliegt, sondern stets der Rückversicherung bedarf. »Ich war objektiv gut«, wie Amina reflektiert, »aber zitterte dauernd um meine Leistungen, auch wenn meine Leistungen gut waren, auch wenn ich mich immer rückversichert hab, es ist gut.«

Ethnisierung

Leistung, oder in der Sprache von Thomas Faist »Humankapital« (Faist 2000) ent-ethnisiert, aber sie neutralisiert nicht. Amina stellt ihre Angst zu versagen in den Kontext einer sozialen Unsicherheit:

»... Gut, dann habe ich die elfte Klasse gemacht und die zwölfte Klasse und es war halt auch immer dieses, daß die Lehrer mich auch sehr gelobt hatten, vor allem, * weil ich ja aus einer ausländischen Familie kam und ich war auf der Oberstufe, auf dem X-Gymnasium das einzig *, arabisch-marokkanische Kind. * Wurde auch immer halt großgeschrieben, also, es wurde einem halt gesagt, ja, man kann damit machen, was man will. Es wird mir immer so gesagt, als müßte ich stolz drauf sein, weil ich ja auf der Schule bin und überhaupt. Und komischerweise hat sich das fortgesetzt, daß bestimmte Lehrer sich dazu prädestiniert fühlten, mich zu fördern, ja. Ich weiß nicht warum, und in dem Fall war das jetzt ein Deutschlehrer. Der hat halt* gemeint, ja ich würde Großartiges leisten, er müßte mich fördern, weil, wir brauchen solche Leute wie dich und überhaupt und er hat mich halt auch immer sehr gefragt, * über zu Hause und ich hab ihm halt erzählt. Er hat gemeint, ich hab es sehr schwer zu Hause, weil meine Eltern auch viele Kinder haben, weil ich keine—, also das, was ein normales deutsches Kind hat, z.B. daß die Eltern mit ihm, was weiß ich, ins Museum gehen, also auch so was für die Bildung tun, ja, das mußte ich mir alles irgendwie selbst holen, weil meine Eltern keine Zeit dazu hatten, und auch, wenn ich Fragen hatte, ich konnte nicht zu meinen Eltern gehen, also, bestimmte Fragen, weil die Eltern waren ja, von den Deutschen waren ja praktisch in der Schule und konnten irgendwie, was weiß ich, Mathe oder irgendwas.«

Ihr Aufenthalt auf dem Gymnasium wird, so resümiert Amina, nicht als selbstverständlich betrachtet. Sie hat für die gebotene Chance dankbar zu sein. Ihrem Leistungskapital wird ihr soziales und kulturelles Kapital gegenübergestellt. Beides wird miteinander verrechnet und ihr Leistungskapital, das was sie aus eigener Kraft erbringen kann, wird reduziert. Es zählt nicht allein, es kompensiert nicht vollständig das fehlende soziale und kulturelle Kapital. Es besteht eine fragile Balance, die zufällig oder bei der kleinsten Unachtsamkeit ausschlägt und die nur durch sie selbst gehalten werden kann. Bei einem Verlust ihrer Leistung, die jederzeit durch einen Zufall oder durch Nachlassen der eigenen, mit jedem Schuljahr zu steigernden Disziplin (»immer lernen, lernen, lernen«) eintreten kann, gehört sie nicht mehr zu den »Leuten, die wir – ein anonym bleibendes Wir – brauchen«, sondern fällt zurück zu jenen, die nichts wissen, die nichts leisten, die in keiner Reziprozitätsbeziehung zur Bürgergesellschaft stehen.

Der Lehrer interessiert sich für ihren familiären Hintergrund, verobjektiviert ihn in der Beziehung zur Institution Schule. Heraus kommen nur Defizite, und er bietet sich als eine Art funktionsspezifischen Vormund an – eine Geste, die Amina wahrscheinlich nutzt, aber die ihr nicht angenehm ist. Ihre Beziehung zu den Eltern ist von emotionaler Intensität, wenn sich auch daneben ein isoliertes Eigenleben entwickelt hat. Die Abwertung ihres sozialen Hintergrundes muß sie treffen; er ist für sie eben nicht nur Ballast, sondern ein Teil ihres Selbst, Bestandteil ihres Ich, der eine systematische Negation erfährt. Er bestimmt »das Marokkanische in mir«, ein sich nur teilweise durch Reflexion, die immer den Vergleich mit dem Nichtmarokkanischen einschließt, zu Erkennen gebendes habituelles Kapital. Trotz der eigenen Leistung ist sie auf dem Gymnasium ein Gastarbeiter. Der andere Teil ihrer Persönlichkeit wird, so er nicht unter den Zeichen des Defizits abhandelbar ist, ignoriert, neutralisiert. Sie fühlt sich nie als »Ausländerkindchen« behandelt, weil andere und sie selbst ihr Leistungs-Ich nach vorne schieben und sie selbst sich sozial zurückhält, indem sie sich als »Einzelgänger« auf Freundschaften mit »einer oder wenigen Personen, und dann den richtigen Kontakt« beschränkt und »nicht mit allen wollte«, wobei es nie an Freundinnen mangelte. Offensichtlich geht sie aber davon aus, daß die anderen sie als »Ausländerkindchen« bewerten, auch wenn sie es ihr, vielleicht aus dem Bewußtsein des eigenen sicheren Standesbewußtseins heraus, nicht zeigen, und sie selber sieht sich als Angehörige niedriger Herkunft in einem Raum, wo der bürgerliche Habitus regiert und wo sie an allen Ecken und Kanten die dezente Macht der sozialen habituellen Distinktion verspüren muß, der sie neben ihrer Leistungsfähigkeit auch mit ihrer »großen Klappe« (Amina) und ihrer Art, die Dinge offensiv anzupacken, nicht beikommen kann. Die Schule ist der Raum, in dem sie ein zwangsneutralisiertes Ich unter Verschluß halten muß. Allerdings weiß sie, bis sie den Kontakt zu den islamischen arabisch- und marokkanischstämmigen Mädchen bekommt und bei denen sie überraschend einfach »Ich sein kann, weil die so sind wie ich«, auch nicht, was dieses Ich ist. Das Marokkanische zu Hause, das in ihr »wie eingeimpft ist« und das sie nicht anders als im Kontrast zu einem ebenso nebulösen, aber trotzdem konkreteren Deutschen definieren kann – Tradition, Ehre, Geschlechterbeziehungen, ständige interaktive Eingebundenheit sind Stichworte, die in diesem Zusammenhang fallen – darf nicht zum Vorschein kommen. Und sie muß es durch ihre Situation der Vereinzelung allein bearbeiten, ohne jegliche Unterstützung. Amina definiert ihr Problem in den Worten, daß »ich zu deutsch bin von meinem Denken her, von meiner Einstellung«. Denken und Einstellung sind nicht unwesentlich Produkte der Schule, denn von ihrem siebten Lebensjahr an bis zu ihrem achtzehnten, neunzehnten Lebensjahr, bis sie die islamischen Mädchen kennenlernt, gibt es ihrer biographischen Schilderung nach nur Familie und Schule. Freundschaften sind ebenso durch die Schule determiniert. Aber sie ist keine »reinrassige Deutsche«, auch wenn sie nach ihrer Islamisierung die deutsche Staatsbürgerschaft »gemacht hat«, wie sie formuliert, und sie will ihren persönlichen Partikularismus, dem sie durch die Islamisierung eine Form gegeben hat, beibehalten. Dieser Partikularismus erscheint bei ihr als Ergebnis eines Kampfes, in dem sie sich dem Zugriff zweier sie prägender Autoritäten entzogen hat: den Eltern, die traditionale Beschränktheit repräsentieren, und den Lehrern, die »deutsche Offenheit« bei gleichzeitiger Beschränktheit, auch Arroganz gegenüber abweichenden Kulturen verkörpern. Auf ihre Islamisierung haben beide keinen Zugriff. Zugleich kann sie die Anforderungen beider Seiten, die trotz aller Verschiedenheit in punkto Selbstdisziplinierung und Leistung konvergieren, zusammenschnüren und für die Entfaltung ihres wahren oder ganzen Ich unter eigener Regie lenken.

Man kann einwenden, daß »der Fall Amina«, für den die Vereinzelung, bedingt durch die Zugehörigkeit zu einer kleinen Minderheit, spezifisch ist, nicht vergleichbar ist mit Frauen türkischer Abstammung. Dagegen ist zu sehen, daß auch die um 1970 herum geborenen Frauen türkischer Abstammung mit gleichem Bildungsweg die gleiche Erfahrung machen. Auch sie waren auf Gymnasium oder Realschule in ihren Klassen die einzigen Mädchen aus türkischen Familien. Ein etwas anderes Bild bieten die jungen Frauen, die in ›Türkenvierteln‹ aufgewachsen, in türkischen Schulklassen zusammengeführt, die Hauptschule besucht und weiterführende

Bildungswege beschritten haben. Aber auch bei ihnen erscheint nicht oder nicht ohne gravierende Ambivalenzen ein ethnisches Gemeinschaftsbewußtsein. Vielmehr ist aus ihren biographischen Reflexionen ein Kampf gegen eine Zwangskollektivierung, eine Distinktion von einem Kollektiv zu ersehen. Mit Amina teilen sie das Schicksal, daß ihnen ethnische Differenz in Konnotation mit Unzulänglichkeit zu Schulbeginn ziemlich brutal über die Sprache, jenem exzellenten Instrument, das soziale Klassifizierung zu naturalisieren vermag (Bourdieu 1991: 221f.) bewußt wird. Dieses Defizit und die Kanalisierung in ›Türkenklassen‹ oder Förderklassen, bestehend aus Kindern verschiedener Sprachgruppen, erweckt bei ihnen früh ein Bewußtsein von Zweiklassengesellschaft und persönlicher Zweitrangigkeit. Der Aufenthalt in türkischen Klassen wird aus der Retrospektive als negativ bewertet. Es sind vorübergehende, nutzlose Schonräume, in denen man sich vielleicht wohlfühlt und Freunde hat, aber was zählt, ist die Bewährung in den Regelklassen, in der Konkurrenz. Von Beginn an wird eine negative Selbstbewertung erzeugt. »Die Deutschen«, so resümiert eine der Erzählerinnen, »waren irgendwie besser als wir. Ich kann das nicht erklären, aber das hab ich irgendwie mitgekriegt.« An anderer Stelle verschiebt sie ihre Aussage dahingehend, daß die »deutschen Freunde denken, daß sie besser sind, ... weil sie keine Ausländer sind«.

Auch Lehrern wird vorgeworfen, Unterschiede zwischen deutschen und türkischen SchülerInnen zu machen, aber das macht sich nur in »Kleinigkeiten« in verschiedenen Situationen, an weniger Geduld, an schneller erfolgenden Mahnungen, an spontanen Reaktionen bemerkbar und ist kaum verifizierbar und kaum kommunizierbar. Ein anhaltendes und sich im Laufe der Zeit verstärkendes Gefühl der persönlichen Zweitrangigkeit und der systematischen Verkennung wird durch die Schule produziert. Es gibt nur ein Mittel, Anerkennung von seiten der LehrerIn, jener zentralen Figur der Distribution von Anerkennung, zu erkämpfen und das sind gute Schulnoten und ständige Fortschritte, das ersichtliche Bestreben, zu den Klassenbesten zu gehören. Die eigene Person erwirbt damit einen universal gültigen Status, während der soziale Klassenhintergrund formal in den Hintergrund rückt. Seine Kopräsenz läßt sich positiv für die Person werten, der Aufstieg aus eigener Kraft und der eigene Wert erscheinen um so deutlicher. Der Außenseiterstatus, als Streber dazustehen und anstelle von Freunden nunmehr Konkurrenten und Neider um sich zu haben, wird kompensiert durch die Protektion des Lehrers und dessen kleine Zeichen des Wohlwollens.

Diese Beziehung muß nicht nur ständig aufs Neue im Rahmen nie abreißender Prüfungen reproduziert werden, ihr Bestand ist auch noch, wie eine der Frauen, Ilknur, erfahren hat, in einer anderen Hinsicht gefährdet. Als sie vierzehn ist, wird ihr Vater wortbrüchig und ist, entgegen vorherigen Abmachungen, die sie mit ihm zu haben glaubte, der Meinung, sie müsse ein Kopftuch tragen. Sie weiß nichts über den Islam, aber sie beschließt, wenn sie Kopftuch trägt, dann ganz, das heißt auch in der Klasse. Mit diesem Akt ist das positive Verhältnis zu ihrer Quelle der Anerkennung, einer Lehrerin schlagartig beendet – nicht auf der Leistungsebene, auf der persönlichen Ebene. Hier ist plötzlich eine Spaltung eingetreten. Mit diesem Tuch ist sie nicht mehr das unterstützungswürdige, atypische türkische Mädchen, das anders als die anderen eine zielbewußte Energie aufweist, das sich gegenüber den Jungen selbstbewußt durchzusetzen weiß, das seine eigene Meinung hat und zu vertreten weiß, das so ähnlich ist wie ihre eigene Tochter, sondern sie fällt für sie zurück in ethnische Weiblichkeitsmuster. Sie ist ein pädagogischer Verlust. Ilknur hat ihre Leitung verloren. Sie reduziert auf den Rat der Lehrerin das Kopftuchtragen auf den Schulweg, um dem Risiko schlechterer Benotungen durch andere Lehrer zu entgehen. Sie hat sich verschätzt, weil sie annahm, daß sie die gleiche Akzeptanz wie ein anderes Kopftuch tragendes Mädchen in der Parallelklasse erhalten würde. Für Ilknur war das offensichtlich ein Schlüsselerlebnis. Wie oben Amina hat sie verstanden, daß Anerkennung und ›universale‹ Selbstpräsentation eng miteinander verbunden sind, daß Ich-Sein in bestimmten Formen nicht anerkennenswürdig ist. Ausgehend von dieser Erkenntnis beginnt sie, sich mit dem Islam auseinanderzusetzen und sich Wissen anzueignen, Wissen, das sich in Diskurse und Selbstpräsentation umsetzen läßt. Der Islam steht bei ihr somit zentral im Kontext der Selbstbehauptung und der diskursiven Auseinandersetzung um Anerkennung. Ihre Islamisierung ist die Vervollkommnung ihres vorangehenden Kampfes um soziale Anerkennung. Als sie die Schule wechselt, tritt sie hier vom ersten Tag an als Kopftuchträgerin auf. Mit einem wohlvorbereiteten spektakulären Auftritt, der nicht zu übersehen ist, führt sie sich von vornherein als selbstbewußte Frau ein, die souverän eine eigene differente Identität zu behaupten weiß. Weiterhin spielt die disziplinierte Leistung eine große Rolle, die sich nun verbindet mit einer ebenso disziplinierten Identitätspolitik.

Als Resümee kann festgestellt werden, daß die Islamisierung der Migrantentöchter im Zeichen der Institutionalisierung des Selbst steht. Sie ist Teil eines Regimes der Selbstthematisierung, die ihren Ausgangspunkt nicht im Islam selbst hat, sondern in Lebensbereichen und Ideen, die anderswo liegen und die im individuellen Lebenslauf vorgängig auftreten. Die jungen Frauen deuten ihre Islamisierung entlang einer Logik der institutionalisierten Identitätskonstruktion, die sie die Bedeutung des Islam für sich und für andere erklären läßt. Zentral ist dabei die Funktion des Islam für die Ausstattung eines erfolgreichen disziplinierten Selbst. Die Islamisierung erscheint als Höhepunkt einer erfolgreichen Biographisierung und Selbstreflexion, weil sie die institutionalisierten Ordnungskriterien – Wachstum, Effizienz, Wahl, Gleichheit, Gerechtigkeit als Kriterien, die das ›aufrichtige‹ Selbst erzeugen, es aber zugleich mit seinen Grenzen und Ambivalenzen konfrontieren und als »Ausländerkindchen« abwerten – nicht nur aufweist, sondern spezifiziert und perfektioniert durch die multikulturelle Variante. Das ›aufrichtige‹ Selbst braucht unter diesen Bedingungen die Wurzeln, auch wenn sie deklassifiziert werden, auch wenn sie bearbeitet und in Form gebracht werden müssen, für seine Entwicklung. Man kann mit Baudrillard (1991) von Simulation reden, mit Foucault (1987) von Identitätsmasken – das Subjekt, in seiner Bewältigung der Alltagswelt angewiesen auf angemessene erfolgreiche Identitätspolitiken, braucht es nicht zu kümmern. Und wer auch will oder kann bestimmen, was die richtigen Wurzeln, die richtigen Ursprünge sind, was der unbestreitbar originäre Islam ist, und in welchen Formen er modern, historisch, ewig ist?

Für die jungen Frauen ist der Islam von Anfang an eine Idee des Fortschritts. In diesem Zusammenhang wird häufig auch verwiesen auf frühislamische Reformen wie das Verbot der Aussetzung neugeborener Mädchen, der Transformierung des Rechts zugunsten der Frauen, der Befürwortung weiblicher Bildung. Zentral aber ist die lebensweltliche und alltagspraktische Komponente der persönlichen und sozialen Rekonstruktion, die sie, nicht ohne Kampf um Anerkennung, aber auch mit einer Chance auf Anerkennung, sofern die Konstruktion des Islam in Verbindung mit der Idee des Selbst erfolgt, zu Akteuren mit Selbstschätzung macht. Mit anderen Worten, die biographischen Reflexionen zeigen durch die enorme Bedeutung, die die Schule und ihre Agenten – und nicht abstrakte andere – für die Definition des Selbst im Spiel von Ethnisierung und Universalisierung haben, daß die Islamisierung der jungen Frauen im Regime einer modernen, über Institutionen transformierten Technologie und Ideologie des Selbst steht. Ihre Islamisierung ist somit eine Antwort auf die soziale Klassifizierung und auf die Individuierung, die den alltagsweltlichen Bedingungen ihrer spezifischen Position Rechnung trägt. Sie ist ein Produkt ihres Alltagswissens über die soziale Funktionsweise von Inklusion im Zeichen globaler und multikultureller oder ›postmoderner‹ Diskurse und Praktiken, die nicht Anerkennung auf der Basis von simpler

Assimilation nach dem Motto »conformance to dominant values brings the highest approval and reward« (Kluckhohn 1967: 415) sichert, sondern im verwickelten sozialen Spiel von Anerkennung und Hierarchisierung, in den widersprüchlichen Diskursen von ethnischem Kollektivismus und ›postmoderner‹ individueller Identität (Robertson 1992: 41, 114) kompetitive Strategien entfalten muß. Das jedenfalls wäre eine soziologische Erklärung, die die individual- und sozialpsychologische Deutung, die die jungen Frauen selber verwenden, in einen gesellschaftlichen Kontext einbindet und den Blick für komplexe Zusammenhänge öffnet, statt die Islamisierung junger Frauen bloß als idiosynkratische Erscheinung oder Retraditionalisierung im Sinne eines Sichfügens unter den Druck der kulturellen Reproduktion abzutun.

Das wäre auch eine Deutung, die die unauflösliche Dichotomie von islamischem und/oder ethnischem Partikularismus und einem Universalismus, der unter dem ethnischen Paradigma zwangsläufig etwas ist, was mit deutscher oder westlicher Kultur bzw. kulturellen Regeln zu tun hat, vermeidet. Wie die Reflexionen der jungen Frauen zeigen, ist diese Dichotomie in ihrem Falle nicht gegeben. Vielmehr erscheint es fruchtbarer, in Anlehnung an Ricœur (1996: 331ff.) von einer Kontextualisierung zu reden, indem – freilich nicht auf der moralphilosophischen, sondern auf der alltagspraktischen Ebene – sozialer Akteure spezifische moralische und habituelle Elemente einer ›eigenen‹, einer islamischen Kultur, wie immer sie diese auch definieren und anwenden, in bezug zu einem Universalismus, der sich ihnen in alltagsweltlichen Räumen und Formen zeigt, setzen. Allerdings, wo Ricœur zwei gleichgewichtige Elemente gegenüberstellt, zeigt sich in diesem lebensweltlichen Kontext, daß von vornherein und unaufholbar ein Ungleichgewicht besteht zugunsten der bereits einverleibten staatlichen Institutionen, die »cultural rules« (Meyer) prägen, die selber dazu beitragen, Kontextualisierung anzuregen wie anzuleiten.

Die Ideen von (post-)modernem Selbst und Anerkennung bringen dabei die Subjekte als moralische und strategische Akteure und, im vorliegenden Fall, den Islam als ideelle und praxisrelevante Ressource ins Spiel. Es ist eine Frage der theoretischen Perspektive, ob man das Individuum als staatlich und universalistisch organisierten Mythos begreift wie Meyer oder Foucault oder als ein mit praktischer Weisheit begabtes Selbst wie Ricœur. Auf der alltagsweltlichen Ebene mit ihren symbolischen Auseinandersetzungen um Anerkennung und Selbstbehauptung setzt der Mythos, wie die islamisierten Frauen zeigen, eine Maschinerie von praktischen, ethisch orientierten Handlungen, die Subjekte und Auseinandersetzung um Subjektivität produzieren, frei. Auf jeden Fall aber kann der Islam, können seine

Träger in diesem ideellen wie lokalen Kontext nicht als etwas anderes bzw. die anderen bezeichnet werden. Erkennbar wird vielmehr, wie soziale Akteure in ihren alltagspraktischen und institutionellen Einbettungen auf der Suche nach identitätsrelevanten Wurzeln das auf Differenz fixierte »Kulturinstrument« Authentizität (Stauth 1999: 28) aufgreifen und sich vom erleidenden Selbst zum tätigen Selbst, das seine eigene Authentizität bestimmt, transformieren. Zentral ist dabei, daß diese Transformierung schrittweise und im Austausch in öffentlichen, differenzsensiblen Räumen erfolgt. Die Schule ist dabei ein markanter Raum der individuellen weiblichen Selbstfindung im Dialog, und zwar um so mehr, je exklusiver das von ihr gewährte kulturelle Kapital ist. Ein anderer markanter Raum der Selbsttransformation ist das berufliche Feld. Diesem wenden wir uns im folgenden Kapitel zu.

IV. Die Arbeitswelt – Ein Feld der Bewährung und der Selbstfindung

Die »doppelte Lebensführung«, bei der Beruf und Familie für junge Frauen keine sich ausschließenden Alternativen bilden, hat sich in Europa »als neues Leitbild der weiblichen Biographie ... durchgesetzt« (Geissler/Oechsle 1996: 29). Insbesondere weiterführende Schulen vermitteln das »Leitbild der Vereinbarung von Familie und Beruf« und »lenken« Mädchen »in Richtung Berufsausbildung« (ebd.: 22). Dieser Befund trifft, wenn man die vorliegenden biographischen Erzählungen zugrunde legt, ebenso auf Mädchen aus islamischen Elternhäusern beziehungsweise auf Mädchen und Frauen zu, die sich islamisiert haben. Von ihnen entwickeln nur wenige die biographische Perspektive eines reinen Hausfrauenlebens. Die es tun, sind Hauptschulabsolventinnen mit schlechten Berufsaussichten, von denen zwei, zum Zeitpunkt der Erhebung achtzehnjährig und erst seit wenigen Wochen Kopftuchträgerinnen, noch nicht den Übergang von der Schule ins Berufsleben gefunden haben. Allerdings entwerfen auch diese zwei, die eine gerade verheiratet, die andere ledig, berufliche Pläne für die nächsten Jahre, das heißt konkret bis zum Zeitpunkt der Geburt eines Kindes. Auch wenn die Umsetzung fraglich ist, so zeigt das immerhin, daß sie mit der Islamisierung nicht automatisch eine Hausfrauenehe bzw. geschlechtliche Segregation verbinden. Im gesamten Untersuchungssample ist lediglich eine Frau vorhanden, die mit ihrer Islamisierung ein solches Geschlechtermodell verbindet, es aber selber in den nächsten Jahren nicht umsetzen kann, weil absehbar ist, daß ihr frisch angetrauter, demnächst aus der Türkei zuziehender Ehemann zunächst kaum ein festes Einkommen haben wird. In der Türkei hat er ein paar Semester studiert und sie ist gerade dabei, sich nach einer praktischen beruflichen Ausbildung für ihn umzusehen. Das bedeutet, daß das Paar in den nächsten Jahren von ihrem Einkommen leben muß. Im Widerspruch zu ihrer Geschlechterideologie steht auch, daß sie ihren erlernten Beruf gerne ausübt und es nicht schätzt, »zu Hause 'rumzusitzen«. Abgesehen von diesem einen Fall sehen die Neo-Muslimas keineswegs eine Unvereinbarkeit von islamischer weiblicher Lebensführung und beruflichen Ambitionen, sondern sie streben berufliche Karrieren an, die sie nur zwischenzeitlich für die Kindererziehung unterbrechen wollen.

Berufliche Arbeit gilt somit nicht pauschal als unislamisch. Dafür sind zwei Gründe anzuführen: Die Frauen sind, um es mit Max Weber zu formulieren, keine Mystikerinnen, die »unter Ausschaltung der Alltagsinteressen« eine »weltablehnende Askese« (1981: 325) mit einer »Minimierung des Handelns« (ebd.: 329) befürworten, sondern sie sind »Rationalisten«, denen innerweltliches Handeln in allen Lebensbereichen von der Erotik bis zur Arbeit, die allesamt »Feld(er) der aktiven Bewährung« (1995: 363f.) bilden, als Transformationsrahmen der eigenen Lebensführung und als Teilhabe an der Schöpfung gilt.[43] Berufliche Qualifikation ist für die jungen Frauen im Kontext einer »doppelten Lebensführung« Bestandteil einer islamischen Ethik wie auch ein Mittel der Selbstaffirmation als Muslima. Sie ist überdies Bestandteil des Selbstverständnisses als moderne Frau, die durch berufliche Qualifikation zugleich eine traditionelle wie auch migrationsspezifische Geschlechterordnung, die die Frauen abwertet durch die Festlegung auf Familie und niedrige Arbeiten (Putzfrau) ablehnt. Berufliche Qualifikation ist nicht nur eine ethnisch neutrale Ressource zur Erzeugung von individuellem sozialen Aufstieg und sozialer Anerkennung, sondern das berufliche Feld ist eine alltagsweltlich relevante Arena, die Möglichkeiten der öffentlichen Repräsentation als Muslima und der praktischen Selbstkonstitution als Muslima im Austausch mit den anderen eröffnet.

Im Rahmen dieser Studie können keine markanten beruflichen Karrieren vorgestellt werden. Viele der Frauen sind noch mitten im Studium oder erst kurz davor, haben jedoch Nebenjobs. Andere haben wegen früher Eheschließung die Familienphase der Ausbildungsphase vorgezogen bzw. befinden sich im Erziehungsurlaub. Vier der Frauen haben oder machen gerade eine berufliche Ausbildung.

Im Fokus der Betrachtung stehen in den folgenden Ausführungen Erfahrungen als Kopftuchträgerinnen in den Betrieben und vor allem die subjektiven Strategien einzelner auf sich allein gestellter Akteure in der Auseinandersetzungen mit anderen. Weit vielschichtiger und schärfer als in dem Feld Schule, bestehen in dem Feld Arbeitsmarkt, zumal im Angestelltenbereich, Bedingungen von Konkurrenz, Homogenisierung und Interaktivität, die demonstrativen Zeichen kultureller oder religiöser Affirmation kaum Raum geben. Zentral ist hier einerseits die Frage nach den Repräsentationsformen als Muslima am Arbeitsplatz und ihre Einbettung in die gegebenen Strukturen und andererseits die nach der subjektiven Bedeutungsorganisation des Islam, wie sie aus der Verbindung mit Arbeit und Beruf hervortritt. Der Auseinandersetzung mit den biographischen Daten stelle ich zunächst eine kurze Darlegung verschiedener islamischer Positionen zur weiblichen Berufstätigkeit wie sie aus den Feldbeobachtungen hervorgehen voran. Sie ist als grobe Skizze unterschiedlicher islamischer koexistierender Positionen zu sehen, von denen die neo-islamische eine, sich von ihnen distinguierende ist, wie im Kontrast deutlicher heraustritt.

Verschiedene Konzepte zur Verbindung von islamischer weiblicher Lebensführung und Berufstätigkeit

Ausgehend von Beobachtungen in verschiedenen islamischen ›Gemeinden‹ und Gesprächen ihren Mitgliedern sind mindestens drei Positionen ersichtlich: In der ersten ist weibliche Berufstätigkeit keine adäquate Option, in der zweiten ist sie eine begrenzt gültige Option unter bestimmten Bedingungen, in der dritten, die ich als die neo-islamische bezeichne, ist sie, verbunden mit qualifizierter Ausbildung, eine präferierte Option.

Zu den Vertretern der ersten Position zählen Mitglieder der Süleymancilar, zumindest jene, die zum engeren Kern gehören. Ausgehend von traditionellen Geschlechterbeziehungen, bei denen der Mann der Ernährer der Familie ist und die Frau sich um die Familie zu kümmern hat, gilt weibliche Berufstätigkeit als bloße Notlösung für den Fall, daß der Mann seiner Aufgabe nicht gerecht werden kann. Entsprechend scheint sich die Ausbildung von Mädchen weitgehend auf die Absolvierung der Pflichtschuljahre zu beschränken und berufliche Ausbildungen sind überflüssig.[44] Bildungskarrieren finden innerhalb der ›Gemeinde‹ statt. So besteht für Mädchen, die im Koranunterricht durch konstanten Eifer und Fortschritt auffallen, die Möglichkeit, an internen Weiterbildungsveranstaltungen teilzunehmen und später als kleine »Hocas« sozusagen das weibliche Fachpersonal unter der Leitung des Hocas dieser Gemeinde zu bilden und religiöses Wissen an Mädchen und Frauen zu vermitteln. Das gilt als Berufung, nicht als Beruf. Generell, so heißt es im Hinblick auf Berufstätigkeit, habe man mit Haushalt und Kindern doch schon genug zu tun; warum sollte man sich noch zusätzlich abquälen. Andererseits kontrastiert mit dieser sehr traditionellen Geschlechterordnung, daß im neuen weitläufigen »Supermarket« im Hof des Gebäudekomplexes, der zu einer dieser ›Gemeinden‹ gehört, zuweilen eine junge Frau die Kasse bedient. Da der Pächter dieses Ladens selber ein Süleymanci ist und mit den in dieser Runde vorherrschenden Moralvorstellungen bestens vertraut sein dürfte, kann man, selbst wenn sie nur aushilfsweise und zu Zeiten geringer männlicher Präsenz anwesend ist, von einer gewissen Koexistenz von Idealvorstellung und Alltagspraxis ausgehen. Zwar widerspricht dieses Beispiel nicht einer Grundtendenz, wonach das Weiblichkeitsideal offiziell nicht mit Beruf und öffentlicher Bildung konnotiert ist, aber es deutet auf eine gewisse Flexibilität.

Zu den Vertretern der begrenzten Option zählen die Mitglieder der Ahmadiyya-Gruppen. Die lokale organisatorische, weitgehend von Männern, die selber über ein hohes Bildungsniveau verfügen, besetzte Spitze betont Bildung und berufliche Leistung als islamische Pflicht. Entsprechend wird der Besuch von höheren Schulen favorisiert und mit Stolz auf die Mädchen verwiesen, die die Oberstufe absolvieren und sich überdies in der ›Gemeindearbeit‹ zum Beispiel als Referentinnen engagieren. Gute und gesellschaftlich nützliche Ausbildung und Arbeit gelten als soziale Pflicht. Diese Pflicht weist in zwei Richtungen. Das ist zum einen die Investition von Expertenwissen in die religiöse Gemeinschaft. So weiß zum Beispiel eine sprachbegabte sechzehnjährige Gymnasiastin, daß sie dafür vorgesehen ist, die ›Gemeinde‹, die sich durch eine hohe schriftliche Produktion auszeichnet, publizistisch zu vertreten. Also geht ihr Berufswunsch dahin, Journalistik zu studieren. Zum anderen besteht ein Reziprozitätsmotiv. So erklärt zum Beispiel eine fünfzehnjährige Realschülerin, sie habe vor, eine Ausbildung im pädagogischen oder medizinischen Bereich zu absolvieren und bis zur Heirat irgendwann um Anfang zwanzig in diesem Beruf arbeiten und auf diese Weise ihren Dank dafür bekunden, daß ihre in Pakistan verfolgte Familie vor Jahren in der deutschen Gesellschaft Aufnahme gefunden hat. In beiden Fällen wird klar geäußert, daß die Erziehung der Kinder Vorrang vor der Berufstätigkeit hat, so daß eine längere berufliche Pause einkalkuliert wird. Weibliche berufliche Arbeit wird sorgfältig getrennt von als individualistisch geltenden Motiven wie Selbstverwirklichung und Unabhängigkeit; sie soll im Dienst der religiösen Gemeinschaft stehen und darüber im Dienst der nationalstaatlichen Gesellschaft.

In diesem Zusammenhang wird in den eigenen Reihen ein häufig niedriges Bildungsniveau und ein damit einhergehendes niedriges Integrations- und Nützlichkeitsniveau der Frauen der ersten, der Flüchtlingsgeneration, moniert. Den Kontrast zu ihnen und das Vorbild für die zweite Generation bilden die sehr rührigen deutschstämmigen Ahmadiyya-Frauen, die in der Frauensektion der Gemeinde aktiv sind und sie nach außen durch das Verfassen von thematischen Schriften und Teilnahme an Informationsständen auf der Straße repräsentieren. Einige von ihnen sind außerhalb der Religionsgemeinschaft berufstätig, vereinzelt auch, worüber sie offen sprechen, ohne die Haare zu bedecken, weil sie ansonsten geschäftliche Einbußen befürchten.

Ein wesentlicher Aspekt ist die ehrenamtliche, gemeinnützige Arbeit, in der sich die Verantwortungspflicht des Muslims für das Gemeinwesen dokumentiert. Eine Initiative in diese Richtung war zum Beispiel das Anbieten von ehrenamtlicher Mitarbeit in der Altenpflege durch die älteren Ahmadiyya-Frauen. Die Idee war, Aufgaben zu erledigen, für das angestellte Pflegepersonal keine Zeit hat, wie etwa die Begleitung bei Spaziergängen. Diese Idee stieß bei den Trägern allerdings nicht auf Gegenliebe. Es wurde argumentiert, daß ›Ausländerinnen‹ mit mangelnden Sprachkenntnissen von den alten Leuten nicht akzeptiert würden und überdies eine unlautere Konkurrenz zum Pflegepersonal bilden. Somit ergibt sich das Dilemma, daß die karitative Ambition auf kein Objekt trifft, an dem sie sich entfalten kann. Damit kann auch der Makel, derzeitiger oder ehemaliger, d.h. inzwischen eingebürgerter und arbeitender, Asylbewerber zu sein – eine Zuordnung, die in den letzten Jahren anhand der Debatten über Wirtschaftsflüchtlinge und Ausnutzer des Systems der sozialen Sicherung zunehmend negativ besetzt ist –, nicht getilgt werden. Von der Tendenz her besteht die Favorisierung eines wohlgeordneten bürgerlichen Lebens, das sich wesentlich auf die eigene Strebsamkeit, die zugleich im Dienste der Öffentlichkeit und der göttlichen Ordnung steht, gründet. Wie bei den Süleymancilar besteht ein stringentes familienorientiertes, in eine rigide Geschlechterordnung eingepaßtes Weiblichkeitskonzept. Es bezieht sich jedoch nur auf eine bestimmte Phase im Lebenszyklus, während die anderen Phasen einem Ethos der sozialen Nützlichkeit zugeordnet sind.

Von diesen beiden Positionen, die den Radius weiblicher Berufstätigkeit im Zusammenhang mit klaren, über biologische Unterschiede differenzierten Geschlechterrollen und mit spezifischen Vorstellungen eines Gemeinschafts-Nexus definiert, sticht die Position der neo-islamischen Frauen ab. Bei ihnen besteht nicht diese gemeinschaftliche Einbindung, die sie als Frauen zur Reproduktion der gemeinschaftlichen Ordnung in die Pflicht nimmt (vgl. auch Kapitel I). In ihrem Horizont existiert eine eher abstrakte globale islamische *umma* mit kritisch betrachteten lokalen Ausprägungen und eine unmittelbare Alltagswelt, die das Islamische kontextualisiert und in der die Umsetzung islamischer Vorstellungen abhängig von den eigenen Kapazitäten ist. Bildung und Berufstätigkeit steht bei ihnen im Kontext eines stetigen Prozesses der Selbstkonstitution und der sozialen Anerkennung. Das, was im vorhergehenden Kapitel von vielen als ›Kampf‹ um Bildung, um Anerkennung im und über das Bildungssystem beschrieben wurde, muß sich für sie fortsetzen und darf nicht durch familienzentrierte Geschlechterrollen abgebrochen werden. Dann wäre der Kampf verloren. Bildung, auch Bildung durch den Beruf, Selbstkonstituierung im steten Dialog mit einem Außen, ist, wie eine der jungen Frauen bemerkt

»wie wenn man gegen den Strom schwimmt, wenn du gegen die Wellen schwimmst. Wenn du dich einmal losläßt, dann bist du ganz hinten. Man muß, man darf nie aufhören eigentlich. Man muß sich immer weiterbilden.«

Gleichwohl weisen auch sie unter bezug auf Koran und Sunna auf ein islamisches Prinzip hin, wonach es die Pflicht des Mannes sei, für die Familie zu sorgen. Berufliche Arbeit hat damit nicht in erster Linie die Bedeutung bloßen Gelderwerbs, im Gegenteil, die Planungen orientieren sich nie am Faktor Verdienst, sondern zentral ist die gesellschaftlich nützliche Arbeit (z.B. im medizinischen oder pädagogischen Bereich), die sie als Frau zur Staatsbürgerin macht, das Wissen, wie Gesellschaft auch in Bereichen wie Recht, Wirtschaft, Technik funktioniert. Das bloße Hausfrauendasein wird als Vergeudung der individuellen Ressourcen gesehen. Zwar gilt eine geordnete Kindererziehung als zweifellos hochwertige Tätigkeit, deren Effizienz ebenfalls Bildung voraussetzt, aber Hausarbeit, so sieht die Planung mancher Frau vor, werde man von einer Putzfrau erledigen lassen. Als gerechtfertigt gilt das Hausfrauendasein nur als vorübergehender Zustand, wenn kleine Kinder erzogen werden müssen. Selbst Frauen, die mit zwei oder drei Kindern, ehrenamtlicher Arbeit, zum Beispiel im lokalen Ausländerbeirat, und zeitweiliger Mitarbeit im Familienbetrieb schon ziemlich belastet sind, äußern ein schlechtes Gewissen, weil sie nur Hausfrau sind und nicht einer geregelten Berufsausbildung nachgehen oder nach einer Erziehungspause noch nicht ein Studium beginnen bzw. weiterführen – und sie müssen sich dafür in ihrem neo-islamischen Umfeld auch rechtfertigen.

Qualifizierte berufliche Arbeit ist ganz klar Bestandteil einer Idee eines sich kontinuierlich entwickelnden dialogischen Selbst, wie auch seinen Anerkennungsstrategien im Spannungsfeld von Partikularismus (Geschlecht, Islam) und Universalismus (Gleichheit, Individualismus). Für die jungen Frauen ist die berufliche Arena der hauptsächliche alltagsweltliche öffentliche Bereich sowohl der Selbstkonstitution und der Anerkennung als Muslima wie auch des Kampfes um sozialen und, den moralischen Argumenten zum Trotz, ökonomischen Aufstieg.[45] Dieses wird an den folgenden Fallbeispielen deutlich.

Serpil: Konkurrenz der emanzipatorischen Bilder oder: Wer ist denn die Moderne?

Serpil hat sich nach wenigen Semestern Studium der Mathematik, Physik und Islamwissenschaft wegen der ungewissen beruflichen Zukunftschancen und der unzureichenden finanziellen Abdeckung in einem renommierten Institut zur Computerfachfrau ausbilden lassen. Während der ersten Hälfte der 1990er Jahre hatte sie, wie andere in dieser Branche auch, infolge von Marktsättigungstendenzen berufliche Einstiegsprobleme im Anschluß an die Ausbildung. Die Geburt des ersten Kindes verringerte zudem ihre räumliche Mobilität. Über private Kontakte erfuhr sie, daß ein gemeinnütziges Fortbildungsinstitut eine befristete Vertretung für einen Computerkurs für Frauen suchte. Außer einer kurzen Vertretung in einer kleinen Firma war dies ihr erster Arbeitsplatz als Computerfachfrau. In der folgenden Passage schildert sie die Auseinandersetzungen, die sich anläßlich des Kopftuches entzündeten. Sie beginnt mit dem Betreten des Gebäudes anläßlich des Vorstellungsgesprächs:

»... Dann war ich Freitag da. Das war so lustig, erst war so'n * Gehilfe von ihr, von der Organisatorin <unverständliches Wort> oder was weiß ich was. Und, die hat mich auf dem Flur gesehen, meinte sie ›wollen Sie sich wegen dem Deutschkurs beraten lassen?‹ (aufmerksam-besorgte Stimme) ›Nein‹, hab ich gesagt, ›ich hab einen Termin mit Frau So-und-so‹. ›Ach so, ja, na gut‹. Bin ich reingegangen, weißt du, so, im ersten Moment Kopftuch, Analphabet, nix deutsch (lacht). Und dann bin ich 'reingegangen und sie war sehr erstaunt, als sie mich sah. Am Telefon merkt man das ja nicht, wie du so bist. Wenn du akzentfrei deutsch sprichst, dann denken die ›ah supermodern und so, hat EDV gemacht, hat Führerschein‹ – das wußte sie auch, daß ich mit eigenem PKW komm. Na ja, und dann als sie mich sah ›und dann noch das Kind‹ (entsetzt-geflüsterte Stimmlage). **Da** war sie sehr erstaunt, erstmal (lacht). ›Ich muß Sie mal fünf Minuten alleine lassen‹ und dann geht sie weg zum Institutsleiter und nachher kam sie wieder und dann ›Ja, ich muß Ihnen persönliche Fragen stellen, ja Ihr Kopftuch‹ und und und. Dann hab ich ihr das erzählt und sie meinte ›Ja, die Teilnehmerinnen, die bei uns in den Kursen sind, sind selbstbewußte emanzipierte Frauen und * sie haben sowieso Probleme, daß sie, also sie kommen mit der Männerwelt nicht klar und sie müssen sich behaupten‹ und so was und ja, ich müßte das auch verstärken bei denen, dieses Selbstbewußtsein und dann kamen effektiv wieder die Vorurteile, daß man unterdrückt wird und und und. Und ob ich denn nicht während des Unterrichts mein Kopftuch abnehmen könnte. Dann hab ich, also, ›ich seh das nicht als * Unterdrückung‹ und so weiter. ›Für die Teilnehmerinnen ist es doch besser, wenn ich da mit Kopftuch auftrete und sage, sehen Sie, ich hab's auch so weit geschafft trotz—, also ich bin 'ne Frau und ich trage auch ein Kopftuch. Sie würden das, sie müßten das auch schaffen‹. Na ja, sie ist dann wieder zum Leiter gegangen. ... Dann meinte er, ›ja, das ist ja ein Frauenkurs. Sie können ja ruhig Ihr Kopftuch abmachen. Da hab ich gesagt, ›ja **theoretisch** schon, aber warum sollte ich?‹ ›Ja, wenn wir dann Probleme kriegen‹ und und und, die Teilnehmerinnen. Hab ich gesagt, ›ja, ich muß mir das überlegen‹. Dann hab ich ihn angerufen, einen Tag später, habe ich gesagt, daß ich erst mit den Teilnehmerinnen drüber sprechen möchte. Wenn es erwünscht ist, von **deren Seite**, daß ich mein Kopftuch abmache, dann (2) *, was ja total * irrsinnig wäre, ne, dann— ich weiß jetzt nicht, was ich davor gesagt habe, naja auf jeden Fall, * hat er gesagt, ›dann reden Sie erstmal mit den Teilnehmerinnen‹. Das hab ich dann gemacht. Also ich stand dann davor und hab gefragt, ›hat jemand was dagegen, wenn ich jetzt mit Kopftuch unterrichte?‹ Dann *, hat keiner was gesagt, auch warum und so. Ich meine, ist ja auch gleichgültig, ne, ob der Mensch jetzt mit Kopftuch oder ohne Kopftuch da steht. Wird ja das gleiche erzählt.

Ja, und dann hab ich angefangen mit dem Unterricht, ganz normal und am Ende hab ich auch 'ne Befragung gemacht, aber nicht wegen meinem Kopftuch, sondern, ich wollte, daß die Teilnehmerinnen mich beurteilen, also wie ich den Unterricht gestaltet hab. Ich wollt's im Grunde genommen für mich wissen und ich kann sagen, die meisten waren (2) sehr zufrieden und *den Aufbaukurs wollten sie auch gerne bei mir machen, also im nächsten Semester. Sie haben auch extra danach gefragt. Aber dann haben die gesagt, 'ne, wir stellen eine neue Dozentin ein, also eine andere wird das machen‹. Also mich haben Sie nicht noch mal gefragt, also ›wollen Sie denn weitermachen?‹ ... Das war ja wohl, ganz klar zu verstehen, warum, weshalb. Sie hat zwar mir gesagt, Sie waren ja nur für ein Semester als Vertretung, aber, trotzdem man kann ja so was machen. Man kann ja noch einen Kurs zusätzlich aufbauen, wenn Bedarf da ist. (2) So 'was zeigt mir dann doch, daß die Leute noch nicht so weit sind, daß sie seinen so akzeptieren können, wie man ist. Und die Teilnehmerinnen, denen hab ich das zum Schluß auch erzählt, daß ich Probleme mit der Organisatorin hatte am Anfang mit dem Kopftuch und sie meinten ›So 'was will 'ne Doktor sein?‹ Also so einfache Frauen, die können damit viel besser umgehen, als so eine ausgebildete, emanzipierte, selbstbewußte (lacht) Frau. ... Sie konnte damit überhaupt gar nicht umgehen und daß merkte man ja auch, direkt am Ton, als sie mich sah, also erstmal so große Augen und sehr verwundert, auch die Stimme. Insofern auch, wenn du 'reinkommst und du hast einen Termin und möchtest dich vorstellen und dann rennt derjenige, mit dem du sprechen möchtest direkt aus dem Raum, das ist schon komisch, ne, wenn du gerade 'rein möchtest, du setzt dich hin und sie sagt, ›Fünf Minuten, ich komm sofort wieder‹. Rennt sofort zu dem, zum Leiter und * sagt, ›Was— was haben Sie mir da vorschlagen, ne, was haben Sie mir da vorgeschlagen, mit Kopftuch?‹ Das zeigt es doch, daß *, daß sie Probleme damit hat. Daß sie das unbedingt sofort mit ihm besprechen mußte. Ich mein, daß hätte sie doch später besprechen können.«

Während der auf die Erzählung folgende Nachfrage, ob es ihr völlig unumgänglich erschien, einen garantiert reinen Frauenkurs barhäuptig abzuhalten, spitzt Serpil das Kopftuch-Problem auf seinen Kern zu:

»Ja sicher könnt ich das. Das ist ja nicht das Problem gewesen. Nur, daß sie das von mir erwarten, das find ich unverschämt. Weißt du, als ob es was ausmachen würde, ob ich da mit Kopftuch antrete oder ohne Kopftuch. Weißt du, ich bin der gleiche Mensch. Und das find ich noch peinlicher, da 'rein zu kommen, Kopftuch abzumachen und wieder aufzusetzen und dann nach Hause zu gehen. Find ich viel peinlicher, als wenn man mit Kopftuch da unterrichtet. Weil, das zeigt gerade **nicht** mein Selbstbewußtsein, daß ich das vor den Leuten abmachen **muß**. Was soll das überhaupt. Ich mein, daß ist ja nicht so eine Feierlichkeit wo man sich so schön gibt. Dann würd ich mein Kopftuch abmachen unter Frauen, auf jeden Fall, aber das ist ja nur so ein Kurs. Da mach ich meinen Unterricht und fertig ist die Sache. Ob das mit Tuch oder ohne Tuch, echt, das fand ich unverschämt, daß die einem so 'was zumuten. Das verletzt mich auch in meiner Würde. Dürfen oder Nichtdürfen, das war nicht die Frage. Ich durfte auf jeden Fall, nach meiner Ansicht. (I.: Aber von dir selber her, hättest du dir halt überlegen können, ob du es absetzt oder nicht?) Ja genau. Hätt' ich machen können. Aber ich wollte nicht, daß sie mir das vorschreiben, weißt du. Sonst, hätt ich das gemacht. Wenn ich zum Beispiel so 'ne Tätigkeit unbedingt haben wollte, hätt' ich das gemacht.«

Serpil schildert in dieser Episode einen Machtkampf, der sich am Kopftuch entzündet. Sie erlebt ihren ersten und bis dahin wie auch in der Folgezeit einzigen persönlichen Kopftuchstreit.[46] Offensichtlich geht es aber weder allein um das Bekleidungsstück noch um Religion. Serpil ist, trotz eines islamisch-autoritären Elternhauses, eine seit langem überzeugte Muslima, die sich in einem jahrelangen Prozeß freigemacht hat von einer als beengend empfundenen traditionellen Religiosität, an der sie vor allem eine artifizielle, in der Religion selbst nicht vorhandene Geschlechterasymmetrie kritisiert. Sie kennt die religiösen Regulationen wie auch die Machtspiele, die sich damit verbinden, sehr gut. Sie hegt eine gewisse Verachtung und starke Abneigung gegen Frömmelei, religiöse Autoritätshörigkeit und betontes pedantisches religiöses Pflichtbewußtsein. Die für sie wichtigen koranischen Regelungen hat sie intensiv auf ihre Bedeutung abgeklopft und wendet sie nach strenger Gewissensprüfung in der ihr adäquat erscheinenden Form an. Dabei ist sie sehr korrekt, gleichzeitig jedoch darauf bedacht, sich keine überflüssigen Einschränkungen, die ihr nur das Leben schwerer machen würden, aufzuerlegen. Zu den wesentlichsten Errungenschaften ihres Umschwunges vom traditionellen Islam des Elternhauses zum rationalen und selbstreflexiven Neo-Islam gehört für sie die Befreiung von nicht originär islamischen, aber islamisch legitimierten Regulationen, wie das Zurückweisen eines beengenden weiblichen Habitus, der u.a. das Tragen von Hosen und das Benutzen des Fahrrades verbietet. Sie sucht dabei nicht prinzipiell nach dem Minimum, sondern ist darauf bedacht, ihren korrekten Pflichtanteil an religiöser Unterwerfung zu liefern. Manchmal unterläuft sie diesen, wenn ein vorübergehendes Auflehnen gegen starre Regeln in Gestalt einer, wie sie es nennt, »inneren Stimme« die Oberhand gewinnt. Dann geht sie an den Rand der Sünde, zum Beispiel als Kundin einer Mitfahrzentrale, als sie am späten Abend eine mehrstündige Fahrt mit einem ihr fremden Mann unternahm – trotz der von ihr für richtig befundenen Ansicht, daß, wenn ein Mann und eine Frau alleine seien, immer der Teufel als Dritter anwesend sei. Sie hätte zwar, wie sie in diesem Zusammenhang ausführt, alternativ den Zug nehmen können, sagte sich aber andererseits, daß sie das »selber entscheiden kann«. Sie verstößt bewußt gegen die türkischen Vorstellungen eines angemessenen weiblichen Habitus, so etwa wenn sie sich auf einem öffentlichen Spielplatz, der in ihrem Wohnviertel liegt, mit ihrem Kind auf einer Wippe vergnügt, ohne sich von den mißbilligenden Blicken eines vorbeikommenden älteren Hadschis, der offenbar mit Weiblichkeit und Kopftuch ein anderes Benehmen assoziiert, irritieren zu lassen. Kurz zusammengefaßt, Serpils Religiosität basiert nicht auf einem unhinterfragbaren Glauben an eherne Gesetze, sondern auf einer sehr persönlichen Aneignung und Prüfung, auf einem Ausbalancieren zwischen religiöser Pflichterfüllung und spontanen Wünschen das zu tun, was Freude macht, wobei freilich je nach Situation das Pendel mal mehr auf der einen oder anderen Seite ruht. Sie absolviert sehr gewissenhaft die religiösen Pflichten, die fester Bestandteil ihres alltäglichen Lebens und ihrer Moral sind, aber sie will sie nicht als Korsett für die anderen Anteile des Lebens. Zuweilen ist sie hin- und hergerissen in der Beurteilung, ob etwas richtig oder falsch zu bewerten sei oder in der Wahl zwischen Gehorsam und eigener Entscheidung. Gehorsam und reflektierte Entscheidung stehen in einem fragilen, nicht immer klaren und spannungsarmen Verhältnis.

Um so schärfer sind dann für sie die Konturen, wenn weltliche Autoritäten Gehorsamsansprüche stellen. Serpils Erzählung zeigt, daß nicht ein Konflikt zwischen weltlichen und göttlichen Autoritätsansprüche zentral sind. Das zeigt sich in den angeführten Sequenzen, in denen sie ohne jeglichen Bezug aufs Religiöse auskommt. Sie spiegeln vielmehr Motive ganz innerweltlicher Auseinandersetzungen um Anerkennung wider:

Das ist erstens die Abgrenzung der eigenen Person von der abwertenden Identifizierung mit der Analphabetin, der ›Nix-deutsch-Frau‹. Die Episode von der ersten Begegnung beim Eintritt ins Gebäude spiegelt in fast schon mustergültiger Weise eine symbolische Reversion von Machtbeziehungen wider: Die automatische Ansiedlung durch den ›Gehilfen‹ (in anderen Fällen z.B. eines Angestellten am Fahrkartenschalter) am unteren Ende der sozialen Hierarchie wird widerlegt durch die wider Erwarten im akzentfreien Deutsch präzise artikulierten Wünsche (manche Frauen im hessischen Raum erhöhen den Kontrast noch durch den Wechsel vom Hochdeutschen in den lokalen Dialekt, was in Kombination mit dem Kopftuch einen noch größeren Effekt erzielt), oder, wie hier, durch das Übergehen des Gehilfen und die Gleichsetzung mit der Position der höherrangigen Person.

Zweitens zeigt sich die formale Qualifikation als Kriterium für das Selbstverständnis als universales und gleiches Individuum. Überprüfbares und meßbares Wissen, etwa wie man mit dem Computer oder mit dem Auto umgeht, zeugt, neben der selbstverständlichen Beherrschung der Sprache, von der Fähigkeit, relevante moderne Techniken zu beherrschen sowie die Beziehung zwischen dem Selbst und der sozialen Umwelt zu kontrollieren. Auch in einigen anderen Erzählungen fällt eine Betonung des Autofahrens auf. Es ist ein Attribut der modernen selbstbewußten islamischen Frau, die nicht darauf angewiesen ist, sich von einem Mann fahren zu lassen, sondern die ihren eigenen Kurs bestimmt. Die Technik unterstreicht die Modernität der Verschleierung. Das Auto symbolisiert die eigene Mobilität, das Vermögen, Ort und sozialen Raum aus eigenem Antrieb zu wechseln und zu wählen, sich nicht von den bestehenden Verhältnissen einfangen zu lassen. In der Beherrschung von Technik besteht eine deutliche universalistische Referenz. Sie bildet den Boden für die Beanspruchung partikularistischer Rechte. Ein doppeltes Spiel ist im Gange: Die meßbare Gleichheit in der universalistischen Referenz minimiert die Differenz auf ein nebensächliches Quadratmeter Tuch. Oder, in Serpils Worten: »Der Inhalt, das was unterrichtet wird, ist wichtig, nicht die Form.« Dazu gehört auch ihre Feststellung »ich bin eine Frau und ich trage auch ein Kopftuch.«

Drittens tritt in der Erzählsequenz deutlich die Konkurrenz von Vorstellungen moderner Weiblichkeit zutage. Es ist fraglich, ob Serpil tatsächlich, wie sie kundtut, einen Arbeitsplatz, der attraktiv genug für sie ist, so daß sie ihn »unbedingt haben will«, tatsächlich ohne Kopftuch antreten würde. Es geht aus dem Kontext nicht klar hervor, ob sich diese Aussage auf eine ähnliche Konstellation, d.h. eine klar abgegrenzte Tätigkeit nur mit Frauen bezieht oder generell eine Stelle. Ihrer Ausbildung nach ist die Wirtschaft ihre hauptsächliche berufliche Domäne und ein hoher männlicher Kollegenanteil ist die Regel. Einerseits stand sie zum Zeitpunkt der Erzählung unter dem Druck, überhaupt einen Arbeitsplatz zu finden. Zudem war ihr Ehemann nicht beruflich abgesichert. Überdies bahnte sich das Ende der Ehe an. Bereits einige Monate später zog sie aus der gemeinsamen Wohnung aus. Ihre Aussage vom Kopftuchverzicht, die sie später vielleicht nicht mehr wiederholen würde, ist somit im Zusammenhang mit der Einsicht, daß sie auf eigenen Füßen stehen muß und will, zu sehen.

Wie auch immer, in der vorliegenden Erzählsequenz ist die Verweigerung der eigenen Entscheidung für Serpil der relevante Punkt. Es ist die Forderung, auf eine bestimmte Weise zu handeln, die Selbstverständlichkeit der Erwartung, daß sie ihre Prinzipien aufgibt und sich denen anderer unterordnet. Ersichtlich ist eine Auseinandersetzung um die Definition moderner Weiblichkeit. Serpil steht einer hochgewachsenen Frau von etwa Mitte dreißig im Business-Kostüm gegenüber, die den Doktortitel hat, eine der wenigen Leitungspositionen in einer etablierten Fortbildungseinrichtung besetzt und es als ihre Aufgabe betrachet, weniger privilegierten Frauen zu mehr Selbstbewußtsein und Durchsetzungsfähigkeit in einer männlich dominierten Welt zu verhelfen. Den Kursleiterinnen werden dabei Repräsentationsfunktionen zugeordnet. Serpil hingegen erscheint ihr in dieser Beziehung völlig kontraproduktiv. Das wiederum trifft Serpil zentral in ihrem Selbstverständnis. Sie hat unter großem Arbeitseinsatz eine anspruchsvolle Ausbildung in einem angesehen privaten Institut absolviert und sich in einer männlich dominierten Domäne qualifiziert. Seit ihrem achtzehnten Lebensjahr hat sie, sich vom schüchternen ins Normenkorsett eingezwängten Mädchen, das sie war, abwendend, die Organisation ihres Selbst in die eigenen Hände genommen und sich in einen Kampf gegen türkisch-traditionale und pseudoislamische Zwänge und Doppelmoral begeben. Das bedeutete eine Serie von Kämpfen mit den Agenten sozialer Kontrolle wie den Eltern, dem Verlobten, dem Ehemann und auch Freunden und Freundinnen. Diese Kämpfe hat sie mit großer Zähigkeit geführt hat, um sich ein Stück individuelle Autonomie zu sichern und die sie auch mit einer Entfremdung von ›den Türken‹ und ›dem Türkischen‹ zu bezahlen hat. Und jetzt kommt diese »Frau Doktor«, die diesen ganzen Hintergrund nicht kennt und kurzschlüssig generalisierend ohne Rücksicht auf die Person und ihr Inneres das Kopftuch als Zeichen von Unterwürfigkeit interpretiert und als Geste der Unterwerfung und Verleugnung der individuellen Authentizität seine Entfernung verlangt. Dabei gründet sich Serpils Stolz auf ihre eigene Entwicklungsgeschichte auch beträchtlich darauf, daß sie den Aufstieg trotz ungünstiger Umstände, trotz Kopftuch und trotz ungünstiger Startposition als Tochter einer konservativen, ungebildeten Ausländerfamilie geschafft hat. Das Argument von der anderen Seite fassend und ausgehend von ihrer subjektiven Situierung versteht sie gerade das Kopftuch als Zeichen für persönlichen Erfolg und als Fanal weiblicher Selbstbehauptung. Allerdings, so ihr Resümee, »sind die Leute noch nicht so weit, daß sie das akzeptieren können«.

Offensichtlich prallen verschiedene Vorstellungen und Praxen emanzipierter weiblicher Identität aufeinander. Dabei handelt es sich allerdings nicht zum Gegensätze. Daß häufig verwendete kulturalistische binäre Paare, wie islamisch versus westlich oder türkisch versus deutsch nicht greifen, zeigt sich schon allein in der Konstellation der Personen, die Serpil in der Erzählsequenz anführt. Sie ist verbündet mit den Kursteilnehmerinnen, die sich allesamt nicht um das Kopftuch scheren, sondern sich völlig auf ihren Lernstoff konzentrieren und sie als Autorität, die ihre Funktionen wahrnimmt, fraglos anerkennen. Sie sind die in der sozialen Hierarchie niedrig stehenden und unideologischen Frauen, die sie durch ihre Qualifikation überragt. Die Konfrontationsstellung besteht nur zur ranghöheren, auf Repräsentationspolitiken bedachten und entscheidungsbefugten Frau Doktor, die in Serpils Augen nicht die Souveränität aufbringt, abweichende weibliche Identitätskonstruktionen zu akzeptieren und die, kaum daß sie ihrer ansichtig wird, sozusagen die Flucht in Richtung ihres Vorgesetzten ergreift und auch später ihre Haltung nicht ändern kann. Trotz der formalen Argumente, die ausgetauscht werden, wird dieser eigentliche Konflikt präverbal ausgetragen. Auf dieser Ebene ist kein Austausch vorhanden. Es wirken lediglich die Bilder, die vagen Vorstellungen vom Anderen zu dem in diesem konkreten Moment eine Situierung erfolgen muß. Für Serpil wiederum ist der Unterschied zur Frau Doktor gar nicht so groß. Beide haben ihre beruflichen Qualifikation, für beide ist Berufstätigkeit wichtig, beide haben ein ähnliches Verständnis von weiblicher Autonomie und Identität. Nur hat Serpil noch einen Zusatz, ihre islamische Orientierung, die von der anderen als kulturelles Manko begriffen wird und die Hauptsache, die soziale Rangverschiebung, auflöst.

Im weiteren Verlauf der biographischen Erzählung stellt Serpil heraus, daß es sich bei dieser Auseinandersetzung um eine einmalige Episode gehandelt habe. Bei späteren abgelehnten Bewerbungen hat sie nie den Grund erfahren. Zu ihrem eigenen Erstaunen wurde sie, trotz des der Bewerbung beigefügten Lichtbildes, das sie eindeutig als Kopftuchträgerin zeigt, zu einem Bewerbungsgespräch bei einem Großunternehmen eingeladen. Sie bekam die zeitlich befristete Stelle, die sie als anspruchslos und unter ihrer Qualifikation liegend bezeichnet, durch ihre Einwilligung, notfalls auch Samstags zu arbeiten sowie durch die Vermittlung des Eindrucks, die Fähigkeit zu einem unerschütterlich geduldigen, freundlichen und beherrschten Umgang mit telefonisch zu betreuenden, teilweise schwierigen Kunden zu haben. Als ausschlaggebend hat sich damit ihr persönliches Wesen, ihre innere Persönlichkeit unabhängig vom Kopftuch erwiesen. Allerdings, so merkt sie an, habe sie auch nur telefonischen Kontakt mit Kunden gehabt, so daß sich die Frage der angemessenen Firmenrepräsentation im Zusammenhang mit dem Kopftuch nicht stellte. Erneut arbeitslos begann sie sofort eine Weiterbildungsmaßnahme, die sie wiederum als eine der Besten abschloß. Mittlerweile ist die Frage, ob sie Kopftuchträgerin ist oder nicht, zur Nebensächlichkeit geworden. Durch Umstellungen auf die Jahrtausendwende den Euro und hat die EDV-Branche Aufwind bekommen und die Nachfrage nach qualifizierten Arbeitskräften überflügelt das Angebot, so daß Serpil zwischen mehreren Stellenangeboten wählen konnte.

Der weiter oben aufgezeigte Widerspruch, ob für sie die Vereinbarkeit von Kopftuch und Arbeitsplatz bindend ist oder ob dieses Prinzip durchbrochen werden kann, hat sich dank günstiger Umstände zunächst von allein aufgelöst. Nicht übersehbar sind noch andere Widersprüche zwischen Normen und Fakten. So hebt sie in der Erzählung hervor, sie würde, auch wenn es ökonomisch sinnvoll sei, nie mit einem männlichen Kollegen gemeinsam im Auto den Weg zur Arbeit antreten. Kurze Zeit später jedoch streikte ihr bejahrter Wagen und sie fuhr über einen längeren Zeitraum mit einem Kollegen mit. Als notwendige Bedingung für eine adäquate Arbeitsstelle nennt sie das Großraumbüro, in dem durch anwesende andere die erforderliche soziale Kontrolle gegeben sei, die die Zusammenarbeit mit Männern legitimiert. Ihr Argument ist, daß es unislamisch sei, weil aus unkontrollierten zwischengeschlechtlichen Interaktionen sich allzu vertrauliche Beziehungen entwickeln könnten. Trotzdem hindert sie das nicht daran, einige Zeit später eine Stelle bei einem kleinen Software-Haus anzutreten, wo sie die einzige Frau unter ansonsten männlichen Arbeitskollegen ist und sich mit einem ein Zimmer teilen muß. Ihre biographische Erzählung führt eine ganze Reihe ähnlicher Begebenheiten auf, in denen das Pragmatische schließlich über das Normative siegt. Es sind nicht immer allein praktische Erwägungen, die ausschlaggebend sind, auch wenn sie den Anstoß bilden. Manchmal meldet sich eine ›innere

Stimme‹, die etwas anderes, wenn auch nicht grundlegend anderes will, als die islamische Normativität, die sie sehr gut kennt, vorschreibt.

Zwei Schlußfolgerungen lassen sich ziehen: Das Segregationsprinzip weist offensichtlich ein großes Spiel auf, wobei sich die Idee vom wünschenswerten Zustand neben dem faktischen Zustand einrichten kann. Widersprüchlichkeiten lassen sich in einer Balance miteinander arrangieren. Erst wenn diese Balance ihre Ausgewogenheit verliert, treten sie in den Vordergrund. Eine wesentliche Basis dieses Arrangements ist die Verschiebung von der äußeren Form zum inneren Wesen. Nicht die Konstellation, hier eine Frau zwischen männlichen Mitarbeitern ohne kontrollierende Personen oder Strukturen, die das Öffentliche, das Sicht- und Kontrollierbare herstellen, ist das Kriterium der Ehrenhaftigkeit, sondern die Haltung, die Art der Beziehung zu ihnen. Das Motiv der Vereinbarkeit mit dem eigenen Gewissen, das, insbesondere im Hinblick auf Frauen als Einzug eines modernen Individualisierungsprinzips in die Religion und damit als Kennzeichen auch für die Modernisierung des Islam gilt (vgl. z.B. Klinkhammer 1999; Pitzer-Reyl 1996; Swietlik 1994), mag ein Grundstein der Legitimierung sein. Anhand des konkreten Falles läßt sich zeigen, daß bestimmte Felder, wie das der beruflichen Arbeit, handlungspraktische Räume bilden, die dem weiblichen islamischen Subjekt Syntheseleistungen abfordern, um Differenz zu minimieren. Handlungspraxis und Ideologie können dabei Widersprüche bilden. Wie sie gelöst werden, hängt nicht unwesentlich von der eigenen Biographie ab. Für Serpil bildet die Berufstätigkeit ein Korrektiv zum ethnischen Traditionellen, das sie seit Jahren zunehmend bekämpft. Die Reibungen und Spannungen, die sich im Kontrast zum Islamischen in den Details immer wieder ergeben, sind zugleich produktiv, weil sie eine Vorstellung von und einen Zwang zur Selbststeuerung vermitteln. Das Subjekt steht im Zentrum von Aushandlungen, die es nur selbst betreffen. Diese Aushandlungen geschehen um bestimmte Gegenstände und Situationen herum. Der Arbeitsplatz bildet somit einen subjektiv bedeutsamen Raum der Bewährung zwischen den Polen der Differenz und der universalen Austauschbarkeit. In einzelnen Bewährungsproben formt sich in einem Prozeß das moderne islamische Subjekt heraus. Es ist somit nicht als fertiges Produkt vorhanden oder nach einer Form modellierbar, sondern entsteht im Fluß eines ständigen Interaktionsprozesses und verändert sich auch.

Birzel: »Du mußt denen zeigen, daß du es als Muslima wirklich kannst.«

Serpil vermittelt insgesamt das Bild einer individuierten Person und einer Einzelkämpferin. Sie hat nur gelegentliche Kontakte zu ihrer Familie, die als eine Ansammlung von Einzelpersonen erscheint, welche lediglich sporadischen Kontakt miteinander haben, ihre Angelegenheiten weitgehend selber regeln, sich aber bei Bedarf unterstützen bzw. wechselseitig Unterstützung anfordern, sich manchmal auch aufdrängen oder gegenseitig in die Schranken zu weisen suchen; spätestens seit der von ihr verlangten Ehescheidung (der zähe Verhandlungen vorausgingen, weil sie am Ort keine islamische Autorität fand, die ihren einseitigen Scheidungswunsch formalrechtlich durchsetzen konnte) hat sie, jedenfalls zum Zeitpunkt der Untersuchung, am Wohnort einen reduzierten Freundeskreis. Birzel hingegen ist fest mit ihrer Familie verbunden. Sie wohnt im Elternhaus und wird dort auch nach ihrer demnächst anstehenden Hochzeit eine Wohnung im extra dafür ausgebauten Dachgeschoß beziehen. Im Alter von achtzehn Jahren hat sie angefangen, sich mit dem Islam zu beschäftigen. Der Auslöser war der Bruder, der Schriften der AMGT mitbrachte und nach und nach eine systematische islamische Lebensweise in der Familie einführte. So beten jetzt in der Familie alle regelmäßig. Einer Andeutung zufolge fühlt er sich als Hüter der neuen Ordnung, indem er darauf achtet, daß jeder dieser Pflicht möglichst nachkommt, aber, wie sie ausführt, »mich dann zwingen und irgendwie drohen und machen oder so, das kann dann keiner, weil das dann wiederum meine Entscheidung ist«. Zuvor, so sagt sie, »war die Religion zwar da, aber keiner hat es ernst genommen«. Die Mutter betete hin und wieder, der Vater nicht. Die Mutter trug Kopftuch, aber mit jener Unbekümmertheit, die sich mit sichtbaren Haaren arrangiert. Ramadan wurde gemacht, »weil die Türken das eben machen«. Birzels Zugang zum Islam war nicht intellektuell, sondern erfolgte auf der Basis von Sentiment. Sie las Romane vom Typ ›Entwicklungsgeschichten mit jugendlichen Heldinnen, die zum Islam gefunden haben‹. Sie erklärt: »Ich wollte erst mal wissen, wie die anderen, das sind fast auch Jugendliche so wie ich, was für Leben die hatten, wie sie mit der Religion umgegangen sind und die einzelnen Reaktionen auch«. Anhand von Romanen und Romanverfilmungen, die sie noch besser findet, »weil die Bilder einen noch mehr beeinflussen«, hat sie sich auf die Umstellung auf ein islamisches Leben vorbereitet, es sich nach und nach einverleibt. Sie hat sich eingefühlt in das, was ein islamisches Leben ist, wie es zu bewerkstelligen sei, hat seinen Wert für sich im Vergleich mit fiktiven Personen erkannt. Sie hält es für wichtig, »das Seelische erst mal auf(zu)bauen; erst das Äußere, das Seelische, dann kommt es halt langsam zum Gehirn.« Im Anschluß an diese Phase des Einfühlens hat sie sich »mit stärkeren Büchern befaßt, wo mehr, also von dem Beten, von dem Alltag halt, wie man sein Leben führen sollte, was man machen könnte, was man für die Menschheit machen kann und alles Mögliche« zu finden war.

Im Alter von neunzehn, zwanzig Jahren faßte sie den Entschluß das Kopftuch in ihren normalen Alltag, das heißt vor allem ins Arbeitsleben zu integrieren. Über personale Entscheidungshilfen, zum Beispiel seitens des Bruders, gibt sie keine Auskunft. Möglicherweise hat er, wie im Falle des Betens, Kritik angebracht und damit den Anstoß gegeben, daß sie die Entscheidung trifft. Der mediale Faktor dürfte ebenfalls ein entscheidungsweisendes Element gewesen sein. Immerhin hebt Birzel bei der Beschreibung eines sie besonders beeindruckenden Filmes hervor, wie die jugendliche, in der Türkei lebende Heldin allen Widerständen, auch institutionellen Widerständen zum Trotz, die »innere Stärke« – ein Schlüsselwort in Birzels Erzählung – aufgebracht hat, »ihre Überzeugung zu leben«.

Während Serpils Erzählung eine stark individualistische und anti-ethnische Orientierung enthält, in der die islamische Identität eine große Rolle spielt, nicht aber die türkische, liegt in Birzels Erzählung der Schwerpunkt auf einer ethnisch-kollektiven plus individuellen, aber stets ins Kollektive rückgebundenen Repräsentation, so wie überhaupt ihre Biographie eine wesentlich stärkere soziale Eingebundenheit aufweist. Das betrifft auch ihren Beruf. Sie ist Arzthelferin und steht damit in einer klaren, ›traditionellen‹ Hierarchie in untergeordneter Position, aus der heraus sich kein Selbstverständnis als Expertin herausbilden kann, ähnlich wie bei Serpil, die eine moderne Technik besser beherrscht als die meisten Menschen und die dadurch ›Meisterin‹ ist und nicht ›Gehilfin‹. Zudem verfügt Serpil durch die Eltern und einen mehrjährigen Aufenthalt in einem islamischen Internat in der Türkei über fundiertes religiöses Wissen, mit dem sie spielen kann in dem Sinne, daß sie verschiedene Positionen reflektiert aufeinander bezieht und mit ihrer Persönlichkeitsstruktur, ihrer »inneren Stimme«, die sie durchaus zu islamisch bedenklichen, aber nie unislamischen Handlungen verleiten kann, arrangiert. Birzel, die sich erst später islamisiert hat und sich islamisches Wissen und einen islamischen Habitus mit Hilfe organisationspädagogischer äußerer Quellen her aneignet, muß gewohnte Orte, Handlungen und Beziehungsformen im Nachhinein islamisch ausfüttern. Anders als Serpil hat sie ein Leben vor dem Islam und ein Leben mit dem Islam. Beides zusammen, ihre subalterne berufliche Position und ihre relativ neue weltanschauliche Umorientierung wirkt dahin, daß eine ihrer wesentlichen Sorgen ist, als Kopftuchträgerin noch akzeptiert zu werden.

Birzel war bereits Muslima, trug aber noch kein Kopftuch, als sie sich bei ihrem derzeitigen Arbeitgeber beworben hatte. Erst kurz vor Antritt der neuen Stelle faßte sie den Entschluß, Kopftuchträgerin zu werden. Dieser Entschluß war für sie von existentieller Tragweite, weil der nicht mehr rückgängig zum machen ist, »entweder du machst es oder du machst es nicht. Ich kann jetzt nicht sagen, wenn die Leute mich blöd angucken, dann mach ich mein Kopftuch wieder weg«. Sie tröstet sich mit der göttlichen Belohnung, die sie erwartet, auch wenn sie unter den anderen leiden muß. Faktisch bedeutet dieser Entschluß zu dieser Zeit, daß sie ihren ersten Arbeitstag im neuen Betrieb mit dem Kopftuch antritt, obwohl beim Bewerbungsgespräch nicht die Rede davon war. Sie ist sich unsicher, ob der abgeschlossene Arbeitsvertrag unter diesen Bedingungen noch gültig ist, das heißt, ob der neue Arbeitgeber die einseitig beschlossene Änderung akzeptiert. Den Vorschlag ihrer Mutter, mit dem Kopftuchtragen zu warten bis sie heiratet, weist sie empört zurück, denn »ich mach das doch nicht wegen eines Mannes«. Da ihre Entscheidung im Urlaub, den sie bei Verwandten in der Türkei, die in einer Kleinstadt leben, »in der es auch nicht mehr Kopftücher gibt als hier«, fällt, erkundigt sie sich per Telefon sorgenvoll bei einer zukünftigen Kollegin, »ob er (der Arbeitgeber) mich auch nehmen würde, wenn ich dann Kopftuch trage«. Diese teilt ihr ihre positive Einschätzung mit, die sich dann später auch bestätigt. Sie teilt es auch dem Arbeitgeber vorbereitend mit, worauf er »ein bißchen blöd geguckt« hätte. Als Birzel schließlich mit dem Kopftuch ihre Stelle antritt, fragt er sie »ob ich mit der Hygiene meines Kopftuches klarkommen würde«, was sie für eine »blöde Bemerkung« hält. Auch später läßt er immer mal wieder »komische Bemerkungen« oder ironische Äußerungen fallen, die sie nicht einordnen kann oder es kommen Diskussionen in Gang, die ihrer Meinung nach zu nichts führen. Sie bewertet das als Spiele eines Atheisten, der nichts von Religiosität versteht und als Attitüde eines Arbeitgebers, der sich das Recht herausnehmen kann, seinen Angestellten gegenüber Töne der Überlegenheit anzuschlagen. Sie fühlt sich auch in seiner Schuld, weil er sie trotz des Kopftuches »genommen hat« und nicht eine negative Einschätzung teilt, die als allgemein verbreitet angenommen wird und die Serpil mit folgenden Worten formuliert: »Wenn du **direkten** Kontakt hast mit Kunden, dann vermeiden die **immer** eine Frau mit Kopftuch. Das schadet auch dem Image der Firma«. Immerhin hat auch sie von seiten neuer Patienten manchmal den Eindruck, als würden sie denken »Wer sitzt den da; Frau mit Kopftuch, wie kann man nur so eine einstellen?« Er nimmt sie also in Kauf, bezahlt ihr überdies auch noch das Kopftuch als Bestandteil der Berufskleidung. Birzel hebt die Bedeutung dieser Geste hervor, indem sie ihren früheren Arbeitgeber dagegen stellt, der seinen Angestellten nicht die Freiheit ließ, die Kleidung auszuwählen, sondern bewußt körperbetonende Modelle für sie aussuchte, um »Patienten anzulocken«. Dieses wiederum schien ihr derzeit nicht allzuviel auszumachen, pflegte sie doch selber sich »schön« zu kleiden mit engen Jeans und offenen Haaren. Jetzt aber ist sie dank eines glücklichen Zufalles, dem toleranten Chef, bei dem sie nicht sicher ist, ob er sie tatsächlich ernst nimmt und der ihre Religiosität eher als Tick denn vernünftige Konsequenz begreift – einen Mangel, den sie dadurch ausgleicht, daß sie ihm kein Argument schuldig bleibt und ihm wenigstens beweisen kann, daß »ich ein innerlich sehr starker Typ bin ... , daß ich wirklich machen will, was ich in Angriff genommen habe, daß ich das durchmache, auch wenn die Patienten mich blöd angucken oder was weiß ich« –, nicht mehr auf solche Formen abhängiger Körperpolitiken angewiesen, sondern kann ihre eigene Form durchsetzen. Ihre subalterne Position, die sie austauschbarer macht als Serpil, die über hochspezialisiertes Fachwissen verfügt, und die in alten festgefügten hierarchischen Zusammenhängen verankert ist, bringt sie zu der Ansicht, daß es »schön« ist, »daß man Menschen wie mir die Chance gibt, irgendwo zu arbeiten«. Wie bei Serpil ist die Kombination von Kopftuch und Arbeitseffizienz die Grundlage, auf der die Auseinandersetzung um Selbstbehauptung und Anerkennung erfolgt:

»Ich find es schön, den Menschen hier zu zeigen, daß ich wirklich auch was machen kann. Zum Beispiel wenn ich am Computer sitze, dann gucken die auch immer so blöd. Kann ich denn auch überhaupt wirklich was tippen, weil es nur die Buchstaben sind, ja (lacht). Und dann gucken die wirklich auffällig und dann find ich es sehr schön, wenn ich es den Menschen zeigen kann, was ich alles machen kann, ja. Und wenn die mich dann auch noch sprechen hören. Ich sprech ja total hessisch, ›uh, Sie sprechen ja total hessisch, woher haben Sie das‹ und so. Ja, dann sag ich, ich leb schon seit 20 Jahren hier, wie Sie auch (lacht).«

Deutlich tritt hervor, daß sie als Frau im Kraftfeld der hierarchischen interethnischen Konfiguration sowie der Überfremdungsdiskurse steht. Sie versteht sich als positive Repräsentantin einer ethnischen Klasse. Die Mittel sind wiederum die Beherrschung von Technik und Sprache. Als islamische Türkin wird sie zum Objekt der Aufmerksamkeit und der Phantasie. Aus ihrer persönlichen vor-islamischen Zeit berichtet sie nichts Ähnliches, sondern beschreibt sich als »ganz normal«, in nichts unterscheidbar von ihren

Altersgenossinnen, abgesehen von einer restriktiven Haltung der Eltern gegenüber Klassenfahrten. Ganz in ihrer islamischen Selbstkonstruktion aufgehend, ist ihre Schilderung über diese Zeit sehr spärlich. Ihrer Erzählfigur nach leidet sie an einer Abwertung des Kollektivs, dessen Rehabilitation sie zu ihrer persönlichen Angelegenheit macht. Der Islam ist der Anlaß weiterer Abwertung, wodurch sie ihre eigene Position verschlechtert, aber er ist zugleich das Instrument der Selbstbehauptung. Diese Spannung bezieht sich nicht nur auf das berufliche, sondern auf das weitere öffentliche Feld. Das zeigt sich an der direkt anschließenden Passage:

»Aber das gefällt mir wirklich. Ich arbeite da sehr gerne ... Ich denke mir, du mußt es denen zeigen, daß du's wirklich machen kannst. Auch wie bei der Fahrschule. Da haben mich zwar nicht so angeguckt. Da waren glaub ich schon mehrere vor mir drin gewesen mit Kopftuch, aber, ich denk dann, ich hab gleich die Einstellung, wenn ich die Tür reinkomm, in der Fahrschule zum Beispiel, die denken jetzt, Frau mit Kopftuch, die kann auch jetzt Fahrschule machen und so. Es kommt mir so vor, als ob ich gleich weiß, was die Leute da denken. Ich tu mir das vorher schon irgendwie planen. Ich weiß auch nicht warum. Das passiert automatisch. Wenn ich die Tür reingeh, die gucken mich an und dann kann ich mir so ungefähr denken, was die über mich denken. Das hat man so drin. Ich weiß nicht, das kommt automatisch. Im Unterbewußtsein wahrscheinlich. Oder wenn ich spreche, wenn ich mich irgendwie gemeldet hab und was sagen möchte, dann weiß ich auch sehr genau, daß mich wirklich jetzt alle angucken und mir wirklich auch zuhören, ob die auch wirklich richtig deutsch sprechen kann oder so. Und dann wundern sie sich dann auch, dann gucken sie mich auch so 'ne Zeitlang dann an. Also wie gesagt, mich stört's absolut nicht. Sie können gucken solange sie wollen (lacht). Mir gefällt das schon, wenn ich das den Leuten wirklich zeigen kann. Also bin absolut kein Typ, der sagt, die Frauen müssen zu Hause irgendwie gesperrt sein. Im Gegenteil, die Frauen mit Kopftuch, die müssen sich zeigen. Die müssen zeigen, daß es sie auch gibt. ... Ich mein, an den Männern erkennt man es ja nicht, daß sie Moslems sind oder nicht. Aber bei uns Frauen, wir haben ja dieses Symbol schon an uns dran ... Aber ich find es schön, daß man wirklich von seinem Glauben sein Symbol zeigen kann, was man ist. Wenn ich jetzt mit Kopftuch rumlaufe, die wissen dann alle, sie gehört dem Islam an ... Ich find das schön, wenn ich das den Leuten zeigen kann, also das ganz offen und ehrlich. Wieso soll ich mich da verstecken?«

Birzel antizipiert eine Abwertung ihrer Person allein durch das Kopftuch – »das hat man so drin ... im Unterbewußtsein.« Der einzige Orientierungspunkt sind Blicke, nicht Konflikte. Sie erwähnt lediglich einen Zusammenstoß mit zwei Jugendlichen, die sie auf der Straße anpöbeln wollten und die bereits die Flucht ergriffen als sie feststellten, daß sie sich sprachlich – mit mühelosem akzentfreien Deutsch und einer kräftigen, Autorität beanspruchenden Stimme – zur Wehr setzen konnte. Ansonsten scheint es, als würde sie eher ignoriert. Sichtbar ist das Spiel zwischen Vorurteilen und den Bemühungen sie zu widerlegen. Diese Vorurteilskonstruktionen, ob sie sich nun konkret umsetzen oder antizipiert werden, sind sozusagen die Bühne, auf denen die islamische Szenerie aufgebaut ist und sich entfalten kann. Als alternative Kraft ist sie wiederum nur glaubhaft, wenn die Opferrolle nicht zu ausgeprägt ist, denn der Hauptakt ist die Befreiung, die Dezentrierung. Die weibliche Rolle ist dabei die Hauptbesetzung. In ihr, die von den Schwächsten ausgefüllt wird, manifestiert sich die Kehrtwende vom Opfer zum Widerständler, vom Essentialisierten zur selbstsouveränen Persönlichkeit, die eine eigene Identität hat. Daß es vor allem im beruflichen Feld Wettbewerbsnachteile für islamische Frauen gibt und spezifische lästige Konfrontationssituationen (wie im Gesundheitsbereich die Frage, ob das Kopftuch sich mit den Hygieneanforderungen vertrage), soll nicht in Abrede gestellt werden, aber festzustellen ist ebenso, daß das Arbeitsfeld eine große Bedeutung hat für die symbolischen Auseinandersetzungen um Anerkennung und Rangverschiebung, weil sich hier das ›Private‹ und das ›Öffentliche‹ überschneiden. Soziale Anerkennung kann nicht im Rückzug auf das Private, von unspezifischen anderen erworben werden, sondern braucht funktionale Zusammenhänge, in denen ein Spiel vom Partikularen und Universalen, vom Spezifischen und Allgemeinen, Austauschbaren aufspannbar ist. Das scheint einer der Hauptaspekte zu sein, der Berufstätigkeit zum Bestandteil weiblicher islamischer Identität macht.

Ilknur: Der Triumph der Kanakin

Birzel und Serpil beschränken sich weitgehend darauf, sich in der jeweiligen funktionalen Sphäre als Kopftuchträgerinnen zu bewähren, indem sie gemäß den dort gegebenen Bedingungen funktionieren. Serpil leistet dabei eine schrittweise Enthabitualisierung. Nach und nach entledigt sie sich den verinnerlichten Regulierungen einer engen traditionellen Weiblichkeitsreproduktion. Zentral ist bei ihr die Transzendierung des Traditionellen. Selbstbehauptung ist für sie Inklusion aufgrund Leistung plus Kopftuch, aber sie vermeidet einen demonstrativen religiösen Habitus. Birzel funktioniert im Großen und Ganzen weiter wie vorher, nur eben mit dem

Kopftuch dabei. Beide sind froh »genommen zu werden«; beide sind auch existentiell darauf angewiesen und minimieren Konfliktlinien. Die beruflichen Pläne der anderen Frauen in dieser Studie zeigen insgesamt vorsichtige Integrationsstrategien. Tendenziell neigen die neo-islamischen Frauen, vor allem die studierenden, zu beruflichen Planungen, in denen sie als Person unsichtbar im Hintergrund bleiben oder als Selbständige arbeiten, da sie sich keine Chancen ausrechnen eingestellt zu werden, wenn es um die Akquisition und Pflege von Kunden, um die Repräsentation eines Betriebes geht. Eine junge Frau, die Fremdsprachenkorrespondentin werden möchte, witzelt, sie sähe sich schon im dunklen Hinterzimmer eines Handlungsunternehmens. Betriebswirtschaftsstudentinnen etwa wollen sich als Steuerberaterinnen etablieren oder Jurastudentinnen fassen soziale Organisationen als mögliche Arbeitgeber ins Auge. Alle Frauen, ob die Eltern aus der Türkei oder aus Marokko stammen, schätzen ihre beruflichen Chancen als Kopftuchträgerin im Herkunftsland nicht besser, sondern eher schlechter ein.

Im Untersuchungssample sind zwei Frauen, deren Arbeit bei privatwirtschaftlichen Unternehmen hauptsächlich im Kontakt mit Kunden besteht, jedoch unter der Bedingung der Entkörperlichung. Sie existieren nach außen nur durch die Stimme. Es ist nur ihre Stimme am Telefon, die nach außen dringt. Beide äußern sich ironisch über diese völlige Neutralisierung als Person. In dieser Unsichtbarkeit sind sie völlig gleichgestellt, als andere nicht identifizierbar. Solange man sie nicht sieht, stehen sie außerhalb der interethnischen Machtspiele. Das ist für sie zugleich der Beweis der Befähigung zur völligen funktionalen Austauschbarkeit. In beiden Fällen handelt es sich Stellen im Kundenservice von Großunternehmen, von denen die eine eine zeitlich befriststete Vollzeitstelle, die andere eine Teilzeitstelle ist, die neben dem Studium ausgefüllt wird.

Ilknur, die diese Teilzeitstelle hat, von der ihre Existenz nicht abhängt und die offensiver als Birzel oder Serpil auf eine Kontrolle ihrer sozialen Umwelt zielt, wozu auch die Durchsetzung von Bestandteilen eines islamischen Habitus gehört, auf die andere Frauen bedacht verzichten, zeigt deutlicher Konfliktlinien auf. Als Hintergrund muß man wissen, daß den folgenden Erzählpassagen eine Kette von Ereignissen vorangeht, die Ilknur als diskriminierend kennzeichnet. Immer geht es dabei um das Kopftuch. Diese Kette beginnt damit, daß in der Schule die Lieblingslehrerin, die sie als Mädchen »sehr gefördert« hatte, sowohl hinsichtlich ihrer Leistungen wie auch ihres feministischen Verständnisses, sich von ihr ziemlich abrupt abwendet als sie beginnt, das Kopftuch zu tragen. Später verliert sie Nebenjobs wegen des Tuches. In einer Nahrungsmittelfabrik will man sie zwingen, das als unhygienisch deklarierte Kopftuch durch ein werkeigenes Haarnetz zu ersetzen. In einem kleinen Lebensmittelgeschäft, in dem sie als Aushilfe im Verkauf beschäftigt ist, muß sie der Seniorchefin weichen, die der Meinung ist, eine Kopftuchträgerin vergraule die Kunden. Diesem Szenario persönlicher Niederlagen setzt sie in ihrer Erzählung erstens den Hinweis auf Jobs, die sie optimal und zur vollsten Zufriedenheit der Arbeitgeber erledigt hat, entgegen. Zweitens betont sie, direkt einsetzend mit der Eingangserzählung, in der sie ihre Kindheit ab Schulbeginn schildert, ihr kämpferisches Wesen und ihre Durchsetzungskraft. Sie hat offenbar einen weit offensiveren Begriff von ›innerer Stärke‹ als Birzel. Das spiegelt sich auch in der folgenden Passage ihrer Erzählung wider, in der sie von einem aktuellen Arbeitsverhältnis berichtet:

»... Telefondienst und Übersetzung mach ich da in dieser Firma. Denen ist das Kopftuch egal. Ich hab meinem Chef mal am Anfang gesagt, es kommt doch auf die Leistung an und nicht auf das Aussehen. Ich hab gesagt, mit dem Aussehen hab ich sowieso keine Probleme. Das kannst du jetzt nicht wissen, aber das wirst du später merken. ... Ich hab' immer mit den obersten Bossen von der Firma zu tun gehabt und wenn Schützenfest war oder so, ich bin mitgefahren einfach halt. Und ich hab da die Leute kennengelernt. Viele wußten, ich war da die einzige Türkin. Ich war die einzige Türkin mit Kopftuch vor allen Dingen. Es war sehr interessant. Und ich geb kein Kontakt, ich geb keine Hand den Männern, das mach ich nicht. ... Hab ich gesagt, ›tut mir leid, nehmen Sie's nicht persönlich, aber * ich mag es nicht und * ich möchte es nicht. Es ist sehr freundlich von Ihnen gemeint. Ich weiß, es ist bei euch * *, daß es sowas gibt und so, das ist aus Höflichkeit, aber ich möchte nicht unhöflich sein‹ und dann hab ich's begründet. Sie haben gesagt, ›ist in Ordnung‹. Und der größte Chef von uns, der wußte das auch, ich weiß nicht woher. Und dann sagte er mir, ›ach Frau A., ja, ich weiß, Sie nehmen keine Hand, aber trotzdem herzlich willkommen‹. Ich hab gesagt, ›Danke schön, nehmen Sie's aber nicht übel‹. ›Nö, nö, ich weiß das schon. Ich kenn das schon‹, sagt er ... Die unterstützen mich halt* heute im Büro. Wie gesagt, es kommt auf meine Leistung an. Ich bin nicht schlecht. ... Je mehr Termine ich mache, da haben sie ein höheres Einkommen, also Gewinn. Und deswegen sagt da niemand was. Da hab ich keine Bedenken. Sobald ich fehle oder so, da wird bei mir angerufen, wo bleiben Sie, wo bleibst du. Also die Leute sind auch total freundlich zu mir im Büro. Und * mittlerweile, ich bin da fast vier Jahre. Das kommt wie gesagt, auch auf die Leistung an. (Mein Chef) sagt immer, ja, mir ist das scheißegal, sagt er, ob du hier betest und im Keller gibt's einen Raum, da kannst du sowieso beten. Mir kommt's auf deine Leistung an und ob du jetzt fünf Minuten lang weg bist oder so, das spielt keine Rolle für mich. Da kannst du's machen. Da hab ich echt keine Probleme mit meinem Chef, der ist so was von tolerant. ...«

Meßbare Leistung, Selbstbewußtsein und der Wille, die eigene Lebensform in den Gebärden des Alltags zu dokumentieren und diskursiv-rational zu verteidigen sind Ilknurs Mittel der Selbstbehauptung. Besondere Souveränität und Virtuosität erlangt sie dadurch, daß sie nicht nur zurückweist und sich zurückzieht, sondern Elemente der anderen annimmt, wie »halt einfach mitfährt zum Schützenfest«, wo sie beruflich relevante Kontakte auch mit den »obersten Bossen« der Firma knüpft. Statt solche Veranstaltungen, die ihr kaum gefallen können und ihrer islamischen Moral widersprechen dürften allein schon wegen des Alkoholkonsums, abzulehnen, nutzt sie sie als Bühne der Selbstdarstellung. Sie stellt eine geradezu grandiose Verbindung her in der modern-offenen Kopftuchtürkin auf dem Schützenfest, einem Inbegriff deutsch-männlicher Volkstümelei, wo sie außerdem noch der beruflich ranghöchsten Männlichkeit freundlich-souverän die islamischen Regeln nahebringt. Selbst der »größte Chef« akzeptiert ihre Regeln wie selbstverständlich; er »kennt das schon« noch bevor er sie kennengelernt hat. Ihr guter Ruf ist ihr offenbar schon vorausgeeilt. Die Verweigerung des Handschlages – ein Akt, der im islamischen Lager unterschiedlich gehandhabt wird, und der von vielen als nicht gerade angenehme, jedoch unverbindliche, weil nicht erotisch konnotierte Höflichkeitsgeste, die zum kulturellen Bestandteil der anderen gehört, akzeptiert wird – gerät bei Ilknur nicht zum Zeichen des Mangels (an kulturellem Wissen, an Höflichkeit, an Respekt), sondern der Gleichheit zweier Kulturen und des individuellen Selbstbewußtseins, diese einzufordern.

Jedoch nicht immer gelingt es ihr, die Kontrolle zu behalten. Aber sie versteht es, Anfechtungen durch Allianzbildung, verbale Gegenwehr und symbolische Reversion zu widerstehen:

»... Irgendwann kam der stellvertretende Leiter von der Zentrale zu uns. ›Hallo‹, sagt er, ›wie geht's? Gut?‹. Ich sagte auch ›hallo‹, ganz freundlich wie immer. Also er war schockiert. Er guckte mich so an, was sucht **sie** denn hier? Die Blicke töteten schon. Als der weg war, bin ich zu meinem Chef gegangen: ›Wer war das, warum hat er mich so angeguckt?‹ Ich hab schon verstanden. Er sagte, ›ja, er wird es sechs Monate lang nicht verdauen können, daß wir hier eine Kopftuchträgerin angestellt haben ... obwohl er zu 75 % türkische Landsleute als Kunden hat und **jeden** Tag mit denen zu tun hat. Und dann nicht haben kann, wenn man bei ihm arbeitet‹. Und da hat er gesagt, ›ich hab einfach die Tür aufgemacht, als du telefoniert hast. Da hat er zugehört. Und da war er erschlagen. Er konnte nichts mehr sagen nachher.‹ Mein Chef hätte zu ihm gesagt: ›Keiner weiß doch, daß sie 'ne Türkin ist. Keiner sieht sie doch mit dem Kopftuch.‹ ... Und nachher hätte er gesagt: ›Haben Sie gehört, sie hat keinen Akzent. Woher sollen die Leute wissen, daß sie 'ne Türkin ist. **Kein Akzent.** Und mit dem Nachnamen, ach heutzutage, viele Deutsche haben auch einen komischen Nachnamen. Darauf kommt keiner, daß sie 'ne Türkin ist.‹ Viele Kunden von mir wissen nicht, daß ich 'ne Türkin bin. Sogar einer hat gesagt: ›Die Kanaken, und die Polacken ... haben das Geld‹ und so. ... ›Die Züge würden für die Leute nicht ausreichen‹; das war ein Nazi. ... Da hab ich gesagt: ›Hören Sie, ich bin auch einer von den Kanaken‹ (belustigt). ›Also was und so was angestellt‹ und so. Ich hab gesagt, ›Sie brauchen sich gar nicht so aufzuregen; kommen Sie doch mal bei uns vorbei. Wir können 'ne Tasse Kaffee trinken miteinander‹ und so, ne. ›Ja, ich werd mit Ihrem Chef ein Wörtchen sprechen.‹ Ich hab gesagt, ›ja gerne‹, ›gerne‹, hab ich gesagt, ›kommen Sie einfach 'rein und da wird Ihnen aber mein Chef die Meinung sagen.‹ Ich hab ihm meine Meinung gesagt. Ich hab immer ironisch mit ihm gesprochen, aber der Kerl war außer Band und Rand als er gehört hat, daß ich auch 'ne Kanakin wäre (belustigt).«

Wie in der Episode zuvor spielt Ilknur den Ball der ranghöheren Macht zu. Ihr Chef, den sie infolge der Zusammenarbeit bereits davon überzeugt hat, daß sie, obwohl Kopftuchträgerin, nicht schlechter als die anderen ist, übernimmt die Rolle der Verteidigung. Er spricht aus, was sie denkt (bzw. sie läßt ihn sprechen was sie denkt und erhält so die Aura der Autorität) und kritisiert die bornierte und doppelte Moral der Diskriminierer, die ihre Existenz auf die Türken gründen, aber den Gewinn nicht mit ihnen teilen wollen, indem sie sie einstellen. Sie wird zwar in Schutz genommen, aber nicht voll rehabilitiert. Sie arbeitet gut, sie spricht gut; an dem, was sie tut, ist nichts auszusetzen, wohl aber an dem, was sie ist. Daher ist es vorteilhaft, daß sie nicht sichtbar ist. Diesen Wermutstropfen, der ihre Anfälligkeit gegenüber willkürlichen Urteilen dokumentiert, übergeht sie aber durch die Gewißheit, daß sie im Verborgenen, wenn der Blick die Wahrnehmung des Wesentlichen nicht überlagert, so perfekt ist, daß sie ihre ethnische Abstammung selbst enthüllen muß. Das wiederum zeigt ihr, daß sie ein Hauptinstrument der Abgrenzung, die Sprache, die ihre Biographie und ihren Selbstwert jahrelang, seit dem Eintritt in die Schule, der in der »Türkenklasse« begann, beeinträchtigt hat, inzwischen kontrollieren kann bis zur Akzentlosigkeit. Wenn sie aber das Wesentliche (Sprache und Arbeitsleistung) beherrscht, erscheint es kleinlich, dümmlich und unmoralisch, sie wegen der »Nebensache Kopftuch« (so eine der Frauen) herabzusetzen. An diesem kleinen Punkt zeigt sich die symbolische Ebene eines Kampfes um Anerkennung. Die Bedingungen funktionaler Inklusion als Bestandteil einer dominanten Kultur werden nicht in Frage gestellt. Der Körper und integrierbare Elemente der Lebensführung (wie z.B. fünf Minuten Beten) sind die Gegenstände der Auseinandersetzung um Anerkennung und eine nunmehr symbolische Differenz. Der groben Beleidigung weiß sie sich elegant zu entziehen, indem sie nicht das gleiche Niveau wählt, sondern ruhige Ironie einsetzt. Sie läßt sich durch die Beschimpfung nicht irritieren, sondern zeigt die Souveränität, sich nicht die Kontrolle nehmen zu lassen und zu entgleisen. Sie lädt, wohl wissend, daß der von ihr zunehmend angestachelte und aus der Fassung geratende Beleidiger, nicht ihr Format an Bildung hat, ihn zu einem Gespräch bei einer Tasse Kaffee an, zu einem Treffen unter Gleichen. Damit verkehrt sie die von ihm aufgebaute Hierarchie.

Alle drei Frauen, Serpil, Birzel und Ilknur stehen dem Problem gegenüber, sich als Sprößlinge von Gastarbeitern und als Kopftuchträgerinnen in der Arbeitswelt behaupten zu müssen. Sie ringen mit Vorurteilen und Fremddefinitionen, die sie als Individuen in jeweils spezifischen Machtkonstellationen zu be- und überwältigen haben. Es wäre, bei allen Schwierigkeiten und individuellen Kosten, zu kurz gegriffen, allein von einem Problem und von Opfern der dominierenden Kultur zu reden. Jeder Akt der Widersetzung ist ein Akt der Dekonstruktion. Jedes Detail ist ein Punktsieg, eine Bestätigung des richtigen Weges, ein Zeichen dafür, daß die eigene hohe Investition von Ehrgeiz, Leistung und Beharrlichkeit sich lohnt. Selbst wenn ein Widerstand sich nicht überwinden läßt, wenn zum Beispiel eine Bewerbung um eine Arbeitsstelle erfolglos blieb, weil das Kopftuch im Wege war, so läßt sich daraus immer noch die Befriedigung ziehen, nicht korrupt zu sein, zur eigenen Authentizität zu stehen.

Die Beispiele der drei Frauen zeigen die Bedeutung von Allianzbildungen. Schülerinnen, Arbeitskollegen und der eine oder andere Vorgesetzte – immer sind moralische Verbündete da, die die eigene Position stützen und die Position als andere relativieren. Der Aufbau solcher Bündnisse wiederum setzt voraus ein starkes, ein authentisches Selbst zu präsentieren, das nach den Kriterien von Gleichheit und Gerechtigkeit zum Gegenstand der Verhandlung wird. Die Entwicklung eines effizienten und authentischen Selbst gehört somit zu einer der wichtigsten Überlebenstechniken.

Arbeit und *Jihad*

In den biographischen Erzählungen der Neo-Muslimas, insbesondere jenen, die erst relativ spät den Islam als Möglichkeit der »Verschmelzung oder Verehelichung von Ideen über die Welt mit Ideen über das Selbst« (Bateson 1984: 175) entdeckt haben, tritt noch eine andere Verbindung von

Arbeit und Religion auf: der Wunsch oder die Selbstverpflichtung, die anderen über den Islam, wie er wirklich ist, aufzuklären. Motivationstreibende Kräfte sind zum einen die Emphase, den richtigen Weg einer Übereinstimmung der Idee über die Welt und der Idee über das Selbst gefunden zu haben und ihn auch für andere zu öffnen. Zum anderen geht es um Rehabilitation: Man fühlt sich in der Schuld, das negative Islambild, für dessen Erzeugung die erste ›diskurslose‹ und traditionale Generation verantwortlich gemacht wird, zu revidieren und zwar möglichst in der unmittelbaren Repräsentation durch die eigene Person, durch eine personenzentrierte Pädagogik. Von Birzel kennen wir bereits den Standpunkt, daß »die islamischen Frauen sich zeigen müssen damit man merkt, daß sie da sind«. Das merkt man zwar auch auf der Straße, wenn sie sich trauen, das Kopftuch zu tragen, aber erst die Präsenz am Arbeitsplatz schafft den Rahmen eines Austausches von Kommunikation, Leistung und Anerkennung. Der Arbeitsplatz ist somit ein bedeutender Umschlagplatz für Präsentation und Repräsentation.

Im folgenden greife ich auf zwei Erzählungen zurück, die diese Bedeutung besonders deutlich werden lassen.

Birzel: *Jihad* als individuelle Freiheit

Birzel ist unter den Frauen türkischer Abstammung im gesamten Untersuchungssample nicht das einzige Mitglied in der AMGT und ihren assoziierten Vereinen, aber sie ist die einzige, die es emphatisch darlegt. Ihrer sehr groben Schätzung nach dürfte es im Frankfurter Raum etwa 1000 Mädchen und Frauen geben, die offizielle Mitglieder der AMGT sind mit »durchnumerierten Mitgliedskärtchen.« »Im Moment«, so berichtet sie, »versuchen wir, soviel Mitglieder wie möglich 'reinzukriegen«. Angepeilt ist eine bundesweite Zielmarke von »vielleicht 20.000 oder so«, um einen islamischen Religionsunterricht in den Schulen durchzusetzen und dadurch »unsere Religion halt richtig zu veröffentlichen, wie bei den Christen.« Durchgesetzt werden soll das Erteilen von »Mädchensportunterricht«, denn nur der ist »akzeptabel« oder aber Ersatzunterricht, damit »die Mädchen, die nicht am Sportunterricht teilnehmen dürfen ... nicht mehr lauter Sechsen 'reingehauen kriegen«. Birzel sieht es als notwendige Maßnahme zum Erwerb von Rechten für die nächste Generation, »für unsere Kinder«. Sie selber, denn »man muß ja irgendwo tätig sein, in einer Moschee« leistet ihren Beitrag in der kleinen Moschee an ihrem Wohnort. Dort verbringt sie zumeist ihre Wochenenden, an denen sie unter anderem auch Korankurse gibt. Viel Erfolg kann sie allerdings nicht verbuchen, denn »es gibt zwar viele Türken, aber viel Interesse ist nicht da«. Das Verteilen von Broschüren unter Frauen hat gezeigt: Auch »ihr Interesse ist einfach nicht da«; lediglich zu Ramadan »kommen die 'mal«. Und »die Jugend, die fehlt hier auch irgendwo«. Auf diese Weise wird Birzel in ihrem Engagement gebremst, aber sie weiß es auf ihrem Arbeitsplatz einzusetzen.

Ihrer Einstellung nach schickt es sich nicht recht für eine Muslima, berufstätig zu sein. Als einzige in diesem Untersuchungssample erwähnt sie als Problem, daß sie nicht nur Kontakt mit Männern, sondern überdies mit Nichtmuslimen hat, daß sie überhaupt berufstätig ist. Das könnte sie Pluspunkte kosten und auf ihren Sündenkonto negativ zu Buche schlagen.[47] Sie kompensiert dieses Ungemach durch die Chance »*jihad* zu machen«:

»Ich darf da ja eigentlich nicht arbeiten, von der religiösen Seite her. ... Ich muß halt arbeiten, um Geld zu verdienen, irgendwas muß ich ja machen. Man steht heutzutage auf eigenen Beinen irgendwie. Ja, und ich versuch halt, solange zu arbeiten, bis mein Mann hier Arbeit findet. Sobald er Arbeit hat, nichts wie raus da. Also, ich mach das nicht aus Lust und Laune. Mit irgendwas muß ich ja überleben können. ... Niemand kann nur sagen, ich möchte arbeiten gehen, man muß auch die Gebote von Allah irgendwie berücksichtigen. Will er das überhaupt? In was für Fällen kann ich arbeiten gehen? Verstehen Sie? Und bei mir ist es halt so'n Fall. Ich kann mich nicht halt auf andere Leute verlassen, sagen, mein Vater wird mich schon irgendwie, ich werd schon irgendwann heiraten und mein Mann wird mich dann ernähren. Das kann man heutzutage nicht sagen. Ich hab einen Mann gefunden zwar, aber er hat keine Arbeit. Er hat Abitur, aber das nützt mir auch nichts. Ich muß doch trotzdem arbeiten. ... Ich darf eigentlich da nicht arbeiten. Das gleiche Problem ist auch bei einem weiblichem Chef, wenn sie kein Moslem ist. Bei Nichtmoslemen zählt die Frau genauso wie ein Mann. Zum Beispiel der Frauenarzt. Nur weil ich mich da wohler fühl, geh ich zu einer Frau, aber ich muß schon sagen, ich war auch schon bei einem Mann als Frauenarzt. Also, das war das gleiche gewesen. Aber eigentlich, wie gesagt, ist das nicht erlaubt. Aber was soll man machen? Aber wie gesagt, von einer Seite kann ich dann auf der Arbeit doch etwas *jihad* machen mit meinem Kopftuch. Ich kann den Leuten zeigen, daß ich auch was kann, daß es uns noch gibt, daß wir was können. Also die Pluspunkte hab ich dann doch wiederum. Ich denke, das wär was anderes wenn ich jetzt als Friseuse arbeiten würde. Das wird noch schlechter angesehen bei uns. Dann bin ich schon viel besser als Arzthelferin. Friseuse, diesen Beruf gibt's bei uns in der Religion absolut nicht. Ich mein, Arzthelferin, das ist was, womit ich dem Menschen diene, wenn er Schmerzen hat, also für die Gesundheit, aber die Haare irgendwie schneiden zu lassen, Dauerwellen rein, das ist ja nichts für die Gesundheit, das ist für die Schönheit. Das hat ein Mensch eigentlich nicht **nötig**.«

Birzel formuliert ein für sie nicht auflösbares Dilemma. Ihrer, im Vergleich zu den Aussagen anderer Frauen im Untersuchungssample, idiosynkratischen Auffassung, daß weibliche Berufstätigkeit nicht mit einer perfekten islamischen Lebensführung vereinbar ist, stehen die Fakten entgegen. Der zukünftige Ehemann, den sie wie viele andere Frauen ihrer Generation bei einem Türkei-Urlaub kennengelernt hat und der demnächst zu ihr ziehen wird, ist kein stabiler Faktor. Sie weiß nicht, wie er sich in der neuen Umgebung entwickeln wird bzw. entwickeln läßt; er bringt keine soliden beruflichen Grundlagen, sondern lediglich einige, ihr nicht als zukunftsträchtig erscheinende Semester Studium an einer naturwissenschaftlichen Fakultät mit, so daß sie weiter nach der Maxime von der Notwendigkeit »auf eigenen Beinen zu stehen« verfahren muß. Ihr Projekt Islam macht sie abhängig von ihrem Ehemann, von einem sorgenden Ehemann, der ihr den Rahmen bietet, ihre Vorstellungen von einer guten weiblichen islamischen Lebensführung zu realisieren. Sie hat bereits Pläne entworfen, ihn entsprechend zu lenken. So hat sie ihn bereits in einem kostspieligen Deutschkurs angemeldet und erkundigt sich, sehr wohl wissend, daß sich die beruflichen Einstiegschancen für Männer ihrer Generation gravierend von denen der älteren Generation unterscheiden, nach soliden beruflichen Qualifizierungsmöglichkeiten für ihn. Aber sie weiß nicht, ob er in ihrem Sinne funktioniert und sie weiß auch nicht, ob sie ihre Maxime »auf eigenen Beinen zu stehen« aufgeben kann. Birzel zeigt in dem Bestreben nach Perfektion den nur ansatzweise und diffus von ihr realisierten Widerspruch eines an der ideologischen Oberfläche partikularistisch-traditionellen, im Kern jedoch universalistisch eingefärbten Geschlechtermodells. Sie alterniert zwischen ideologischen Grundsätzen und alltagspraktischen Notwendigkeiten und Intuitionen. Auch bezogen auf die Frage des Kontaktes mit Ungläubigen ist die gleiche Doppelstruktur von Normativität und Alltagspraxis vorhanden. In der Regel jedoch machen die jungen Frauen es sich mit diesem Aspekt nicht so schwer wie Birzel. Sie zielen eindeutig auf Inklusion und Verschiebung des sozialen Ranges durch die Arbeitsethik. Sie teilen die Welt nicht in Ungläubige und Gläubige.

Birzel präsentiert drei Argumente für die Reduzierung ihres Sündenkontos: Sie muß der Not gehorchen, weil die realen Verhältnisse »heutzutage« eben nicht kompatibel sind mit der religiösen Lebensführung und mit dem was »Allah will«. Ihr Beruf ist gut gewählt, denn als Arzthelferin verrichtet sie unbestritten notwendige und nützliche Arbeit – im Gegensatz zu einer im Sozialprestige niedriger stehenden Friseuse, die bloß für das Ästhetische zuständig ist. Und sie hat vor allem die Chance, *jihad* zu machen, wobei sich in dieser Erzählpassage *jihad* für sie auf ganz innerweltliche Zusammenhänge der multikulturellen Gesellschaft und ihren ethnisch-sozialen Rangzuordnungen bezieht. Hier kann sie ganz bodenständige und konkrete religiöse Aufklärung betreiben, indem sie beweist, »daß ich ... mit meinem Kopftuch ... auch was kann, daß es uns noch gibt, daß wir was können.«

Für Birzel ist *jihad,* neben den fünf Säulen (Shahada, Beten, Fasten, Almosen, Pilgerfahrt), die wichtigste Komponente ihrer islamischen Lebensführung:

»Das Hauptsächliche ist eigentlich, was die jetzt nennen ›der heilige Krieg‹. ... *jihad* kann man nicht als Krieg bezeichnen irgendwie, daß man mit Waffen kämpft ... *jihad* kann ich auch machen, indem ich zum Beispiel ein Buch schreibe über Religion oder was ich jetzt zum Beispiel mit Ihnen mache, wir reden jetzt über Religion. (I.: Wir machen jetzt jihad?) Ja genau, deswegen mach ich das ja auch (lacht). Das ist also ein kleines. Man sollte solche Sachen ausnutzen (lacht) ... *jihad* ist, den Islam den Menschen beizubringen. *Jihad* ist, daß man nach Gott leben sollte und kann und es den anderen zeigen. Krieg war mal früher in der Prophetenzeit. Diese Kriege könnte mal als *jihad* anzeigen. Heute, okay, Algerien, unsere Brüder, die machen da auch *jihad* oder unsere AMGT zum Beispiel, die macht auch *jihad.* Also da gibt es größere Grade, niedrigere Grade. ...

An dem *jihad* ist das Tollste, es hat keine Beschränkung. Beten zum Beispiel fünf mal am Tag, bestimmte Zeit, Ramadan einen Monat, die Kaaba besuchen, die ist auch immer an einer bestimmten Zeit. Beim *jihad* ist das Tollste, kann man machen, wann man will. Tag, Nacht, die Uhrzeit ist nicht wichtig, mit wem ist nicht wichtig, wo ist nicht wichtig. ... Das kann ich überall machen, egal wo ich bin, egal, in Deutschland, Türkei oder sonstwo. ... Da ist man total, das ist die totale Freiheit. Das kann man immer, also jederzeit machen. Das sollte man ausnutzen. Und beten zum Beispiel, um ein Uhr mußt du jetzt Mittagsgebet machen. Du mußt das. Du kannst nicht Mittagsgebet um drei Uhr machen. Das geht nicht. Das mußt du dann machen. Aber jihad ist das Schönste, man kann es machen, wann man will. Und **das** machen die Wenigsten. Wo man grad' am freiesten ist eigentlich. Wo man nicht irgendwie beschränkt ist. Was wir jetzt in der Moschee machen, Frauen einladen und so, zu Konferenzen gehen, zu Seminaren gehen, das ist auch *jihad* von einer Seite. Man bringt den Menschen den Islam bei, daß sie das auch so leben sollen. Ja und das ist das Schöne, deshalb hab ich auch vorhin gesagt, wenn mich Patienten ansprechen, fragen, ›ja wieso tragen Sie Kopftuch?‹ Dann freu ich mich immer riesig, daß ich denen jetzt erklären kann, wieso ich Kopftuch trage (lacht). Da weiß ich, daß ich wirklich was getan hab. Ich mein, daß Gebet, daß Ramadan was persönliches ist das, verstehen Sie? Damit nütz ich nur mir selbst, nicht Ihnen, nicht sonst Jemanden, nur mir selbst. Aber wenn ich den Menschen jetzt erzähle, daß ich, wieso ich, weshalb ich Kopftuch trage, das nutzt nicht nur mir. Mir hat's sowieso schon genutzt, weil ich sowieso schon Kopftuch trage. Es nutzt dann den anderen Menschen. Dann hat der Mensch schon wieder irgendwas gelernt. ... Den anderen das weitertragen, Konferenzen, Seminare oder ich bringe jemanden den Koran bei, das sind alles Grade von *jihad*. Das ist wirklich, was einem Spaß macht, weil, man ist nicht eingeschränkt.«

Birzel gebraucht hier, entgegen der gegenwärtig von den öffentlichen westlichen Kommunikationsmedien vorherrschenden Verengung des Begriffes auf politischen und militärischen Krieg einen multidimensionalen Begriff des *jihad*, wie er im Koran angegeben ist. Ähnlich wie bei Murata/Chittick (1994: 20ff.) bekommt *jihad* bei Birzel den Stellenwert, so gut wie die sechste Säule des Islam zu sein. Nach Gardet (1968) ist das »wichtigste Gebot, auf das der Koran verschiedentlich zu sprechen kommt, die Bemühung (*jihad*) auf Gottes Weg« (ebd.: 112). Demnach wäre Birzel ein *mujáhid* (bzw. eine *mujáhida*), » d. h. derjenige, der ›sich anstrengt‹ (immer zu ergänzen: auf Gottes Weg)« (ebd.: 113). Wenngleich sie diesen Begriff nicht benutzt – wie er überhaupt unter den Neo-Muslimas ungebräuchlich ist – so kennzeichnet er doch ziemlich exakt ihr Selbstverständnis. Dabei hat sie durchaus eine Professionalisierung im Auge: Ihr Traum ist es, *Hatibe*, ein weiblicher Hoca oder, in moderner Modifizierung »Religionspädagogin oder so was in der Art« zu werden. Ohne Abitur und ohne Studium »in Ägypten, an einer richtigen Universität« sei dieses Ziel erreichbar durch »Kurse in Köln«, in der deutschen Zentrale der AMGT. Dort hat sie bereits einige Wochendkurse absolviert, aber im Moment eine Pause eingelegt, weil sie, da nach der täglichen Arbeit immer »fix und fertig«, den damit verbundenen hohen Ansprüchen an autodidaktischem Lernen auf Dauer nicht gewachsen sei. Sie will später wieder einsetzen und begnügt sich bis dahin mit dem kleinen, außerhalb der »größeren Moscheen« stattfindenden jihad auf der Alltagsebene, indem sie die sich anbietenden Situationen nutzt. Dazu gehört die kleine lokale Moschee, die, wenn auch nicht von vielen frequentiert, einen Ansatzpunkt bietet für Aufklärung im weiten Feld der gebürtigen Muslime. Aufklärung und damit nützliche Arbeit für den Islam leistet sie aber auch am Arbeitsplatz. Ihr Kopftuch bildet dabei das Medium zur Herstellung von Kommunikation in der Form eines belehrenden Diskurses. Es nimmt ihr, wie sie an anderer Stelle andeutet, ihre weibliche Attraktivität, aber entschädigt sie, indem es sie zu einer Wissensautorität macht. Sie tauscht die Form, die flüchtige Macht der Ästhetik gegen Inhalt, gegen die Macht von Wissen und Kommunikation. Das Kopftuch bildet das dingliche Drehgelenk für diese Metamorphose des Selbst und seine Anordnung im Zwischenraum des Privaten und des Öffentlichen.

Diese komplementäre Beziehung von Verinnerlichung und »Veröffentlichung«, definiert für sie den Begriff *jihad*. Damit überschreitet sie die primär nach innen gerichtete Bedeutung des *jihad* als Kampf mit sich selbst um ein gottgefälliges Leben zu führen. Wie Gardet in den 1960er Jahren, anläßlich einer Hochzeit der arabischen Nationalstaatsbildung anmerkt, ist dieser Begriff längst über seine ursprüngliche religiöse Bedeutung hinausgewachsen und hat als Mobilisierungs- und Solidarisierungsinstrument für »jede kulturelle oder zivilisatorische ›Bemühung‹« zum Aufbau des Nationalstaates von der Erhöhung der wirtschaftlichen Kapazitäten zur Erzielung der nationalen wirtschaftlichen Unabhängigkeit bis hin zur »Weckung des staatsbürgerlichen Bewußtseins« fußgefaßt (Gardet 1968: 113).

Birzel, in einer untrennbaren Verknüpfung von religiösen und säkulargesellschaftlichen Motiven, hingegen stellt ihren bescheidenen kleinen *jihad* in einen postmodernen Kontext: Er hat den Charakter von Anerkennungspolitiken. Das zeigt sich an ihrer Beteiligung an organisierten Maßnahmen wie dem Sammeln von Mitgliedern zur Durchsetzung von islamischem Religionsunterricht an Schulen. Das zeigt sich auch, und vor allem, an ihren individuellen, privaten Bemühungen, den gebürtigen Muslimen wie den Nichtmuslimen ›den Islam beizubringen‹ und einen islamischen Lebensstil plausibel zu machen. Und das zeigt sich in der Betonung eines Individuums, das frei ist in der Entscheidung wo, wie und mit wem es seinen *jihad* macht. Birzels *jihad* bezieht sich nicht aufs Abstrakte, sondern setzt konkret am Individuum an, an persönlichen Gesprächen und, in der Erklärung »wieso ich das mache«, an der Pose als islamisches Individuum. Birzel reflektiert durchaus die Doppelbeziehung von *jihad* als Auseinandersetzung mit sich selbst in der Überwindung gottungefälliger Taten und Gedanken sowie als (diskursive) Auseinandersetzung mit den Minder-, Falsch- oder Ungläubigen. Ihre Konzentration liegt dabei auf der nach außen gewendeten Beziehung und nicht so sehr auf der Selbstdisziplinierung. Diese übt sie zweifellos. Wie jede Spätislamisierte muß sie sich alles antrainieren und legt sie (zunächst) größten Wert auf Perfektion. Aber das Motiv der Selbstformation steht in ihrer Erzählung nicht so sehr im Vordergrund, obwohl sie auch hier kämpft. So ist es ihr noch nicht gelungen, das Rauchen gänzlich aufzugeben. Auch das Abstreifen der alten Gewohnheit, Männer mit Handschlag zu begrüßen, hat sie noch nicht unter Kontrolle. Nach wie reagiert ihre Hand in entsprechenden Situationen schneller als ihr Kontrollvermögen.

Sie argumentiert jedenfalls nicht holistisch mit der Freiheit durch religiöse Regulierung, sondern setzt *jihad* im scharfen Kontrast zu Regulierung und Ritus. Regulierung und Ritus sind notwendige, aber nicht geliebte Übungen. Sie übergehen gnadenlos das Individuum. Sie fordern die Perfektion des Vorgegebenen und liefern Kriterien der Einordnung auf einer Skala. Sie engen das Individuum ein, vergemeinschaften es im Ritus, geben ihm keine Gelegenheit sich persönlich, in eigener Wahl zu beweisen, sich als Individuum zu erleben. Das bleibt dem interkommunikativen Feld des *jihad* überlassen. Deshalb ist *jihad* für Birzel »das Schönste. Man kann es machen, wann man will.« Dort »ist man am freiesten«. Individuelle Freiheit als generelles Gut ist aber, weil konnotiert mit der Negierung von Ordnung, gefährlich. Ihre Kanalisierung erfolgt durch den kommunikativen Kontext der Beziehung zum Anderen, bzw. des Rückbezuges auf die eigene Position der anderen, und durch die Freude am Nutzen, am Nützlichsein, an der Pädagogisierung. Die Selbstpositionierung im Spiel des Einen und des Anderen hat den Nimbus der Freiheit in der Befreiung von der Fremddefinition. Gleichzeitig aber legt dieser Referenzrahmen auch für diesen Fall die Regeln fest, indem nur im gegenseitigen Bezug Handlungen und Imaginationen von der Welt Sinn machen.

Die Betonung der sprachlichen Kommunikation an sich, die so deutlich bei Birzel zu Tage tritt, bezeichnet wiederum eine gelungene ›individuelle Evolution‹, die die Abgrenzung zur ersten Migrantengeneration und dem an ihm entwickelten Gastarbeiterstigma, zu dessen wesentlichem Merkmal die interkommunikative Unfähigkeit zählt, deutlich werden läßt. Überdies aber minimiert sie die enge nationalstaatliche Referenz. Das zeigt sich, wenn Birzel die globale Perspektive einzieht. Der kommunikative Islam, der sich im *jihad* präsentiert, rekurriert auf das Individuum, sowohl auf das ›sich bemühende‹ Subjekt wie auf das Objekt der Bemühung. Angesichts der göttlichen Wahrheit, die sich im wahren Individuum manifestiert, es zum Medium macht, schrumpft die Bedeutung der lokalen Gebundenheiten, die so großspurig in den nationalstaatlichen Diskursen daherkommt zum anmaßenden pedantischen Gestus. Deutschland, aber auch die Türkei zählen nicht mehr als ein anderer Punkt »sonst irgendwo«. Birzel entzieht sich in der Referenz auf den Islam der örtlichen Festlegung ihrer Person. Ihre Biographie zeigt ein Pendeln zwischen Deutschland als Ort, an dem das normale Leben stattfindet und der, wie sie, als einzige formuliert, Heimat Türkei, dem Ort des Urlaubs. Das wird sich, wie Birzel ganz nüchtern konstatiert, angesichts der ökonomischen Fakten auch in voraussehbarer Zeit wahrscheinlich nicht ändern. Sie könnte zwar ihren Beruf in der Türkei weiter ausüben, aber nicht davon leben, da der Monatsverdienst gerade mal für einen Wochenendeinkauf reichen würde. Sie ist mit dem Pendeln zwischen den Orten auch nicht unzufrieden. Ebenso wie sie sich auf ihren Urlaub freut, ist sie nach diesen Wochen froh, wieder ihren durch die Arbeit determinierten Tagesablauf zu haben. Die islamische Referenz minimiert den Unterschied zwischen den Orten. In beiden Fällen handelt es sich um säkulare Staaten, die öffentliche religiöse Zeichen negieren. In beiden Fällen sind in ihrer lokalen Umgebung die Kopftuch tragenden Frauen in der Minderheit. Birzels »Sonstirgendwo« ist, ausgehend von ihrer biographischen Erzählung nicht konkret, sondern eine unbestimmte Fiktion, die attributiven Charakter für die Konstruktion des autonomen Selbst hat. In diesem Zusammenhang steht das Globale in einer spezifischen Art im Kontext einer zunehmenden »institutionellen Konstruktion des Individuums« (Robertson 1992: 104). Es bildet, im Gegensatz zu den Erfahrungen der Migranten mit engen nationalstaatlichen Regulierungen (Einreise-, Aufenthalts-, Ausweisungs-, Zollbestimmungen) und Definitionen des staatsbürgerlichen Individuums, einen offenen beliebigen Raum mit unbegrenzten Chancen für ein autonomes, sich an rationale, verinnerlichte, moralische Prinzipien bindendes, gleichzeitig selbstdiszipliniertes und gemeinschaftsorientiertes Individuum. Der säkulare Nationalstaat steht nicht prinzipiell zur Disposition. Die jungen deutschsprachigen Muslimas setzen als selbstverständlich voraus, daß sie sich mit ihm arrangieren müssen und können, aber auch, daß er als Schutzmacht fungiert. Aber seine Macht zur Definition der Grenze zwischen einer »öffentlichen Identität« und einer »nicht-öffentlichen Identität« (Rawls 1993: 55) wird in Zweifel gezogen. In der Idee der islamische Identität, die Selbst und Gemeinschaft reibungslos miteinander verschränkt, ist die nationalstaatliche Zuordnung zweitrangig. Zentral ist das Selbst als moralische und pädagogische Institution. Bei Birzel, die Mitglied einer Organisation, der AMGT, deren Wirkungsbereich bezogen auf Deutschland vor allem in der Zivilgesellschaft und auf dem Individuum liegt ist, kommt dies deutlich zum Vorschein. Ihre Orientierung an der Ideologie schiebt innere Widersprüche nach hinten. Sie begreift sich, ihre Person als eine Art Schaltmodul zwischen Ideologie und Gesellschaft. Wirken zu können, setzt voraus, sich selbst entsprechend zu transformieren.

Amina: *Da'wa* in der Krankenpflege

Wie Birzel verknüpft Amina ihre berufliche Tätigkeit mit dem Motiv der Repräsentation des Islam. Sie bezeichnet diese Repräsentation allerdings nicht als *jihad*, sondern als *da'wa*. Gardet (1968) übersetzt diesen Begriff mit ›Ruf‹, ›Verkündigung.‹ *Da'wa* hat somit von seiner Wortbedeutung her nicht die nach innen, auf das Individuum gerichtete Komponente, sondern richtet sich nach außen. Poston (1992) bezeichnet *da'wa* als Missionierung mit zentraler Bedeutung im Organisationskontext. Für Amina, die nicht an islamische Organisationen gebunden ist, bedeutet *da'wa* Aufklärung über den Islam, die sie allein ohne jeglichen organisatorischen Rückhalt und ohne explizite Programmatik vollzieht.

Amina ist wie Birzel Anfang zwanzig. Wie diese hat sie erst im frühen Erwachsenenalter den Islam ›gefunden‹ und trägt seit einem knappen Jahr Kopftuch. Im Unterschied zu ihr ist in absehbarer Zeit keine Heirat anvisiert. Auch teilt sie in keiner Weise Birzels konservatives Geschlechtermodell. *Da'wa* oder *jihad* zu betreiben hat bei ihr also nicht die Funktion, eine Kluft zwischen Ideal und Fakten zu überbrücken. Ihre Biographie weist einen ganz anderen Ansatzpunkt auf. Wie bereits im vorangegangenen Kapitel aufgeführt, steht ihre Islamisierung ähnlich wie bei Serpil im Kontext individueller Autonomiebestrebungen sowohl hinsichtlich einer ethnischen lebensweltlichen Kultur wie auch hinsichtlich einer universalen Kultur, die sie beide als Bestandteile ihres Projekts des Selbst empfinden, die bzw. deren Vertreter aber jeweils dieses Selbst auf je eigene Weise nicht ganzheitlich anerkennen. Der moderne Islam bildet für sie eine Ressource von individueller Authentizität, gibt ihr die Ausgangsposition für die Selbstgestaltung als optierendes Subjekt, das sich und seine Umwelt zu kontrollieren sucht. Der Islam bedeutet für sie eine, um an Bateson (1984) anzuknüpfen, Neukalibrierung des Selbst, indem die Person sich als Operator im sozialen Feld begreift. Wir wissen bereits von ihr, daß sie sehr erfolgreich das öffentliche Schulsystem gemeistert hat und eine Hochschulausbildung plant. Spontan ändert sie jedoch ihre Pläne und entschließt sich zu einer Krankenpflegeausbildung. Diese sieht sie als sinnvolle praktische Ergänzung für die weitere Ausbildung zur Ärztin und zu ihrem bisherigen Leben, in dem sie nur »in der Schule rumgelernt hat«. Sie bewirbt sich also an einer Klinik, und kann, entgegen ihrer Befürchtungen, beim Bewerbungsgespräch erweise sich das Kopftuch als Stolperstein, kurz darauf beginnen. Für das Bewerbungsgespräch hat sie sich, für den Fall, daß man von ihr verlange, bei der Arbeitsaufnahme das Kopftuch aus Hygienegründen abzulegen, »mit Argumenten bewaffnet«, aus dem »Gesundheits- und Grundgesetz und Religionsfreiheit und ich hab das Recht dazu und ich wohne hier und ich habe die deutsche Staatsbürgerschaft, die (Personalleiterin) kann mich nicht als Ausländer und wie auch immer.« Aber diese Vorbereitungen haben sich überflüssig erwiesen. Statt dessen » hat die Frau hat ganz normal mit mir geredet, wie mit jedem«, ohne auch nur mit einer Silbe auf das Kopftuch Bezug zu nehmen, wobei sich Amina wundert, »daß mir das jetzt nicht passiert ist, ich habe es erwartet, weil alle Leute es erzählen«. Statt dessen wird sie, lediglich in Hinsicht auf ihre praktische Arbeitseffizienz gefragt, ob sie Hemmungen habe, mit nackten Frauen und vor allem Männern umzugehen, eine Befürchtung, über die sie sich sehr wundert und die sie spontan überzeugend widerlegen kann. Für Amina, die zu diesem Zeitpunkt erst seit wenigen Monaten das Kopftuch trägt, ist es nach der Abiturprüfung die zweite Bewährungsprobe, sich als islamische Frau durchzusetzen.

Kurz darauf zieht sie ins Schwesternwohnheim, wo sie zum ersten Mal in ihrem Leben ein Zimmer für sich allein hat. Sie genießt es, zeitweilig dort ihre Ruhe zu haben, geht aber auch häufig ins Elternhaus, weil ihr die Unruhe der elterlichen und geschwisterlichen »Quälgeister« fehlt. Die Eltern hielten das Zimmer zuerst für überflüssig, ließen sich aber von den Argumenten, daß sie dort Ruhe zum Lernen sowie nur einen kurzen Weg zum, auch Spätdienst einschließenden, Arbeitsplatz habe, überzeugen. Anscheinend hatten sie daran weniger auszusetzen als an der Moschee, in der sie sich seit ihrer Islamisierung häufig an den Wochenenden aufhält. Aber in beiden Fällen hat sie sich durchgesetzt. Beides, das Wohnheim wie die Moschee sind Orte, die ein Stück Autonomie manifestieren, dies freilich weniger im Sinne einer alternativen Option, sondern als Zusatz, denn ihr strebsames ›Lern-Leben‹ behält sie bei.

Sie entwickelt mühelos freundschaftliche Kontakte mit anderen Lernschwestern und -pflegern, auch wenn es sie befremdet, was diese alles über sie zu wissen glauben:

»Ich war dann für die irgendwie so etwas Seltenes, ja. Ich weiß nicht warum, aber ich war für die selten, ja. Weil, die haben mich alles mögliche ausgefragt, alles mögliche wirklich, ja, ob mein Vater mich unterdrückt, ob ich geschlagen wurde mal, ob das, ob jenes, ob meine Mutter so viele Kinder gebären muß. Ich hab alle Fragen beantwortet und die meinten ›ja, du bist aus irgendwas anderem. Also du bist irgendwie was anderes. Du bist nicht so wie die türkischen, * bei den türkischen Familien‹.«

Sie hält den Überprüfungen stand und erhält die Bestätigung, eine ›normale‹ junge Frau aus ›normalen‹ Familienverhältnissen zu sein, also auf der gleichen Seite zu stehen, nur mit dem kleinen Zusatz des Kopftuches versehen.

Bei der Arbeit mit den Patienten fühlt sie sich wiederum auf dem Prüfstand. Sie wird mit verschiedenen Mutmaßungen konfrontiert und muß erneut ihre Normalität beweisen:

»Ich wurde dann natürlich erstmal angeguckt, ja, * und, * dann hat man halt gesehen, ich bin durchaus normal und auch von meinem Reden her und offen und wie auch immer, was man mir so sagte, und dann hieß es, ja, ich bin ja was ganz anderes und wo denn mein Glaube bliebe, und so, weil ich ja auch mit männlichen Patienten auch umgegangen bin und das ist auch so, Katheter gelegt und, da muß man also, dann hieß es ja, das ist ja unglaublich, und wie soll das gehen. Und sie sind ja, das hat man mir noch gesagt, sie sind ja so sauber, sie sind ja so sauber (lachend). In dem Moment habe ich natürlich gelacht. Aber ich bin so eine Tussi, ich mach mir dann später Gedanken drüber, also so tiefsinnigere. In dem Moment lache ich immer, weil ich — * also damit bin ich auch klar gekommen, wenn ich das erstmal einfach auf die lustige Ebene abregele. * Ja sie sind ja so sauber und *, ›wie meinen Sie das?‹ und ›ja, die türkischen, die Türken sind ja alle so schmutzig und, ich hab, ich seh auch ganz gut aus in meiner Kleidung. Ja habe ich dann erklärt, ›es gibt verschiedene Menschen und *, es sind nicht alle Türken so schmutzig‹ und wie auch immer und, ›ja nee, aber das wüßten sie, die wohnen bei denen im Haus und die sind alle schmutzig, das ist so‹. Naja gut, okay. Es waren auch kranke Menschen, das ist anders, als wenn ich jetzt auf der Straße irgendwie begegnen würde.«

Neben einer anfänglichen Distanz seitens der Patienten, die sich ihr in den Blicken kundtut und deren Botschaft sie versteht als »ja was ist denn das für eine und die Türken wieder und macht sich hier auch breit und wie auch immer« und die sie häufig durch ihre persönlichen Bemühungen auflösen kann, schlägt ihr auch kompromißlose Abneigung entgegen: Einer weigert sich, sich von ihr den Blutdruck messen zu lassen. Wenn ihre Status-Insignien wie Blutdruck- und Fiebermeßgerät nicht sofort sichtbar sind beim Eintritt ins Krankenzimmer, wird sie von neuen PatientInnen spontan für die Putzfrau gehalten. Ein häufiger Anlaß für Kommentare und Bewertungen ihrer Person ist ihr akzentfreies Deutsch:

»Und das Sprechen, also ich wurde so oft, also von jedem Patienten glaube ich, auch angesprochen, das Reden, daß ich ja wie eine Deutsche wäre. Das Höchste war halt eine Patientin, die ... hat gemeint ›ja, Sie sind aber keine Ausländerin. Sie sind so wie wir.‹ Und sie hat gemeint, das wär ein Kompliment, ich würde das als Kompliment auffassen. ›Sie sprechen auch gut deutsch, für mich sind Sie so wie wir, ja. Sie sind, sie sind nicht so wie die Ausländer‹ ... Na gut, was sagt man darauf. Die Frau war schwer krank und, ich wollte sie nicht beleidigen. Aber ich konnte nicht sachlich sein in dem Moment. War ich halt ruhig ...«

Oft, so relativiert sie diese negativen Erfahrungen, haben sich anfängliche Ressentiments im Laufe der Zeit auch in freundschaftliche Beziehungen umgewandelt. Das ist jedoch stets abhängig von ihren Bemühungen. Dazu gehört auch, daß sie sich als Lernschwester, die dem Leistungsdruck noch nicht so ausgesetzt ist, die Zeit nehmen konnte, sich mit einzelnen Patienten zu unterhalten und *da'wa* zu machen:

»Ich hab auch sehr viel, also bei uns heißt das, *da'wa*, also Aufklärung gemacht. Und ich fand, daß ich da auch ein ganz großes Stückchen Aufklärung gemacht hab. Also Aufklärung in bezug auf mich, auf uns und ich wurde dann am Schluß, wenn die Patienten gegangen sind, natürlich auch mal umarmt und so. Das waren vorher Patienten gewesen, die anfangs so ein bißchen so distanziert geguckt haben, ja was ist denn das für eine und, die Türken wieder, und macht sich hier auch breit und wie auch immer. Und ich hab denen halt erklärt, daß ich *, daß ich durchaus auch ein normaler Mensch bin, also nur mit, mit einem anderen Aussehen, ja.«

Aminas Verständnis von *da'wa* geht nicht in die Richtung von Missionierung mit dem Ziel der Konvertierung. Sie hat sie sich mit den Patienten, vielleicht auch mit den Kollegen, über den ›Islam an sich‹ unterhalten. Sehr wahrscheinlich auch ist sie als offenkundige Muslima mit Fragen oder vermeintlichem Wissen über den Islam konfrontiert worden. Aber das steht hier nicht im Vordergrund. Für sie ist *da'wa* Aufklärung und zwar nicht über abstrakte religiöse Normen und Werte, sondern sehr weltlich ausgerichtet, über die ›Normalität‹, die Gleichwertigkeit der muslimischen Migranten, vor allem über sich. Ihr Aufklärungsanliegen rekurriert auf die alltäglichen undifferenzierten Vorurteile und generellen Kategorisierungen. Sie, die abgesehen von den jungen Frauen und Mädchen, die sie in letzter Zeit in der Moschee trifft, kaum unmittelbare Beziehungen zu ›Ausländern‹ unterhält – die Eltern leben zurückgezogen, auf dem Gymnasium gab es in ihrer Klasse und in ihrem Jahrgang keine; ›Ausländer‹ ist für sie vor allem konnotiert mit dem marginalisierten Bahnhofsmilieu – und die sich bisher als individuiertes »Ausländerkind«, als integrierter Exot wahrgenommen hat, wird plötzlich Kollektiven wie den Ausländern, den Muslimen oder den Türken zugeschlagen. Sie wird als Repräsentantin aller angesprochen und kann sich nur dagegen wehren, indem sie ihre eigene Person vorzeigt. Das ist in dieser beruflichen Position eine Sisyphusarbeit, denn mit neuen Patienten beginnt das ganze Spiel von vorn. Wie Birzel sieht sie sich gezwungen, zu beweisen, daß sie die gleichen Leistungen erbringen kann, die gleiche Verwertungskapazität und Austauschbarkeit aufweist wie alle anderen in der beruflichen Position. Allerdings bedeutet das für sie kein Glück, denn sie ist durch ihre überdurchschnittlich gute Hochschulreife zu Höherem berufen und damit den Leuten, mit denen sie beruflich in der Klinik eines Arbeiterviertels zu tun hat, weit überlegen. Das mechanisch Auszuführende, das Dienende und das Zugewiesene sind Tätigkeiten, die ihren Ambitionen nicht gerecht werden. *Da'wa* bedeutet somit auch eine Möglichkeit der Rechtfertigung, in diesem niedrigen sozialen Status auszuharren und eine moralische Pflicht zur sozialen Nützlichkeit zu erfüllen.

Unterm Strich sind für sie aber die Auseinandersetzungen mit den Patienten nicht so erheblich. Viele haben sie schließlich »wirklich gemocht ... so von meiner Art her« und »dieses ausländische Kopftuch haben sie dann mit der Zeit halt echt weggesteckt«. Diese selbst-zentrierte Strategie mit dem Akteur-Selbst im Vordergrund stößt allerdings in einem Falle auf einen unüberwindlichen Widerstand. Dieser zeigt sich ihr in Gestalt einer Vorgesetzten. Bereits beim ersten Kontakt, als sie auf der Station erscheint und sich vorstellt, ist deren erste Reaktion, sie zunächst zu ignorieren und zum Telefon zu eilen, um bei höherer Stelle nachzufragen, ob sie » eine mit Kopftuch ... dulden ... muß oder was gegen sie tun ... kann«.[48] Mit ihr hat sie ihre bislang einzige »Konfrontation mit Ausländerfeindlichkeit«. Sie ist geradezu schockiert:

»Ich hab so 'was noch nie erlebt ..., nur wegen irgend, also nicht wegen meiner Fähigkeiten, sondern wegen meinem Aussehen. Nur wegen meinem Kopftuch. ... Also, nur wegen einer äußerlichen Sache, also rassistisch einfach. Ich war danach wirklich so geschafft und fertig, weil ich vorher so was noch nie gehabt habe. Das war noch nie, daß ich wegen meinem Äußerlichen oder so. Ich habe nie gedacht, daß es irgend so eine Sache gibt, wo ich nicht, wo ich keinen Zugang habe, nur weil ich Ausländerin bin, ne.«

Trotzdem sie sehr aufgebracht ist und Kolleginnen wie auch höhere Vorgesetzte ihr bestätigen, im Recht zu sein und das Recht auf massive Gegenwehr zu haben, zumal bekannt ist, daß es sich um eine Wiederholungstäterin handelt, entschließt sie sich, die Ruhe zu bewahren und auch nicht der Gewalt zu weichen, sondern begreift als ihre islamische Pflicht, sich der Situation zu stellen:

»Dann habe ich mir überlegt, was ich da machen kann und dann habe ich mir überlegt, nein Amina, wenn du auf den Tisch gehauen hättest, das ist ja nicht Sinn der Sache. Das war wieder das Islamische. Das kannst du nicht machen. Das wär ja, daß du dann irgendwie dich bloßstellst, ja, und das soll nicht sein und du, du bist die Bessere und du verhältst dich anders. Du verhältst dich nicht so wie die meisten, du verhältst dich ganz anders. Da habe ich mir überlegt, ja das lasse ich jetzt über mich ergehen. Also ich hätte durchaus das Recht dazu, die Station zu wechseln, ... hat mir jeder Recht gegeben. Und das war dann auch okay und ich habe dann mir gedacht, nee, das stehst du durch. Ja, da war wieder so dieses, ne, dann hast du den Härtetest geschafft danach und *das hat einen Grund, daß du hier bist und du sollst auch mal diese Seite sehen, wie es ist, mit dieser Frau zusammenzuarbeiten. Und ich habe das halt durchgezogen. Das gehörte zu einem der schlimmsten Kapitel, die ich da—, also wirklich. Das war wirklich sehr schlimm für mich.«

Amina beschließt, wie bereits gegenüber den PatientInnen, die ›islamische Contenance‹, die ein wesentlicher Bestandteil ihrer Selbstdefinition geworden ist, zu wahren: Sie will sich nicht in Kommunikationsformen und Situationen drängen lassen, die ihr aufgrund einer zugewiesenen niedrigeren Position im hierarchischen Gefällen zugewiesen werden. Es kommt in der gesamten Erzählung nicht fest umrissen heraus, was für sie »das Islamische« ist; es ist für sie selber kein Gegenstand mit klaren Grenzen. Es überschreitet offensichtlich den engeren religiösen Bereich, indem es zum Beispiel nicht allein darum geht, sich gottgefällig zu verhalten. Das Islamische stellt sich vielmehr als eine Kodierung dar, um den Niederungen des Binarität und Hierarchie einschließenden Denkens (Dumont 1991: 132) und Handelns zu entkommen. Es bewirkt eine Kalibrierung des Selbst im Kontext der Refiguration gesetzter Beziehungen. In diesem Sinne verfährt Amina nicht nach den Spielregeln, ihr Recht einzuklagen, was bedeuten würde, aus der negativen Rolle heraus zu agieren und sie damit anzunehmen. Sie versucht, als »Bessere«, die sich auf eine höhere Warte begibt, das Spiel zu kontrollieren. Die ganze Geschichte hat ein paar Wochen gedauert bis zum sowieso anstehenden Wechsel in den nächsten Ausbildungsbereich und sie hat sich ein Ausmaß an Durchhaltevermögen und Disziplin abverlangt, mit dem sie fast an ihre Grenzen gestoßen ist. Aber letztlich hat sie triumphiert, hat den, wie sie formuliert, »Härtetest geschafft« und sich weder in die Deklassifizierung noch in die Opferrolle drängen lassen, sondern ihren Anspruch als Gleiche diszipliniert vertreten, sich an ihre eigenen Regeln und die der Institution gehalten und sich nicht äußerlich aus der Fassung bringen lassen.

Auf der anderen Seite hebt Amina hervor, daß sie, bis auf jenen einen Fall, ihre KollegInnen trotz ihres Kopftuches und trotz deren Annahme von einer spezifischen islamischen weiblichen Ethik, die ihrer Funktionalität Grenzen setzt, mühelos von ihrer ›Normalität‹, ihrem Gleichheitsstatus überzeugen kann. Das gelingt ihr durch den praktischen Beweis, daß es auch in möglicherweise prekären Bereichen wie der Männerstation und prekären Situationen wie dem Anlegen von Kathetern bei männlichen Patienten – dabei wird eine Kanüle in die Harnröhre eingeführt, um Urin abzuleiten; eine Aufgabe, die oftmals bei männlichen Patienten nur vom männlichen Pflegepersonal ausgeführt wird – keine islamische Begründungen oder Rechtfertigung gibt, notwendige Tätigkeiten zu verweigern. Sie führt dazu aus:

»Das wird halt immer so ganz hoch angesehen, daß ich mich—, also irgendeine Schwester hat dann irgendwann mal gesagt, auf der Männerstation, kurz vor der Tür, ›du*, da drinnen ist ein Mann, der ist nackt. Ich hoffe, das ist in Ordnung‹. (lachend) ›Du, ich hab in meinem Leben schon mehrere nackte Männer gesehen, es ist okay‹. (lachend) Also dieses, daß man denkt, das kann man den armen Mädchen nicht zutrauen, sie haben ja noch nie und so, ne. Und das haben sie halt auch ganz toll gefunden und ich fand es aber normal, daß ich, also, daß ich da jetzt was weiß ich—, ein Mann ist für mich ein genau derselbe Mensch. Also mit dem Tuch, ich weiß nicht, was die Leute damit verbinden, ja also, das ist wahrscheinlich irgendwie so, erstmal Brett vor dem Kopf sowieso, aber noch mehr, also daß man, was weiß ich, so keusch und wie—, ich weiß nicht. Also das würde mich mal echt interessieren, das zu wissen. Weil das Tuch ist nur eine Nebensache, also man merkt das gar nicht, wenn man mein Tun und mein Reden, mich da jetzt als Person da verfolgt im Stationsalltag. Ich tu echt dasselbe wie eine Schwester, vielleicht bin ich noch verständnisvoller oder so, vielleicht durch die Religion, weil, es ist ja auch was Soziales. Jede Religion befürwortet ja Soziales. Und ich denke mir auch, daß ich eine extra Belohnung, Belohnung in Anführungszeichen, dafür bekomme, weil ich das ja *, auch an Menschen tue. Also aus unserer Sicht ist der Mensch was Gutes, also der Mensch ist gut und, * alle kranken Menschen sind nun mal auch Menschen, auch egal, was für eine Rasse, Religion oder wie auch immer und dann bekommt er auch, *hassanat* heißt das auf arabisch, also, durch dieses *da'wa* tun halt, *, da ist man nicht so sehr im Minus, ja,. Also man tut ja auf der anderen Seite sehr viele—, bei uns ist es zum Beispiel verboten, über Leute in deren Abwesenheit * Schlechtes zu reden. Wenn ich über Leute rede, soll ich nur Gutes reden, ja. Das kann man überhaupt nicht vermeiden, ja. Also manche Diskussion besteht echt nur aus Lästerung über andere oder sich lustig machen, auch wenn man nicht der Mensch dazu ist, ja. Wenn man auf der anderen Seite so etwas tut, das gibt mir Befriedigung und löscht das andere wieder.«

Amina profitiert hier, in bezug auf die Männerstation, vom Überraschungseffekt. Aus dem unterstellten Minus, auf das sie sich legitimerweise berufen könnte, macht sie ein Plus, indem sie auf die Möglichkeit der Delegation verzichtet. Sie revidiert die Vorstellung der Kollegin von einer globalen islamischen Geschlechtersegregation nach traditionellem Muster.

Sie setzt der Vorstellung von Partikularismus und Selbstexklusion einen sehr modernen Islam entgegen, der ganz im Geiste des Universalismus die Geschlechterdifferenzen einebnet. Ersichtlich ist ein scharfer Gegensatz zu Birzels Ideologie der Geschlechtersegregation als Bestandteil gottgefälligen Handelns. Der »Auftrag«, bei Adorno ein Mittel, um den Unterschied zwischen Autorität und Sentiment zu verwischen (Adorno 1964: 70), erscheint bei Amina als Mittel der Legitimation, um mögliche Widersprüche zu überbrücken und ihr szientistisches Denken, in dem nicht das Geschlecht, sondern der neutrale kranke Körper Beachtung findet, in den Vordergrund zu stellen. Der Auftrag erhebt den Helfenden über den Leidenden, macht das Kopftuch zur Nebensache, während das Religiöse, egal welcher Richtung, aber es klingt wie eine Gleichstellung von Islam und Christentum, als Antrieb für individuelle Caritas hervorgehoben und über die bloße Funktion per Arbeitsvertrag gestellt wird. Das wird deutlich daran, daß sie sich nicht als Krankenschwester bezeichnet, sondern sich »wie eine Schwester«, die nicht nur ihre Arbeit selbstverständlich gut verrichtet, sondern überdies mitfühlt, sieht. Hier verschränken sich weltliche und religiöse Motive im individuellen Leistungsethos und führen über Caritas zu einer Neutralisierung von Geschlecht und Herkunft. Religiös zahlt sich das überdies noch aus im Kampf gegen das Minus an gottgefälligem Verhalten, das der eigenen Kontrolle ständig zu entschlüpfen droht. Der Anreiz der Belohnung reicht aber für Amina offenbar nicht aus, um die Ausbildung und die damit verbundenen Niederungen der Herabwürdigung durchzustehen. Sie bricht, wiederum nicht regellos, sondern in Übereinstimmung mit administrativen Zeitabläufen, die einen Zwischenabschluß vorsehen, die Ausbildung ab, um mit dem Medizinstudium zu beginnen. Sie bewertet diese Zeit als eine Phase der Selbstprüfung, die sie nach der langen Schulzeit mit einem Teil des wirklichen Lebens konfrontiert, zu dem neben der Arbeit auch die praktischen Auswirkungen der kulturellen Konstruktion der islamischen Frau gehört.

Abschließend läßt sich festhalten, daß das Feld der beruflichen Arbeit für die neo-islamischen Frauen von nahezu unverzichtbarer Bedeutung ist. Die Alltagspraxis sticht hier ab von moralischen Bedenken, die den islamischen Diskurs kennzeichnen. Advokaten eines modernen Islam wie al-Faruqi oder el-Bahnassawi tun sich sichtlich schwer mit der Befürwortung weiblicher Berufstätigkeit. Sie betonen, daß es auf Grund der Quellen keinen Grund für ein prinzipielles Verbot gebe, argumentieren aber hochgradig moralisch, indem sie sorgfältig auf »latente Nachteile«, die die arbeitenden Frauen selbst, die Kinder und die Gesellschaft an sich bedrohen können (el-Bahnassawi 1993: 86f.) weisen. Die jungen Frauen setzen dem, ohne Widersprüche auszulösen, entgegen, daß sie wissen, wo die ›eigenen Grenzen‹, wo die Grenzen für sie als islamische Frauen liegen. Berufstätigkeit ist ein fester Bestandteil ihrer Lebensplanung, an dem auch die persönliche Islamisierung nichts ändert.

Zentraler als der ökonomische Aspekt, der sich mit einer guten Berufsausbildung verbindet, ist der symbolische. Berufliche Karrieren, auch wenn sie sich bescheiden ausnehmen, vermitteln in der Referenz zur ersten Frauengeneration der Migranten, die in erster Linie Hausfrauen und Arbeiterinnen sind, sozialen Aufstieg und soziale Integration (vgl. auch das folgende Kapitel). Sie sind eine Manifestation persönlicher Gleichwertigkeit. Sie bilden den Schlüssel für soziale Anerkennung, für die Aufhebung der Verkennung, in der das Gastarbeiter-Stigma zunächst unbesehen auf die einzelne Person übertragen wird. Der Arbeitsplatz bildet ein öffentliches Mikrofeld der Auseinandersetzung um Anerkennung, in dem man als moderne Frau und als Muslima seine Gleichwertigkeit über Leistung repräsentieren kann. Das Islamische als das Eigene und das zu Verteidigende, weil es als Bestandteil des tiefen Selbst definiert ist, ist nicht nur Last auf dem Arbeitsmarkt, sondern Bewährung in einem dichten Raum des Austausches und der Austauschbarkeit. In zahlreichen Situationen der Bewährung und der Aushandlung erfolgt eine, im Sinne Lukács' und Hellers, Subjektwerdung durch die Transzendenz von Grenzen auf der Basis persönlichen Handelns. Dabei geht es nicht nur darum, den anderen zu zeigen, daß man etwas kann, daß man das gleiche leisten kann wie sie. Gleichzeitig liegt hier ein maßgebliches Feld der praktischen Ausformung der Idee Islam, indem persönliche Entscheidungsspielräume und systemische Anforderungen in Taktiken der Ausbalancierung verbunden sind. Der Islam zeigt sich hier nicht als rigides System, sondern als ein lebendiger Fluß alltagsweltlicher Akte, die sich mit anderen verknüpfen bzw. mit ihnen koexistieren. Im Verständnis der neo-islamischen Frauen bejaht der Islam die weibliche Berufstätigkeit: als Feld der Entfaltung und nützlichen Anwendung subjektiver Ressourcen unabhängig vom Geschlecht – auch als Maschinenbauingenieur, einem männlich besetzten Beruf, zu arbeiten, ist wie eine Frau, die nichts dabei findet, fast nur mit männlichen Kommilitonen Umgang zu haben, belegt, kein Hindernis –, und vor allem als Feld der Repräsentation und des Dialogs. Dabei bildet eine Arbeitsethik, die neben der Sprengung ethnischer Segregationstendenzen wie sie die Einwanderungsgesellschaft aufwirft, auch die tiefen ›kernislamischen‹ Grenzen der geschlechtlichen Segregation auflöst, ein Hauptinstrument, über das sich

Selbstaffirmation und Anerkennung ineinander vermitteln. *Da'wa* oder *jihad* erscheint in der Form einer sehr praktischen situations- und subjektorientierten, auf bestehende und habitualisierte Machtpolitiken der multikulturellen Gesellschaft rekurrierende Anerkennungspolitik.

V. Die leiblichen Mütter der Gläubigen – Mütter und Töchter im Zeichen moderner kultureller Konstruktion

Standen in den beiden vorherigen Kapiteln Identitäts- und Anerkennungspolitiken im öffentlichen Raum im Vordergrund (vgl. Nökel 2001), so wenden wir uns in diesem wie auch im nächsten Kapitel jenen zu, die die privaten und intimen Beziehungen betreffen. Das Projekt des souveränen islamischen weiblichen Selbst reifiziert sich für die jungen Frauen nicht nur in der Auseinandersetzung und im Dialog mit anderen und im öffentlichen Feld, sondern auch in der privaten Sphäre. Offensichtlich besteht eine Notwendigkeit der Synchronisierung, um das eigene Selbst gleichermaßen in beiden Beziehungsräumen zu entfalten. Die Auseinandersetzung mit den Müttern bzw. den Frauen der ersten Immigrantengeneration bildet einen Ansatzpunkt, um diese Synchronisierung erfassen zu können.

»Mütter der Gläubigen« ist der Titel eines schmalen Bandes von Farouk Mohamed El-Zayat (1992), in dem die zwölf Ehefrauen des Propheten vornehmlich unter den Aspekten der Eheschließung, der Beziehung des Propheten zu jeder einzelnen sowie ihren Beziehungen untereinander beschrieben werden. Sie bilden als die Frauen der ersten historischen islamischen Generation und als Akteure, die durch die Nähe zum Propheten an der Gestaltgebung des Islam beteiligt waren, sozusagen die weibliche Komponente des Ur-Islam. Allerdings bleiben ihre persönlichen und sozialen Konturen infolge der Prioritäten einer vormodernen Geschichtsschreibung nur schwach (vgl. Djebar 1997). Die jungen islamisierten Frauen verweisen hin und wieder auf zwei der Frauen, auf Khadidja, die erste und sehr viel ältere Ehefrau des Propheten, eine erfolgreiche Geschäftsfrau, mit der er in monogamer Ehe fast dreißig Jahre verheiratet war und auf Aisha, die Jüngste, die für ihre Scharfsinnigkeit und ihre Intervention in politischen und militärischen Angelegenheiten bekannt ist. Diese beiden Frauen werden angeführt, vor allem auch konservativen Muslimen gegenüber, wenn es um die Variabilität der weiblichen Geschlechtsrolle und um die Gleichwertigkeit und gegenseitige Achtung der Geschlechter geht. Sie bilden für die jungen Frauen und ihre Entwürfe vom reinen, vom wahren Islam eine Art Hintergrundwissen dafür, daß patriarchalische Ordnungsideen nicht unbesehen als gottgewollt legitimiert werden können, sondern auf Machtinteressen basieren. Für die jungen Frauen ist dieses historische Wissen, auch wenn es nicht mehr ist als ein Blitz am Horizont, insofern von Bedeutung als sie darin einen Beleg sehen, daß islamische Gläubigkeit nicht auf

Einebnung zielt, sondern durchaus mit verschiedenen Persönlichkeitsstrukturen und verschiedenen Weiblichkeitskonzeptionen vereinbar ist und nicht ausschließlich Weiblichkeit in Konnotation zu Mutterschaft, Familie und Haushalt definiert.

Es findet keine Auseinandersetzung mit den historischen Frauengestalten statt, sondern es sind die aktuellen, die lebenden Frauengestalten, vor allem die, die die Mutter bzw. die Müttergeneration verkörpern, die zu Auseinandersetzungen zwingen. In Kontrast zu ihnen erfolgt eine »politische Wiederinbesitznahme islamischer Religiosität und Lebensform« (Göle 1995: 13). Die Biographien und die Ideen der eigenen Biographien zwischen den Generationen unterscheiden sich enorm. Das ist unabhängig von ethnischen Besonderheiten infolge des rapiden sozialen Wandels zu erwarten, nur sind die intergenerationellen Differenzen bei den Immigrantinnen bedeutend größer. So sind die Mütter der jungen Frauen in der Regel Hausfrauen. Einige waren oder sind Arbeiterinnen in Fabriken oder Beschäftigte in Putzkolonnen. Nur wenige verfügen über einen Schulabschluß, wenn, dann zumeist über einen höheren, waren aber nicht berufstätig. Die meisten sind Analphabetinnen und verfügen in der Regel über rudimentäre Kenntnisse der deutschen Sprache. Sie stehen damit in großem Kontrast zu den Töchtern, an deren schulischen und beruflichen Verläufen sie kaum Anteil haben, sie kaum stützen können, sie aber auch nicht massiv in Verläufe drängen, die den eigenen ähneln. Es finden sich kaum Anhaltspunkte, wie sie über die Pläne und Wege ihrer Töchter denken. Dagegen erscheinen die Väter als diejenigen, die aufgrund eines Bildungsvorsprungs, der auch Kenntnisse der deutschen Sprache umfaßt, und aufgrund der Erfahrung mit Institutionen handeln. So fallen hin und wieder auch Bemerkungen, daß die Entscheidung für weiterführende Schulen mit dem Vater beraten wurde oder daß die Mutter dem Vater aufgrund ihrer eigenen Unerfahrenheit die Aufgabe delegiert, sich um die schulischen Angelegenheiten der Kinder zu kümmern. Die Anzeichen sprechen dafür, daß die Mütter den beruflichen Plänen der Töchter nicht ablehnend gegenüberstehen. Sie fördern sie indirekt durch die Freisetzung von der Hausarbeit, damit sie lernen können, sie wimmeln Heiratsgesuche von guten Partien bedauernd ab, damit die Töchter ihren Ausbildungen nachgehen können, aber es würde ihnen auch nichts ausmachen, wenn sie heiraten und Hausfrauen werden. Auf der anderen Seite ist aus den vorangehenden Kapiteln deutlich geworden, daß die jungen Frauen ein Selbstverständnis als moderne Frauen entwickeln, das den Vorstellungen und faktischen Lebensbedingungen der Mütter geradezu diametral gegenübersteht. Das zeigt sich in den beruflichen Plänen sowie in Worten wie den folgenden, die eine junge Frau an ihre Mutter richtet als diese ihr von Heiratsinteressenten berichtet, nämlich: »Ich will nicht so enden wie du«, das heißt als Hausfrau und im öffentlichen Raum lediglich in der Funktion als Putzfrau in einem Verwaltungsgebäude, die die »Klos der Deutschen sauber macht«[49]. Zugleich stellt das Tragen des Kopftuches, das in der Regel auch ein Kennzeichen der Mütter ist, wenn auch in gänzlich anderen Bedeutungskontexten ein Moment der Solidarisierung, aber nicht der kulturellen Reproduktion her.

Die folgenden Ausführungen beziehen sich auf die Reflexionen der islamisierten Frauen über ihre Mütter bzw. über die Frauen der ersten Immigrantengeneration. Dabei geht es nicht um persönliche intersubjektive Beziehungs- und Machtgebilde und ihre psychologische Entschlüsselung, sondern um subindividuelle Strategien sozialer Klassifizierung, die am Frauenkörper und der »Inszenierung von Weiblichkeit« (Prokop 1994) ansetzen. Die Frage, wie die jungen Frauen ihre Mütter bzw. die Frauen der ersten Immigrantengeneration thematisieren ist deshalb von Interesse, weil sich daraus Schlußfolgerungen in zweierlei Hinsicht schließen lassen: erstens über die Konstruktion der eigenen modernen islamischen Weiblichkeit in Abgrenzung zur traditionellen Weiblichkeit als Ausdruck einer Mikropolitik hinsichtlich Identität und Klasse; zweitens über Mediatisierungsformen, die zur Erzeugung dieser Konstruktion in ihren Identitäts- und Abgrenzungsmomenten beitragen.

Zur Thematisierung der Mutter in den biographischen Erzählungen

Analysiert man die biographischen Erzählungen unter dem Aspekt der Mutter-Tochter-Beziehung oder allgemeiner unter dem Aspekt, wie die jungen Frauen ihre Mütter beschreiben, so fällt zunächst einmal auf, daß nur in wenigen Fällen die Mutter eingehender thematisiert wird. In den meisten Fällen bleibt sie marginal und wird nur im Kontext von Situationsschilderungen kurz erwähnt, in einigen wird sie geradezu systematisch ausgeschlossen, auch wenn die Erzählende noch im elterlichen Haushalt lebt und somit tägliche Interaktion stattfindet. Ein Grund ist darin zu sehen, daß die Erzählungen insgesamt sehr an der eigenen Person und der Entwicklung der eigenen Person orientiert sind. Das erklärt sich zum Teil daraus, daß sie als Bildungsaufsteigerinnen aus dem Minus heraus – dem Minus an Sprache, an habituellem, sozialen, ökonomischen Kapital – sich ziemlich einsam durchkämpfen mußten und müssen. Auch über Geschwister wird kaum gesprochen. Über die Väter wird, im Vergleich zu den Müttern, mehr erzählt. Sie werden häufiger erwähnt, weil sie in den lebensweltlichen Bereichen, auf die sich die Töchter in ihren Erzählungen vornehmlich beziehen, mehr Berührungspunkte mit ihnen haben. Sie kümmern sich zum Beispiel um schulische Angelegenheiten, treffen wichtige biographische Entscheidungen oder sie setzen sich, in welchen Formen und in welchen Intensitäten auch immer, mit islamischen Fragen auseinandersetzen. Manchmal ist die emotionale Nähe zum Vater größer als zur Mutter, manchmal umgekehrt, manchmal relativ gleich auf beide verteilt. Ziemlich klar ist, daß die Väter Autoritäten in der Familie sind, die man nicht umgehen kann. Bei den Müttern ist das nicht immer so klar. Im Zusammenhang mit ihnen hat der Begriff Autorität keine feste Form. Die eine oder andere Tochter beschreibt die Mutter als hartnäckig und starrsinnig sowohl gegenüber den Kindern wie auch gegenüber dem Ehemann, aber Durchsetzungsfähigkeit ist hier nicht positiv besetzt. Die innerfamiliären Beziehungstypen wie Persönlichkeitstypen sind insgesamt ziemlich unterschiedlich ebenso wie Konfliktsituationen, die daraus entstehen können. ›Die‹ türkische oder marokkanische oder arabische Familie gibt es eben nicht (vgl. Nauck 1994; Nauck et al. 1997; Rosen 1993), wohl aber eine Reihe von Essentialisierungen hinsichtlich der islamischen Frau und der durch den Islam geprägten Geschlechterbeziehungen, die sich in bezug auf die erste Immigrantengeneration herausgebildet haben (vgl. Lutz 1991; Nestvogel 1996; Räthzel 1992, 1993; Westphal 1996). Beides, die biographischen intergenerationellen Unterschiede wie die Essentialisierungen, die zur Naturalisierung der sozialen, auf Ethnos sich mit gründenden Hierarchie beitragen, spiegeln sich häufig darin wieder, daß die subjektive Perspektive der Töchter durch die soziale überlagert wird. Die Mutter wird dann nicht als partikulare Person mit spezifischen Eigenschaften und Verhaltensweisen geschildert, als Bestandteil einer intersubjektiven Beziehung, sondern entsprechend ihrer sozialen Position im Klassifikationsschema. Zeigt sich in einigen Fällen, manchmal nur andeutungsweise, daß eine enge persönliche Beziehung vorhanden ist, ersichtlich etwa in steter Kommunikation oder gegenseitiger auf Respekt gründender Rücksichtsnahme, so wird andererseits deutlich, daß die Beziehung zwischen Müttern und Töchtern durch soziale Ordnungsmechanismen gesteuert ist, die das Intersubjektive dieser Beziehung überformen.

In einer relativ kurzen Erzählung ist dieses Muster ganz offensichtlich zu erkennen: Die Erzählerin hat in diesem Fall an der Mutter nichts auszusetzen. Diese ist zwar Analphabetin, spricht kein deutsch (ein Grund, weshalb vor Jahren die noch kleinen Freundinnen der Töchter Angst vor ihr hatten und kaum wagten, die Wohnung zu betreten) und ist deshalb in vielen Angelegenheiten auf die Hilfe von Ehemann und Kinder angewiesen. Gleichzeitig aber hat sie ein herzliches Verhältnis zu den Kindern. Und sie trifft kluge Entscheidungen. Das tut sie im Innern der Familie, wenn sie etwa die eine Tochter, die den ›Islamisierungskurs‹, den in diesem Fall die Familie vor einiger Zeit eingeschlagen hat, nicht persönlich mittragen will (ihre Schwestern sind hingegen geradezu begeistert davon), vor den Interventionsversuchen des Sohnes mit dem Argument in Schutz nimmt, daß es deren persönliche Sache sei und sich dagegen verschließt, ihre mütterliche Autorität von ihm instrumentalisieren zu lassen und als Wächterin von Moral und Ordnung aufzutreten. Das tut sie aber auch nach außen, zum Beispiel in der Form, daß sie vor Jahren mit der kleinen Tochter als Dolmetscherin das örtliche Wohnungsamt so oft aufsuchte bis die Familie eine Wohnung in ausreichender Größe und Ausstattung bekam und endlich die bisherige, viel zu kleine Wohnung ohne Badezimmer, mit Toilette auf dem Hausflur, aufgeben konnte. Der Vater war hier nicht initiativ geworden, weil seiner Ansicht nach die Remigration kurz bevor stand und man besser das Geld für die Einrichtung nach der Rückkehr sparen sollte. In der Erzählfigur sind es diese beiden Objekte, die Tochter, die Akte des Islamischen bewußt vernachlässigt (ihr Kopftuch sitzt unordentlich und sie drückt sich vor dem Beten) und die neue Wohnung, die die Mutter charakterisieren als eine Frau, die trotz ihrer Ungebildetheit über einen unbestechlichen Sinn für Gerechtigkeit verfügt. Sie läßt sich weder von einer abstrakten Moral noch einer Tradition noch unrealistischen Plänen beeindrucken und sie scheut nicht den Umgang mit staatlichen Institutionen, sondern weiß in Verhandlungen mit ihnen ihre Interessen und die der Familie durchzusetzen. Sonst erzählt die Tochter nicht viel mehr über die Mutter, so daß diese beiden Erzählmomente plus der offensichtlichen Solidarisierung der Tochter mit der Mutter als geschlossene Einheit betrachtet werden können, in denen sich alltagsweltliche Kriterien einer als positiv bewerteten Frau in Referenz auf die Migrantenfrau komprimiert niederschlagen. Nicht so sehr, wie man persönlich miteinander umgeht, was man zusammen macht, wie das interpersonelle Beziehungsgeflecht aussieht, ist hier relevant, sondern der soziale Blick, der Blick auf Wert und Effizienz, ist vordergründig.

Es besteht eine Verdoppelung der Mutter, die zum einen, in den biographischen Erzählungen kaum reflektiert, ein partikularer Mensch mit persönlichen Gewohnheiten ist und andererseits eine essentialisierte Figur in der Repräsentation sozialer Hierarchien. Charakteristisch ist für die Töchter im Kontext der biographischen Erzählung nicht, was die Mütter tun, sondern, was sie nicht tun, was sie nicht haben. Ihr Minus als soziale, anerkanntes rationales Wissen vermittelnde Akteure rückt in den Kern der Thematisierung. Das geschieht auf zweierlei Weise: durch das Schweigen, wenn in der gesamten Rekonstruktion der Lebensgeschichte anscheinend die Mutter keine Rolle spielt; Beiträge wie der Erwerb zusätzlichen Familieneinkommens oder die Freisetzung von der Hausarbeit, womit den Töchtern Zeit eingeräumt wird, um für die Schule zu arbeiten, werden nur indirekt und wenig gewürdigt präsentiert. Oder es erfolgt eine betonte Auf- und Umwertung, indem Situationen betont werden, aus denen hervorgehen soll, daß die Mutter selbständige Entscheidungen trifft, in ihrer weiblichen Domäne dominant ist oder daß sie in ihrem häuslichen Bereich über spezifisches Wissen verfügt (etwa als Gartenexpertin, die einem kleinen Stück Land optimale Ernten zu entlocken weiß). Beide Taktiken sind Antworten auf Essentialisierungen der muslimischen Frau, die sich an der ersten Generation der Immigrantenfrauen festmachen, die die jungen Frauen einerseits übernehmen und gegen deren Übertragung auf sich selbst sie ankämpfen.[50] Beide Taktiken sind Reaktionen auf spezifische kulturelle Konstruktionen, die das weibliche Subjekt in bezug auf seine öffentliche Relevanz, in bezug auf den Klassennexus und den Universalitätsnexus definieren. Im Detail und in bezug auf Alltagswissen und Alltagspraxis erläutern das die folgenden Beispiele.

Hatice: »Gegenüber dieser Gesellschaft war meine Mutter nichts.«

»Sie ist eben traditionell« und »sie macht eben was mein Vater sagt« – das sind pauschale Charakterisierungen der Mutter, die nicht grundsätzlich, aber häufiger auftreten. Solche Aussagen fallen im Zusammenhang mit der religiösen Praxis wie bezogen auf lebensweltliche Thematiken. Sie sprechen der Mutter jegliches Eigenleben, jeglichen Antrieb zu einer Transzendenz ab. Sie reflektieren eine passive Weiblichkeit, einen »unsichtbaren Schatten« (Lutz 1989) männlicher Autorität wie der Autorität der Tradition. Sie reflektieren die Mutter als Symbol einer ethnisch definierten unteren Klasse, die sie selber durch ihre Biographien überschreiten. Die Klassenhierarchie reifiziert sich in der Mutter und droht die eigenen Ambitionen der Integration, des Seinwollens wie die anderen zu unterlaufen, weil sie eben nicht unsichtbar ist, sondern ein unübersehbares Klassenemblem. Sie ist der Inbegriff des Türkischen. Deutlich wird das bei Hatice. Sie ist Ende zwanzig, hat selber Kinder und eine pädagogische Ausbildung. Bevor sie mit Anfang zwanzig Muslima wurde, war sie im linksliberalen

Spektrum ihrer Heimatstadt engagiert. Diese Merkmale finden sich in ihrer Deutung und ihrer vergleichsweise sehr reflektierten Darstellung wider:

»... Und ich hab auch gemerkt zum Beispiel, zu der Zeit, als ich nur Frauen kannte wie meine Mutter, da hab ich immer das alles abgelehnt. Ich wollte mit nichts Türkischem, nichts Islamischem in Berührung gebracht werden ... Ich denke mir, ich glaube, ich wollte nicht in der Situation sein, in der meine Mutter war. Die hatte nichts zu sagen. Okay, in der Familie war meine Mutter sehr dominant. Ja. Daß sie sogar dominanter war als mein Vater. Wenn Besuch da war, sie hat immer erzählt und sie hat gesagt, sie hat bestimmt, ja. Und * dann haben sie *hm, ja, aber indirekt, in dieser Gesellschaft selbst, die anerkannt war, ja, gegenüber dieser Gesellschaft, die ja bestimmt hat und so, da war meine Mutter nichts. Und deshalb wollte ich das wahrscheinlich. Wenn meine Freunde zu mir nach Hause kamen, ich hab mich immer geschämt, ob das immer alles in Ordnung ist, ob das Essen so ist, wie die meinen und so. Und heute denk ich mir, wenn ich bei denen war, ja, wie's bei denen aussah und so. Aber immer diese, diese Komplexe, die einem gegeben werden, ja, und *, die haben dann, ich hab mir aber nie Gedanken darüber gemacht, wie es bei denen aussah. Bei denen sah das aus! Aber heute kommt mir das. Die haben ja nichts, das war ja ganz normal alles, bei mir, ich mußte immer aufpassen, ja. ... Ja, für mich mußte alles in Ordnung sein, überhaupt keine Vorurteile unterstreichen, zeigen, daß wir nicht schmutzig waren. Alles, was man so als Türke, * als Stereotyp weiß, das durfte bei uns nicht bewiesen sein für sie. Und irgendwann dann hab ich gemerkt also, ich wollte nicht so sein wie meine Mutter, also ich wollte diese Vorurteile alle nicht unterstreichen. In denen ich so aussah wie **sie**, ja.

Und irgendwann hab ich Frauen kennengelernt, die selbstbewußt waren in dieser Gesellschaft, die deutsch konnten, die Auto fuhren. Dann hab ich ein Kopftuch aufgesetzt, bin durch das ganze Dorf gelaufen (lachend). Da hat's mir nichts mehr ausgemacht, ja, ich hatte jetzt Frauen, die, zu denen ich sagen konnte, so kann ich sein, so wie die, die selbstbewußt waren und die in dieser Gesellschaft sich auch getraut haben was zu machen.

Wenn wir von der Schule was gesagt haben, hat meine Mutter immer gesagt, Lehrer hat immer Recht. Ja. Weil sie ja gar nicht ankommen konnte. Das wußte sie ja von vornherein. Heute hab ich Mitleid mit ihr, wir haben sie immer so, du hast nicht deutsch gelernt und du hast das nicht gemacht und du bist keine erfolgreiche Frau. So kamen wir immer. Aber heute denk ich mir, sie hat fünf Kinder gehabt, hat gearbeitet und hat uns so weit gebracht, daß wir frei waren und daß sie uns nicht eingeengt hat. Das ist 'ne Leistung. Das würd ich heute nicht schaffen. Ja. Aber damals kann man das, konnte man das nicht verstehen. Eigentlich war sie von meinem Vater und so nie unterdrückt, meine Mutter. Heute weiß ich das, daß das diese Gesellschaft war, die sie so gesehen hat. Ja. Aber sie selbst war es nicht und ist immer noch so, ja. Wenn sie redet, ist mein Vater ruhig. Vielleicht ist das auch so was, ich hatte nie Probleme mit Männern und so, weil ich vielleicht so 'ne Mutter hatte, ja, oder mein Vater, zu dem hatte ich einfach ein gutes Verhältnis.«

Hatice setzt in dieser Passage an zu einer Rehabilitierung der Mutter. Sie ist zu der Erkenntnis gelangt, daß sie (wie auch die Geschwister) ihre Mutter im Blick hierarchischer sozialer Machtverhältnisse be- und entwertet hat. Die negative Weiblichkeit der Mutter, ihr Bereich, der Haushalt, für den sie zuständig ist, der aber stets dem Verdacht unterliegt, nicht »in Ordnung« zu sein und der Überprüfung anderer zu genügen, ihr Aussehen – in all diesen Eigenschaften und Situationen repräsentiert die Mutter auf zentrale Weise das negative ethnische Stereotyp, das Türkische, das Hatice in keiner Beziehung Ansätze zu einem Vorbild gibt und von dem sie sich zu distanzieren sucht. Im Nachhinein stellt sie fest, daß die Furcht, die »Komplexe«, die ihr »gegeben« wurden, sie blind gemacht haben für die Unterscheidung von sozialer Konstruktion und tatsächlichen Verhältnissen. Inzwischen hat sie Kriterien gefunden für die Feststellung, daß die Mutter zumindest nicht ›als Frau an sich‹, als ›Türkin an sich‹ eine Opferfigur ist. In ihrem unmittelbaren Bereich, im Privaten, in der ehelichen Beziehung ist sie dominant, hat sie durchaus eine Stimme, hört man ihr zu. Auf der Ebene der Geschlechterbeziehungen ist sie »eigentlich nicht unterdrückt«; die elterliche Beziehung ist in Hatices Augen deutlich eine asymmetrische, aber keine oppressive. Sie entspricht ganz und gar nicht ihrem Geschmack, ihren Vorstellungen einer partnerschaftlichen Ehe. Sie versteht sie eher als ein Spiel, dessen Regeln beide Beteiligten aushandeln und bei dem der Anschein und das Sein sich unterscheiden können. Einen Beweis sieht Hatice darin, daß sie selber keine habituell übertragenen Schwierigkeiten mit Männern hat, sondern sich Männern gegenüber durchzusetzen versteht. Die Ursache, nämlich das Vorbild der Mutter, relativiert sie allerdings, indem sie im gleichen Atemzug konstatiert, daß sie einen Vater hat, zu dem sie ohne Schwierigkeiten ein »gutes Verhältnis« haben konnte. Eine völlige Reversion kann sie damit nicht leisten.

Ihren Rehabilitierungsbemühungen zum Trotz kommt die Mutter allerdings nicht aus dem Schatten des Vaters heraus. Das zeigt sich in anderen Zusammenhängen, etwa wenn sie auf die erzieherische Strenge der Mutter verweist, die vor allem bei längerer Abwesenheit des Vaters zum Tragen kam, so daß sie und ihre Geschwister froh gewesen seien, wenn er wieder da war. Sie weist auf keine konkreten Situationen, aber es scheint eine Mischung aus persönlichem Charisma, Liberalismus und Autoritätsvorsprung vor der Mutter zu sein, die dem Vater in der Familie leichter Anerkennung und Gehör verschafft. Vor allem seinen Liberalismus und seine Unabhängigkeit teilt die Mutter, obwohl sie »uns nicht eingeengt hat« nicht: Sie ist eher konservativ, an der Reproduktion konventioneller Weiblichkeit orientiert. Das hängt, wie Hatice kommentiert, damit zusammen, daß sie aus einer konservativen Familie stammt und sich von ihrem eigenen konservativen Bruder beeinflussen läßt. Dieser Onkel wohnte in der Nähe und pflegte ein Auge auf den Lebenswandel seiner Nichten zu werfen. Mit dem Schwager geriet er in Streit, weil der nichts gegen die kurzen Röcke und gegen den Aufenthalt seiner Töchter in der Eisdiele zu unternehmen gedachte.[51] An diesem Beispiel läßt sich zum einen die mangelnde Autonomie der Mutter ablesen, die wie zu vermuten ist, die Ansichten des Bruders teilt, ihnen zumindest nichts entgegenstellt, wie auch eine theoretische Ambivalenz zur Frage der weiblichen Macht, denn die Durchsetzung der Mutter (als Verlängerung des Bruders) wäre auf Kosten der Töchter gegangen. Die Mutter verfügt, laut Hatice qua familiärem Habitus, nicht über das Transzendenzvermögen des Vaters, der seines wiederum seiner Mutter zu verdanken hat. Ihre Großmutter führt Hatice als Horizont einer nicht autonomen, aber offenen traditionellen Weiblichkeit ein. Sie nämlich stammte aus einer Familie bekannter lokaler religiöser Gelehrter, war auch selbst gut in religiösen Angelegenheiten bewandert und sie war im Dorf das erste jugendliche Mädchen, dem erlaubt wurde/das es sich erlaubte, an der damaligen modernen Attraktion, dem Kino im Dorf, teilzunehmen. Überdies sorgte sie dafür, daß Mädchen in der Familie zur Universität geschickt wurden. Sie, »wahrscheinlich eine gebildete Frau, nicht studiert, aber gebildet im islamischen Sinne« war es auch, die nach Hatices Ansicht dafür verantwortlich ist, daß die religiöse Ausrichtung des Vaters, die sich zu entwickeln begann, als sie selbst im jugendlichen Alter war, keine engen konservativen, sondern liberale Formen angenommen hat.[52] Für diesen religiösen, aber liberalen Vater ist sie, wie sie berichtet, von anderen türkischen Mädchen, die sich als »frei« verstanden, weil sie aus nichtreligiösen Elternhäusern kamen, bewundert worden, weil sie trotzdem »mehr durfte« als sie, zum Beispiel das Theater der nächsten größeren Stadt besuchen und erst nach Mitternacht zurückkehren. Die Mutter kann bestimmen, sie kann reden, aber die eigentlichen Entscheidungen, was gut ist, was erlaubt ist in der Zone, in der »Öffentlichkeit« involviert ist, trifft nicht sie, sondern der Vater. Nicht sie, sondern er ist es, der für Hatice die moralische Kompetenz besitzt, den fremden öffentlichen Raum zu erschließen und vor allem die heranwachsenden Töchter sich ihn für sich erschließen läßt. Er teilt nicht nur seine Autorität mit ihnen, sondern gibt ihnen den Raum eigene Autorität im Umgang mit den Dingen, mit den anderen, mit den sozialen Regeln, die das Weibliche zu bestimmen suchen, zu entwickeln. Er, nicht die Mutter, öffnet den Raum für die Akkumulation habitueller Ressourcen, die für eine moderne Frau notwendig sind. Die habituellen Ressourcen der Mutter hingegen sind kontraproduktiv oder nutzlos in der Lebenslage der Töchter. Sie beherrscht zum Beispiel, wie Hatice anführt, die Kunst der Gastfreundschaft, indem sie ohne Vorbereitung, auch wenn es ihr überhaupt nicht paßt, jederzeit »mit einem lachenden Gesicht einen Gast empfangen«, »höflich sein« und ausschließlich für ihn da sein kann – das in einer Weise und mit Ritualen, die eine soziale Beziehung ausdrücken, die Hatice nicht ausführen kann. Wenn sie selber Gäste zu bewirten hat, bietet sie einmal an und »denk(t sich), das ist da, die Leute nehmen schon«, in den Augen der Mutter eine Verstümmelung des Interaktiven, verursacht durch die »Integration«.[53]

Dieses ist aber in der gesamten Erzählung die einzige positive Eigenschaft, die Hatice ihrer Mutter abgewinnen kann, neben der generellen Würdigung, daß sie als Mutter von vier Kindern auch noch erwerbstätig war. Sie ist zwar nicht »erfolgreich«, keine Frau, die bewundert wird, aber sie hat sich immerhin redlich abgerackert und gegeben, was sie geben konnte. Hatice vollzieht keine Reversion. Sie hat ihren Blick anders eingestellt, hat »heute ... Mitleid« mit ihr wegen der früheren Geringschätzung. Sie hat einige positiven Seiten an ihr gefunden. Das ändert aber letztlich nichts an der Idee von Weiblichkeit, die dem Reproduktionszirkel offener »symbolischer Gewalt« (Bourdieu 1997) unentrinnbar verbunden bleibt. Diese symbolische Gewalt, im »Dunkel der Schemata des Habitus« (ebd.) verwurzelt, aber in der ethnischen Thematik in Teilen sichtbar gemacht, kann partiell durch ein Instrument, nämlich islamisches Wissen, neutralisiert werden. Hatice demonstriert das an einer Episode, in der ihre Mutter plante, allein in die Türkei zu reisen, ein Unternehmen, das der Vater ablehnte mit einem spontanen und generellen »Das geht nicht«. Hatice hingegen überzeugte ihn, daß das sehr wohl geht:

»Ich habe ihm das bewiesen. Ich konnte ihm das anhand des Islam beweisen. Er war ja davon angetan, ja, und das konnte ich dann, das war sehr gut. * Ich hab zu ihm gesagt, in der Wüste damals durfte die Frau drei Tage alleine reisen, ohne künstliches Licht und was weiß ich, ganz alleine und warum soll sie heute in dieser Gesellschaft mit solchen Sachen gar nicht?«

Für Hatice, die damals begonnen hatte, sich für den Islam zu interessieren, aber noch weit entfernt war von einer religiösen Überzeugung und dem

Tragen des Kopftuches, sondern sich noch mitten in der Phase befand, in der sie sich »gegen dieses Türkische immer gewehrt« hat, weil »alles was türkisch war, traditionell war, mich eingeengt hat« und in der sie einen »Drang nach allem was links, kurdisch, aufständisch, fortschrittlich war und das ich von zu Hause nicht kannte« hatte, könnte das eine Art Schlüsselerlebnis gewesen sein. Sie hat den doxischen Zyklus der zwischengeschlechtlichen symbolischen Ordnung für einen Moment durchbrochen durch eine rationale Argumentation und die Umwandlung von Buchwissen in praktisches Wissen. Damit hat sie eine Ressource gefunden, die der Mutter, die traditionelles, aber nicht religiöses Wissen hat, die vielleicht die ›alten Geschichten‹ kennt, aber sie nicht praktisch nutzen kann, die die eingefahrenen Gleise der symbolischen Ordnung nicht verlassen kann, die symbolische Ordnung als naturalistisch hinnimmt, verschlossen bleibt. Hatices Mutter verfügt, vielleicht, aber eher nicht über dieses Wissen und wenn, dann versteht sie nicht, praktisch relevante Analysen und Umsetzungen daraus herzustellen. Auch ansonsten hat sie kein relevantes Wissen aufzuweisen, daß ihr erlaubt, anderen Formen symbolischer Gewalt, die ihr ein »selbstbewußtes Auftreten in dieser Gesellschaft« vorenthalten, gegenüberzutreten. Einer Person wie dem Lehrer kann sie nichts anderes entgegensetzen, als die Autorität, die er beansprucht, anzuerkennen. Sie kann sich, wie Hatice in einer anderen Episode mit einem Rechtsanwalt[54], der sie einmal arbeitsrechtlich vertreten sollte, nicht als Subjekt behaupten, sondern muß ein Objekt der Essentialisierung bleiben. Sie kann ihre Interessen definieren, aber sie hat keine Stimme (sie kann sich lediglich die der Tochter leihen) und sie kann sich keine verschaffen.

Relevant für Hatice ist das öffentliche Feld, in dem die türkische Frau sich bewähren muß im Kampf gegen eine symbolische Ordnung der männlichen wie der ethnischen Herrschaft. Beides liegt auf der gleichen Achse. Über Geschlecht wie Sprache (Bourdieu 1991) etabliert sich symbolische Herrschaft. In beiden Fällen hat die Mutter versäumt, Ressourcen zu akkumulieren, um ihre Position innerhalb dieser Herrschaft zu verbessern. Das wiederum ist im Sinne Hatices ein Projekt, daß untrennbar verbunden ist mit eigenen Anstrengungen der Entwicklung und gesteuerter Positionierung des Selbst. Sie selber hat diese Leistung, die im, wie sie es nennt »alternativen Lebensstil« des Islam gipfelt, vollbracht. Sie ist, nicht zuletzt auch dadurch, zu einer »öffentlichen Frau« geworden (Brückner 1994). Sie hält öffentliche Vorträge über den Islam, nimmt an Podiumsdiskussionen teil, ist Mitglied des örtlichen Ausländerbeirats. Durch diese Funktion erhofft sie sich als Quasi-Amtsträgerin einen größeren Einfluß auf ihre Arbeit als Interessenvertreterin für islamische Mädchen, denen sie zusammen mit einer deutschstämmigen Freundin als Ansprechpartnerin und Vermittlerin in Konfliktfällen, die vor allem in lokalen institutionellen Zusammenhängen (z.B. die Anerkennung von Bewerbungen an Schulen, Anerkennung der Lichtbilder von Kopftuchträgerinnen im Führerschein) entstehen, zur Seite steht.

Allerdings wird ihr selber im Moment ein Zugang zur Öffentlichkeit versperrt: Sie bewirbt sich seit einiger Zeit erfolglos um eine Stelle in einer pädagogischen Einrichtung. Diesen Umstand schildert sie folgendermaßen:

»Ich mache Bewerbungen, die auffallen. Das ist auch nicht meine Art, so ganz normale Bewerbungen zu schreiben, das würde wahrscheinlich nicht zu mir passen. Es fällt dann auf. Berufspause und solche Sachen setze ich in Anführungszeichen, dann schreibe ich, warum ich das in Anführungszeichen setze und beim Lebenslauf schreibe ich nicht Hausfrau, sondern ich bin die Managerin dieser Familie, weil ich koordiniere, organisiere und Einfühlungsvermögen brauche. Da macht ein Manager auch nichts anderes, nur er wird dafür bezahlt. Das schreibe ich so, in dem Stil. Und das gefällt denen. Das merke ich. Und sie merken, aha, das ist eine, die etwas bewegen kann. Und am Telefon sind sie so nett zu mir, die sind so nett, die sagen sogar, wir freuen uns auf sie ... Und wenn sie mich dann sehen, dann sinkt das dermaßen ab, ja, daß dann Bemerkungen kommen wie, ›Dürfen Sie arbeiten?‹ Ja. Die vergessen dann meine Bewerbung, meine Art, meine Zeugnisse. Ich hab damals als Schulbeste abgeschlossen. Die vergessen alles. Dann sehen sie nur noch das hier. Ja. Und dann sagen sie ›Muß das sein, warum hängen Sie sich an einen Quadratmeter Stoff?‹ Wer hängt sich da? Ich komme mit allem entgegen. Und das ist mein Stück persönliche Freiheit, das ich nicht mehr aufgeben will. Aber die sehen dann immer, **ich** will mich nicht integrieren. Daß dann so Sachen kommen, Kopftuch hindert die Integration. Dann hab ich zu ihm gesagt, bin ich nicht integriert? Ich kann **alles** sein. Aber solange ich dieses Kopftuch habe, bin ich nicht integriert, bin ich nicht fortschrittlich, bin ich unmodern, hab ich * alle negativen Vorzeichen.«

Hatice beherrscht zweifellos die Technik moderner Selbstpräsentation, die ihrem beruflichem Feld entspricht. Charakterisierungen der Dynamik in Formulierungen wie daß sie »was bewegen« kann, daß sie »alles sein« kann verweisen auf den diametralen Gegensatz zur Definition die Mutter, die nur eins sein kann, sein muß: eine der doxischen Ordnung und ihren symbolischen Gewalten ausgelieferte Frau. Die im reinen Doxa verhaftete Frau steht im krassen Gegensatz zu Hatices Stilisierung des Selbst, eines Selbst, das sich mit Hilfe von ›Aufklärung‹ und Pädagogik, von Reflexion und Leistung entwickelt und sich in Anerkennungspolitiken entfaltet. Die

Reaktionen darauf sind zwiespältig: Zum einen setzt eine Verkennung ein, indem sie dem Lager der Unmodernen zugeschlagen wird; zum anderen wird sie als »Fundamentalistin« hinter einer »waschechten Türkin«, die ihre »Traditionen lebt« (so ein Kommentar, der im Rahmen eines Bewerbungsgespräches fiel), angesiedelt. Somit entstehen neue Taktiken symbolischer Herrschaft und neue Taktiken, diesen zu begegnen. Eine dieser neuen Taktiken ist die Frage der Exklusion, die nicht mehr bloß unter dem Aspekt sozialer Ungleichheit wie bei der Mutter mit ihren objektiv unzulänglichen Ressourcen abzuhandeln ist, sondern unter dem der weltanschaulichen Konkurrenz und die damit eine Herausforderung fundamentaler demokratischer Prinzipien ist. In diesen Kampf zu ziehen und auf seinen Rechten zu bestehen, sich mit anderen Worten als Staatsbürger zu verstehen, steht im diametralen Gegensatz zur Einstellung und zur Praxis der Eltern. Diese, so konstatieren die Töchter, verharren in doxischen Reproduktionszyklen und Anpassungsposen, sind aus Furcht und Einschüchterung heraus bestrebt, sich in der »Öffentlichkeit« möglichst unauffällig, möglichst unsichtbar zu bewegen, hyperkorrekt kleinliche Regeln wie das ordnungsgemäße Überqueren einer Straße zu befolgen oder die Kinder in der Wohnung wegen der Nachbarn möglichst ruhig zu halten. Dagegen nehmen die Töchter für sich den Sinn fürs Eigentliche, fürs Wesentliche in Anspruch. Das ist die Kluft, die die muslimischen Mütter und die islamistischen Töchter trennt. Das ist die Kluft, in der die Trennung von habitueller Reproduktion und habitueller Produktion zentral ist und die Mütter unsichtbar werden läßt.

Sevim: »Die Frauen sind selber schuld.«

Hatice ist mit Ende Zwanzig eine der älteren Frauen und eine, die bereits vor ihrer Islamisierung als gesellschaftskritische Politikerin agierte. Sie bewegte innerhalb der grün-alternativen Szene ihrer Heimatstadt, wirft ihren ehemaligen Mitstreitern jedoch inzwischen eine beengte Toleranz vor; so haben sich die Leute, die damals Wert auf Wohnungen mit türkischer Nachbarschaft legten, sich in dem Moment von ihr abgewendet als sie zur Kopftuchträgerin wurde. Sie zeichnet von ihrer Mutter, die sie im übrigen nicht als religiös bezeichnet, als Person und Repräsentantin der ersten Immigrantengeneration noch ein relativ gutes Bild. Auch wenn sie zu ihrer effizienten habituellen Produktion kaum beitragen konnte, so war sie ihr und ihrer persönlichen Entwicklung immerhin nicht massiv im Weg. Sie zwang sie nicht, wie andere, an ständig aufgestellten Verboten anzuecken.

Durch die Konstruktion des Privaten und des Öffentlichen bescheinigt Hatice ihr, wenigstens im Privaten Leistungen vollbracht, Werte gehabt und versucht zu haben, sie den Kindern zu vermitteln, auch wenn sie deren Lebenslagen wenig angemessen sind.

In der Erzählung einer anderen Frau, Sevim, die Anfang Zwanzig, unverheiratet ist und mit viel Fleiß einen wirtschaftswissenschaftlichen Abschluß ansteuert, ist diese Einschätzung nicht zu finden. Im Gegensatz zu ihr ist Hatice bezogen auf ihre Mutter geradezu gesprächig. Sevim hingegen gelingt es, die Mutter völlig auszusparen. Sie erwähnt lediglich, die Mutter habe ihr bereits mit fünf Jahren Häkeln und Stricken beigebracht. Das ist das einzig Produktive, das Sevim ihr für ihre Entwicklung zuspricht. Ansonsten geht aus ihrer Erzählung hervor, daß die Mutter Hausfrau ist und der Vater ein Typ ›guter Patriarch‹ ist, der seine Verantwortung für die Mitglieder der Familie sehr ernst nimmt und sich auch für sie einsetzt. Seine Kontrolle ist nicht gering, sie ist ihr aber nicht lästig und sie wertet sie als sorgende Aufmerksamkeit, die ihr auch Freiräume zugesteht. So kann sie sich zum Beispiel trotz der in der Familie praktizierten Geschlechtersegregation mit einem männlichen Kommilitonen zum Lernen hinter die geschlossene Tür ihres Zimmers zurückziehen. Ihr Vater führt lediglich bei der Begrüßung eine unauffällige Inspektion des Besuchers durch. Die Beziehungen sind nach transparenten Regeln geordnet und solange in der Balance wie keiner sie überdehnt. Die Mutter scheint eine sehr traditionelle Frau in einer streng patriarchalisch organisierten, traditionsorientierten Familie zu sein, die bereits frühzeitig, gemäß »einer »Erziehung so richtig nach türkischer Tradition«, wie eine andere Frau formuliert, die Töchter zu Hausfrauen trainiert hat.[55] Allerdings braucht Sevim später, was andere weibliche Verwandte offen kritisieren, kaum Hausarbeiten verrichten (manchmal springt der Vater ein, wenn Hilfe nötig ist, sogar wenn Besuch da ist), sondern kann sich voll und ganz dem Studium widmen. Sevim selber hat im Laufe der Zeit ihren Entwurf von Weiblichkeit verändert, enttraditionalisiert. Dazu erzählt sie, nie auf die eigene Mutter verweisend, sondern allgemein die erste Frauengeneration, die ihr vornehmlich in konservativer Ausprägung bekannt ist, umfassend:

»Ich wollte immer eine gebildete Mutter sein. Ich hab immer gedacht, eine gebildete Mutter, die kann viel mehr den Kindern helfen. Und, früher hab ich gedacht, ich werde studieren und dann werde ich nicht arbeiten. Ich werde zu Hause für meine Kinder da sein. Ich werd' denen bei den Hausaufgaben helfen. Aber dann hab ich gemerkt, Bildung ist wie wenn man gegen den Strom schwimmt, wenn du gegen die Wellen schwimmst. Wenn du dich einmal losläßt, dann bist du ganz hinten. Man muß, man darf nie aufhören eigentlich. Man muß sich immer weiterbilden. Und, ja jetzt denk ich da anders. Das hat sich bei mir verändert. Ich denke nicht mehr, Heiraten und Hausfrau, dann eine gebildete Hausfrau. Ich denke jetzt, auch arbeiten. ... Ich studiere ja nicht umsonst *, ja, daß ich für den Mann zu Hause braten soll und kochen und Kinder zu kriegen. Und außerdem, wie soll ich denn meine Kinder erziehen, wenn ich innerhalb der vier Wände bin oder nur den Fernseher habe. Wie soll ich meinem Kind etwas erklären können. Ich muß die Gesellschaft kennen, in der ich lebe. Und ich muß halt 'rauskommen. Ich kann nicht mit ein paar Tratschweibern ein Kind erziehen. Und wenn ich schon ein Kind habe, dann will ich es auch kontrollieren können und ich finde, ich will das Kind verstehen können. Nicht wie die anderen Eltern. Bis zum zehnten Lebensjahr oder so verstehen sie sich gut mit den Kindern, ab dem zwölften oder so, dann fangen die ersten Konflikte an, weil sie die Kinder überhaupt nicht mehr verstehen, weil sie die Probleme nicht kennen, die das Kind hat‹. Und dann sagt mir meine Kusine auf einmal, ›und du bist eine Muslima?‹ So was Bescheuertes. Und dann hab ich gesagt, daß hat nichts mit dem Islam zu tun. Der Islam sagt ja gerade für Mann und Frau, die erste Sure, das allererste Wort heißt *Iqra* ... (rezitiert auf arabisch) ..., also da heißt es ›Lies im Namen Allahs, der dich erschuf und der dir—‹, ich weiß das nicht so genau, wir können nachschlagen. ... Und dann auf jeden Fall ›Lies‹ und da wird **nicht** unterschieden zwischen Mann und Frau. Mann und Frau muß lesen. Und dann hab ich gesagt, daß die Frau von Mohammed auch eine Kauffrau war, ne, und daß die zweite Frau z. B. die Aisha, die hat auch Kriege geführt. Wie sollte sie denn Kriege führen, wenn sie innerhalb von vier Wänden wäre, ne? Sie muß doch Kontakt mit den Menschen gehabt haben. ... Aber, ich hab gemerkt, daß die Leute den Islam eigentlich gar nicht so richtig kennen, die Türken so, ne. ... Ich hab diese Schwierigkeiten nur mit den Frauen und ich weiß ganz genau, weil diese Frauen immer nur zu Hause sitzen. Sie haben, keine Beschäftigung. Und untereinander können sie sich ja auch nicht weiterbilden. Wie denn? Da muß schon eine da sein, die denen etwas erklärt. Und dann, sie müssen schon Kontakt zu der Außenwelt haben. Aber, das haben sie ja nicht. Wenn die Frauen untereinander sind, dann sprechen sie entweder über diese Gericht, jenes Gericht oder über das Muster, dieses Muster. (2) Und *, aber mit den Männern hab ich keine Schwierigkeiten. Zum Beispiel war ich in der Moschee, die haben haben ja auch so Cafés, ne, in A., saß ich mit den Männern im Café, ne. Weil, da haben die Nachrichten geguckt. Und man hat mich nicht schief angeguckt, na klar, es gab welche, die geguckt haben, was macht die denn da, aber, * ich wurde nicht 'rausgeekelt oder so, ne.«

Die bekannte ›traditionelle‹ Geschlechterordnung, jedenfalls in dieser spezifischen, Sevim bekannten und für sie relevanten praktischen Ausprägung im urbanen westlichen Kontext, wird als grundlegend falsch aufgefaßt: Die Frauen verkörpern, im Sinne de Beauvoirs (1973), das ruhende, unbewegliche, regressive Element. Ähnlich wie bei Montesquieu (1991), der den Harem der orientalischen Oberschicht metaphorisch einsetzt als langfristig untaugliches Regulierungsprinzip der Ausgeschlossenen und der Nicht-Bürger, erscheint der moderne Harem in der Gestalt des Haushaltes als Ort der Gefahr – ein Appendix der Welt, eine entleerte Lebenswelt, errichtet im illusionären Schutz der eigenen Wohnung und der Bilder des Fernsehers; eine leere, nutzlose Hülle, ohne Sinn, nicht ohne Funktion, aber ohne Effizienz. Für Sevim geht die Gefahr vom Statischen der traditionellen Frauen aus. Sich selbst einschließend, sitzend in den vier Wänden, künstlich abgeschlossen von der Welt, die sich jedoch in ihren Einflüssen und Forderungen über die Kinder aufdrängt, die Möglichkeiten der Kontrollierbarkeit leichtsinnig verspielend durch selbstverschuldete Ignoranz, Selbstzufriedenheit und Geplänkel mit dem Unwesentlichen fordern sie den gleichen Verzicht auf das im institutionellen Nexus ausgebildete individuelle Selbst von den Töchtern.

Das ›Falsche‹ definiert sich nicht aus einer männlich dominierten Geschlechterordnung heraus. Sevims Kritik zielt nicht auf die Männer; in ihrer Darstellung, nach ihren Erfahrungen kommen die Männer durchaus mit Frauen zurecht, die Höheres als den Haushalt beanspruchen, die »wie ein Mann« sich der Welt durch Wissen zur Verfügung stellen und mit Mut und Durchsetzungsvermögen ihre persönliche Entwicklung in der Richtung einer Veredelung betreiben und sich vordrängeln. Ihrer Ansicht nach sind es nicht die Männer, die starr an Traditionen festhalten. Aus ihrer Perspektive ist die ›Tradition‹ weiblich. Sie ist sich vornehmlich selbst ihr eigenes Vorbild – die einzige Frau, auf die sie hin und wieder verweist ist die ehemalige Direktorin der Grundschule, mit der sie in losem Kontakt steht, die wie eine Art guter Geist aus der Ferne erscheint und von der sie den Begriff von Emanzipation über Bildung übernommen hat. Eine ideologische islamische Abstützung erfolgt dagegen durch historische Gestalten wie die Frauen des Propheten, die jeweils verschiedene Ausprägungen von Weiblichkeit verkörpern und von denen sie die Kauffrau Khadidja und die umstrittene politisch agierende Aisha hervorhebt. Sie überschreitet sozusagen in konkreten Situationen experimentell die von den ›traditionellen Frauen‹ gesetzten und verteidigten konventionellen Grenzen, wenn sie zum Beispiel im Café der Moschee oder bei Familienzusammenkünften, bei denen die Geschlechter räumlich getrennt sind, zu den Männern wechselt. Sevim ist sich sicher, daß man nur die eigene Initiative, den Mut zur Transzendierung von Regeln aufzubringen braucht, um sich durchzusetzen. Die Frauen sind bei Sevim in doppelter Weise ›falsch‹: durch ihre abgeschlossene Lebensweise und zugleich durch ihren Charakter, indem sie nicht offen agieren, auch nicht ihre Lebensweise offensiv, argumentativ verteidigen, sondern tuscheln, Anspielungen machen, möglicherweise auch bösartige Gerüchte ausstreuen, also perfide Instrumente sozialer Kontrolle benutzen, um ihr Modell einer Geschlechter- und Altershierarchie zu reproduzieren und reproduzieren zu lassen.

Eine Zeitlang hat Sevim in einer kleinen Moschee Koranunterricht für Mädchen und Frauen gegeben. Dabei waren ihr die religiösen Ziele sekundär. Primär versuchte sie, allerdings mit mangelndem Erfolg, die Mädchen und Frauen

»so richtig zu ermutigen, daß sie zur Schule gehen sollen, weitermachen sollen. Und nicht nur zehn Jahre und dann aufhören. Und da hab ich nicht viel erreicht, also hab ich aufgehört. Das hat keinen Sinn. Mit dem Koranunterricht bin ich weitergekommen, aber für mich war das wichtiger, daß die Menschen sich auch **so** weiterbilden, nicht nur den Koran lesen lernen. ... Egal, welche Sprache ich gesprochen habe, wie ich gesprochen habe, die haben das nicht verstanden. Eine einzige, die macht jetzt Abitur. ... Also bei der hab ich Erfolg gehabt. ... Die wollte aufhören. ... Aber bei den anderen Frauen, immer wenn sie zusammenkamen: dieser Film, dieser Film. Ich war so gegen den Fernseher. Ich konnte das nicht mehr hören, daß die Frauen nur das sprechen, was im Fernsehen kam. ... Und mich hat das gestört, daß sie immer wieder über die Filme gesprochen haben. Ich versuch, den Jugendlichen—, die Jugendlichen, die hören mir zu. Einmal mußt ich sogar eine Frau, die über 40 Jahre alt war, anschreien. Ich hab ihr, ich erzähl den Kindern von Bildung, daß man das Wissen hat, daß Wissen sehr wichtig ist und wie man später, welche Vorteile man hat und so und die spricht da einfach mit der Nachbarin. Und da hab ich ihr gesagt, * was hab ich jetzt geredet? Und da meinte sie, hat sie irgendwas, sie hat gesagt, ja, du hast von * Ömer gesprochen. Das stimmt überhaupt nicht. Wir reden über was ganz anderes. Und das hat mich beleidigt, daß sie sich noch lustig über mich macht. Da hab ich gesagt, sie sollte sich schämen, für ihr Alter (lacht).«

Immer sind es die Frauen, diesmal in Allianz mit dem Fernseher, die bremsen. Die Institutionen sind überwindbar. Das hat Sevim erfahren, als sie sich als türkisches Mädchen gegen Lehrer durchsetzen mußte, die sie vom Förderunterricht für gute Schüler abhalten wollten oder vom Besuch der Realschule, ohne ihr zuzutrauen, genug Energien mobilisieren zu können um sich durchzukämpfen. Das hat sie auch erfahren, als sie sich als islamisches Mädchen gegen säkular-kemalistische türkische Lehrer, die sie vom muttersprachlichen Unterricht ausschließen wollten, weil sie das Kopftuch im Klassenraum nicht absetzen wollte, mit Hilfe der Schulbehörde durchsetzen mußte. Gegenüber den traditionellen Frauen fühlt sie sich allerdings machtlos. Resümierend stellt sie fest:

»Ich hab gemerkt, daß die Frauen eigentlich Schuld haben. Das ist gar nicht so, daß man immer sagt, Frauen in den Haushalt und so. Weil, Frauen stellen sich dumm. Den Männern macht es nichts aus, wenn da eine kommt und sich mit denen unterhält und sagt, hier ich kann was, ich weiß was. Die hören dann zu. Also, die Männer sind gar nicht frauendiskriminierend so. Das sind die Frauen.«

Sevims Abrechnung mit den Frauen ist deutlich. Es sind in ihren Augen die Frauen, die die Geschlechterhierarchie aufrechterhalten und sich selbst als Persönlichkeit beschneiden, um sich darin um so bequemer einrichten zu können. Diese Einschätzung schließt auch die Frauen ihrer eigenen Generation ein, wenn sie etwa darauf verweist, daß die Kusine, die gerade Abitur gemacht hat, bei familiären Zusammenkünften trotzdem nicht den weiblichen Raum, die Küche verläßt, obwohl sie – wie sie selber – das intellektuelle und habituelle Wissen hat, um mit den Männern im Wohnzimmer in einen sachlich-neutralen Austausch zu treten, statt sich auf den unnützen ›Frauenkram‹ beschränken zu lassen. Diese Ansicht stützt sich auf ihre Erfahrungen, in denen sie sich als Tochter einer Familie, in der der Islam immer ein wichtiger Bezugspunkt war und sich seit dem vierzehnten Lebensjahr als Kopftuchträgerin frühzeitig mit den Regeln arrangierte, sich gleichzeitig als fleißiges, ehrgeiziges, »liebes nettes Mädchen«, als sympathisches und weibliches Mädchen die Unterstützung der von emanzipierenden Mädchen angetanen Lehrerinnen sicherte, aber auch, wenn nötig, auf der Basis rechtlicher und institutioneller Diskurse wie Praktiken ihre Interessen verfolgte. Sie erscheint stärker selbstbezogen, mehr in persönliche Politiken verwoben als die gesellschaftspolitisch orientierte und pädagogisch geschulte Hatice, die die Öffentlichkeit sucht. Sie ruht aber nicht in dieser Selbstbezogenheit. Sie verfolgt als Einzelkämpferin ein Programm der weiblichen Emanzipation über Bildung, das sie in den Korankurs eingeschleust hat. Sie hat zudem ein türkisches Mädchen ohne berufliche Ausbildung und mit Schwierigkeiten im Elternhaus, dessen Interesse für Bildung und beruflichen Ehrgeiz, für die Transzendenz des passiven Weiblichen sie wecken wollte, bei sich zu Hause aufgenommen, sie allerdings wieder weggeschickt als sie merkte, daß ihre Bemühungen vergebens war und die andere nicht die gewünschten Intentionen zeigte. Sie bietet sich selbst als Vorbild der Transzendenz an, ohne mit politischen Mitteln, wie Hatice, einen Kampf um öffentliche ethnische und/oder religiöse Anerkennung zu führen.

Amina: »Zuhause hatte ich sie eigentlich auch so als Mutter ...«

Die negative Charakterisierung der Mutter, die sie als partikulare Persönlichkeiten verblassen oder gänzlich unsichtbar macht, sie zu »sozial Toten« (von Braun 1992), zu nicht-autonomen Personen erklärt, wird nur ansatzweise durchbrochen. Amina etwa schätzt ihre Mutter als »Sonnenschein«, die mit ihrer stets guten Laune nicht nur ihre manchmal düstere Stimmung, die aus ihrem »Schulstreß« entsteht, aufzuheitern, sondern damit auch die große Familie zu organisieren vermag. Die streitbare Ilknur, die sich aufs Durchboxen spezialisiert hat und deren Grundsatz es ist, möglichst wenig einzustecken, nimmt große Rücksicht auf ihre Mutter, indem sie, wenn sie ausgeht großen Wert darauf legt, präzise zu vereinbarten Zeitpunkt wieder zu Hause zu sein und selbst geringfügige Verspätungen telefonisch ankündigt, »damit sie sich keine Sorgen macht«. Das verweist darauf, daß die Mütter durchaus als Personen Anerkennung finden und daß die Töchter sich als »connective selves« (Joseph 1994) in einer ethischen, wenn auch rituell geregelten Beziehung[56] begreifen, die sie manchmal als lästig empfinden (zum Beispiel wenn von ihnen erwartet wird, anwesend zu sein, weil Besuch kommt, trotzdem sie bereits andere Pläne hatten), aber an deren Aufrechterhaltung ihnen liegt. In ihnen steckt, bei aller Differenz und gegenseitiger Kritik, eine beachtliche gegenseitige Anerkennung.[57] Das bedeutet nicht, daß diese Beziehung statisch wäre und daß es ihr Anlässen praktischer Interessensaushandlungen fehlt. So beanspruchen etwa die Töchter, wenn sie 18 sind, das heißt, wenn sie, was ihnen offensichtlich wichtig ist, juristisch volljährig sind und sich damit als reif begreifen, Ausdehnungen ihrer Handlungsspielräume und Vertrauen in ihr Vermögen zu vernünftigen Entscheidungen und Selbstkontrolle – und sie erreichen es auch.[58] Solche Fragen aber stehen, wie die Erzählungen zeigen, nicht zur Debatte. Die Frage, »was man darf« oder nicht darf, ist für sie eine Frage, die junge Mädchen betrifft. Ihnen geht es nicht um personale Beziehungen, sondern sie erkennen kulturelle Verstrickungen, die Handlungsspielräume gestalten. Sie erkennen diese Frage als Repräsentation sozialer Geschlechterhierarchien, deren Binarität normativ und ideologisch konstituiert ist und die den einzelnen kolonisiert (vgl. Moore 1990; Strathern 1997). Die zelebrierte »Multioptionsgesellschaft« (Gross 1994) erweist sich in dieser Sache als sehr einseitig. Die Islamisierung bietet einen Handlungsraum, um diese Einseitigkeit zu überschreiten. Kann man die Islamisierung, die Herausformung eines islamischen Lebensstils auf den ersten Blick als Synthetisierung bzw. Hybridisierung bezeichnen, so zeigt sich anhand der Art und Weise wie und worüber die Mütter und die Müttergeneration charakterisiert werden, eine tiefgreifende Divergierung. Zwar mögen Brücken hergestellt werden durch das Teilen von Erfahrungen – etwa wenn eine (in Deutschland) eingeborene Kopftuchträgerin plötzlich auf den sozialen Platz ihrer Mutter gedrängt wird, weil ein Bahnbeamter sie mit gebrochenem Deutsch anredet, weil eine Verkäuferin sie unwirsch darauf aufmerksam macht, daß man die Tomaten vor dem Kauf nicht zu befühlen habe, weil irgendein Mensch auf der Straße sich an jeden, nur nicht an sie wendet, um nach einer Seitenstraße zu fragen – aber das ist nur ein Epiphänomen.

Was zu einer tiefgreifenden Trennung führt, sind die Wirkungen in der Ordnungsmacht öffentlicher Institutionen, die moderne Akteure und Identitäten konstituieren, die sie habituell auskleiden und ihre kulturellen Kategorisierungen erzeugen, so als seien sie ihre ureigensten Urteile und Werte, so als seien sie logische Konsequenzen einer individuellen Rationalität und eines individuellen Wissens. Frauen sind in spezifischer Weise und in spezifischen Feldern als Agenten im Komplex von Macht und Wissen involviert. Foucault (1980, 1983) markiert die eng verwobenen »Dispositive« der Hygiene und der Sexualität und damit die Medizin und die Pädagogik als die Ausgangspunkte, über die die Frauen, in erster Linie die Frauen des sich etablierenden Bürgertums, zunehmend funktional in Bereiche der Ordnungsregulierung sowohl in Verbindung mit nationalstaatlichen wie klassenspezifischen Anforderungen eingebunden wurden. Historische Studien (z.B. Donzelot 1980) wie auch gegenwartsdiagnostische Untersuchungen (vgl. Debold et al. 1996) zeigen diese Entwicklung der weiblichen sozialen Funktionalisierung und Agentisierung, der Rationalisierung des Weiblichen (Reese et al. 1993) als Prozeß, der zunehmend Klassengrenzen überschreitet und zentral für eine weibliche Identität wird. Die islamistischen Bildungsaufsteigerinnen reflektieren ebendiese Rationalisierung in ihrer Charakterisierung der Müttergeneration als traditionell. Diese verfügen weder über die praktischen Ressourcen noch die Wissensressourcen, um ihre heranwachsenden Kinder zu kontrollieren; sie vermitteln unnützes habituelles Kapital; sie bewegen sich kreisförmig in einem Innenraum ohne Transzendierungsintentionen; wirken destruktiv auf die eigene Gegenwart und Zukunft in ihrer Zeichenfunktion. Die Einstellung dieses Blickes erfolgt aber nur im Vergleich. Die Institution Schule ist dabei der Raum, der ihn erzeugt. Das tritt deutlich in den Ausführungen Aminas hervor:

»Zum Beispiel, ich durfte nicht * ins Schwimmbad. Also meine Mutter war dagegen und auch mein Vater war dagegen, daß ich ins Schwimmbad gehe, weil ein islamisches Mädchen geht nicht ins Schwimmbad, dann ist man ja nackt. Man ist dann *, auch so eine Art Außenseiter. Oder, dann gab es auch Elternachmittage, vor der Adventszeit oder so. Da waren halt meine Eltern nie da. Und die Kinder sind immer mit den Eltern mitgekommen und ich war dann immer als einziges Kind so alleine. Oder, auf Ausflügen, da sind auch manche Eltern mitgegangen und *, bei meinen Eltern war das auch nie, also dieses, daß die Eltern sich mitbeteiligen. ... Die Mütter der anderen Kinder waren meistens Hausfrauen und haben sich auch um die Kinder gekümmert, also, meine Mutter hat sich ja schon um mich gekümmert, ich war nicht vernachlässigt, aber, es war halt auf zu Hause beschränkt, also es war nie, * sie hat mich nicht in die Schule gebracht oder so. Das wäre ihr auch gar nicht eingefallen. Ihr Kind, ihr Mädchen ist groß, was soll denn das. Und *, ja und so weiter und so fort, also so. Wo ich auch mir gedacht habe, ja, das wäre schön, wenn es anders wäre. Aber hilflos, daß ich mich jetzt hilflos fühlte, weniger. Ich hab dann halt gemerkt, irgendwie so Außenseiter. Irgendwie, ich war dann so eine Art Außenseiter, ja, obwohl akzeptiert, aber irgendwie, irgendwie was Andersartiges. ... Meine Eltern waren mit mir auf dem Elternabend gewesen, also, war keiner jetzt wie beim deutschen Kind, so eine Mutter, die immer anruft oder wie auch immer, ich war auf mich, also in der Schule auf mich allein gewiesen, gut, obwohl, ich hatte ja eine Mutter zu Hause. Also meine Mutter war nicht arbeiten, sie war Hausfrau und / zu Hause hatte ich sie eigentlich auch so als Mutter. ... Also ich hab sie auch mal gefragt, warum gehst du nicht zum Elternabend und warum tust du das? Ja pph. Gut, ich meine, sie konnten es erklären, und durchaus plausibel, weil mein Vater arbeiten mußte und meine Mutter *, sie war, sie war auch jemand, der ganz gerne zu Hause, häufig zu Hause bleibt. Sie hat auch nie eingekauft und so, das habe ich immer besorgt und mein Vater, also sie hat sich richtig, *, auch weil sie keine Freundinnen hat, also für sie war das ja auch schwierig. Wenn ich jetzt im Nachhinein gucke, das sind schon alles so Verflechtungen, ne.«

»Zuhause hatte ich sie eigentlich als Mutter«, aber der Schule, den Anforderungen der strukturellen Ordnungsmacht hat Aminas Mutter sich entzogen. Amina präsentiert hier eine Reihe von Situationen, in denen die Eltern – vor allem die Mutter, während der Vater durch seine Arbeit, gleichzeitig ein Indiz seiner Funktionalität, entlastet ist – aufgerufen sind, sich in der Institution zu engagieren: Elternabende, Adventsbastelrunden, Ausflüge, Schulfeste, Kontakte zu den Lehrern. Jede Nichtteilnahme der Mutter, jedes Ereignis, an dem das Kind allein teilnimmt und von Lehrern, Mitschülern, deren Eltern dafür bedauert wird, jedes dieser Ereignisse, die Inszenierungen von Familie und Gemeinschaft im Zusammenschluß mit der Institution sind, wird zum Monument von Differenz. Jedes dieser, im gesamten Rahmen, der sich auf individuelle Leistung und Zwang bezieht, nunmehr marginalen Ereignisse eröffnet die Möglichkeit zur Wahrnehmung von Differenz. Für Amina zeigt sich jedesmal nicht nur ein Abweichen von der Norm, sondern, weit subtiler und verhängnisvoller, von einer ›kleinen‹ Moral. Die Verweigerung der Mutter ist eine Art Pflichtverweigerung, nahe an der Grenze zur »Vernachlässigung«. Sie ist lesbar als ein Akt, der soziale Stratifizierung markiert, denn je weitreichender und altruistischer das Engagement für die Institution, für universale Werte ist, um so höher ist das Ansehen (Meyer/Jepperson 2000). Jedes Nichterscheinen ist somit ein Minus, ein Zeichen für niedrigen Status und seine Bekräftigung. Im Kontrast zur mütterlichen Absenz steht somit bei den Töchtern nicht allein das Bildungswissen, das »agency«-Wissen als Bestandteil einer »agent-actor identity« (ebd.) zentral im Raum, sondern auch eine Praxis des Engagements in öffentlichen Institutionen.

Die islamisierten Frauen, die Kinder haben, besuchen hingegen prinzipiell Elternabende, suchen Kontakte zu Pädagogen, engagieren sich in Elternräten, besuchen den sogenannten Elternstammtisch, bei dem sich die Eltern einer Klasse, zumeist in Kneipen, treffen. Sie suchen öffentliche Aushandlungen in den Einrichtungen. Dabei geht es nicht nur um die Etablierung von islamischen Interessen und einem islamischen Habitus im Sinne des Kämpfens um die Besetzung der Institution, sondern um Engagement in Institutionen (und um andere) als Zeichen von Bürgerlichkeit. Sie besuchen mit ihren Kindern Theaterveranstaltungen und Puppenspiele. Auch das ist nicht bloße Akkumulation von kulturellem und habituellem Kapital, nicht bloße Inklusion in einen weiteren sozialen Bereich, sondern eine Form organisationsbasierter Habitualisierung und ein Ausdruck des Selbstverständnisses als moderner gesellschaftlicher Akteur, als ›agentic actor‹. Auch die Ideen einer islamischen Pädagogik (vgl. z.B. Aslan 1996) folgen diesem Prinzip einer verinnerlichten Institutionalisierung. Ihr moralisches Kapital beziehen sie nicht nur daraus, daß sie in Inkorporierung, Hygienisierung und Organisierung partikularer Bedürfnisse sich münden, sondern sich als Teil eines übergreifenden moralischen Universums begreifen, der sich auch für die anderen als verantwortlich begreift und sie in ihren Differenzen und Gleichheiten erkennt und anerkennt (Meyer/Jepperson 2000). Daraus wäre die Schlußfolgerung zu ziehen, daß Differenz, Dialog und Institution mit der Idee eines globalen und moralischen Subjekts, das seine Bedürfnisse und Handlungen über seine unmittelbaren Interessen hinaus im größeren Rahmen reflektiert, verbunden sind. Hier besteht die Kluft, die traditionelle bzw. traditionell islamische Mütter und ihre neo-islamischen Töchter voneinander trennt. Hier liegt auch die Basis für eine moderne islamische Identität, in der Ich-Akteur und öffentlicher Akteur miteinander verschmelzen und die jungen Frauen in konkrete handlungsstrategische Zusammenhänge führen, die über eine Symbolfunktion hinausgehen (vgl. Nökel 2001).

Als Resümee dieses Kapitels läßt sich festhalten, daß das Bild der traditionellen Mütter, welches die islamistischen Töchter in ihren biographischen Erzählungen entwerfen, eine kulturalistische Konstruktion ist, die aus den Bewertungsschemata moderner multikultureller Klassengesellschaften und ihrer Bearbeitung von Partikularismen abgeleitet ist. Öffentliche Institutionen sind in zweierlei Weise daran beteiligt. Sie bieten den Raum und die Situationen, in denen diese Schemata sich alltagsweltlich reifizieren und in einer Kette von Details verdichten. Das Bild der Mutter entsteht vor dem Hintergrund von Macht und Wissen. Es ist das Gegenbild einer auf öffentlicher Anerkennung zielender islamistisch »inszenierten Weiblichkeit«, einer (post-)modernen Weiblichkeit als »Zeichensystem, über das ich verfüge« (Prokop 1994: 82) und das sich aus den Quellen von Macht, Wissen und Institutionalisierung, von Moral und Ästhetisierung speist. Einen Blick auf den Traum von der islamischen Bürgerlichkeit bzw. der bürgerlichen islamischen Weiblichkeit mag abschließend die folgende emphatische Beschreibung einer islamischen Mittelschichtfamilie geben, innerhalb der der Bogen gespannt wird von der Mutter als Vermittlerin von Wissen über beruflichen Erfolg und einer ungezwungen islamisch-deutschen Lebensart bis hin zu egalitären Geschlechterbeziehungen. Diese Beschreibung stammt von Amina, die ihre Familienverhältnisse als außerordentlich traditionell kennzeichnet und deren Auseinandersetzung mit dem Islam anfangs von großer Skepsis gezeichnet war. Jene Familie bzw. das Bild jener Familie, mit der sie keine intensiven Kontakte hat, hat ihr die Idee eines islamischen Lebensstils ohne die Belastung von Tradition vermittelt, der mit ihren Vorstellungen übereinstimmt:

»Diese Mutter war auch * gebildet, also hatte auch eine hohe Schulbildung gehabt. Sie dann sechs Töchter hier bekommen. Das sind wirklich Töchter, die hier aufgewachsen sind. Also die haben nichts von Marokko mitgebracht wie ich, und trotzdem, * ja, mit Kopftuch und so. Also sie haben halt dieses Islamische von der Mutter vermittelt bekommen und diese Mädchen, ich hab gemerkt, da stand Überzeugung dahinter. (Eines dieser Mädchen) ist Stationsärztin, auch mit Kopftuch, also hat praktisch sich *, auch mit Kopftuch durchgesetzt. ... Daß diese Mutter das geschafft hat, also es sind ganz offene Mädchen, also trotz, * die haben den Islam auch so verstanden, wie er ist. Und das hat mich irgendwie fasziniert an den Mädchen. Und auch, daß die Eltern zum Beispiel Hochzeitstag feierten, also es war auch so ein bißchen deutsch, sie haben auch viele deutsche Eigenheiten angenommen, Hochzeitstag, Geburtstag gefeiert und auch mal so ein Ferienhaus im Schwarzwald besaßen, also auch so * bestimmte Sachen an sich hatten. Und das hat mir echt gefallen, also, daß sie—, also bei uns Marokkanerinnen ist das nicht so, daß sie einen Friseur hatten, wo sie hingingen, auch * so, wie eine Deutsche, sich mal frisieren und zu Hause praktisch, * richtig auch frisiert rumlaufen. Nicht, lange Haare und irgendwie steckt man sie so, ja, sondern, richtig mit * Färben und wie auch immer, also *, ja also auch, das war auch durchaus islamisch erlaubt, ja. Nur, * halt ohne Tradition, weil sie auch hier ohne aufgewachsen sind. Also ohne irgendwelche Schnörkeleien oder so. Und der Vater hat auch nie daran gedacht, eine andere Frau zu heiraten oder so, weil die Frau ihm nur Töchter geboren hat oder so. Bei uns wäre das undenkbar, also, man muß noch mal heiraten, um einen Sohn zu bekommen und so, ne, jetzt nicht bei allen, aber halt bei vielen. Und, die waren halt, sind, sind glücklich und leben zusammen, ja.«

VI. Die Islamisierung der Geschlechterbeziehung

Im Zentrum der weiblichen Islamisierung steht die Entwicklung eines auf Kontextualisierung und Selbstbehauptung gleichermaßen zielendes Projektes des Selbst. Die Selbsttransformation der jungen Frauen vollzieht sich über die Islamisierung des Habitus und der Alltagspraxis. Der auf das Subjekt bezogene, nach innen gewendete Prozeß der Ethisierung des Selbst ist untrennbar verknüpft mit und in seinen Formen bestimmt durch Anerkennungspolitiken. Das zeigt sich an der Intention, sich als moderne, leistungsstarke und beruflich qualifizierte Frau zu realisieren ebenso wie an der Distanz zu einem traditionellen Geschlechtermodell, das die Elterngeneration verkörpert. In den vorangehenden Kapiteln ist dies deutlich geworden. Die Konstituierung einer weiblichen islamischen Identität erscheint als das Herzstück anerkannter ranghöherer sozialer Identität in der multikulturellen Gesellschaft. Damit verbunden sind handlungspraktisch relevante Dekonstruktionsleistungen, die sich in Umordnungen der Geschlechterbeziehungen und Auseinandersetzungen um die symbolische, sich an zahlreichen »Partikeln« erweisende Ordnung in diesem interaktiven Raum (Bourdieu 1997) zeigen.

Ein wesentlicher Ort der Erzeugung von Geschlechteridentität, die, folgt man Bourdieu, immer auch klassenspezifische Kennzeichen aufweist, ist die Ehe. Diese steht somit nicht jenseits dieser sozialen Dynamik, sondern bildet nur einen spezifischen Handlungsraum in ihr. Gemäß der islamischen Moral ist die Ehe der einzig legitime Rahmen für Sexualität, woraus sich eine verbreitete Präferenz für in relativ frühem Alter geschlossene Ehen erklärt. Mit 18, 20, spätestens mit 25 Jahren sollte, so geht vielfach aus den biographischen Erzählungen hervor, eine Frau heiraten. Das Recht auf Sexualität und die moralische Pflicht, sie auf den ehelichen Rahmen zu begrenzen, das Projekt der doppelten Lebensführung und das Ressentiment gegenüber einer traditionellen Ehe erfordert von den jungen Frauen Strategien, die sich mit der Idee des weiblichen islamischen Subjekts vereinbaren lassen. Ihr Hauptproblem besteht darin, den geeigneten Ehepartner, einen ›richtigen‹ Muslim zu finden, der ihre Identitätspolitiken anerkennt. Die jungen Frauen stützen sich nicht auf elaborierte theoretische Konstrukte, aber über ihre Schilderung und Deutung von Alltagsepisoden zeigen sie, daß ihre »Idee Islam« eine praktische Umordnung der ehelichen Beziehung beinhaltet und sie als Akteure zwischen Tradition und Islam manövrieren läßt. Das läßt sich im folgenden an drei Aspekten nachzeichnen: der Partnerwahl, der Vorstellungen von einem adäquaten

Ehemann und an Beispielen alltagspraktischer Aushandlungen zwischen Eheleuten.

Praktiken der Ehestiftung – Ein Spiegel der Umordnung der Beziehungen zwischen den Generationen und Geschlechtern

Traditionelle Pfade der Ehestiftung

Nach wie vor bezieht sich die Charakterisierung ›traditionell‹, wie sie hier und von den jungen Frauen benutzt wird, auf das, was die Eltern bzw. Angehörige der in Deutschland lebenden Elterngeneration tun und denken, bzw. auf das, was sie als ethnisch-kulturelle Bestandteile in ihrem Handlungsrepertoire definieren. ›Traditionell‹ ist somit ein relativer Begriff. Er beinhaltet Wertung und bezeichnet Praktiken. Eine der bedeutendsten Praktiken ist die Ehestiftung. Hier erscheinen die Eltern als zentrale kulturelle und praktisch relevante Agenten einer quasi-institutionellen Maschinerie. Die folgenden Beschreibungen dieser Maschinerie werfen ein Licht auf die sozialen Beziehungen und Aushandlungsradien und -taktiken zwischen Eltern und Töchtern.

Aufmerksam gemacht von Bekannten, in welchen Familien ins Heiratsalter gekommene Mädchen sind, oder durch persönliche Beobachtung in Familien oder öffentlichen Orten wie der Moschee, wenden sich gewöhnlich die Eltern des Mannes an die Eltern des Mädchens bzw. der jungen Frau. Im Falle allein migrierender Männer fungieren Bekannte als Vermittler und stellen den Kontakt her. Präferiert werden Verbindungen zwischen Personen bzw. Familien der gleichen kulturellen, das heißt nationalstaatlichen Zugehörigkeit. Afaf, deren Eltern aus einem arabischen Land stammen und seit Jahren eingebürgert sind, schildert folgendes Vorgehen, das sie von ihren älteren Schwestern her kennt, als üblich:

»Der Mann ruft an, der hört dann von irgend jemand, ja die haben 'ne Tochter, mit so und so Eigenschaften und der ruft dann an, sagt so und so. Wenn die Eltern ihn dann gut finden wird er erst der Tochter vorgestellt und dann schwätzen sie miteinander. Wenn er der Tochter gefällt, dann sagt sie, daß sie sich näher kennenlernen. Ich mein, man hat ja den ersten Eindruck, ob das jetzt mein Typ ist oder nicht. Und dann sitzen die ein paar Mal zusammen und lernen sich halt näher kennen. Und dann verlobt man sich. Und so weiter, diese Schritte halt. Oder man sagt, nö, das ist nicht mein Fall und dann geht er halt wieder. Das ist da kein Problem, daß man da sich dann schämt oder so. Ja. Das ist halt sehr wichtig. Im *Qur'an* steht auch, daß die Frau den Mann sehen muß und mit ihm gesprochen haben muß, bevor sie ihn heiratet und es gibt keine Zwangsheirat im Islam. Das ist auch verboten. Aber was leider in der Tradition nicht unbedingt praktiziert wird. Man sollte halt auch immer Religion und Tradition unterscheiden, nicht in einen Topf schmeißen. Aber da wird leider vieles falsch gemacht ja.«

Für Afaf ist dieses Verfahren, dem sie selber nicht unterworfen war, weil sie ihren Mann zufällig ohne Vermittlung bei einer islamischen Veranstaltung kennengelernt hatte[59], von pragmatischer und neutraler Bedeutung. Pragmatisch, weil derselbe lokale Hintergrund die gegenseitige Einschätzung und die Überprüfung der Selbstdarstellung des Bewerbers erleichtert[60] und weil aufgrund der geringen zahlenmäßigen Präsenz der Angehörigen aus arabischen Staaten in der Bundesrepublik Deutschland und ihrer großen räumlichen Streuung dieser Weg der direkteste ist. Als neutral stuft sie dieses Verfahren ein, weil darauf nicht zwangsläufig die Heirat folgt. Ob eine Verbindung eingegangen wird, hängt, wenn moralische Korrektheit im Spiel ist, von der Entscheidung des Mädchens bzw. der jungen Frau ab. Was moralisch korrekt ist, ist allerdings nicht immer eindeutig. Das legt eine andere junge Frau, ebenfalls arabischer Abstammung, dar. Selber mit 16 Jahren verlobt, mit ihrer Zustimmung, stellte sie im Laufe der Zeit fest, daß sie den Verlobten nicht liebte und löste diese Verlobung wieder. Kurz darauf heiratete sie einen anderen, den sie zwischenzeitlich, ebenfalls in der elterlichen Wohnung, wo er sich als zufälliger Besucher einfand, kennengelernt hatte. Sie steht diesem Verfahren der Zusammenführung von zukünftigen Eheleuten eindeutig distanzierter gegenüber als Afaf, aber nicht grundsätzlich ablehnend. Das Spiel der Brautwerbung kann in einem speziellen Punkt als positiv betrachtet werden: Es zeigt den Mädchen deutlich, daß sie begehrenswert sind.

Andere Frauen sehen das traditionelle Verfahren der Eheanbahnung weniger gelassen. Sie lehnen es nicht gänzlich ab, aber sie versuchen, sich ihm zu entziehen und stellen seine Effektivität in Frage. Sie entwickeln, wie die folgenden Passagen zeigen, Strategien, um dieses System zu unterlaufen. Aysel berichtet dazu:

»Weil ich hier in der Moschee auch so viel gemacht habe mit den Mädels, Ausflüge und so, ich hab da vieles auch organisiert, ja, kamen da immer Frauen und wollten mich für ihren Sohn haben und so. Ich kannte den Sohn kaum, ich wußte noch nicht mal den Namen. Dann hab ich immer gesagt, Mama, die sind blöd. Echt. Ich will nicht so enden wie du, ne. Ich will studieren und dann ist fertig für mich alles. Und dann irgendwann mal, wenn ich einen guten kennenlerne, dann vielleicht, aber davor nicht. Und dann meinte meine Mutter, ja gut, dann schicken wir sie mal weg, wenn sie kommen. Und nach 'ner Zeit haben sie gesagt, daß ich zu hochnäsig wär und mir keiner, also keiner hätte mir gefallen oder so. Dann kam 'ne Zeitlang nichts mehr und das war für mich ganz gut, ich hatte auch durch die Schule viel Streß und ich wollte nicht noch durch die Umwelt irgendwie Probleme kriegen, also durch Bekannte oder Freunde oder so. Und dann, also jetzt sind meine Eltern so froh, daß ich damals nicht irgendwie ja gesagt hab, weil die haben viele Familien gesehen, also es haben sich viele scheiden lassen, weil sie ihn kaum kannten, nur durch Aussehen, also weil er gut aussah oder weil das Mädchen gut aussah, aber charaktermäßig wußten sie von sich selbst gar nichts. Und im Islam ist es ja so, daß man sich drei Mal treffen kann und * hier ein bißchen sprechen kann. Das find ich auch nicht so besonders ganz gut, aber besser als gar nichts. Viele durften ihren Mann kaum sehen und dann, plötsch, den ersten Tag haben sie ihn gesehen oder so nach der Heirat und dann haben sie sich geschämt und was weiß ich. Und so was find ich nicht in Ordnung. Man soll schon von dem ein bißchen was wissen, also sich ein bißchen kennen.«

Aysel, die am Anfang ihres Studiums steht, plant bereits ein Zusatzstudium ein, um ihren beruflichen Traum, den sie seit ihrer Kindheit hat, realisieren zu können. Um ihre Pläne umsetzen zu können, kalkuliert sie für sich ein Heiratsalter von etwa Mitte bis Ende dreißig ein. Ihre Eltern scheinen, sie geht nicht näher darauf ein, andere Pläne verfolgt zu haben, denen sie sich widersetzt hat. Dazu bemerkt sie:

»Meine Eltern sind froh. Also am Anfang waren sie nicht so froh, weil vieles getratscht wurde, daß ich keinem gefallen würde, daß ich blöd aussehe. Anfangs sagten sie, sie wollten, es kamen ja viele Ingenieure und so, die ja auch einen guten Beruf hatten und so, meine Eltern meinten, ja, nimm doch den, du kannst ja weiter studieren und dann hast du einen guten Ehemann. Vielleicht kriegst du später keinen mehr. Ich sag, Mama, was soll das denn (belustigt), ich will keinen haben, das geht nicht. Studieren und einen Mann haben, geht nicht. Und dann noch, er will nach ein paar Jahren ein Kind haben, ne. Auf's Kind aufpassen, studieren und dann noch Haushalt führen, ohoh, das kann ich nicht. Ich bin da so wie ein Mann erzogen worden. Haushalt führen kann ich sowieso nicht. Da muß er mir schon eine Putzfrau beschaffen (lacht).«

Wie Aysel wurde auch Sevim bis zum Alter von Anfang zwanzig mehrfach mit Heiratsgesuchen konfrontiert. Wie sie verhält sie sich mit Verweis auf die berufliche Ausbildung ablehnend. Allerdings ist diese Ablehnung weniger generell, sondern sie betont die Bedeutung von gleichem Bildungsstand und gleichen Interessen, die richtige Wahl. Anknüpfend an ein bestimmtes Ereignis führt sie aus:

»Eine Frau wollte unbedingt, daß ich den Sohn heirate. ... Der Sohn hat Abitur gemacht. Ja und, mir kann das nicht helfen. Ich möchte, ja natürlich denk ich an meine Zukunft, natürlich will ich später heiraten und Kinder haben, aber ich möchte auch einen Mann, der mindestens genauso viel geschafft hat wie ich. Und dieser Mensch, ich seh ihn jetzt nicht niedrig, aber er paßt nicht zu mir. Der nur Abitur gemacht hat. Ich könnte mit ihm nicht glücklich sein. Ich kenne mich ja und ich weiß ja, auf was ich Wert lege und ich lege halt auf Bildung großen Wert und da will ich auch *, wenn dann, daß dieser Mensch sehr viel weiß. Dann ist es auch nicht langweilig, find ich ... Er hat nur Abitur in der Türkei und dann ist er hier her gekommen. ... Hier arbeitet er im Reisebüro. Ja, gut Reisebüro. Damals hat er im Reisebüro gearbeitet und jetzt hat er ein eigenes. Aber, auf so was leg ich keinen Wert. Er kann hundert Läden haben. Das würde mich *, das würde mich wirklich nicht glücklich machen. Ich möchte mich unterhalten mit dem Menschen und nicht, ich will keine Ehe, wo der Mann mich schützen muß, hier und da und da und da, und man hat überhaupt keine Zeit. Aber das verstehen sie dann nicht und wahrscheinlich hat sie das so beleidigt, ich hab nicht direkt so was erzählt, nur ich hab aber gesagt, nein, ich will mein Studium beenden. Und dann hat sie schon verstanden. Weil, wenn ich jetzt aufgehört hätte, dann wär's genauso, so zwei Jahre studiert, na ja okay. Und Abitur, das wär dann nicht so schlimm. Und das hat sie wahrscheinlich beleidigt, sehr gestört. Und einige Bekannte hier in X. auch. Die wollten auch unbedingt, daß ich mit irgendwelchen Verwandten von denen heirate, weil, die kommen und dann sehen sie, ich leg halt sehr viel Wert auf—, zum Beispiel wenn Besuch kommt, dann grüß ich sie auch freundlich, wenn ich Zeit habe, dann servier ich auch Tee und ich unterhalte mich auch mit denen und das alles *, das machen nicht viele Mädchen und das beeindruckt die sofort. Und dann wollen sie sofort, daß du mit irgendeinem von denen heiratest. Und ich will diese Menschen aber auch nicht anders behandeln, weil ich will meine Verhaltensweise nicht, diese Verhaltensweise will ich nicht *verlernen. Ich möchte, daß das bei mir so zur Gewohnheit wird. Ich möchte, daß ich Menschen so *, daß ich allen Menschen, ja, daß ich alle Menschen so willkommen heiße. Und dann verstehen sie das aber falsch und wollen unbedingt, daß ich mit irgendwelchen Leuten da heirate und wenn du dann nein sagst, dann sind sie beleidigt. Und dann gucken sie dich nicht mehr richtig an (lacht).«

Wie bei Aysel kollidiert auch hier ein Programm der frühen Ehe mit ihren beruflichen Plänen; wie dieser stellt sich ihr das Problem Ehe und Beruf als sich fast ausschließende Alternativen zu begreifen und sich entscheiden zu müssen. Zur Reaktion ihrer Familie, in der, wie aus verschiedenen Einzelheiten rekonstruierbar ist, eine religiös-traditionelle Lebensweise dominiert und die älteren Schwestern ohne Ausbildung ziemlich früh geheiratet haben, führt sie an, daß die Geschwister Witze über sie als Emanze machen, aber die »Eltern, die sagen nichts«. Sie ist »richtig froh, daß ich solche Eltern erwischt habe, daß die mir so viel Freiraum[61] gegeben haben«. Als Hintergrund muß man wissen, daß es in der Familie üblich ist, die Geschwister entlang der Altersfolge zu verheiraten. Um dieses Prinzip einzuhalten, wäre sie bereits an der Reihe gewesen. Es gab Gerede in der Verwandtschaft als der jüngere Bruder heiratete, aber die Eltern ließen sich davon nicht beeindrucken. Zudem hatte sie bereits einmal, beeindruckt von der ausdauernden Werbung eines jungen Freundes ihres Vaters, der häufig zu Besuch kam, einer Verlobung zugestimmt. Allerdings wurde ihr dann klar, daß sein Bildungsstand an ihren nicht heranreicht, daß sie keine gemeinsamen Interessen haben könnten, daß er ihre akademischen Ambitionen kaum anerkennen und ihre daraus abgeleiteten Statusansprüche nicht erfüllen könne. Ein Arbeiter paßt eben nicht zu ihr wie auch, ihre Ansprüche allmählich klarer fassend, ein Kaufmann mit Abitur und ökonomischen Interessen, der lediglich eine Frau zum Versorgen braucht, ihr nicht genug sein kann. Es kam, ähnlich wie bei Jehan, die die arrangierte Verlobung eigenmächtig aufgehoben hatte, zu vorübergehenden Konflikten mit dem Vater, dem sie durch ihren Sinneswandel die undankbare Aufgabe der Schadensregulierung aufbürdete. Sie brachte diesen in die peinliche Situation, ein gegebenes Versprechen zu brechen.

Die hier zitierten Frauen führen vor Augen, daß das traditionelle System der Ehestiftung äußerst vital ist und nahezu jederzeit als eine aus den Intentionen und Interessen anderer erzeugte unberechenbare Kraft auf die eigene Person zugreifen kann. Sie erfahren unmittelbar die Einbindung in ein soziales Netzwerk, das die Möglichkeit enthält, sie als Einzelperson zu überwältigen. Die Frauen beschreiben das traditionelle Verfahren der Ehestiftung als eine Art Minenfeld; reagiert man falsch, das heißt, setzt man seine Interessen gegen die der anderen durch, rächen sich die Zurückgewiesenen mit rufschädigenden Gerüchten von der Häßlichkeit oder Hochnäsigkeit der jungen Frau. Das kann nicht nur negative Folgen für die Zukunft haben, indem andere, vielleicht passablere Bewerber abgeschreckt werden, sondern hier zeigt sich auch eine, für die jungen Frauen erschrekkende Instrumentalisierung von persönlicher Anerkennung: Sie werden so lange geschätzt wie sie begehrenswert, ›habhaft‹ erscheinen; verweigern sie sich, um ihrer eigenen Interessenslage zu folgen, provozieren sie damit böswillige Ablehnung, die auch noch in ein semi-öffentliches Terrain getragen wird. Auffällig ist in den Erzählungen eine Ambivalenz zwischen den elterlichen Reaktionen, die als billigend und den Interessenlagen der Töchter entgegenkommend beschrieben werden und einer latenten Furcht vor einem System, das ebensogut so unmoralisch sein kann, die eigenen Interessen zu übergehen. Von den jungen Frauen werden zwei präventive Regulative gegen die Tradition, die unberechenbare Kraft, die die Individuen überrollt, eingesetzt: ein beanspruchtes Recht auf die Realisierung der eigenen Interessen sowie auf die Entfaltung der persönlichen Entwicklung. Beides führt sie nicht durchgängig zum rigorosen Ablehnen des Systems der Ehestiftung, aber macht sie zu Verwaltern ihrer Biographie. Der Islam wird, unter Verweis auf das Verbot der Zwangsehe und dem Gebot der wechselseitigen Zuneigung eingeschaltet als quasiinstitutionelle Kraft, die ihnen diese Funktion zusichert.

Neben der Position, das traditionelle System der Ehestiftung zwar zu unterlaufen, aber nicht grundsätzlich oder jedenfalls nicht offen abzulehnen, gibt es noch die der radikale Negierung, wie sie aus den folgenden Passagen von zwei Erzählerinnen hervortritt. Bei Serpil heißt es dazu:

»Bei mir waren schon so, viele Typen, also, Typen nicht mal selber, sondern manchmal kamen die Eltern oder irgendwelche Bekannte, die zu meinen Eltern kamen bzw. zu meinem Vater, ja und mein Sohn oder mein Bekannter oder mein Cousin oder was weiß ich was, möchte gerne Ihre Tochter und das ist doch—. Und ich hab gesagt, nee, solche Typen will ich überhaupt gar nicht kennenlernen, weil, wenn die erst mal über einen Dritten, Vierten das machen—, also, die kennen mich nicht einmal.«

An einer anderen Stelle in der biographischen Erzählung bestärkt und ergänzt ihre Ansicht. Darüber hinaus zeigt sie eine Alternative auf. Diese Passage schließt an die Beschreibung an, wie sie ihren späteren Ehemann gänzlich ohne die Involvierung der Eltern kennenlernt. Nach mehreren Verabredungen, bei denen es dann irgendwann »gefunkt« hat, fassen sie die Heirat ins Auge, woraufhin er dann schnell seine Eltern informierte:

»Ja dann die Eltern wollten dann natürlich auch sofort kennenlernen, weil der Junge ist schon 26. Das ist ja auch schon ein Alter, ne, bei den Türken, noch nicht verheiratet und hier in X. hat er nichts Passendes gefunden. ... Die waren schon glücklich, daß er endlich mal jemand hatte, wo er sagt, das Mädchen möcht ich gern haben. Guckt es euch doch an. Sonst war das immer, er wurde immer mitgeschleppt und hier, willst du die haben, willst du die haben, so, ne. Also nicht andersrum. ... Ja, ich hab gesagt, wie kann man nur. Ich wollte nie solche Typen kennenlernen, die so gesagt haben, ja okay—. Die Eltern nehmen ihn einfach so mit. Ist schon blöd. Oder die nehmen ihn gar nicht mit. Er bleibt zu Hause. Die Eltern gehen erst mal das Mädchen sich anschauen. Das mag ich überhaupt nicht. Bei A. war das eben anders. Daß er selbst auf mich zugekommen ist. Also auch durch Freunde, aber, doch selbst erst mal mich kennengelernt hat und nicht zuerst die Eltern irgendwie vorgeschickt hat. Zum Beurteilen. Das find ich Quatsch. Und er hätte sich auch gegen die Eltern durchgesetzt, wenn sie was dagegen hätten. Aber die hatten nichts dagegen.«

Auch Amina argumentiert vehement gegen traditionelle Formen der Vermittlung. Ihr erster Kontakt mit ihnen fand etwa während ihrem sechzehnten, siebzehnten Lebensjahres statt. Während eines Urlaubs im Heimatdorf der Eltern konfrontierte die Großmutter sie mit der Tatsache, daß sie jetzt reif genug sei, um zu heiraten – ein Gedanke, auf den sie bis jetzt nicht gekommen war und auf den sie sehr abwehrend reagierte, weil sie kurz zuvor den Entschluß gefaßt hatte, die Oberstufe zu besuchen und anschließend zu studieren. Auch andere im Dorf haben offenbar ihre Reife bemerkt und entsprechende Aktivitäten entwickelt, die ihr Vater jedoch mit dem Hinweis auf ihre weitere Ausbildung abzuwehren wußte. Amina ist mit einem mächtigen Schrecken davongekommen und mit der Erkenntnis von den unübersichtlichen Planspielen, die sich im Gespinst des Traditionellen entfalten und die von ihr Wachsamkeit, Entschlußfähigkeit und sorgfältig angelegte Allianzen (hier mit ihren Familienangehörigen) verlangen, um nicht von ihnen überrollt zu werden. Später stellt sie fest, daß diese ihr fremde Tradition nicht nur nicht im Dorf bleibt – eine Assoziation, die darauf beruht, daß im Gegensatz zu den Erfahrungen der anderen Erzählerinnen (s.o.) sie bisher in Deutschland nicht mit Heiratsanträgen konfrontiert wurde –, sondern selbst da verankert ist, wo sie es nicht vermutet hätte, in der Moschee. Dorthin geht sie seit einem guten Jahr regelmäßig. Die folgende Erzählpassage folgt auf die Schilderung der Ramadan-Feier in der Moschee, an der sie paradigmatisch Elemente des Unislamischen ortet, wie die ihr diesem religiösen Anlaß unangemessen erscheinende Abendroben ähnliche Kleidung mit viel ›Glitzer‹, wo es doch ›etwas gesetzter‹ zugehen sollte. In diesem Kontext erwähnt sie auch emsige Aktivitäten der Arrangierung von Ehen:

»Am Anfang habe ich natürlich gar nichts davon mitbekommen. Irgendwann kam ein Mädchen, ›ja weißt du, die Frau da, siehst du die Frau da, die will dich für ihren Sohn haben‹. Und ich, ›wie kommst du darauf? (lachend) Ich kenne ihren Sohn gar nicht und sie kennt mich doch auch gar nicht.‹ ›Ja, du gefällst ihr halt‹ und so. Das kriegt man gar nicht mit, ich meine, die Frauen sitzen da und, ganz brav. Irgendwie geht das schon, es ist durchaus auch Islam, also es ist *, im Sinne des Islam, daß auch so was abgeregelt wird. Weil, * die Jugendlichen sollen heiraten, die sollen ihre Sexualität ausleben. Ja. Ich meine mir, ich könnte das nicht. Das ist ja auch wieder dieses Marokkanische. Ich kann nicht so, was weiß ich, ich gefall einer Frau und schon *, ja erklär ich mich irgendwie bereit, da ihren Sohn oder so, das, ne ... Also das ist z.B., das bin ich, das gehört auch wieder zu mir, daß ich das nicht bin. ... Aber irgendwie mag ich das nicht. Ich will, daß das von der anderen Seite irgendwie kommt. Ich lehne das total ab. ... Vermittelt vielleicht geht auch, aber, daß das von irgendeinem Mann auch, es geht nicht von einer alten Frau, was heißt alt, von seiner Mutter oder seiner Schwester. Nicht daß ich ihr gefalle oder so, ich meine, dann würde ich es mir auch noch überlegen oder mir den auch mal angucken. Aber wenn ich der Schwester gefalle, * ja, ich lebe ja nicht mit der Schwester zusammen, also da sind so ein paar Widersprüche drin. Ich meine, islamisch gesehen, geht das Ganze wieder ganz anders ab. Und das machen sie aber auch nicht, * meistens wird es ja auch so abgewiegelt, wie in Marokko und so. ... Zum Beispiel die A., die hat ihren Mann auch auf—, die hat sich in ihren Mann verliebt und er sich in sie und dann haben sie geheiratet, ja, also ohne irgend eine Vermittlung. Gut, der Mann brauchte zwei Jahre, bis er ihr das gesagt hat, ja. Der hat sich halt nicht getraut, aber so was ist durchaus möglich und das ist das Allerbeste eigentlich, die allerbeste Form, miteinander *, zusammenzukommen. * Gut, es gibt da wieder andere Sachen, wo die *, wo das Mädchen *— . Ich ich finde das total peinlich, also für mich jetzt, es wäre auch für dich sehr peinlich, wenn, dir jetzt jemand sagt, ja der und der begehrt dich und jetzt kommt ihr zusammen und ihr guckt euch mal an, ob ihr euch gefällt, ja. Es geht meistens so ab, ja. Das ist also, im höchsten Grad, also, da komme ich mir vor, wie so, so, Schaumarkt, ja. Jetzt, jetzt muß ich präsentieren, das Beste an dir zeigen und wie auch immer. Nee das, das widerspricht irgendwie meiner Auffassung, daß ich da, ja, vor allem weil ich ja auch nicht *, keine äußerliche Vorstellung von—, z.B. so was wie einen Traummann habe ich überhaupt nicht. Weil, für mich ist ein Traummann nicht vom Äußeren her, sondern, so, für mich zählt eher so der Charakter, so charaktermäßig und so, ne. ... Naja das ist halt schon, und was da (in der Moschee) alles so abgeht. Ich meine, das sieht man als Außenstehender gar nicht und ich war am Anfang auch außenstehend und später habe ich halt gemerkt, wer wen geheiratet hat und wer was geregelt hat.«

Für beide, für Serpil wie für Amina ist die traditionelle Prozedur der Eheanbahnung eine Absurdität, deren tragende Prinzipien ihnen als unmoralisch und unislamisch gelten. Das Unislamische kommt allerdings erst vermittelt ins Spiel, denn der Modus, wie Ehen zu arrangieren seien, ist kein impliziter Gegenstand von Koran und Sunna. Aus verschiedenen Versen, Worten des Propheten und Episodenschilderungen geht hervor, daß, der Zeit entsprechend, Verheiratungen, zumal von jungen Frauen, Angelegenheiten von Familien und Vormündern sind. Stützt man sich auf el-Bahnassawi (1993: 58ff.), so hatte der frühe Islam eine fortschrittliche Note in der Überwindung von »heidnischen Ehebräuchen«. Dazu zählen die Verheiratung ohne Zustimmung und ohne Gefallen der künftigen Eheleute aneinander sowie die Weigerung, eheliche Verbindungen zwischen Personen ungleichen sozialen Standes als legitim anzuerkennen.

Unklar bleibt, ob seine Ausführungen oder ähnliche von anderen Autoren auf große Resonanz stoßen. Keine der jungen Frauen in dieser Untersuchung bezieht sich auf diesen Autor, dessen Schrift auf Büchertischen bei islamischen Veranstaltungen häufig zu finden ist, in der so gut wie keine Angaben über Sekundärliteratur gemacht werden, aber die Argumente, die er gebraucht, werden in den Aussagen der jungen Frauen durchaus vertreten. Andererseits deuten die Erzählungen darauf, daß es durchaus nicht die Regel ist, daß Verheiratungen einseitig auf Beschluß der Eltern erfolgen. Selbst Väter und Mütter, die als sehr traditionell eingestuft werden, legen den Töchtern keine Steine in den Weg, um einen Heiratskandidaten näher kennenzulernen oder sie billigen deren Wahl, solange die Kriterien wie gleiche ethnische bzw. nationalstaatliche Zugehörigkeit, geordneter finanzieller und familiärer Hintergrund vorhanden sind und solange sie auf dem Laufenden über die Entwicklung gehalten werden.[62] Unübersehbar aber spielen sie eine vitale Rolle in einem Feld komplexer sozialer Interaktion, das viele Möglichkeiten birgt, falsch zu handeln und Konflikte herzustellen. Die Verheiratung als Spiel mit unvorhersehbaren Interessen und Teilnehmern bedroht die Autonomie der jungen Frauen bzw. zeigen sich hier die Grenzen des Projekts der individuellen Autonomie, das in einem komplexen interaktiven Feld seine Schwäche zeigt. Jederzeit kann Irgendeiner oder irgendeine Strategie aus dem Nichts auftauchen und die eigene Existenz zu seinem Spielball machen. Undurchsichtige Regelungsmechanismen, die nicht selbst bedient werden können, wie zum Beispiel im Falle einer aufzulösenden Verlobung, führen soziale Einbindungen vor Augen, die die Idee der individuellen Autonomie untergraben und das Inbeziehungsein (vgl. Joseph 1994; von Braun 1993) vor Augen führen. Heiratsangelegenheiten stellen sich somit als Bestandteil komplexer sozialer Beziehungen und Interaktionen dar, in denen jeder Beteiligte sich bewähren muß. Dieses komplizierte unübersichtliche Spiel von Strategien und Formalitäten steht konträr zur Idee des autonomen und tiefen Selbst, dessen Entfaltung und Kontinuität abhängig ist von der Anerkennung durch ein anderes autonomes Selbst. Was Serpil und Amina das traditionelle Ehestiftungsverfahren unmoralisch erscheinen läßt, ist das Ignorieren des Postulats der Anerkennung und der persönlichen Authentizität, seine Wertlosigkeit in diesem Kontext einer exklusiven sozialen Beziehung, die ihrer Ansicht nach genau darauf beruht. Statt dessen präsentiert sich ihnen ein Konzept der Austauschbarkeit, daß ihre Bemühungen um Authentizität negiert und sich wesentlich auf Geschlechterstereotypen, auf Rollen und Funktionen gründet, weshalb Mütter, Schwestern, Bekannte dieses Terrain besetzen können. Mit der Ignoranz der persönlichen Authentizität verbindet sich überdies eine Verkehrung der Werte. Der Schein, das Präsentable, das »Beste von sich« steht im Zentrum der Verhandlung nicht das Tiefe, das Innerliche, das eigentliche Wesen.

Zudem bewerten die jungen Frauen den kommunikativen Rahmen, den das traditionelle Verfahren eröffnet, als völlig unzulänglich um festzustellen, ob derjenige, der als möglicher Ehepartner offeriert wird über ein autonomes Selbst verfügt, wie sein tiefes Selbst beschaffen ist. Serpil verweist darauf, daß jemand, der sie nicht persönlich kennt oder anderen Personen die Wahl überläßt, kein wirkliches Interesse an ihrer unverwechselbaren partikularen Person haben kann. Der Widerstand der jungen Frauen beruht darauf, daß ihr Projekt des Selbst nicht funktionieren kann mit einem traditionell eingestellten Mann, der jemanden für Küche, Bett und Kinder braucht, sondern nur mit einem ›richtigen‹ Muslim, der den Wert der weiblichen Persönlichkeit zu achten weiß und der in der Lage ist zum »Gattenbund«, zu einer »Stilistik der Existenz zu zweit« (Foucault 1989), zu einer ehelichen Allianz unter Gleichgestellten. Ob derjenige, der sich als richtiger Muslim präsentiert, aber wirklich authentisch ist, will sorgfältiger eruiert sein als dies in dem Raum, den die traditionelle Form eröffnet, möglich ist. Der Thematik, wie ein adäquater islamischer Mann und wie eine islamische Ehe beschaffen sein soll, wenden wir uns an späterer Stelle zu. Hier genügt zunächst die Feststellung, daß die Differenzierung zwischen einem traditionell eingestellten Mann und einem modernen Muslim von allergrößter Bedeutung ist. Sie bildet einen Grundbaustein in der Architektur eines modernen islamischen weiblichen Selbst, der unabhängig von der Neigung einzelner zu einem eher konservativen Familienmodell, in dem die Funktionen einer Hausfrau und Mutter zentral sind oder zu einem Modell des berufstätigen Paares mit Kindern – in der Gesamtheit der biographischen Erzählungen überwiegt das letztere Modell – vorhanden ist.

Aufschlußreich ist, um nochmals auf die oben angeführten Erzählpassagen zurückzukommen, in diesem Zusammenhang noch ein anderer Aspekt, der bei Amina zum Vorschein kommt: die Verschiebung in bezug auf eine öffentliche Verhandlung der Sexualität in der traditionellen und der modernen islamische Einstellung. So ist es für sie durchaus islamisch und damit legitim, Sexualität und Heirat durch Vermittlung und damit durch die Partizipation anderer »abzuregeln«, sexuelle Gemeinschaften öffentlich zu konstituieren. Gesichtspunkte wie die materielle Sicherung oder die Sicherung des sozialen Status – eminent wichtige Aspekte für die Eltern – klammert sie aus. Mit einem erfolgreichen Studienabschluß, den zu erhalten sie sicher sein kann und den anschließenden relativ guten Bedingungen auf dem Arbeitsmarkt braucht sie daran auch kaum einen Gedanken zu verschwenden. Sie hat gute Chancen, sich zu einer finanziell unabhängigen Frau zu entwickeln. Unter diesen Bedingungen schiebt sich die Sexualität als Grund der Ehe ins Zentrum der Prozedur und verursacht bei ihr Peinlichkeit, weil es sich um eine, nur die beiden Ehepartner angehende Beziehung handelt. Andererseits erwähnt sie in einem anderen Kontext schmunzelnd die sich auf den Gesichtern ausbreitende Schamröte, wenn der Imam auf islamische, in Koran und Sunna deutlich formulierte Regeln im Zusammenhang mit Sexualität hinweist wie die Ganzkörperwaschung nach dem Geschlechtsverkehr, die sexuelle Disziplinierung während des Ramadan und während der Menstruation. Das, bemerkt sie, sei doch ganz natürlich und offen in den Schriften dargelegt, aber daß darüber in der Moschee geredet wird, schockiere die Leute, vor allem die älteren. Das sind in ihren Augen aber die, die sich nicht scheuen, junge Leute zu Sexualgemeinschaften zusammenzufügen. Aufgewachsen mit Sexualkundeunterricht, aufgeklärt über die Funktionsweisen des menschlichen Körpers, die sie, die sich auf einen medizinischen Beruf vorbereitet, ganz sachlich und funktional betrachtet, ist für sie Sexualität ein öffentlich kommunizierbares Thema in bezug auf Ordnung und Regelorientierung. Davon abgetrennt gehört Sexualität in Konnotation mit Gefühl und inniger Beziehung in den Bereich einer intimen Beziehung zwischen zwei Personen. Neben dieser Verlagerung dessen, was öffentlich sein darf und als öffentlich definiert ist, konstatiert Amina eine Spannung zwischen der islamischen Gemeinschaft, die sie in der Moschee gefunden hat und ihrem individuellen moralischen Empfinden, das sich gut mit den relativ übersichtlichen systematisierbaren islamischen Techniken arrangieren kann, aber nur schlecht mit traditionellen Regulierungen, die sich aus einem Spiel mit dem Rituellen und dem Moralischen, dem Strategischen und dem Gefühl (vgl. Stauth 1993: 185ff.) zusammensetzen. Hier zeigt sich das Problem der individuellen Authentizität, bei dem der einzelne die Gemeinschaft braucht, um sich selbst zu erfahren und sich zu definieren, aber durch sie zugleich seine persönlichen internen Regelwerke gefährdet sieht.

Neue Formen der Ehestiftung

Nach Aminas Ansicht ist es das Beste, wenn künftige Ehepartner von selbst, ohne Vermittlung, ohne die Intervention anderer Personen zusammenfinden. Diese Ansicht wird von den anderen Frauen ausnahmslos geteilt. Allerdings sind die Voraussetzungen dafür nicht gerade günstig. »Muslime müssen verkuppelt werden« – das ist die nicht ohne Ironie vorgebrachte Ansicht Serpils, obwohl sie die traditionellen Formen vehement ablehnt. Damit sind ganz praktische Erwägungen verbunden, Muslime, so erklärt sie, »haben's eben schwer, die können nicht einfach in die Kneipe gehen oder was weiß ich in die Disco und irgendwie Jemanden kennenlernen«. Zum einen gelten richtige, wahre Muslime als räumlich verstreute Minderheit. Das schränkt die Wahl bereits ein. Zum anderen gibt es kaum Gelegenheiten, die beide Geschlechter zusammenbringen. Zwar bieten Annoncen in islamischen Zeitungen oder im Internet Möglichkeiten zum Kennenlernen, aber dieser Weg scheint nicht gerade beliebt und auch nicht verbreitet zu sein. Eine gern genutzte Gelegenheit hingegen, gleichaltrige Gleichgesinnte unverfänglich kennenzulernen und im *vis-à-vis*-Kontakt einzuschätzen, bieten die von verschiedenen Organisationen veranstalteten Treffen von und für Muslime, wie etwa die Treffen deutschsprachiger Muslime (TDM). In der Tat sieht man auf diesen Treffen in den Pausen zwischen den Veranstaltungen viele kleine Grüppchen junger Leute verschiedenen Geschlechts und Paare in reger Unterhaltung. Legt man das vorliegende Untersuchungssample zugrunde, werden auf diesen Treffen nicht selten die Fundamente für spätere Ehen gelegt, auch für Paare verschiedener nationaler Zugehörigkeit.

Zudem bilden die jungen Leute Netzwerke der Vermittlung, die an der traditionellen Form anschließen, aber die ältere Generation zunächst ausschließen. So fiel einer jungen Frau während eines Spazierganges in der City, den sie zusammen mit einer Freundin unternahm, der junge Mann ins Auge, der ebendieser Beschäftigung mit dem Ehemann der Freundin nachging. Auch der junge Mann war von ihr angetan und das Ehepaar arrangierte ein Treffen zwischen beiden in der eigenen Wohnung. Das wurde in der Folgezeit wiederholt. Bei den späteren Treffen zog sich das Ehepaar ins Nebenzimmer zurück und ermöglichte so Gespräche unter vier Augen, aber eben ohne daß beide gänzlich allein waren. Einvernehmlich wurde so, in dieser speziellen Form der Transparenz als Technik (vgl. Bhabha 1994: 110), eine reduzierte soziale Kontrolle installiert. Der direkte Kontakt der beiden, die nicht am gleichen Ort wohnten, erfolgte zusätzlich per Telefon, worüber auch Vorstellungen über Ehe und Familie, Kinderzahl, berufliche Pläne ausgetauscht wurden. In diesem Fall wurden die Abstände zwischen den Telefonaten immer länger bis der junge Mann nicht mehr anrief. Bemerkenswert sind eine sorgfältig gehaltene Distanz und eine sehr reflektierte Zeichenökonomie, die auch trotz bestehender Verliebtheit während des Annäherungsprozesses so lange bestehen wie keine Sicherheit vorhanden ist, daß der andere einen »haben will« (eine häufige Formulierung) und zu heiraten beabsichtigt. Bemerkenswert ist auch eine Sachlichkeit und Nüchternheit, mit der eruiert wird, ob man vom Charakter und von den Ansichten her zusammenpaßt. Offensichtlich hat keine der jungen Frauen etwas gegen die ›große Liebe‹ – daß man einen Mann liebt und daß er Muslim ist, sind die zwei ganz wesentliche Voraussetzungen –, aber ihre Bedeutung wird stets relativiert mit dem Hinweis darauf, daß sie sich nicht als alleinige Basis für eine dauerhafte Ehe eigne. Bei den jungen Frauen verbindet sich damit die Furcht, Rationalität und Wachsamkeit zu verlieren und das Risiko einzugehen, daß nach der großen Liebe nichts mehr übrig bleibt als die Tyrannei eines Mannes, der sich zunehmend als traditioneller Muslim ohne Sinn für den wahren Islam und seine Ethik der ehelichen Beziehungen entpuppt.[63]

Die unter den jungen Leuten bestehenden Netzwerke der Vermittlung erstrecken sich auch über größere räumliche Distanzen. Unter Geschwistern, Freunden, Bekannten und deren Freunden und Bekannten zirkulieren Beschreibungen, wie man sich den zukünftigen Partner vorstellt. Die Bereitschaft, sich für Fremde umzusehen ist außerordentlich groß. Überlegungen, wer für wen in Frage käme, füllen Gespräche und Personen verschiedenen Geschlechts unauffällig und ›zufällig‹, zum Beispiel bei einem Treffen auf der Straße in ein Gespräch zu verwickeln und zu verfolgen, was daraus wird, ist eine amüsante Beschäftigung.

Die zirkulierenden Beschreibungen, wie man sich den Partner vorstellt, sind allerdings nicht aussagekräftiger als in Zeitungsannoncen. So sucht, Serpil gibt hier ein Beispiel, einer eine »muslimische Frau, eine praktizierende, die aber auch ausgebildet ist, also so 'ne Intellektuelle 'n bißchen, nicht so typisch Hausfrau, und die sollte hübsch sein und sich schön anziehen ... und 'ne gute Hausfrau«. Deutlich wird ein klassenspezifisches Profil. Worauf es offensichtlich zunächst vor allem ankommt (jedenfalls für Serpil) ist die Kombination von Bildungsniveau und religiöser Praxis. Diese Grundkonstellation ist der Anlaß für eine solidarische Hilfsleistungen unter sich Unbekannten, auch wenn Serpil die Kombination mit der dritten Komponente, der »guten Hausfrau« für unrealistisch hält. Trotzdem läßt Serpil, an deren Erzählung sich ermessen läßt, wie Ehen unter Gleichaltrigen arrangiert werden, sich schließlich von einer Freundin zu einem Treffen, das in einem gut besuchten Café stattfindet, überreden:

»Ich gab's Okay von mir aus, aber er soll sich bloß keine Hoffnungen machen. Und A. hier auch, sag dem Mädchen Bescheid, sie soll sich bloß keine Hoffnungen machen. Also es ist nur, ein Treffen, wo wir uns kennenlernen und, dann kann man immer noch nein sagen, sofort, ne ... weil, keiner sollte sich Hoffnungen machen. Und dann haben sie uns so, verkuppelt, kann man sagen. Kam er nach X., wir haben (uns hingesetzt) mit unseren Freunden zusammen und ja, man hat sich so vorgestellt und, ich meine, jeder wußte von allem Bescheid, ne. Also es war schon so ein richtiger Verkuppelungstreff (lacht). Ja, aber dann hat's irgendwie gefunkt, also beim ersten Mal auf jeden Fall nicht, aber, ich fand den sympathisch wie er so war. Dann wollt ich ihn doch näher kennenlernen und, ja, dann hat's schon gefunkt, beim zweiten Mal, dritten Mal. War schön. (2) Und langsam haben wir unsere Gemeinsamkeiten festgestellt und wollten auch so schnell wie möglich heiraten.«

Von dieser Absicht informierten beiden ihre Eltern. Daraufhin erfolgte ein Besuch seiner Eltern bei ihren Eltern. Dabei war auch die »Familie unserer Freunde«, geschätzt in der Funktion als Spannungslöser, weil »wenn zwei total fremde Familie zueinanderkommen, das ist ganz schlimm, dann muß also ein Vermittler dabei sein. Das ist immer so, wird auch so gemacht.« Trotzdem sich alle »sehr gut verstanden haben« und der Abend »ganz toll« war, bleibt zunächst die Distanz gewahrt und wird erst Schritt für Schritt aufgelöst:

»Am nächsten Morgen wollte der (A.) sofort bei uns anrufen und hat meiner Freundin gesagt, ›Ruf sofort bei ihr an‹ und neuen Termin machen und so weiter (lacht). Und die hat gesagt, ›Kann ich nicht machen. Das geht doch nicht, so voreilig‹. ›Nein, nein, ruf sofort an‹ (lacht). Dann hat sie irgendwann angerufen im Laufe des Tages, als die aber weg waren, hat sie mich angerufen, hat sie erzählt, oh, der war so angetan von dir und was weiß ich. Und dann kam er alleine, also dann hat er gesagt, ›können wir diese Dreiecksbeziehung mal beenden‹, so immer über Vermittler, weißt du (belustigt), ›daß wir so direkt Kontakt haben können.‹ Hab ich gesagt, ›ja klar warum nicht. Ist mir auch lieber eigentlich, wollte ich auch vorschlagen.‹ Dann haben wir die Telefonnummern ausgetauscht und hatten direkt Kontakt, also haben wir nichts mehr mit denen zu tun gehabt. (I.: Ihr habt euch dann allein getroffen?) Ja, draußen, manchmal, so heimlich. Das hab ich aber meiner Mutter nicht erzählt. Ich mein, sie würd sich ja nur Sorgen machen dann. Aber *, der durfte allein zu uns, durfte auch bei uns übernachten, also, was andere Männer nicht dürfen. Der durfte das, also nicht bei mir im Zimmer, aber im Wohnzimmer, durfte er übernachten. ... Und wir haben auch sowieso immer bis nachts zwei Uhr gesessen, allein im Wohnzimmer und so. ... Also wir hatten doch die Möglichkeit, uns kennenzulernen. Auch wenn wir nicht zusammen gewohnt haben, doch am Wochenende haben wir uns gesehen. (2) Das reichte.«[64]

Wie im zuvor genannten Fall arrangieren Freunde zunächst die gemeinsamen Zusammenkünfte und sind zugegen. Anfangs hat Serpil auch ihren Bruder ein paar Mal mitgenommen, aber ihrer Erklärung nach nicht zur Befolgung der religiösen Regulation nach der es geboten ist, in Begleitung eines männlichen Verwandten zu erscheinen, sondern »für mich selber jetzt so, damit er auch einen Eindruck von ihm gewinnt, wie er so ihn sieht«. Für sie ist der Bruder ein Verbündeter, dessen Urteilskraft sie einschätzen kann und die sie schätzt. Ab dem zweiten Treffen hat Serpil auch ihre Mutter informiert, die sich durch die Anwesenheit von Freunden beruhigt zeigte. Die Anwesenheit der Freunde ist nicht nur erforderlich, um die Schicklichkeit, die anfällige weibliche Tugend zu retten, sondern sie entspannen die Situation solange noch im Unklaren ist, um welche Art von Beziehung es sich handelt. Das ist ›Verkupplung‹ ähnlich der traditionellen Form, aber durch die Clique, durch die nicht-formelle Kommunikation und die ständige Bekundung, daß es sich um nichts als um einen ›Jux‹ handelt, obwohl jeder genau über den Sinn dieses Spiels im Bilde ist, wird zunächst Unverbindlichkeit und Distanz sowie, bei Bedarf, der Rahmen geschaffen, mehr in die Tiefen der Persönlichkeit einzudringen, sich gegenseitig zu überprüfen. Die jungen Leute schaffen eigene Rituale, in denen wiederum andere als Vermittler notwendig sind bis die Heiratsabsicht feststeht bzw. von seiten der Frauen das Vertrauen da ist, daß eine solche besteht.

Andere Frauen berichten, ohne Heiratsabsichten zu erwähnen, von gemischtgeschlechtlichen Cliquen, die für ihre Treffen bewußt Orte auswählen, die sicherstellen, daß sie nicht von Außenstehenden, das heißt in diesem Fall: von Bekannten beobachtet werden, die eine andere, eine traditionelle Auffassung haben, und sofort weitererzählen, wen sie zusammen gesehen haben. Gezielt werden zum Beispiel Cafés aufgesucht, die von außen nicht einsehbar sind und in entfernten Stadtteilen oder Vororten liegen. Die islamische Clique bietet durch die Beachtung regulierter Geschlechterbeziehung einen Schutzraum für die Entwicklung gemischtgeschlechtlicher Beziehungen. Durch ihre Islamisierung und ihre selbstbewußte Präsenz als moderne islamische Frau, die über Disziplin, Wissen und Intellekt verfügt, weisen die jungen Frauen patriarchalische Attitüden und traditionale Rollenzuweisungen zurück und fordern egalitäre Beziehungen. Es ist ebendieser auf Selbstdisziplin beruhende islamische Habitus, der einerseits die Geschlechtergrenzen markiert und penibel formal reguliert sobald Sexualität ins Spiel kommen kann, aber andererseits die Segregation der Geschlechter überflüssig macht, wenn sexuelle Beziehungen ausgeschlossen sind. Das setzt allerdings ein entsprechendes distanziertes Verhalten der Frauen voraus. Wenn es gelingt, die richtige Tonart zu treffen, werden Männer als »Kumpel« sogar der weiblichen Gesellschaft vorgezogen. Ilknur etwa ist stolz auf einen ihr verliehenen männlichen Spitznamen:

»Daran merke ich, daß sie mich dann richtig tolerieren und daß sie auch zum Teil von mir Abstand halten. Weil die ganz genau wissen, wo—, ich bin sehr kontaktfreudig, egal ob Junge oder Mädchen, ich finde also, das hat mit dem Islam oder so nichts zu tun, also wenn man das allgemein beguckt in der Umgebung, du merkst es, wenn du Freundinnen hast, die sind eher neidisch auf dich, egal worüber, als Männer. Die sind ganz anders drauf. Mit denen—, die sind ganz anders, wirklich, drauf. Ich hab die Erfahrung gemacht, anstatt zehn Frauen als Freundin hätte ich lieber einen Mann als Freund. Als richtigen Kumpel halt, wo wir uns immer austauschen und so. ... Die Frauen sind neidisch auf deine Kleidung, sie sind neidisch auf deine Leistung, die sind neidisch auf deine Freunde. Es gibt immer nur Reiberei unter den Frauen. **Immer**. Es ist so eine Konkurrenz unter der Frauen.«

Wie man mit den jungen Männern umgeht, sich Respekt verschafft oder auch sich einschüchtern läßt von männlichem Gehabe und Kontrolle des Weiblichen, ist offenbar einerseits eine Frage des persönlichen Temperaments und andererseits eine Frage des persönlichen Bewußtseins oder der persönlichen Intuition von der Einwirkung auf die Form der Geschlechterbeziehungen. Offensichtlich existieren tiefgreifende Spannungen zwischen den Geschlechtern und eine fundamentale Unsicherheit über die Ausformung der Geschlechterbeziehung. Den einzelnen bieten sich mehrere Modelle an: ein traditionelles, daß die modernen Muslime, vor allem die Frauen vehement ablehnen; ein nicht-religiöses, bzw. westliches, bzw., aus der Perspektive der Einwanderer, deutsches Modell, dem man aus verschiedenen Gründen nicht gänzlich folgen kann oder will; ein islamisches Modell, das Elemente beide Formen enthält und mit einer eigenen ethischen Legitimierung versieht. Im Alltagsleben können sich alle drei Modelle auf verschiedene Weise kombiniert und rekombiniert werden, aber man weiß nie genau, wie die Mischungsformel des anderen aussieht. Und diese Formeln lassen sich in den vielfältigen Interaktionen des Alltags als Instrumente der Hierarchisierung und Abwertung sowie der Kontrolle, vor allem der Männer über die Frauen, anwenden. Die Anforderung, sich durchzusetzen tritt vor allem in Räumen auf, in denen beide Geschlechter der gleichen Abstammung präsent sind und in denen Authentisierungspolitiken in Zusammenhang mit Islam und Geschlecht am Werke sind. Ein fehlender allgemeiner Konsens über die Form der Geschlechterbeziehung bewirkt eine Art offenen Raum, der individuelle Manöver erfordert.

Das zeigt sich beispielhaft im Falle von zwei jungen Frauen, Aysel und Ilknur, die beide die dieselbe Schule besuchen. Die eine fühlt sich beobachtet und belästigt – durch Heiratsanträge, die sie nicht haben will, durch einerseits Kritik an ihrem allzu abweisenden Verhalten, dann wiederum andererseits durch negative Reaktionen auf offensichtlich zu freundliches Verhalten –, sie sieht die »Jungs« als Brüder und wird aus der Fassung gebracht, wenn sie Interesse an ihr als Frau zeigen und würde derartigen Problemen am liebsten durch Rückzug aus der Gesellschaft türkischer junger Männer aus dem Weg gehen. Ihr Traumtyp ist ein deutscher Muslim; diese sind ihr wiederholt durch ihre ›Toleranz‹ aufgefallen (vgl. auch Anmerkung 66). Es ist bis heute, trotzdem sie Fortschritte konstatiert, schwierig für sie, sich den Habitus einer Respekt fordernden Frau zuzulegen. Ihre Erzählung enthält eine Reihe von Episoden, in denen sie schildert, wie sie immer wieder über ihre eigene Naivität stolperte. Die andere hingegen, die wesentlich konfliktbereiter ist und nicht das nette Mädchen, das es allen recht zu machen versucht, sein will, wehrt Kritik an sich und ihrem Verhalten mit ihrer ›großen Schnauze‹ ab (andere setzen die spitze Zunge und leise Ironie ein), geht das Problem der Geschlechterbeziehungen offensiv und selbstbewußt an, versucht es zu kontrollieren. Ilknurs Ansicht nach besteht kein Problem, mit Männern einen normalen Umgang zu pflegen, solange, und hier setzt der Islam ein, keine Sexualität im Spiel ist. Im Gegenteil: Dieser Umgang ist geradezu eine Voraussetzung unter den Bedingungen, die der Islam setzt:

»Freundschaft kann intimer werden, nur sexuell nicht. Ich denke mal, man kann sich hinsetzen und mit denjenigen sprechen. Das ist ja, für mich das normal. Das gehört mit dazu. Wie willst du denn deinen Mann kennenlernen für dein Leben, ne? Bei uns ist das ja nicht so, daß man sich jetzt befreundet und sechs Jahre, sieben Jahre mit ihm zusammenlebt. Obwohl ich das toll finde, ja und das gibt's aber leider bei uns nicht, und danach sagt, wir heiraten jetzt. Das find ich gut. Das gibt's bei den Deutschen, bei uns nicht. Leider nicht. Ja. Da muß man schon jemand kennenlernen. Wie willst du denn einen kennenlernen, wenn du überhaupt nicht mit ihm sprichst? Also, ich möchte auch keinen Mann aus dem Dschungel haben, mit dem ich—, den ich überhaupt nicht gekannt habe oder was weiß ich noch. Ich muß ihn richtig kennenlernen. Ich muß mich mit ihm unterhalten. Ich muß mit ihm essen gehen oder so. Ich muß mich mit ihm auch treffen können und sagen können—, ich bin in einem Alter wo ich auch bestimmen kann, ob das richtig ist für mich oder nicht. Ich meine, ich denke sowieso zur Zeit nicht ans Heiraten. Mein Studium geht vor.«

Trotz aller Radikalität, mit der die traditionellen Formen der Arrangierung von Ehen abgelehnt werden, wird keine völlige Auflösung der Form angezielt, sondern es erfolgt eine Modifizierung und Umgewichtung, die das Verfahren an die bestehenden alltagspraktischen Notwendigkeiten anpassen. Die jungen Leute besetzen sozusagen das Feld und bringen es unter eigene Regie. Ein entscheidender Impuls wird aus dem Islam gezogen, aus dem Argument, daß der unverfälschte Islam die Ehe als Gemeinschaft liebender oder sich wenigstens wechselseitig respektierender und füreinander sorgender Individuen definiere. Das impliziert das sorgfältige Treffen der richtigen Wahl. Das impliziert, daß der zukünftige Ehemann ein richtiger Muslim ist, der sich auch in bezug auf die Ehefrau und das Eheleben an die koranischen Gesetze hält bzw. sich an diese binden läßt. Die Fähigkeit, einen richtigen Muslim zu identifizieren wird zumeist den traditionell denkenden und nur die traditionelle Variante des Islam beherrschenden bzw. vom traditionellen Islam beherrschten Eltern, soweit sie überhaupt als gläubig eingestuft werden, abgesprochen. Damit erfolgt, bei gleichzeitiger Betonung, daß der Islam Respekt gegenüber den Eltern fordere, eine Entmachtung der elterlichen Autorität. Diese wird beschränkt auf die materiellen und rituellen Angelegenheiten, die mit der Eheschließung verbunden sind. Damit erfolgt nach dem Auswahlprozeß – dem, wie einige der radikaleren jungen Frauen, die auch entsprechend gehandelt haben, argumentieren, zustimmen müssen, weil sie gegenüber demjenigen, der bezeugtermaßen ein guter Muslim ist, ist kein Vetorecht haben – ein Einklinken in die traditionellen Bahnen. Dann werden die Eltern, die sich zumeist, wenn auch zunächst protestierend, den geschaffenen Tatsachen beugen, einbezogen. Sie prüfen ihrerseits den Bewerber und seine Familie auf ›harte Fakten‹ wie Einkommen, Leumund, Familienhintergrund und arrangieren die anstehenden formalen Akte.[65] In dieser Funktion, in der sich Erfahrungswissen, Wissen um den Ritus und Sorge um das Wohlergehen der Töchter einbringen, werden sie durchaus auch geschätzt und als unentbehrlich betrachtet. Die traditionelle Form erfährt somit keine Auflösung, sondern eine Modifizierung.

Wenn man hier von Individualisierung sprechen will, dann in dem Sinne, daß kein Herauslösen aus dem sozialen Netzwerk erfolgt, sondern eine

Repositionierung zugunsten der jungen Leute stattfindet. Und dabei scheint es noch nicht einmal so zu sein, daß die Eltern sich gegen diesen Prozeß ernsthaft sträuben. Zwar stellen die jungen Frauen es als außergewöhnlich oder, wie Afaf es formuliert, »gewagt« heraus, wenn, wie ihre Mutter konstatiert, »jetzt schon die Tochter den Mann ins Haus bringt« und fast immer erwarten sie Schwierigkeiten, die aber zu ihrer Erleichterung und ihrem Erstaunen gleichermaßen nicht eintreten, jedoch zeigt die dieser Arbeit zugrundeliegende Untersuchungseinheit eine Tendenz zur individuellen Wahl, während der traditionelle Pfad als eventuell nützliche Zusatzstrategie Akzeptanz findet. Aus der Sicht der Frauen findet keine Grenzüberschreitung statt – das wäre der Fall mit einem Freund, zu dem intime Beziehungen bestehen –, sondern eine vernunftgeleitete und eigenverantwortliche Ausweitung.

In ihren Erzählungen konstatieren die Frauen eine Veränderung des Gegenstandes, eine Umordnung unter islamischen Vorzeichen. Aus der Ehestiftung, der eher materielle Strategien zugrundeliegen, ist eine Partnersuche, die die innere Übereinstimmung betont, geworden. Als systematisches Kriterium in der Konnotation mit wechselseitiger Anerkennung als Basis einer kontinuierlichen Selbstaffirmation drängt es auf die Herauslösung aus der traditionellen Form und ihres Verfahrens der Zuordnung von Individuen. Damit einher geht zwangsläufig eine Aufweichung des alten islamischen Kulturelementes der Geschlechtersegregation. Seine »Trivialisierung« (Göle 1995: 13) in der traditionellen Ehe strikt ablehnend, aber seinen ethischen Wert akzeptierend, ist das Bestreben einer vorsichtigen Ausbalancierung ersichtlich.

Der ideale Ehemann: Ein ›wahrer‹ Muslim

Die Spannungen zwischen den Geschlechtern, das Vorhandensein mehrerer, nicht klar abgegrenzter, ineinanderfließender und vor allem von den Männern strategisch einsetzbarer Modelle der Geschlechterbeziehungen einerseits und der Wunsch nach Ehe und Familie andererseits bringen die Frauen ziemlich früh dazu, sich mit den Geschlechterbeziehungen auseinanderzusetzen und Wachsamkeit gegenüber möglichen Partnern zu entwickeln. Mit der Bindung an die islamische Regulierung, in der Ehe und Familie gleichermaßen als religiöse und soziale Pflicht zur Gestaltung moralischer Ordnung definiert ist, verschärft sich einerseits diese Wachsamkeit, während der Auseinandersetzung andererseits eine klare Stoßrichtung gegeben wird. Die islamische Regulierung bildet eine relativ übersichtliche Operationsbasis für die Aushandlung der Geschlechterbeziehungen und entlastet die Individuen, denen jedoch immer noch die ›Übersetzungsarbeit‹ in ihren persönlichen Situationen und Beziehungen bleibt. Es liegt an ihnen, die recht kargen, manchmal mehrdeutigen oder unklaren Angaben auf ihren historisch anderen und diffusen Alltag zu applizieren und zwar möglichst systematisch, um Widersprüche zu tilgen, die anderen ihnen nur allzu gern als inkonsequent ankreiden würden und die der eigenen Orientierung an Rationalisierung und Systematisierung widerstreben. Dabei steht allerdings nicht unbedingt ein Zwang im Hintergrund, mit Gewalt den Alltag an den Islam anzugleichen; im Sinne von praktischen Anleitungen sind Koran und Sunna nur begrenzt einsetzbar. Es besteht vielmehr eine Idee Islam, die auch ohne direkten Bezug auf den Islam in den Alltagshandlungen und -haltungen zirkuliert. Die folgenden Beschreibungen über die Vorstellungen eines adäquaten Ehepartners und einer wünschenswerten ehelichen Beziehung erscheinen durchaus als charakteristisch für die jungen Frauen.

Der islamische Weltmensch

Die enge Beziehung zwischen der Aushandlung der Geschlechterbeziehung und dem Islam im Generellen stellt zum Beispiel Hatice dar. Sie tut dies in der folgenden Erzählpassage anhand der Erläuterung, wie sie ihren Ehemann kennengelernt hat, und in der Erklärung ihrer Motive, sich für ihn zu entscheiden:

»Der war im Urlaub hier und *, ja, der hat in Ägypten studiert, der war im Urlaub hier, weil ein Freund von ihm meine Freundin geheiratet hatte. Und ich wollte nach Ägypten (lacht). Ja, eigentlich wollt ich nach Ägypten. Nur heiraten wollt ich nicht unbedingt (lacht). Das hat mich gereizt, ja, also das Thema Heiraten natürlich nicht so, aber daß er in Ägypten studierte, das hat mich schon gereizt. Er hat dort Islamwissenschaften studiert. Das hat mir dann auch imponiert, weil ich dann wußte, er ist nicht von Traditionen überlagert. Er weiß, * er ist auch wirklich nicht so ein, von meinem Mann kann man sagen, er ist ein Weltmensch. Das ist das wahrscheinlich, was mich hingezogen hat. Daß er nicht so'n Türke war, daß er ein Muslim war, ich hätte auch einen deutschen Muslim heiraten können, ja *. Und ich wußte, er kennt sich aus und er kann mir nie Unrecht tun, weil unser Richter wird dann * das Leben des Propheten sein, der einer Frau noch nie was Schlechtes angetan hat, ja. Mit dem kann ich gegen ihn ankommen, aber gegen einen normalen Türken kann ich mit so was nicht ankommen, ja. Und das hat geklappt, ja (lacht). Ich weiß auch Fälle, wo es nicht geklappt hat, wo die Männer vorgespielt haben, das gibt's auch. Wenn sie wissen, auf was die Frauen stehen.«

Als entscheidendes Motiv, sich für diesen Mann zu entscheiden, erscheint die (beiden gemeinsame) Distanz zur Türkei, zur Peripherie, die eine mentale Provinz ist, ein Ort der Knebelung durch Traditionen und Staatsmacht. Die lokale Mobilität geht einher mit einer mentalen und habituellen Mobilität. Das, wie man es in Anschluß an Anderson (1988) formulieren kann, Pilgern zu einem äußeren, einem räumlichen islamischen Zentrum fällt zusammen mit einem Pilgern zu einem inneren Zentrum. Der Muslim als »Weltmensch«, der sich Flexibilität und Übersicht durch Erfahrungen der Translokalität und der Relationalität angeeignet hat, der zu unterscheiden weiß zwischen dem Regime des traditionellen Islam und dem des Schrift-Islam und den letzteren als verbindlich betrachtet, wird dem traditionellen Türken, Marokkaner usw. entgegengesetzt. Die räumliche, ethnische wie nationalstaatliche Zentrierung, die Einmaligkeit des Lokalen, erfährt eine Aufhebung zugunsten des Translokalen und des Universalen. Das Universale, im Sinne des Wissenschaftlichen und Systematischen, hat zwar seinen attraktiven räumlichen Standort (hier konkret in der Al-Azhar-Universität, einem der bedeutendsten Zentren islamischer Lehre), aber der ist letztlich alltagsweltlich auch nicht bedeutend. Was zählt, ist seine individuelle Verinnerlichung. Das Universale ist, gebunden an die Individuen, nomadisierend. Das Nationalstaatliche, im Rahmen des Nationalstaatlichen definierte lokale Kultur und kulturelle Zugehörigkeiten versinken angesichts dessen in die Bedeutungslosigkeit. Das zeigt sich zum Beispiel an Hatices Bemerkung, daß sie ebensogut einen deutschen Muslim hätte heiraten können.[66] Das Wesentliche ist die Bindung an einen als authentisch verstandenen Islam der schriftlichen Quellen. Das schließt automatisch die Orientierung am »Leben des Propheten, der einer Frau noch nie was Schlechtes angetan hat«, ein. Der Prophet, der die Rechtstellung der Frauen verbessert, der sich gegen Zwangsverehelichung ausgesprochen, sie in verschiedenen Fällen gegen männliche Dominanzansprüche verteidigt, der seine eigenen Frauen geliebt und zumindest geachtet, Rücksicht auf ihre Bedürfnisse genommen, ihnen vertraut und ihnen eine Stimme gegeben hat[67], der souverän genug war für die Gesellschaft selbstbewußter und intelligenter Frauen, der, kurz zusammengefaßt, eine Stilisierung zum feministischen Mann erhält, wird zum männlichen Modell einer egalitären Geschlechterordnung. Als Ordnungsinstrument kann es aber nur funktionieren, wenn die Anerkennung seitens des Mannes da ist, wenn er gewillt und in der Lage ist, sich an dieses Regime zu halten, sich vom »normalen Türken« zum wahren Muslim zu transzendieren. Gegenüber einen »normalen Türken« allerdings, der kein »Weltmensch« ist, der sich innerhalb der traditionalen lokalen Bahnen bewegt und auch die ehelichen Beziehungen entsprechend zu gestalten sucht, verfällt das Vorbild des Propheten als Ordnungsparameter für eheliche Gerechtigkeit. Ihm gegenüber sind weibliche Ansprüche nicht auf dieser Basis einklagbar.

Der islamische Taktiker

Allerdings – und das kommt in vielen Erzählungen zum Vorschein – scheint der Mann, der sich freiwillig an eine islamische Ethik der Ehe bindet, fast ein Glückstreffer zu sein. Trotz vorheriger Prüfung weiß eine Frau letztlich nie genau, ob der Mann, der sich als ›richtiger Muslim‹ präsentiert, tatsächlich ein solcher ist. Insofern ist Hatices Hinweis auf den Schauspieler, dem es letztlich nur darum geht, die gewünschte Frau zu bekommen und sie sich zu unterwerfen, kein Einzelfall. Es scheint sich vielmehr um eine verbreitete Erfahrung bzw. Befürchtung zu handeln.

Das zeigt sich auch bei Aysel. Sie ist jünger als Hatice, nicht verheiratet und auch nicht besonders heiratswillig. Ihre Biographie ist gradliniger. Hatice ist nicht religiös im traditionellen Sinne erzogen worden, ihr Vater wurde zum ›liberalen Muslim‹ als sie im Jugendalter war, betrachtete das aber als mehr individuelle Sache. Sie selber hat von der grün-alternativen Szene zum Islam übergewechselt. Aysel hingegen stammt aus einer religiösen Familie, ist nie aus der Stadt, in der sie aufgewachsen ist, hinausgekommen bis auf einige Jahre, die sie in früher Jugend in der türkischen Provinz zubrachte, wo sie gegen diese wie auch gegen den türkischen Islam eine Distanz entwickelte. Im Gegensatz zu Hatice ist ihr Leben in eine türkische ›community‹ eingebunden, die sie allerdings kritisch betrachtet. Während Hatice eher außerhalb und über einer solchen ›community‹ steht (nicht zuletzt durch diverse Wohnortwechsel), versucht Aysel sich durch unauffällige Strategien teils aus ihr herauszuziehen und teils sich in ihr zu behaupten. Diesen Umständen verdankt sie Insider-Kenntnissen, die sich in der folgenden Passage mitteilen:

»Ich kenn viele Typen, die sind echt daneben. In der Schule benehmen sie sich so toll. Und wenn man sie zu Hause beobachtet! Ich kenn viele von den Familien aus, weil die auch von uns da hinten (einem Stadtteil mit hoher türkischer Präsenz) kommen, wie die ihre Eltern behandeln, wie sie ihre Mutter verkloppen und so. Was man da alles hört. Und dann kommt man in die Schule, oh, ganz nett zu den Mädels und so, ne, richtig als ob die zustimmen würden für mehr Frauenrechte. ... Das machen sie absichtlich. Weil, wenn die so wären, würd keiner zu denen halten, auch keiner von den anderen türkischen Jungs. Deswegen vertrau ich ihnen nicht. Also man kennt sie nicht so gut. Man muß sie familiär kennen. So ein paar Jahre muß man sie schon kennen vorher. So richtig erkunden, wie sie in der Familie sind. (4) Es gibt so ein Sprichwort in der türkischen Sprache: Entweder muß man eine Nacht mit ihm schlafen und seinen Furz hören, es ist ein schlimmer Spruch, aber es steckt auch ein bißchen Wahrheit drin, oder man muß mit ihm Handel machen, Wirtschaft. Daran sieht man, ob er geizig ist, streithaft ist, ob er sich schämt oder sich nicht schämt.«

Aysel identifiziert hier den öffentlichkeitstaktischen Muslim, der sich nach außen, im öffentlichen Bereich fortschrittlich und gerecht, der sich feministisch gibt, um Anerkennung zu ernten, zugleich aber im verborgenen familiären Raum zentrale islamische und allgemein menschliche Werte mit Füßen tritt und noch nicht einmal die eigene Mutter respektiert. Offensichtlich wird hier ein Zwang zu einer öffentlichen auf Universalismus zielenden islamischen Semantik der Produktion von Anerkennung, den die Frauen sehr wohl zu unterscheiden wissen von einem innerlich motivierten Projekt der Authentizität.

Daß die Übergänge von Tradition und Universalismus fließend sind, hat auch Serpil, gleich mehrfach, erfahren. So bezieht sie sich auf erste Auseinandersetzungen zu Beginn der Ehe:

»Und sie (die Mutter) dachte, als ich A. geheiratet habe, aha, der Mann wird sie jetzt fest anpacken. A. hat immer so tolle Versprechungen gemacht, ja, bei uns wird immer getrennt gesessen und so, Mann und Frau getrennt, ja, Hose darf sie nicht anziehen, erlaub ich ihr nicht. Ich meine, er war auch so, wie meine Mutter. Er war zwar so islamisch etwas weiter, aber, so *, er hat auch das Traditionelle gelernt einfach. Er hat sehr spät angefangen, so richtig Islam kennenzulernen, nicht so wie ich von Grund an, sondern, erst später. Und dann hat er natürlich aus den Büchern, aus den traditionellen Büchern traditionell gelernt und hat er, (hüstelt) das Traditionelle gelernt, und mehr türkisch Islam und am Anfang hat ich die **gleichen** Probleme wie bei meinen Eltern. Beim Fahrrad hat er auch schon: hmmm«.

Serpils Ehemann taktiert gleichermaßen nach zwei Seiten bzw. er hat, was die Sache nicht einfacher macht, keine eindeutige Linie, sondern er schwankt zwischen den Polen. Vor ihrer sehr traditionellen Mutter gibt er sich ebenso. Er hat, wie sie an anderer Stelle anführt, nie an Geschlechtertrennung gedacht. Ihr gegenüber gab er sich fortschrittlich, suchte eine ›moderne Frau‹, kritisierte jedoch nach der Heirat, daß sie Hosen trug und das Fahrrad benutzen wollte, also jene Dinge, die sie einige Zeit zuvor erhebliche Auseinandersetzungen mit ihren Eltern gekostet hatten und die zu wichtigen Markierungspunkten ihrer Selbstaffirmation geworden waren (vgl. Kapitel II).[68] Auch hier ist es das Türkisch-traditionelle, das sich bis in die Religion erstreckt und das mit einem universalen Islam kontrastiert wird. Deutlich wird, daß die religiöse Einstellung ein Lernprozeß ist. Man kann Personen anhand ihrer Ansichten, die, wenn man die obige Erzählsequenz zugrundelegt, sich vor allem in Praktiken, die über das Rituelle hinausgehen, auf einer Ordnungslinie anordnen. »Weiter sein« heißt das Traditionelle zu transzendieren. Das wiederum ist eine Frage des Subjektiven durch die Wahl dessen, was man auf sich wirken läßt, was man lernt.

Der Kampf um eine islamische Definition des Weiblichen

Bevor Serpil A. kennenlernte, war sie mit einem anderen jungen Mann befreundet, fast verlobt. Er ist für ihre islamische Entwicklung insofern wichtig, als die Diskussionen mit ihm dazu beigetragen haben, ihr den Weg herauszuweisen aus der zunehmend bedrückend erscheinenden Enge der Traditionalität, die sie schon seit geraumer Zeit wahrgenommen hatte, aber alleine nicht überschreiten konnte. Der Kontakt mit ihm bedeutete für sie nicht nur einen Reflexionsschub in Richtung islamische Identität, sondern auch einen Rahmen, in dem sie herausgefordert ist, ihre Vorstellungen von islamischer weiblicher Identität konkret umzusetzen, abzugrenzen und zu behaupten. Dieser moderne Muslim, der für sie zu den ersten modernen Muslimen gehörte, zu denen sie Kontakt fand, erwies sich jedoch im Laufe der Freundschaft zunehmend als stockkonservativ und einengend:

»Er war sehr streng, also er war so, sehr streng im Islam und *(hüstelt) hat sich als frommer Muslim gegeben und er hatte so Probleme mit meinem, freien Umgang mit dem anderen Geschlecht, also mit den Männern, (lacht) mit meinen Kumpels (Kommilitonen, S.N.). ... Ja, überhaupt wie ich mit denen rede, daß ich mit denen Spaß habe, daß ich mit denen zusammen auch lachen kann, daß ich mich mit denen treffe überhaupt ..., daß ich nicht so zurückhaltend war. Also ich war ganz normal und offen wie zu Frauen auch. Ich hab ja nichts gemacht, ... sondern ganz normal mit denen mich unterhalten und Witze gemacht. Und damit konnte er nicht klarkommen. Er hat, wir haben ein paar Mal darüber diskutiert. Ich hab meine Meinung gesagt, er hat seine Meinung gesagt. Und ich hab mich nicht verändert. Er hat natürlich von mir das erwartet, daß ich mich jetzt ändern sollte, wenn ich mit ihm zusammen bin. Aber ich war ganz normal so, weil ich wollte auch innerhalb meiner Ehe mich so verhalten. Wenn ich verheiratet bin, will ich ja auch nicht irgendwie von meinem Mann eingeengt werden. Und der hat dann gesagt, ›nee, so geht das nicht; wir passen nicht gut zusammen‹ und hat Schluß gemacht. ... Aber wir sind dann trotzdem noch'n halbes Jahr zusammengeblieben. Also, was heißt zusammen, wir haben uns immer wieder getroffen wie früher auch, ne, also wie sonst auch, weil er das, weil er darauf bestanden hat auch. Weil ich wollte mit ihm dann gar nichts mehr zu tun haben, weil / er ja **so** mit Frauen nichts zu tun haben wollte. Also er hat mir gesagt, ich könnte ja mit ihm Witze machen, weil ich hab ja mit ihm auch Spaß gehabt so. Der war ja auch 'n witziger Typ. ... Und *, er hat mit mir auch zusammen gelacht und ich mit ihm auch. Und dann hab ich ihm gesagt, als wir, während der Diskussion hab ich ihm gesagt, du kannst doch nicht von mir erwarten, daß ich mit denen nur über fachliche Sachen, also über die Vorlesung und so und sonst weiter nichts, ne, weil, mit dir sitz ich genauso und mache Witze und lache. Weil wir haben doch auch unseren Spaß. ›Ja wir wollen ja auch heiraten‹ ... Ich meine, jeder kann doch dir 'nen Heiratsantrag machen und du redest mit ihm ganz frei und offen und mit dem anderen redest du nicht, weil er keinen Heiratsantrag gemacht hat. Ist doch doof, ne. Und, na ja, konnte er nicht kapieren. Als er * Schluß gemacht hat, hab ich gedacht, er würde jetzt mit mir nicht mehr reden, weil er will mich ja nicht heiraten, warum soll er mit mir noch reden. Wir haben ja nichts mehr zu besprechen, ne, wenn wir nicht heiraten wollen. So denkt er ja immer. Und dann hab ich ihn auch nicht mehr gegrüßt und so, auch nicht mehr mit ihm gesprochen. Aber nicht aus Böswilligkeit oder so, weil es ist seine freie Entscheidung gewesen. * Wir haben ja, nichts Schriftliches gehabt, oder nichts Festes so. Er hätte jederzeit Schluß machen können. Es wär kein Problem. Ich fand es nur traurig, daß er es nach sechs Monaten erst bemerkt hat, daß wir nicht zusammenpassen und nicht direkt im ersten Moment, wo er mich gesehen hat mit den Jungs zusammen. Und *, das fand ich traurig und * (2) da kam er zu mir und wollte mit mir ganz freundschaftlich bleiben, also daß wir doch uns unterhalten sollen wie Freunde. Ich hab gesagt, ich hab nichts dagegen, ich hab ja auch andere Freunde, außer dir (belustigt). Das würde **für mich** überhaupt kein Problem sein. ... Na, okay, dann waren wir wieder wie früher, so als ob wir wieder heiraten wollten (belustigt). Also, überhaupt die ganzen Diskussionen, also über private, über persönliche Sachen haben wir geredet. Der hat mich sogar angerufen, bei mir, zu Hause, also bei der Arbeit. Also, ganz normal, als ob man zusammengehören würde, weißt du. Und * (2), da hab ich mir doch wieder Hoffnung gemacht, weil ich dachte, der will doch was von dir oder der war / wieder eifersüchtig. Also, obwohl wir nicht zusammenwaren kam er zu mir, hat gesagt, find ich nicht gut, daß du mit dem und dem So-so gelacht hast heute. Und * , der war sehr hart, knallhart. Hab ich gesagt, wieso das denn, das hat doch mit uns mit uns, also mit dir gar nichts. ›Ja denk nur nicht, weil mit uns Schluß ist, daß es—, *, daß es auch die Regeln—, daß die Regeln dann auch verschwinden‹«.

Plötzlich dann, von einem Tag auf den anderen, brach er den Kontakt ab. Er teilte ihr mit, er könne »nicht mehr zu einer anderen Frau * Kontakt haben, weil er jetzt heiraten möchte, also weil er eine andere Frau kennengelernt hat.« Für Serpil, die dachte, er habe noch Interesse an ihr, war die Angelegenheit ein »Riesenschock«. Sie fühlt sich betrogen, weil er sie nicht so nehmen wollte, wie sie ist. Immerhin ist sie ihrer Ansicht nach von vornherein ehrlich gewesen, hat sich nicht bemüht, von ihren Charakter »das Beste zu zeigen« (vgl. Amina weiter oben). Sie hat sich nicht an abstrakten Verhaltensnormen orientiert, sondern von vornherein ihr authentisches Selbst präsentiert – eine Unterscheidung, die die meisten Frauen dezidiert treffen. Sie hat von Beginn an deutlich gemacht, daß sie ein geselliger Typ ist und nicht verhehlt, daß sie diese Geselligkeit nicht nur auf Frauen beschränkt, sondern ohne nach Geschlecht zu sondieren, auch »Kumpels« einbezieht. Dabei weiß sie sehr wohl zu unterscheiden, wen sie als Mann, als möglichen Sexualpartner und wen als »Kumpel« zu behandeln hat und richtet ihr Verhalten darauf ein. Ihrem Selbstverständnis nach, das auch die anderen Frauen im Rahmen dieser Untersuchung teilen, hält sie sich damit durchaus an die islamischen Regeln, indem sie nichts Schlechtes, keine Verführung, keinerlei sexuelle Absichten intendiert. Mit dieser Einstellung wird auch der Tatsache Rechnung getragen, daß, unabhängig von der jeweiligen religiösen Einstellung und dem individuellen Bemühen den religiösen Regulierungen gerecht zu werden, die Alltagswelt so beschaffen ist, daß eine zwischengeschlechtliche Kommunikation unumgänglich ist, wenn man sich nicht im Haus einschließt.[69]

Trotz der sehr persönlichen Umstände dieser geschilderte Geschichte ist die Lehre, die daraus gezogen wird, geradezu paradigmatisch für eine auch von anderen Frauen in anderen Zusammenhängen erlebte oder befürchtete Doppeldeutigkeit des Islamischen. Nicht nur kann sich der sich als richtiger Muslim Präsentierende zunehmend als Schein-Muslim entpuppen, der, auch wenn ein entsprechender Wissensstand vorhanden ist, die Frage der Geschlechterbeziehungen ausklammert, auf bloße Kontrolle zielt und damit, wie Serpil an anderer Stelle formuliert, das Prinzip der gegenseitigen Ehrlichkeit ignoriert, sondern ein doppeltes Spiel kann auch den strategischen Einsatz von Normen bedeuten. So nimmt sich Serpils Ex-Freund, der ja noch nicht einmal, wie anderen jungen Männern unterstellt wird, eine persönliche islamische Ethik simuliert, sondern sich als radikal konservativ erweist in seinen männlichen Überlegenheitsspielen, trotz seiner Regelobsession, heraus, seine eigenen Regeln zu durchbrechen: Er lehnt jeglichen Kontakt zwischen den Geschlechtern ab, es sei denn es besteht eine Heiratsabsicht; gleichzeitig aber bedrängt er sie, sich weiterhin mit ihm zu treffen, was sie auf der Grundlage ihres Wissens um diese Obsession als Fortführung der Beziehung interpretiert. Er stellt Regeln auf, die zu durchbrechen er nur sich zugesteht. Dabei wirft er ihr unmoralisches Verhalten vor, aber fordert es, zu seinem Vergnügen, gleichzeitig für sich. Er verleitet sie zum unmoralischen Handeln und verurteilt sie deshalb. Er maßt sich trotz seiner Bekundung, daß er, durch ihr Verschulden, kein Interesse mehr an ihr haben kann und damit, in ihren Augen, als Fremder auch keine Befugnis hat, sich um ihre Angelegenheiten zu kümmern, an, als Kontrollinstanz im Namen von Regeln, die sie nicht anerkennt, zu fungieren. Weil er weder eindeutig als Schein-Muslim oder als unwissender traditioneller Muslim zu definieren ist und nicht zuletzt weil Serpil ihn noch liebt, aber ohne ihre persönliche mühsam entfaltete Authentizität opfern zu wollen – die Negierung ihres inneren Wesens, die Forderung nach Unterdrückung oder Verstellung kann nicht die Basis für eine Partnerschaft sein –, ist ihre Verteidigung eingeschränkt. Sie weiß, daß seine Position nicht richtig ist und fühlt sich im Recht, aber wird überrascht von einer Polarisierung, die selbst in dem auftreten, was sie als modernen Islam definiert und die ihre Identitätsgrundlagen massiv bedrohen.

Der post-traditionelle Islam trägt Doppeldeutigkeiten in sich, indem es offensichtlich keine klare Verbindlichkeit über die Form der Geschlechterbeziehungen gibt, sondern Positionen, die von Individuen getragen und gegeneinander ausgetragen werden. Das Feld der Regeln ist zwar halbwegs übersichtlich durch den Bezug auf einen Satz von Texten, aber es bestehen nicht nur verschiedene Interpretationssätze, sondern es kann auch Raum geschaffen werden für taktische Manöver der partiellen Aufhebung und der Schließung, die moralisch begründet werden. In der Konnotation von Moral und Geschlecht besteht im interaktiven Spiel, in das heimlich traditionelle Elemente eingeschmuggelt werden können, stets die Möglichkeit der Hierarchisierung.

Auf einen feinen Unterschied muß in diesem Zusammenhang noch aufmerksam gemacht werden. Auf der ideologischen Ebene sind die jungen islamischen Frauen überzeugt von der Gleichheit der Geschlechter. Der wesentlich komplexere Alltag verweist jedoch auf habituell verankerte Ungleichheiten, die die Frauen registrieren, aber keine Anstalten zur Revision machen. So ist es zum Beispiel eine typische Situation, daß eine Frau nicht hinter einem Mann hinterhertelefoniert, daß der Mann den ersten Schritt macht, um Beziehungen zu konstruieren, daß während gemischtgeschlechtlicher Diskussionen der Mann bzw. die Männer dominieren und Frauen, die ohne männliche Anwesenheit ganz lebhaft sind, plötzlich ruhig werden und, zwar merklich unzufrieden, aber widerspruchslos die zweite Bank einnehmen. Ein islamischer und/oder traditioneller Weiblichkeitscode – beides fällt in dieser Hinsicht kaum reflektiert zusammen –, der die Frauen in verschiedenen Situationen der zwischengeschlechtlichen Kommunikation zum verletzlichen und bescheidenen Geschlecht macht, steht in Kontrast zu Identitäts- und Öffentlichkeitspolitiken, deren Kernbestandteile Selbstbehauptung und Repräsentation sind. Zugleich gebietet die Minderheitensituation Loyalität wie auch experimentelles Handeln innerhalb eines Geflechts verschiedener, sich überschneidender Kompositionen von Regeln und Werten. Für die Frauen bedeutet das, daß sie mitten in einem chaotischen Feld stehen, das sich aus einer Serie verschiedener kommunikativer und interaktiver Räume und Handlungsregime zusammensetzt, die in eine halbwegs kohärente Ordnung gebracht werden müssen. Die Geschlechterbeziehungen sind darin ein Feld, in dem um den Pfeiler der Selbstaffirmation ›aufgeräumt‹, umgeordnet wird, in dem aber auch Widersprüchlichkeiten, Lücken, Ungleichzeitigkeiten, Arrangements der Not präsent sind. Das ist den (weiblichen) Einzelnen durchaus auch bewußt, aber es scheint entschieden einfacher zu sein, in eine Auseinandersetzung um Anerkennung einzutreten, die sich auf formalen Diskurse gründet als eine Reformulierung des »Fremdzwang(s) des sozialen Brauchs«, der eins ist geworden ist mit einem »weitgehend zur zweiten Natur, zum individuellen Selbstzwang des sozialen Habitus« (Elias 1986: 425) vorzunehmen. Dennoch läßt sich aus einzelnen Biographien wie an Beobachtungen einzelner Personen über den in dieser Studie zugrunde liegenden Erhebungszeitraum hinaus nachvollziehen, daß individuelle Prozesse der allmählichen Revision dieses Fremdzwanges im Gang sind.

Die Feminisierung islamischer Regeln

Eine auf islamischer Basis geführte Ehe bedeutet aus der Sicht der jungen Frauen die Konstituierung eines »konjugalen Paares« innerhalb der »Stilistik einer Existenz zu zweit« (Foucault 1989: 196). Foucault bezieht sich mit diesen Begriffen auf einen neuen Entwurf des Paares in der Antike, der aus der Idee und der Praxis der »Ästhetik der Existenz« hervorgeht und in der Erweiterung die Stilisierung der Ehe und der Geschlechterbeziehungen umfaßt. Unverkennbar handelt es sich dabei um eine Ästhetik der männlichen Existenz, in der sich der Mann als Moralsubjekt in der ehelichen Beziehung konstituiert und unverkennbar ist es auch nur dieser Aspekt, den Foucault interessiert. Die Ehe ist ein Feld zur Entwicklung von neuen Formen des politischen Spiels, sich als handelndes Subjekt zu entwerfen. Auch wenn es ein männliches Spiel ist, erzeugt es, wie Norbert Elias (1986) unter Hinweis auf die Rechtsentwicklung zugunsten der Frauen herausstellt, »Wandlungen der Machtbalancen zwischen den Geschlechtern« und einen »emanzipatorischen Wandel« durch eine Angleichung des Weiblichen an das Männliche (z.B. der gleichen »Erziehungschancen«; Elias 1986: 435). Auch wenn die Kultivierung des Männlichen der zentrale Aspekt ist, verbindet sich mit der Umformulierung der Geschlechterbeziehungen eine Umformulierung der sozialen Geschlechteridentitäten, die sich in praktische und alltagsweltliche Formen zu transformieren hat.

Bisher wurde argumentiert, daß die jungen Frauen mit ihrer Islamisierung sich als handelnde Subjekte konstituieren und damit ihre soziale Position neu kalibrieren. Sich selbst fortlaufend als autonomes Subjekt zu konstituieren, schließt jedoch die Fortführung im Rahmen der Geschlechterbeziehungen ein. Nur unter den Bedingungen derselben Orientierung und der gegenseitigen Anerkennung als gleichwertiger Partner kann sich dieses Projekt in der »Stilistik einer Existenz zu zweit« realisieren. Zur selben Orientierung gehören gleichermaßen ein Verständnis vom modernen Islam wie das, im Falle der akademische Karrieren anstrebenden Frauen, gleiche Bildungsniveau, das nicht nur den sozialen Aufstieg in Verbindung mit einer entsprechenden Ausformung von Weiblichkeit und Geschlechterbeziehungen garantiert, sondern auch die Aussicht beinhaltet, daß der Gebildete soziale Beziehungen zu reflektieren weiß und sich nicht aus bloßer Bequemlichkeit von der Woge der Tradition tragen läßt. Verbunden mit der Gleichstellung der Geschlechter ist nicht nur eine Angleichung des Weiblichen an das Männliche, sondern eindeutig besteht die umgekehrte Tendenz der Zurückschneidung alltagspraktischer männlicher Rechte, bei der die Tradition im Vergleich zu den Frauen großzügig erweist hin auf das weibliche Maß. Das wird deutlich in den folgenden Erzählpassagen. Die erste bezieht sich auf das Schwimmen in öffentlichen Schwimmbädern ohne Geschlechtertrennung, das für die Mädchen und Frauen durch die Konfrontation mit nackten Körpern und die Präsentation des eigenen Körpers als sittliche Gefahr gilt:

»Meiner Schwester und mir wurde nicht erlaubt, in der dritten Klasse schwimmen zu gehen. Meinten sie (die Eltern), wir sollen uns nur nicht an so 'was **gewöhnen**, bloß nicht einmal mitmachen, dann will man ja immer, weil wir **durften** ja in der dritten Klasse noch, also aus islamischer Sicht durften wir ja und wir hätten heute schwimmen können. Und jetzt können wir nicht schwimmen – dank meiner Eltern. Und die Jungs (die Brüder, S.N.), die durften das. Die durften das auch sogar später, ... mit 14, 15, 17 sind sind sie immer schwimmen gegangen ... **Keiner** hat in der Familie was gesagt. Mit fremden Mädchen dort. Mädchen laufen dort auch mit Bikini 'rum und er (der Bruder, S.N.) muß da hingucken. Ist genauso schlimm für mich.«

Die Verschiebung ist eindeutig. Dürfen der Tradition nach, so sie eng ausgelegt wird, Mädchen bereits vor dem Einsetzen der Pubertät nicht ins Schwimmbad, so gilt für die Jungen keinerlei Beschränkung. Für die jungen Frauen, die zum Teil bis heute nicht schwimmen können, ist das eine eindeutige Diskriminierung aufgrund der Geschlechtszugehörigkeit. Für sie ist eine edukative Differenzierung nach Geschlecht erst mit dem Einsetzen der sexuellen Reife erforderlich. Dann jedoch unterliegen Jungen und Mädchen, Frauen und Männer den gleichen moralischen Risiken und bedürfen der gleichen Sicherheitsmaßnahmen. Ersichtlich ist eine Übertragung der Restriktionen, die für Frauen gelten, auf die Männer.

Auch die nächsten Passage stehen unter diesem Zeichen der Gleichgewichtung. So beklagt sich Ilknur über die jungen Männer, »die ... immer ... so tun, ... als ob sie nach dem Islam leben würden«, aber:

> »die haben so eine doppelte Moral, die Jugendlichen heutzutage in Deutschland. Kannst du vergessen, echt. ... Die sind mit deutschen Frauen zusammen, erstmal, um sich selber zu befriedigen und um Sex zu haben und so. Danach heißt es, die wollen ein sauberes Mädchen. Das kommt bei mir nicht in die Tüte. Wenn ich sauber bin, dann hab ich das Recht, auch einen sauberen Mann zu haben. Und darauf besteh ich. Klar, das ist mein gutes Recht.«

Ilknur, die sich streng an das unmißverständlich klare und keinen Bedeutungsvarianten zugängliche islamische Gebot hält, daß Sex nur in der ehelichen Verbindung zulässig ist, klagt nicht nur die Doppelmoral der sich als islamisch bezeichnenden Männer an, die zwei ›sexuelle Systeme‹, zwei Sexualcodes benutzen und den einen gegen den anderen ausspielen, es sich damit gutgehen lassen und sich dabei zum richtenden Moralapostel aufspielen, sondern sie formuliert ein gegenseitiges Recht auf einen keuschen Lebenswandel des anderen.

Umfassend äußert sich auch die im Umgang mit Koran und Sunna versierte, gesellschaftspolitisch interessierte Hamida, deren Argumentation eine vergleichsweise starke ideologische und gesellschaftspolitische Orientierung aufweist. Das zeigt sich an der folgenden Erzählpassage. Diese schließt, Hamidas in Marokko geprägten islamischen Biographie folgend, an eine Erörterung über die Verunglimpfung des Islam in den Medien an, die den Stoff für ihre Dokumentarberichte häufig in den armen, von einfachen Leuten bewohnten städtischen Vierteln Marokkos finden und den Islam in eine Kausalbeziehung mit Analphabetismus, archaischen Traditionen und hohen Fruchtbarkeitsraten stellen. Hamida bringt das zum »Ausrasten«, aber der Grund liegt nicht an den dargebotenen Tatsachen, die sie keineswegs in Abrede stellt, sondern vielmehr in der einseitigen Typologisierung des Islam, die daraus gefertigt wird. Direkt im Anschluß kommt sie auf die Geschlechterbeziehungen, die damit eindeutig im Kontext sozialer Hierarchisierung und der Dichotomie zwischen Tradition und Religion stehen, zu sprechen:

»Mein Gott, das hat überhaupt nichts mit Islam zu tun. Islam hat überhaupt nicht gesagt, daß die Frau zu Hause bleiben soll oder daß Haushalt nur für Frauen bestimmt ist. Es gibt keine koranische Verse und kein Hadith, der so was bestätigt. Also eine Frau ist genau so—, was eine Frau nicht darf, darf auch der Mann nicht. Aber bei uns in Marokko ist es erlaubt, daß Männer viele Sachen machen dürfen, die die Frauen nicht dürfen und das ist überhaupt nicht der Fall in der islamischen Religion. Also Sie können schon sehen, wie weit **wir** sind von unsere Religion, also wir können überhaupt kein Beispiel sein für euch irgendwie (lacht). Das ist halt sehr wichtig zu unterscheiden, Tradition und Religion, also Tradition und Islam sind total verschiedene Sachen. Also zum Beispiel ein Mann darf eine Freundin haben, eine Frau darf keinen Freund haben. Ein Mann darf **auch** keine Freundin haben. Die Beziehung Mann und Frau darf nur so locker geführt werden, wenn, das heißt der Mann darf zu der Frau gehen oder die Frau darf zu dem Mann gehen, wenn sie eine Heiratsbeziehung haben, so im Rahmen der Institution Ehe, aber nicht nur so. Also was der Mann nicht darf, darf die Frau genauso nicht in der islamischen Religion. Aber nein, was sagen die Marokkaner: ›Das ist ein Mann, du bist eine Frau. Du darfst nicht draußen übernachten‹. Der Mann darf auch nicht draußen übernachten. Wozu? ... Ich glaub, ich hab mich klar ausgedrückt, daß einfach das, was die Männer nicht machen dürfen, auch die Frauen nicht tun sollen. So ist es. ... Die Beziehung von Mann und Frau beschränken sich auf— *, das heißt noch lange nicht, daß eine Frau nicht mit einem Mann sprechen **darf** oder ihn nicht sehen **darf**. Man kann schon mit einem Kollegen in der Uni oder auf der Arbeit, die können schon miteinander reden, aber, es wird nicht, es gibt keine enge Beziehung zwischen Mann und Frau außerhalb der Ehe. Aber natürlich in einer islamischen Gesellschaft, die Familie ist schon patriarchalisch, aber, in einer anderen Art und Weise. Das heißt ein Mann hat mehr Verantwortung als eine Frau in einer Familie, das heißt er muß auf seine Frau achten, er muß sie schützen, das heißt patriarchalisch bei uns, islamisch gesehen, wirft auf die Schultern des Mannes viele Verantwortung, nicht viele Freiheiten, sondern viele Verantwortungen. Das heißt für Männer, die richtig ihre Religion verstehen, es ist schlimm, eine patriarchalische Familienführung zu haben, eine Familie zu haben. Das ist sehr, sehr schlimm. Warum? Die haben mehr Verantwortung als eine Frau. Der wird dafür bestraft, was seine Frau macht. Zum Beispiel wenn er jetzt seine Frau ohne Schleier in der Straße 'rausläßt, dann wird er dafür bestraft. Warum? Weil, er hat nicht versucht sie daran zu hindern. Natürlich erst mal mit Freundlichkeit, also man muß erst locker mit der Frau reden und erst, wenn sie wirklich hartnäckig wird, dann, darf er sie strafen auf verschiedene Art und Weise. Er kennt sich dann aus, wie seine Frau so zu * beschränken ist oder unter Kontrolle kommen kann. Das war's. Es ist der Mann, der hat wirklich mehr Verantwortung in einer Familie, also ich bete wirklich zu Allah für ihn, (belustigt), er hat viele, viele Probleme, nicht viele Probleme, sondern viel Verantwortung. Das ist sehr schwer. Verantwortung zu haben ist keine leichte Sache. ... Aber die Frau ist auch verantwortlich innerhalb des Hauses. Sie muß auch auf die Kinder achten. Sie muß auch über alles was die Kinder tun oder nicht tun, dem Mann Bescheid sagen. Nicht wie viele Frauen es tun, die zum Beispiel, die helfen ihre Söhne Haschisch zu kaufen oder die helfen ihre Söhne was weiß ich, also solche Frauen sind natürlich auch nicht islamisch. Die sind auch dafür verantwortlich, daß ihre Kinder oder auch der Mann, zum Beispiel der Mann, wenn er irgend etwas Falsches macht, dann ist die Frau auch dran. Dann muß sie sagen, ja hallo, das geht nicht so weiter, also das ist keine islamische Regel, du mußt Allah beachten. Also es ist eine gegenseitige Verantwortung, wie ich schon sagte. Nur, der Mann hat mehr Verantwortung gegenüber der Familie als die Frau, aber die Frau hat auch Verantwortung. Nur er ist für die Frau verantwortlich und für die Kinder. Und die Frau ist nur für die Kinder praktisch verantwortlich. Aber auch, wenn der Mann jetzt was Falsches macht, dann ist sie auch verantwortlich, ihn dran zu behindern oder so.«

»Was die Frau nicht darf, darf der Mann auch nicht« und umgekehrt. Es gibt somit keine spezifischen Rechte, die sich auf das Geschlecht gründen. Das gehört zu den zu bekämpfenden Untugenden der Tradition. Die Gleichheit der Geschlechter ergibt sich aus den gleichen Pflichten gegenüber Gott und der Gesellschaft. Allerdings macht Hamida auf einen Punkt aufmerksam, der dieses Prinzip durchbricht und in der Aussage des Korans »Doch die Männer sind eine Stufe über ihnen« wurzelt. Ihre Argumentation trifft sich mit der El-Bahnassawis, der die Bedeutung dieser Aussage darin sieht, daß »unter bestimmten Umständen die Frau das Recht auf besonderen Schutz hat. Diese eine Stufe bezieht sich mehr auf die Verpflichtungen, die der Ehemann gegenüber seiner Frau zu erfüllen hat« (1993: 57). Neben der Funktion des Schutzes, zu der der Stärkere gegenüber dem Schwächeren verpflichtet ist, verweist El-Bahnassawi auf den Aspekt der materiellen Versorgung und ein Herrschaftsmodell, das in der Familie dem Mann und dem Vater dieselbe Funktion zuspricht wie dem Herrscher eines großen sozialen Verbandes, jedoch eingeschränkt ist durch »die Grenzen, die die göttliche Lehren für alle Betroffenen gesetzt haben« (ebd.: 58). Solche Aussagen lassen sich kaum anders deuten als eine normative Rückbindung an eine Geschlechterhierarchie.[70] Für eine islamische ›Geschlechterlehre‹ ist die Verbindung beider Prinzipien ein Kernstück islamischer Authentizität, die gegen eine westlich-universalistische ›Geschlechterlehre‹ ins Feld geführt wird. Der Erfolg dieses Projektes hängt dabei von den Individuen und ihren Kapazitäten »zu zweit eine Einheit zu bilden« (Foucault 1989) ab. Wie Hamida darlegt, wird Autorität im Sinne von Verantwortung, Pflicht zum gerechtem Handeln definiert; die Konnotation von Autorität und Freiheit ist nur unter den Bedingungen des Mißbrauchs gegeben. Die Kehrseite bilden Schuld und Versagen. Der laut Koran mit mehr ›Vorzügen‹ ausgestattete Mann steht mit diesen Vorzügen, die er vernünftig anzuwenden hat, stärker in Gottes Schuld und trägt ein höheres Risiko, sich Strafen zuzuziehen. Hamida verweist auch auf die vielen ›Probleme‹, die eine Ehefrau dem Mann machen kann und damit seinen höheren Auftrag, die Ordnung, für die er verantwortlich ist, durchkreuzt. Indem sie ›Probleme‹, die die Frau verursacht umdefiniert zur Herausforderung von verantwortlichem Handeln, der sich der Mann zu stellen hat, formuliert sie zugleich das Modell des konjugalen Paares, denn Verantwortung schließt Ignorieren oder Flucht aus, impliziert statt dessen gemeinsame Bindung. Das Paar erscheint als eine Einheit wechselseitiger Kontrolle. Zunehmend erfolgt in Hamidas Erläuterung eine Verschiebung. Der Mann hat in der ›patriarchalischen Familienführung‹ – hier ist zu beachten, daß das dargestellte Geschlechtermodell ein Familienmodell ist und sich nicht auf die Geschlechterbeziehung außerhalb familiärer Bindungen erstreckt – harte Arbeit zu leisten, offensichtlich dabei gegen zahlreiche Widerstände anzukämpfen, die nicht mit Gewalt, sondern durch Überzeugung und Vorbildwirkung zu überwinden sind.

Eine solche verantwortliche Funktion der Familienführung stellt sie als große Belastung dar[71], die wiederum ohne weibliche Beteiligung kaum zu bewältigen ist. Die vernünftige Erziehung zum moralischen Menschen, die Hamida an anderer Stelle von der »Affenliebe« der Mütter gegenüber ihren Söhnen, die sie in Marokko weit verbreitet wähnt, unterscheidet, kann nur ein gemeinsames Projekt von Eltern sein, die die gleichen Prinzipien teilen, wenn sie eine pädagogische Einheit bilden. Eine positive Allianz zwischen den Gatten steht eine negative zwischen Mutter und Sohn, die nicht nur die Individuen korrumpiert, sondern auch der Ordnung einer vernünftigen Gattenbeziehung den Boden entzieht, gegenüber. Die Frau, als Ehefrau und als Mutter ist der unabkömmliche Bestandteil einer konjugalen ehelichen Einheit. Ihre Aufgabe besteht nicht nur darin, den Mann zu unterstützen, als Agentin Ordnung herzustellen etwa indem sie Kanalisierungsfunktionen zwischen Vater und Kindern übernimmt, sondern ihn als Gegengewicht zu korrigieren, wenn er islamische Prinzipien verletzt. Indem sie sich dieses Wissen beschafft, souverän darüber zu verfügen weiß und es kontinuierlich einfließen läßt in die stete Reproduktion der islamischen Ordnung, wird ein islamisches »hohes Paar« (Theweleit 1980) der wechselseitigen Kontrolle erzeugt, das aus Partnern besteht, die über gleiche Wissensbestände und Moral verfügen, die die gleichen sozialen Visionen gemeinsam unter wechselseitiger Korrektur anstreben und zugleich, als Plus, sich des Geschlechterkampfes diszipliniert enthalten um eines schwierigeren, dem Einzelnen (Frau wie Mann) mehr abverlangenden Projektes einer dauerhaften Gemeinschaft willen. Die Frau in diesem Modell ist nicht schwach; ihre Unterordnung unter als göttlicher Wille definierte rationale Regeln erfolgt aus Vernunft, ist, wenn man es so formulieren will, für sie als religiöser Mensch profitabel und sinnvoll – allerdings nur, wenn der Mann seinen Part erfüllt. Tut er es nicht, setzt die weibliche Pflicht ein, ihn dazu zu veranlassen. Hamida konzipiert somit eine Wendung durch die Umdefinierung des Bedeutungsgehaltes. Das islamische Geschlechtermodell beinhaltet ihr zufolge keine stete, grundsätzliche weibliche Unterordnung, sondern eine reziproke Ordnung, die durch Bildung, Intellekt, Disziplin und die Verknüpfung mit einer moralischen Gesellschaft aufrechterhalten wird. Es ist, wenn man den Begriff Unterordnung verwenden will, dann eine, die an strenge Bedingungen einer männlichen Selbstdisziplinierung und Unterordnung unter eine höhere Moral – nicht an eine Person, sondern an ihre Aufgabe, ihre Pflicht – geknüpft ist. In dieser Konstruktion wird der Gedanke der Unterordnung durch den der Umordnung neutralisiert. Zugleich wird deutlich, daß eine derartige, auf Moral basierende Symmetrisierung der Geschlechter keineswegs ein männlicher Gnadenakt ist oder eine Gabe, die nebenbei erfolgt, sondern einen Wandel der Persönlichkeitsstruktur in Richtung Selbstdisziplinierung und Selbstrationalisierung impliziert. Koran und Sunna bilden in diesem Modell gleichsam institutionalisierte Verbindlichkeiten. Das Eheleben, die Ordnung der Geschlechter in der Ehe bilden ein als gesellschaftlich relevant definiertes Feld der Selbsttechnologie. In diesem Feld liegt Hamidas Argumentation zufolge eine Gestaltungsmacht bei den Frauen mit der Chance und der Pflicht, die traditionelle Hierarchie aufzulösen und die Frauen zu Gleichen zu machen, ein Projekt, das nur realisierbar erscheint auf der Basis ›aktiver Frauen‹ mit Bildung (formaler wie islamischer), hochgradiger Reflektivität und beständiger Selbstrationalität.[72]

Hamidas (postkolonialer) Argumentationslinie, die den Entwurf eines weiblichen Staatsbürgers auf islamischer Basis in der Rationalisierung der Lebenswelt und der Geschlechterbeziehungen (und nicht mit einem Rückzug ins Private) enthält, wächst aus einer Position des autochthonen, sich in Opposition zu Volkstraditionalismus und Postkolonialismus entfaltenden Modernismus. Das islamistische Modell der Geschlechterbeziehungen entfaltet sich in der Referenz auf diese beiden Pole und im Hinblick auf das Projekt eines reformierungsbedürftigen zivilgesellschaftlich orientierten Nationalstaates. Angesichts dieses großen gesellschaftlichen Projektes erscheint der Aspekt der Geschlechterhierarchie als ein kleines Opfer, das bis auf weiteres erbracht werden muß. Bei den Frauen der zweiten Einwanderergeneration hingegen ist diese gesellschaftliche Argumentation nicht zu finden. Bestenfalls fällt der Hinweis einer positiven gesellschaftlichen Wirkung der islamischen Geschlechter- und Sexualmoral. Dieser bildet eine Reaktion der Verteidigung gegenüber des gesellschaftlichen Diskurses, der den Islam der Immigranten zur Ursache für wachsende Spannungen und Spaltungen in den westlichen Gesellschaften erklärt. Der Islam wird zum das Minus der Geburt aufhebenden Plus, zum begrenzten positiven Beitrag zur bestehenden Gesellschaft erklärt. Diese wirkt gegenüber einer Deklaration als soziale und politische Kraft der Erneuerung als ein geradezu bescheidenes Anliegen der Hinzufügung. Darin zeigt sich eine weitgehende Affirmation der westlichen Gesellschaft, die als eigene begriffen wird. Darin zeigt sich die lokale Besonderheit in der Reformulierung als Minderheit, deren Anerkennung über Multikulturalitätspolitiken erfolgt. Zentral ist in diesem Kontext wiederum eine Politik der Antiessentialisierung – sichtbar in der Distanz zu nahezu allem, was als traditionell definierbar ist, wobei diese Definition wiederum weitgehend übereinstimmt mit der Idee eines modernen Universalismus –, die in einer Bewegung der Absetzung vom Kollektiv in die Repräsentation des Selbst mündet. Zugleich bedingt der Anschluß an die lokalen Diskurse eine Idee islamischer Weiblichkeit, die nicht nur in bezug gesetzt ist zur traditionellen Weiblichkeit der Elterngeneration, sondern zu den Imaginationen und sichtbaren Umsetzungen einer ›deutschen Weiblichkeit‹ (vielmehr zu bestimmten Facetten, zu denen nicht die konservative zählt), die, wenn auch kritisch, aber durchaus nicht in allen Details negativ betrachtet, sich automatisch als Maßstab des Vergleichs aufdrängt.

Das wäre jedenfalls eine Erklärung für die weitgehende Absenz einer ideologischen Debatte über die Frage der Geschlechterhierarchie bei den Frauen, die in Deutschland aufgewachsen sind. Der Schwerpunkt liegt eindeutig auf der Verteidigung des Islam einerseits und dem Aufbau der islamischen Persönlichkeit in der Diaspora andererseits. »Die Mädchen«, so berichtet eine Muslima in fortgeschrittenerem Alter, »blühen richtig auf, wenn sie erfahren, daß der Islam ihnen auch Rechte gibt und nicht nur Druck bedeutet«. Aussagen wie diese spiegeln wieder, daß die Affirmation des Islam in der zweiten Immigrantengeneration schwergewichtsmäßig reflexiv und formalisiert ist und daß diese Schwerpunktsetzung eine Reaktion auf öffentliche Diskurse ist, die den Rechtscharakter als Grundlage der Wertung hervorheben. Diese Perspektive zeigte sich zum Beispiel eindrucksvoll während einer Wochenendveranstaltung (von den Veranstalterinnen als *Da'wa*-Wochenende bezeichnet) in einer Moschee, die von älteren (das heißt mindestens zwanzigjährigen) und langjährigen Muslimas für Mädchen aus islamischen Familien zum Thema Frauen im Islam abgehalten wurde. Auf sichtbar großes Interesse stießen bei den Mädchen, von denen die jüngsten 15, 16 Jahre alt waren, Aussagen wie die, daß die Wahl eines Ehemannes bei der jungen Frau liegt und daß ein nachweislich guter Muslim nicht von den Eltern abgelehnt werden dürfe; daß vor der Eheschließung Gelegenheit bestehen müsse, sich ausreichend kennenzulernen. Geradezu enthusiastische Reaktionen rief die Stellungnahme hervor, daß es vom Islam her keine weibliche Pflicht zur Hausarbeit gebe und auch nicht zur Erziehung der Kinder, wobei das letztere allerdings im natürlichen Interesse der Frau liege. Die Hausarbeit sei eine Pflicht des Mannes; wenn die Frau sie übernimmt hat sie, wie auch für die Erziehung, Anspruch auf Entlohnung ihrer Arbeit oder die einer Hilfe. Zudem sei der Mann dazu verpflichtet, seiner Ehefrau den gleichen Lebensstandard zu bieten, den sie vor der Ehe hatte. Das bedeutet unter anderem, daß eine Frau ein Recht darauf habe, ihre Ausbildung weiterführen oder ihren Beruf weiterhin auszuüben. Geraten wird zu entsprechenden Eintragungen im Ehevertrag, die dann rechtliche Wirkung haben. Die freudige Überraschung wich allerdings einer schweigenden Reserviertheit als eine Muslima (deutscher Abstammung) einwarf, daß nichts darüber hinwegtäuschen könne, daß die Frau eine Stufe unter dem Manne stehe und daß ihm ein Mehr an Rechten zustehe, wie das, auch bei vorheriger schriftlicher gegenteiliger Festlegung, sich eine zweite Frau zu nehmen; man könne nur verlangen, schuldlos geschieden zu werden.[73]

Schweigen einerseits und die achselzuckende Bemerkung, es gebe halt Dinge, die festgeschrieben seien und die man durch Gegenargumente nicht aus der Welt schaffen könne andererseits scheinen den Umgang mit dem Hierarchie-Aspekt zu bestimmen. Er erfährt, und das macht den Unterschied zu Hamida aus, keine ideologische Überformung. Die Selbstdarstellungen geben Auskunft darüber, daß zwar persönliche Einschränkungen durch die Religion wie das Einhalten der Riten und der Verzicht auf außereheliche Sexualität als Opfer und Bestätigung der Selbstdisziplinierung betont werden, aber was die koranischen Definition der Geschlechterordnung angeht, steht der Egalisierungsaspekt auf Kosten des Hierarchie-

Aspektes im Vordergrund. Denn der Egalisierungsaspekt ist eine der wesentlichen Grundlagen für den Entwurf als autonomes Subjekt wie auch für Anerkennungspolitiken. Das im Zeichen und in den institutionellen Räumen des Universalismus gewachsene Projekt des authentischen Selbst, das auf gegenseitiger Anerkennung beruht und empfindlich auf asymmetrische Beziehungen reagiert, steht dem Hierarchie-Aspekt feindlich gegenüber. Der offensichtliche Widerspruch, der in der angeführten Episode durch eine einzelne Frau in dieser Runde aufgeworfen wurde, während die anderen Expertinnen dazu neigten, ihn zu übergehen, ist nicht lösbar. Er wird verdrängt, weil er nicht mit dem Entwurf des Selbst kompatibel ist.

In einzelnen Erzählungen wird verschiedentlich auf die Möglichkeit der polygamen Ehe und damit auf eine Praxis, die mit dem Entwurf des konjugalen Paares nicht vereinbar ist, verwiesen. In diesem Zusammenhang wird im Hinweis auf den Koran betont, daß diese Möglichkeit zwar vorhanden sei, aber die vom Propheten gesetzte Bedingung, daß ein Mann mehrere Frauen gleich behandeln soll, sei nicht realistisch; ein Mann wie der Prophet sei dazu in der Lage, aber eben nicht der durchschnittliche Mann. Gemessen an Hamidas Darstellung der hohen Ansprüche (s.o.), die sich an einen Vater und die kontinuierliche Reproduktion einer wechselseitigen Beziehung stellen, ist es für einen seriösen Muslim kaum möglich zwei intakte Familien zu führen. Auch die Idee des Selbst und der Anerkennung des Selbst und des Anderen in der ehelichen Beziehung schließt diese Eheform geradezu aus. Es gibt somit keinen praktisch relevanten Bezug, keine lebenspraktischen und ideellen Bedingungen, so daß es sich um ein artifizielles Problem handelt.[74]

Ein anderer prekärer Punkt, in dem der Hierarchie-Aspekt zum Tragen kommt, ist das zuweilen formulierte Recht des Mannes, notfalls seine Ehefrau durch Schläge bestrafen zu dürfen. El-Bahnassawi verweist in diesem Zusammenhang auf Textstellen, die Gewalt in der Ehe verurteilen. Auch dieses ist ein Thema, daß sich in den Erzählungen kaum widerspiegelt. Zwei Frauen haben mit der Begründung von Mißhandlung – die eine bezieht sich auf physische Schläge (»er war eben doch kein richtiger Muslim«), die andere auf seelische Mißhandlung bzw. Nichtachtung – die Scheidung eingereicht. Für Hamida, die einzige, die dem Ehemann dezidiert ein Aufsichtspflicht über die Handlungen seiner Frau zuspricht, kann es sich nur um einen symbolischen Akt handeln, indem ein leichter Klaps das Ende des kommunikativen Austauschs anzeigt, wenn eine Frau sich als uneinsichtig wider besseres Wissen gibt. Eine andere Frau winkt entsprechende Aussagen ab mit der Formulierung »ach weißt du, das ist eine männliche Interpretation«. Der schlagende Ehemann paßt weder zum Selbstverständnis als selbstbewußte, eigenverantwortliche Frau noch zum Bild des dazugehörigen gebildeten selbstdisziplinierten Mannes, der auf traditionelle männliche Überlegenheitsattitüden verzichten kann.

An diesen Beispielen zeigt sich eine Zwangslage, die zwischen Normativität und Selbstkonstitution entsteht und die im Rahmen der Anerkennungspolitiken noch verschärft wird. Was im Koran geschrieben steht, ist nicht in Zweifel zu ziehen; es gibt Auslegungsspielräume, aber die müssen rational begründbar und dürfen nicht der Willkür unterworfen sein, sonst ist die mühselig erarbeitete Authentizität in Gefahr. Die Aushandlung in der öffentlichen Arena allerdings läßt die Strategie des stillschweigenden Übergehens und Aufschiebens nicht mehr zu. Sie lagert die Themen nach ihren eigenen Kriterien, etwa dem Messen an universalistischen Rechtsprinzipien und verlangt Stellungnahmen, die den vorwiegend alltagstheoretischen Hintergrund der jungen Frauen nicht entsprechen und sie in Repräsentationspolitiken zwingt, die von ihren persönlichen Motiven weit entfernt sind. Verantwortlich gemacht und angesprochen zu werden als Expertinnen für ein weltweit verbreitetes Kollektiv und ideologische und praktische Ausformungen, die ihren Horizont übersteigen, vornehmlich im Bereich weiblicher Rechte und der Geschlechterbeziehungen, droht ihr Projekt der individuellen Authentizität und Gleichheit in den Hintergrund zu rücken, minimiert zu werden durch ein durch den Raum schweifendes und Lokalitäten vergleichendes ›globales‹ Denken. Das erklärt die Traditionsabstinenz der jungen Frauen und eine strukturelle Dynamik, mit der die einzelnen, um Anerkennung kämpfenden Subjekte zu tun haben und mit der sie in verschiedenen Formen konfrontiert werden.

Aushandlungen zwischen den Geschlechtern in der Alltagspraxis

Bisher haben die symbolischen Auseinandersetzungen der Neo-Muslimas um die Konstruktion der Geschlechterbeziehungen im Vordergrund gestanden. Erkennbar ist eine Suche nach Formen, die authentisch sind, aber nicht traditionell. Die Wandlung der Geschlechterordnung kann nur erfolgen, wenn sie gleichzeitig die symbolische und die materielle Ebene erfaßt, wenn »eine Transformation der Kategorien der Wahrnehmung« (Bourdieu 1997: 98) sich mit praktischem Handeln verknüpft. Ein Problem der jungen Frauen besteht darin, Kategorien der Wahrnehmung jenseits eines partikularen traditionellen Rahmens zu finden und in die ehelichen Beziehungen praktisch zu übertragen. Im Alltagsleben werden sie damit in spontanen Interaktionssituationen konfrontiert. Zwei geschiedene Frauen im Untersuchungssample, und zwar Frauen, die von sich aus, gegen den Willen der Ehemänner, die Scheidung initiiert und angesichts der fehlenden islamischen Rechtsprechung in Deutschland (vgl. Shah-Kazemi 2001) mit beträchtlichen Schwierigkeiten durchgesetzt haben, zeigen an, daß es zu Zerreißproben kommen kann, die nicht mehr zu meistern sind. Eine dritte schildert Episoden, unscheinbare Alltagsereignisse, die beispielhaft einen Transformationsprozeß der Wahrnehmungskategorien vor Augen führen. In einer dieser Episoden wird sie von zwei (deutschen) ehemaligen Schulfreundinnen eingeladen, mit ihnen eine Abendvorstellung im Kino zu besuchen. Die folgende Erzählsequenz setzt ein mit der Reaktion auf die Einladung:

»... hab ich gesagt, ›ich glaub ja nicht, so abends.‹ ›Ja warum?‹ ›Das wird meinem Mann nicht gefallen und wegen dem Kleinen‹ und so. Sagten die ›wieso, das ist doch dein Recht, ist doch klar und warum denn nicht und die Männer können ja auch gehen und kommen, wann's denen paßt, die können ja auch mal auf den Kleinen aufpassen.‹ ... Hab ich gesagt ›nee, das ist nicht das Problem, der paßt auf seinen Sohn auf, macht der öfters.‹ Das ist jetzt nicht so einer, der sagt, du mußt. Nee, also, ist ja sein Kind. Hab ich gesagt ›nee, gehen wir lieber tagsüber ins Kino. Ich mein, bei uns, ist's eh nicht so unbedingt erfreulich häufig, daß man ins Kino geht. Das letzte Mal war ich vor sechs Jahren im Kino. Nee, weil bei meinen Eltern früher, wenn ich gefragt hab, darf ich ins Kino, dann war immer gleich was los. Ich war einmal im Kino. ... Ja, ja, ins Kino, da gehen immer nur die schlechten Mädchen hin. Nee, ins Kino geht man immer nur, wenn man halt so Anmache im Kopf hat oder so. Ist so dunkel. Na ja, das verführt halt immer zu anderen Dingen. Ja, also, anständige Mädchen haben nicht ins Kino zu gehen. Ja, und diese Einstellung herrscht seit eh und je. Das ist aber 'ne Tradition, ne. Und, ja, die haben mich angerufen, ›gehste ins Kino?‹ ›Ich glaub net, aber ich kann ja mal fragen‹, schadet nichts. Habe ich meinen Mann gefragt, hör mal so und so, und dann hab ich halt so einen auf Mitleid gemacht, so hah und ich arme Frau und der Junge, der macht mich verrückt und du hast ja gar keine Ahnung, was das für einer ist und ich bin mit den Nerven ganz am Ende und was weiß ich hab ich da so gemacht, wie so kurz vor'm Selbstmord und so (lacht). Ja, also, ich brauch einfach mal, daß ich die Tür hinter mir zuknalle und ohne Kind aus dem Haus gehe. ... Ich sag, ›ich möchte mal, daß ich so mit meinen Freundinnen von früher, so aus der Schule, so wie in guten alten Zeiten, daß wir so in Café oder so, daß wir einfach mal—‹, kein Kind, das war meine einzige Dings. Daraufhin hat mein Mann gesagt ›ja, wenn du unbedingt ins Kino willst, dann kann ich ja mit dir ins Kino gehen‹. Ich sag ›nee das ist nicht dasselbe, es geht mir ja gar nicht um den Film und die A. ist bestimmt auch mal froh, wenn sie den M. (ihren Sohn) ein bißchen los ist, daß wir mal so richtig fft, Ausatmen.‹ ›Okay, Schatz, wenn dir so viel dran liegt, dann geh, aber versprich mir eins, du darfst es keinem erzählen‹. Hab ich gesagt ›ja mein Gott, das hört sich ja an, als würd ich sonstwas machen‹. ›Nee, nee Quatsch, ich hab natürlich Vertrauen zu dir, sonst würd ich dir das gar nicht erlauben‹. Ja und da hab gesagt ›was heißt hier erlauben?‹ Ich sag ›du hast mir doch nicht alles zu erlauben oder bist du der lie—‹. Dann kam das wieder, so als ob das so gnädig von ihm wäre, ja ich erlaub dir, ins Kino zu gehen, ne.

Und das hab ich halt alles meiner Mutter so erzählt. Da sagt sie, ja klar und ›sei doch froh und du hast ja einen tollen Mann‹ und so. ›Ja‹ sagt sie ›stell dir mal vor, wenn jetzt irgendein anderer Trottel herumtratscht‹. Du sollst nicht sagen, daß du ins Kino gegangen bist, ja, weil die anderen, die machen mich dann schlecht. Das ist halt nicht gut, wenn ich sage ›ja ich war im Kino.‹ Ja dann sagen die ›höh, der Mann, der hat seine Frau nicht im Griff‹. Das hat mein Mann gesagt, es ist halt nicht gut, daß die Leute dann reden. ›Nee, nee, aber ich will, daß du dann auch mal einen schönen Abend hast, mal ein bißchen abschaltest. Geh und viel Spaß und alles, aber komm nicht allzu spät‹. Um 20 Uhr war die Vorstellung. Daheim war ich um viertel nach 11, glaub ich. ›Ach, du bist ja noch wach‹. Sagt er ›ja meinst du, ich schlafe, bevor du kommst‹. Als ob er so— Wachhund. Ja, meine Freundinnen noch so ›ja, mein Gott, X. stell dich nicht so an‹. Obwohl, er hat ja gar nichts gesagt, aber ich hatte schon Angst, ich hatte sie schon drauf vorbereitet, mein Mann <unverständlich>. ›Ja Gott, wir sind drei Weiber, wir gehen ins Kino und die Männer, die sind nur auf der Leinwand. So. Stell dich mal net so an.‹ Höh. Ich mein, an so was hat er jetzt überhaupt nicht gedacht, ich mein, der weiß auch, daß ich nicht irgendwas vorhab. Ich mein, er traut mir, ich selber würde das auch nicht tun, auch wenn ich nicht verheiratet wär. Ja, das ist halt nur irgendwie im Kino. Hat er gesagt, wenn du jetzt im Café oder mit denen zu Hause, hätte ich keine Bedenken. Nur im Kino, ist halt nur dieser schlechte Ruf.

Und meine Mutter, die mag meinen Mann eh, ist ihr Lieblingsschwiegersohn und jetzt ist er in ihren Augen noch mehr gewachsen. ›Oh, daß er dich ins Kino läßt. So ein anständiger Charakterzug‹, ne. ›Ja‹, sagt sie immer, ›du kannst froh sein, daß du so einen hast, der dir <unverständlich>‹. Ja, dann hab ich dann widersprochen ›ja warum denn Mama, das ist doch auch mein Recht, ich will doch auch mal‹. ›Ja, was heißt hier dein Recht und überhaupt und du bist die Mutter und du hast für das Kind zu sorgen.‹ Ich sag ›ja und er ist auch der Vater, das ist unser Kind, nicht mein Kind‹. ›Ja, stimmt.‹ Ja, dann fangen wir da an, diskutieren wir, diskutieren wir und dann endet's immer, hach, du mit deinem deutschen Denken. Du denkst einfach zu deutsch. Dann endet das meistens so ich <unverständlich> sag ›das hat eh keinen Sinn, mit dir zu diskutieren.‹ ›Ja, ja‹ (gehaucht). Nee, weil ich finde das selbstverständlich und warum denn nicht. Und dann sagt sie immer ›ja, deine Freunde beeinflussen dich.‹ Sag ich ›nee, wieso?‹ Geht das immer so.«

Afaf hat, wie auch viele der anderen islamischen Frauen, keine ausgeprägten theoretischen Konstruktionen über die islamische Ehe zur Hand. Es sind alltagspraktische Episoden wie die geschilderte, in denen zum Vorschein kommt, daß ihre Vorstellungen in Richtung einer Beziehung, die den Geschlechtern gleiche Rechte und den gleichen Handlungsradius zuspricht, laufen. Zentral ist im Rahmen dieser Vorstellungen zwar eine grundsätzliche Anerkennung von differenten Geschlechterrollen, aber in einer liberalen Form, die individuelle Bedürfnisse, wenn sie nicht der Funktion entsprechen, akzeptiert. Offensichtlich besteht, und das zeigt sich nicht nur bei Afaf, bei aller Zustimmung ein Widerstreben, sich ausschließlich auf weibliche Pflichten, vornehmlich Haushalt und Kindererziehung, beschränken zu lassen. Afaf argumentiert nicht mit dem Islam. Es ist für sie – deutlich im Gegensatz zu ihrer Mutter, der sie den Posten einer kulturell verankerten, aber vergleichenden Beobachterin und Kommentatorin über mehrere Kulturen (die deutsche, die islamische, die Afaf aus eigener Anschauung unbekannte traditionelle ihres Heimatlandes) zuweist –, vielmehr selbstverständlich, daß der richtig verstandene Islam nicht die Ursache für eine alltagspraktische Hierarchie zwischen den Geschlechtern ist. Ihrem Ehemann, der im übrigen erst seit wenigen Jahren in Deutschland lebt, hat sie in dieser Hinsicht kaum etwas anzulasten. Er verhält sich fair, argumentiert nicht mit ihren Mutterpflichten und verzichtet somit, wie der Kommentar der Mutter verdeutlicht, auf ein kaum widerlegbares Argument und auf ein Recht, daß ihm als Ehemann zusteht. Er insistiert nicht auf eine starre Zuordnung von Rolle, Funktion und Recht nach Geschlecht. Trotz der gegenwärtigen Arbeits- und Rollenteilung, nach der er berufstätig und sie Hausfrau ist, übernimmt er »öfters« das Kind. Insofern sind die Argumentationshilfen ihrer beiden deutschen Freundinnen überflüssig; sie laufen ins Leere, weil sie nicht den eigentlichen Punkt treffen. Afafs Ehemann ist besser als der Ruf, der ihm als Muslim und Araber vorauseilt. Er geriert sich nicht als einer, der sich nur an seinen eigenen Interessen und abstrakten Regeln orientiert.

Das eigentliche Problem, das Afaf hier aufwirft, ist nicht das der individuellen Kontrolle, die ein Mann sich über eine Frau erlaubt. Das Problem besteht vielmehr in der Einbindung in eine ethnisch begrenzte doxische Ordnung sozialer Beziehungen, die die persönlichen Ideen, Handlungen und Interaktionen überwacht und sie unabhängig von den Arrangements einzelner in Beziehung zueinandersetzt und bewertet. Ein körperloser und sinnentleerter kultureller Code, von Afaf als Tradition umschrieben, ergreift von den einzelnen Gewalt und verführt sie zu Handlungen und

Selbstdefinitionen, die bei rationaler Überprüfung keine Grundlage aufweisen. So wehrt Afaf zunächst den Vorschlag, abends ins Kino zu gehen automatisch ab. Aber sie sieht sich selbst nicht als »unanständiges Mädchen«, das »Anmache im Kopf hat«. Die Reaktion des Ehemannes zeigt, daß noch nicht einmal praktische Erwägungen im Spiel sind; er hat gar nicht in Betracht gezogen, daß sie Absichten hegt, ihn zu hintergehen. Auch die anderen, die sich in diesem doxischen Ordnungsgeflecht anmaßen beteiligt zu sein, die »Trottel«, die tratschen könnten, sind anscheinend mehr abstrakte oder jedenfalls marginale Größen, die nicht ihren Alltag bestimmen. Es gibt somit eigentlich keine logischen Einwände, die gegen den Kinobesuch sprechen. Aber es gibt internalisierte Gegenkräfte, die eine im Doxa verankerte Textur der Geschlechterbeziehung gestalten, auf die die einzelnen respondieren und der sie ihre eigenen Interessen und ihr Selbstverständnis unterordnen. Diese Ordnung, die wie Afaf demonstriert, von den jungen Frauen in Frage gestellt wird, weil sie in den produzierten Praktiken und Kategorisierungen nicht mit der Selbstformierung übereinstimmt, entzieht sich weitgehend der Kommunikation; dieselbe Sache ist mit unterschiedlicher Sinnauslegung und Handlungskonsequenzen belegt und bringt Unberechenbarkeit in die Interaktion. So fragt Afaf, sich dem Ritus beugend, ihren Mann um Erlaubnis, sie spielt ihm eine Begründung vor, sie befürchtet, daß er eine Szene macht, weil sie so spät nach Hause kommt und verstimmt nimmt sie sein Wachsein als Kontrolle wahr. Die Geschichte verläuft zwar zu ihren Gunsten, aber durchweg mit Erlaubnis. Um das, was sie als ihr Recht definiert zu bekommen, ist sie von ihrem Ehemann und dessen Fähigkeiten, sich von den Bindungen an eine Tradition und seiner Risikobereitschaft der sozialen Kontrolle gegenüber zu befreien, abhängig. Er zeigt sich durchaus flexibel, er achtet ihre Bedürfnisse, aber er reagiert dabei auch wie ein »Wachhund«. Ihr wiederum wird klargemacht, daß seine Ehre, sein Ruf abhängig ist von dem was sie tut, weshalb sie sich nicht unbeschwert an ihren Bedürfnissen orientieren kann. Indem sie auf ihr Recht insistiert, kann sie diese komplizierte Architektur einer sozialen Beziehung, die auf Reziprozität und nicht auf Parallelität beruht, nicht auflösen ohne sie zu zerstören, sondern lediglich eine Anlagerung aushandeln. In dieser Szene spiegelt sich wieder, was tentativ auch in anderen Erzählungen sowie in den Beziehungen zu den Eltern enthalten ist: die Koexistenz zweier Texturen von Sozialbeziehungen. Die eine ist durch Reziprozität (oder ein Spiel der Reziprozität, die freilich auch die Form von Kontrolle annehmen kann), Inbeziehungstehen (auch in Form von Auseinandersetzungen) gekennzeichnet, die partiell auch Ritualisierung und Hierarchie einschließt. Die andere kann man als eine Form der

Parallelität beschreiben, in der einzelne autonom ihren Zielen, Bedürfnissen und Interessen folgen, sicherlich nicht unabhängig voneinander, aber mit der Idee von Subjektzentrierung und Unabhängigkeit.

Die Koexistenz dieser beiden Texturen durchläuft die Erzählungen der jungen Frauen wie ein roter Faden und bildet vielleicht auch ein Schlüsselmotiv für ihre Islamisierung. Trotz der Lästigkeit, die mit der Textur der Wechselseitigkeit, mit ihren Verpflichtungen, Rücksichtnahmen, Kontrollen und sozialen Spielen verbunden ist, vermag sie auch im positiven Sinne ein Gefühl der Verbundenheit auszubilden. Sie hat ihre eigenen Formen der Anerkennung, die, verglichen mit der Textur der Parallelität, deren Beziehungsformen manchmal als »kalt« bezeichnet werden, die stabiler, sicherer erscheint als jene, die durch Leistung und Authentizität oder Sentimentalität zustande kommt. Diese Form der Anerkennung – Hatice zum Beispiel verbindet sie mit dem Begriff der Gastfreundschaft, indem eine Sorge um das Wohlbefinden des anderen, der für einen Moment zum Zentrum der Aufmerksamkeit wird, zum Ausdruck kommt – bildet für die jungen Frauen ein positiver, ein verteidigungswerter Bestandteil der ethnischen Kultur.[75] Sie bildet, zusammen mit den faktischen Abhängigkeiten, eine bestimmte Form des Selbst, die Suad Joseph als »connective self« bezeichnet (Joseph 1994, 1998). Die Textur der Parallelität hat, wie in vereinzelten Schilderungen klar herauskommt, vor allem Erfahrungen der Vereinzelung, der Enttäuschung und des limitierten Respekts zu bieten. So besteht, vom Gefühl her, wenig Motivation, die Textur gänzlich zu wechseln.[76] Die Idee eines universalen Islam wiederum integriert beide Texturen durch die Vorstellung eines Menschen, der zugleich sich selbst und anderen gegenüber verantwortlich ist, der in einem ausgewogenen Verhältnis mit Rechten und Pflichten belastet ist und sich darüber als ethisches Selbst erfährt. In die eheliche Beziehung fließen beide Texturen ein. So, um wieder auf die letzte Erzählpassage zurückzukommen, argumentiert Afaf ihrem Ehemann gegenüber nicht mit ihrem Recht, sondern appelliert an seine Sorge um sie: Weil ihr abgeschlossenes Dasein als Hausfrau und Mutter in einer Wohnung in einem Mehrfamilienhaus in einem Stadtteil, in dem sie noch keinen kennt, sie »fertig macht«, braucht sie Abwechslung und sucht nach einem Arrangement mit ihm statt ihn mit einer gefaßten Entscheidung zu konfrontieren. Allerdings geht ihr seine Sorge auch zu weit. Sie interpretiert sie eindeutig als Kontrolle (»wie ein Wachhund«).

Wie unklar bzw. divers die Vorstellungen sind, geht aus der Bedeutung des Schutzes hervor. Eine Lesart, die ›höhere Stufe‹, auf der der Mann steht zu erklären, ist der Schutz, den er der Frau, als Schwächerer, bieten soll. El-Bahnassawi etwa spricht von »Beschützung«, ohne daß klar wird, wovor

(1993: 39). In manchen Erzählungen wird ähnlich unpräzise auf eine Schutzfunktion verwiesen. Andere Frauen argumentieren mit Verantwortung in der Konnotation von Konjugalität und Einbindung des Mannes in die Kernfamilie. Wiederum andere empfinden sich nicht als schutzbedürftig und weisen das Argument des Schutzes rigoros zurück. Sie entfernen es aus dem reinen Geschlechterkontext, wie etwa in der folgenden Ausführung:

»Das kommt ja auch immer, warum die Frauen diese Kleidung sich * wünschen oder anziehen, warum es muslimische Frauen zu den Fundamentalisten zieht. Dann kommen 'se immer, ja, weil sie den Schutz der Gemeinschaft zeigen, daß sie das wollen und so. Aber das kann nicht das sein, ja. Weil, ich hab meine Familie erzogen, ich hab meine Familie betreut, meinen Vater, meine Mutter und meinen Mann. Mein Mann kam neu nach Deutschland, ja, ich hab meinen Mann auch verwalten müssen in dem Sinne, ich mußte ihn integrieren, ja. Und ich hatte noch nie den Schutz eines Mannes gehabt. Grad umgekehrt, Männer hatten meinen Schutz. In der Türkei wär ich froh, wenn ich den Schutz meines Mannes dann hätte. Weil, da kenn ich mich nicht aus.«

Schutz ist hier, im Unterschied zu biologischen Argumenten, mit Wissen, mit Verteilung von Wissen und darüber mit der Verteilung von Positionen gleichgesetzt. Schutz, konnotiert mit der Sorge um andere, mit Betreuung, ist nicht länger abhängig vom Geschlecht, sondern mit erworbenem Wissen und seiner praktischen Reichweite, die lokal variiert. Dieses letzte Zitat, wie auch die Kino-Geschichte, ist als Verweis darauf zu sehen, daß nicht nur die Geschlechteressentialisierung der Tradition abgelehnt wird, sondern ebenso eine, die aus dem modern-universalistischen Islam erwachsen kann und wiederum Raum für Beziehungsspiele bietet. Hier scheinen die Neo-Muslimas äußerst wachsam zu sein. Gleichfalls zeigt sich, daß es keine festumrissenen Richtlinien gibt, sonder eine Bandbreite von Vorstellungen und Umsetzungen vorhanden ist.

Das erläutert, wiederum an einem konkreten Beispiel, Afaf. Die folgende Passage schließt direkt an die Kino-Geschichte an. Sie kann verstanden werden als Revidierung ihrer dort eher ohnmächtigen Position, denn nun legt sie dar, daß sie durchaus als ›autonomes Individuum‹ handelt und sich ihren Mann ›erziehen‹ kann:

»Letztens hab ich 'ne Freundin angerufen, hab ich gemeint, morgens um neun, die wohnt in M., deswegen hab ich gesagt: ›Was hältst du davon, mal zu mir zu kommen? Ich mach dann Frühstück‹. Hat sie gemeint ›ja, ich würd ja ganz gerne, aber ich kann nicht‹. Hab ich gemeint: ›Ja warum, hast du deinem Mann net Bescheid gesagt? Dann schreib ihm 'nen Zettel oder ruf ihn auf der Arbeit an.‹ So mach ich des. Wenn ich mal irgendwo weg muß. Damit er sich halt keine Sorgen macht. ... Ich mein das ist ja kein Problem, das ist Vertrauen, oder ich bin ja nicht eingesperrt. Das ist ja mein Recht. Ich mach ja nichts Verkehrtes oder so. Sagt sie: ›Nee, das ist nicht das Problem. Mein Problem ist, daß ich nichts gekocht hab.‹ Mein Gott, was für ein Problem, hab ich mir gedacht. Die kann nicht kommen, weil sie nichts gekocht hat! Ich sag ›ja dann schiebst du 'ne Pizza in den Ofen, wenn du kommst, oder du kaufst ein Hähnchen vom Wienerwald‹ oder so was. Ich mein, wenn ihr Mann jetzt nicht Käsebrot essen will, ich mein so Männer gibt es, dann holt man halt mal was Warmes. ›Also huch, um Gottes Willen, da kennst du ja meinen Mann net. Der sagt, ja wenn du schon zu Hause bist, wenn du schon nicht kochst, ich mein, wozu bist'n sonst da‹, so ungefähr ja. Die Frau, wenn'se daheim ist, dann hatt'se wenigstens was Anständiges zu kochen. Hab ich gesagt: ›Hör mal zu, jetzt will ich dir mal was sagen, das wär für mich bestimmt kein Grund. Wenn mich jetzt jemand anruft und mir ist grad danach und ich möcht weg, dann ist das für mich kein Grund zu bleiben, nur weil ich nicht gekocht hab.‹ Und mein Mann ist da halt locker. Ich hab gesagt: ›Ich kann auch den ganzen Tag daheim sitzen, aber das Wetter macht mir Kopfschmerzen oder mir ist nicht danach oder ich faulenze, dann mach ich halt nur mal 'ne Wurst warm oder essen wir Thunfisch oder so. Es muß nicht immer gekocht sein.‹ ›Ja, ja‹ (geflüstert), als hätt ich ihr was vor den Kopf geschlagen, ›du hast halt so einen guten Mann.‹ Das hat nichts mit einem guten Mann zu tun, ja, das vielleicht auch, aber es, wie du es deinem Mann halt beigebracht hast sozusagen. ... Und naja, dann auch, ›oh, wenn ich das meinem Mann sagen würde. Du denkst ja viel zu deutsch. Und und und du bist ja so deutsch, daß du dir so was erlauben kannst‹ oder so, ne. Ja, es finden dann halt immer ständig diese, ja du, du, du, du machst es, aber ich mach das nicht. ... Die ist sogar jünger als ich, aber, ich kann nicht zu dir kommen, ich hab nichts gekocht. Da hört's bei mir auf. Da könnt ich mich so aufregen, ne. ... Es ist halt, wie man's dem Mann angewöhnt, wie locker der Mann ist. Das ist halt auch immer dieses Verständnis zwischen Individuen.«

Afaf führt hier an, daß durchaus und ohne große Reibungsverluste durch Konflikte Möglichkeiten bestehen, die ›Geschlechterrolle‹ zumindest inhaltlich gestalten – vorausgesetzt, man ergreift als Frau die Initiative und läßt sich nicht durch männliche Ansprüche einschüchtern. Sie handelt, es wird nicht ganz klar, ob gezielt oder nicht, aber sie hat Kontakte zu zahlreichen islamischen Frauen und Frauengruppen, so daß anzunehmen ist, daß sie sich mit diesem Gegenstand intensiv auseinandergesetzt hat, nach der bereits oben beschriebenen Devise, daß die Erledigung von Haushaltspflichten für die Frau »nicht obligatorisch ist ..., sondern ... als freundliches

Entgegenkommen ... übernommen wird« (el-Bahnassawi 1993: 187). Sie argumentiert nicht mit Pflicht oder Perfektionszwang, sondern mit spontanen Bedürfnissen, denen zu folgen sie als ihr persönliches Recht versteht. Geradezu provokativ wirft sie hin, sich zuweilen dem Faulenzen zu widmen und nur eine rudimentäre Mahlzeit zuzubereiten. Wiederum gehorcht sie gerade eben den Regeln, immerhin bereitet sie etwas zu und ihr von der Arbeit heimkehrender Mann findet stets etwas auf dem Teller vor, aber sie hütet sich vor einem Perfektionssyndrom ebenso wie vor einer männlichen Kontrolle ihrer Selbstdefinition, ihrer Zeit und ihres Raumes. Sie erfüllt ihre Pflichten, aber sie ordnet ihnen nicht alles unter. Sie hält sich, um es in Anlehnung an Stauth (1993: 185f.) zu formulieren, an den Ritus, an die minimale Form als informelle vertragliche Basis einer interaktiven Beziehung, aber sie differenziert genau, was sie tun muß und was sie tun will. Sie widersetzt sich so weit es geht dem Begriff eines abstrakten Pflichtbewußtseins, der die Alltagshandlungen definiert und ordnet, außer sie befindet es als schwarz auf weiß in den islamischen Quellen vorhanden. Ansonsten hat sie ein klares Bild darüber, daß Alltagsstrukturen in Interaktion und Aushandlung, in ein »Verständnis zwischen Individuen« eingebunden sind und keine Frage von Doxa oder (männlich definierter) Orthodoxie sind.

Die Frage des Kochens mag banal sein, aber es handelt sich um einen markanten konkreten und symbolischen Gegenstand, der die Machtbeziehungen und Positionen innerhalb der ehelichen Gemeinschaft ordnet. Für die jungen islamischen Frauen ist diese Frage von besonderer Bedeutung bei der Suche nach weiblicher (islamischer und sozialer) Identität in der Abgrenzung zur traditionellen islamischen weiblichen Identität, deren Zustandsbeschreibung im Kern immer den Hinweis auf Küche und Kochen enthält und in der Abgrenzung zu modernen Formen, die sich auf die Negation des Traditionellen gründen und im Positiven nur auf rechtliche Formeln der Gleichstellung bzw. der aufrechnenden Gleichwertigkeit (wie gleiche Bildung und Erziehung) zurückgreifen kann wie auf den Zufall, »einen guten Mann« zu haben, der sich Kontrollübungen enthält. Sie spiegelt den Wandel in den Geschlechterbeziehungen und die Suche nach neuen Formen über die Integration von Koran und Sunna, die in dieser Frage aufgrund ihrer historischen Betrachtungsweise nur ansatzweise hilfreich sind, mit aktuellen Lebensbedingungen wider. Die oben geschilderte Episode gibt deutlich wieder, daß es sich bei dieser Frage um einen offenen Raum handelt, der verschiedene Praktiken zuläßt. Gleichzeitig kann man an der Reaktion der Freundin ablesen, daß kein Zweifel daran besteht, daß ihre Lösung die bessere, die eigentlich legitime ist.[77]

Die Idee des sich selbst steuernden und zugleich moralisch integrem Selbst hat sich, so läßt sich als Resümee formulieren, in den Beziehungen zwischen den Geschlechtern fortzusetzen. Damit verbindet sich kein radikaler Wandel der Geschlechterrollen – Ehe und Kinder sind fester Bestandteil der Lebensplanung –, sondern eine Erweiterung, die sichtbar ist in der Selbstverständlichkeit der weiblichen Berufstätigkeit und einer männlichen praktischen Verantwortung für den Haushalt und die Kindererziehung. Ehe und Kinder – der Vorstellung nach zumeist zwei, die sorgfältig erzogen werden; eine Planung, die dem Projekt des sozialen Aufstiegs entspricht (Bourdieu 1982: 530) – sind ausnahmslos fester Bestandteil der Lebensplanung, die wiederum durch die Islamisierung bestärkt wird. Zentraler allerdings erscheint die Intention der Symmetrierung der Machtbeziehungen zwischen den Geschlechtern. Hinsichtlich der Partnersuche werden Vorkehrungen getroffen, um zu vermeiden, sich an einen traditionell eingestellten Mann zu binden und sich von ihm traditionalisieren zu lassen. In den Ehen sind praktische Politiken des Ausgleichens ersichtlich, aber im Kern steht nicht Gleichheit in der Form von Parallelität mit der Gefahr »Selbstentfaltung, den Griff nach den Sternen des Ichs ... gegen Familie auszuspielen« (Beck/Beck-Gernsheim 1990: 11), sondern in einer Form von Reziprozität und Anerkennung des Anderen, eines partikularpersönlichen und zugleich universalisierten Anderen. Das bildet für die jungen Frauen den Gegensatz zu einer traditionellen, auf stereotypen Geschlechterrollen und soziale Exklusion durch völlige ›private‹ Abgeschlossenheit beruhenden Form.

Zentral ist nicht die Aufhebung der Geschlechterrollen, sondern ihre Reorganisierung, ihre Enttraditionalisierung durch die Aufhebung einer als traditionell definierter Ungleichheit. Sozialisierter, verinnerlichter Habitus des »connective self« (Joseph), die Idee gleicher individueller Rechte und islamische Moral als Technik der Kontrolle verbinden sich zu einem Geschlechtermodell der »Stilistik der Existenz zu zweit« (Foucault). Weibliche Ansprüche auf Gleichheit und Anerkennung werden in der Konstruktion des konjugalen islamischen Paares abgesichert. Partner werden in eine enge Beziehung gesetzt durch eine über Rechte und Pflichten definierte ›Betriebseinheit‹ Ehe plus Familie, an der beide zu arbeiten haben, die aber auch, wenn das Zusammenspiel nicht funktioniert oder wenn einer systematisch die Regeln bricht, wenn keine Liebe und kein Respekt mehr da sind, auflösbar ist. Damit stehen die Subjekte als persönliche Träger dieser Einheit im Vordergrund. Der Islam definiert den Rahmen für eine reflektive Partnerschaft, die getragen wird von einer Ethik der Verantwortung, die sich sowohl von der Idee einer traditionellen Geschlechterrollen-Ehe mit ihren ›subpersönlichen‹ Machtdifferenzen wie von einer Individuen-Ehe mit ihrer ›hyperpersönlichen‹ Zentrierungen absetzt. Diese Partnerschaft bedingt einander ähnliche Subjekte mit vergleichbaren Kapazitäten an habituellem und kulturellem Kapital sowie Bildungskapital, deren Akkumulation im Zeichen symbolischer Auseinandersetzungen um die soziale Position für sich und die Nachkommen steht.

Es handelt sich um einen Prozeß, der beide Geschlechter einschließt. Auch den jungen islamisierten Männern, jedenfalls einem Teil von ihnen, ist offenbar daran gelegen, das traditionelle Geschlechtermodell zu transzendieren. Offensichtlich ist aber auch, daß es sich nicht um einen automatisch ablaufenden Prozeß handelt, sondern um lokale Auseinandersetzungen um alltagsweltliche Partikel und um intersubjektive Aushandlungen. Aus der Sicht der Frauen sind es vor allem sie, die Frauen, die die Asymmetrien aufspüren, benennen und in eine gerechte Praxis islamischer Ethik überführt sehen wollen. Das bedeutet die Zuschneidung männlicher Privilegien, die als nicht islamisch gelten, auf ein weibliches, ein strikter kontrolliertes Maß. Aufzeigbar ist es an situativen Praktiken. Dazu gehört die ethische Verantwortung, verstanden als »Sorge um sich selbst« (Foucault), die sich auf andere auszudehnen hat, sich zum Beispiel nicht in öffentlichen Schwimmbädern erotischen Anfechtungen durch kaum bekleidete fremde Frauen auszusetzen und in öffentlichen Räumen, wie es gewöhnlicherweise von den Frauen verlangt wird, Selbstdisziplin zu üben und, wie im Koran formuliert, den »Blick zu Boden zu richten« statt ihn auf anwesende Frauen und Mädchen zu heften. Die Techniken islamischer Dezenz gelten somit weitgehend für beide Geschlechter. Symmetrierung durch freiwilligen Verzicht und wechselseitige Anerkennung der Verantwortungen und Pflichten ist der eine Teil. Der andere ist die Anerkennung des weiblichen Parts, soziale Verantwortung für die Kinder, für die Muslime, für die Klasse, für die Gesellschaft, für sich selber als effizienter Akteur in diesen Bindungszusammenhängen zu tragen, sich als pflichtbewußte, transzendierungsbereite, entscheidungs- , vergleichs- und diskursfähige und deshalb anerkennenswerte Individuen zu definieren sowie entsprechend zu handeln.

Für die Frauen bedeutet der Rückgriff auf den Propheten, der wie eine Frau es formulierte, »Frauen nie etwas Schlechtes angetan« hat, und der die Prinzipien islamischer Gerechtigkeit verkörpert, Sicherheit. Er verleiht ihnen einen Interventionsrahmen zur Artikulierung und Verteidigung weiblicher Interessen. Er läßt sie erkennen, wo Machtspiele ansetzen. Ihre Bindung an den Islam macht sie zu legitimen Akteuren gegen symbolische Gewalt in den zwischengeschlechtlichen Beziehungen, aber sie erzeugt auch Unsicherheiten. Auch wenn sich, wie Al-Azmeh (1996: 13f.) anmerkt, die gegenwärtige Idee Islam in den westlichen Metropolen als eine Art ›Islam light‹ unter der Ausblendung vormoderner Hierarchisierung darstellt, so bleiben kritische Aspekte übrig. So gestattet zum Beispiel der Islam Beziehungen islamischer Männer zu nicht islamischen Frauen, aber nicht umgekehrt. Die Wahlmöglichkeiten der Männer an möglichen Partnern sind somit höher als die der Frauen. Diese müssen nicht nur die Bedingung der Konversion stellen, sondern sie haben überdies durch die islamische Dezenz, die Politik der Einschränkung des Begehrens und der Exklusivität für den Ehemann Wettbewerbsnachteile. Zwar mag es gelingen, sich einen für die Familie sorgenden Ehemann zu modellieren, aber verbreitet ist die Furcht, diesen an eine attraktivere Frau, zumal eine, die nicht an den Islam gebunden ist und die ihre Attraktivität voll ausspielen kann, zu verlieren. Die multikulturelle Gesellschaft birgt somit unkontrollierbare Gefahren. Man kann die Ehe, die Familie von innen festigen, aber gleichwohl besteht eine Involvierung in das ästhetische Regime der Konsumgesellschaft und ihre Bilder und Maßstäbe weiblicher Attraktivität. Dem steten Vergleich ausgesetzt sind es nicht nur die ›inneren Werte‹, Moral und Ethik, die eine erfolgreiche Paarbeziehung erzeugen, sondern auch eine profane Sorge um den Körper, um die persönliche Attraktivität und Konkurrenzfähigkeit. Islamisierung bedeutet, wie vermutet werden kann, und dieser eine Aspekt ist wahrscheinlich nur ein Hinweis darauf, kein Ruhekissen, das ›Leben gemäß des Islam‹ kein zu erreichender Zustand, sondern ein Prozeß, der in steter Auseinandersetzung mit einem ›Außen‹, mit anderen Dynamiken und mit anderen Personen steht.

VII. Islamisierung im Kampf um Identität – eine theoretische Einbettung

In den vorangegangenen Kapiteln ist in verschiedenen Bezügen deutlich geworden, daß die Islamisierung der jungen Frauen ein Prozeß ist, der sich über mehrere Felder erstreckt. Der Islam, so wie sie ihn verstehen und praktisch umsetzen, bildet eine Art Scharnier für eine doppelte Transformation, doppelt in dem Sinne, daß sie im Innern, für sich, bezogen auf das Selbst, stattfindet und zugleich nach außen, an die anderen, gerichtet ist. Erst beides zusammen konstituiert Anerkennung. Unter dem Regime eines modernen Islam findet eine Selbsttransformation statt: Das authentische Selbst wird gefunden durch eine, wie häufig formuliert wird, Rückkehr zu den Wurzeln. Diese bekommen Gestalt durch Techniken der Selbstdisziplinierung, die am Körper ansetzen, wie Beten einschließlich der Reinigungsprozeduren, Fasten, Kontrolle des Essens, der Körperhaltung, des Verhaltens. Überdies erschließen sich diese Wurzeln durch ein ethisches Ordnungssystem, das ethnische Habitualisierungen absorbiert und zwar teils durch Aufwertung und Sinnanreicherung, teils durch Neutralisierung und teils durch Tilgung. So wird das Tragen des Kopftuches umgedeutet vom bloßen Zeichen der Geschlechterhierarchie, der ethnischen Kontrolle (Anerkennung durch die Nachbarn der gleichen ethnischen Abstammung) oder des Lebenszyklus (Status der Verheirateten) zur weiblichen ethischen Handlung. Es erfolgt eine Verweigerung der Reproduktion traditioneller Weiblichkeit in der Anerkennung väterlicher, mütterlicher oder ehemännlicher Kontrolle. Hier finden Ausbrüche statt, die aber keine offenen Rebellionen sind, sondern sehr geordnete Umschichtungsprozesse, die auf Selbststeuerung und Veränderung von Machtbalancen zielen und die sich in alltagsweltlichen Interaktionen reifizieren. Serpils Konflikt mit den Eltern um das Tragen der Hose, von den Eltern als Grenzüberschreitung, von ihr als im islamischen Sinne korrekt gedeutet und von praktischen Erwägungen begleitet (bequemer, bedeckter, angeglichener), oder Gülays Auseinandersetzung um das islamisch korrekte Essen, von den Eltern als Übertreibung abgetan und in ihren Augen sowohl ethische Pflicht wie Anerkennung ihrer Person (vgl. Kapitel II) sind Beispiele für Mikrostrategien, die ausgehend von der Idee der Selbstsouveränität auf die Wandlung von Beziehungen zielen und durch die die praktische Anerkennung des sich steuernden Selbst erfolgt. Die Idee der Selbststeuerung schließt immer auch die Beziehungen zu den anderen ein. Kein Bruch erfolgt, keine bloße Abnabelung, sondern eine Umordnung durch Aushandlungen in der Interaktion. Zu beobachten ist ein doppelseitiger Prozeß: Einererseits besteht eine Radikalisierung der Formen, die sich je nach persönlichem biographischen Verlauf, das heißt, ob eine islamische Erziehung vorliegt und in welcher Weise diese erfolgte, in jeweils verschiedenen Ausprägungen einer islamischen Hyperkorrektheit niederschlagen. Andererseits ist die Tendenz des essentiellen Wandels in der Tiefenstruktur nicht zu übersehen. Die Idee des weiblichen Selbst, das die jungen Frau präsentieren, unterscheidet sich in ihrem Aufbau nicht wesentlich von dem ihrer nicht islamischen Altersgenossen. Nur wird die islamische Ethik hinzugefügt, und zwar mit einer antitraditionellen Referenz, die einerseits die Entgrenzung des Weiblichen und andererseits die Begrenzung des Männlichen enthält. In diesem Zusammenhang verbindet sich, wie in Kapitel VI angeführt, die islamische Ethik mit weiblichen Rechten und Ansprüchen, die auf einer disziplinierten Männlichkeit und der Entsagung traditioneller lokaler Privilegien aufliegen. An diesem Punkt wird deutlich, daß die Rhetorik von der Rückkehr zu den Wurzeln nicht eine Art Versöhnung mit der Lebensweise der Eltern bzw. mit einer bestehenden, wie auch immer wahrgenommenen traditionellen Ordnung bedeutet. Hierfür gibt es, wie das fünfte, sich mit den Mütter auseinandersetzende Kapitel dieser Arbeit, deutlich herausstellt, keine Anknüpfungspunkte. Die Wurzeln beziehen sich auf eine ideale Kultur, die in dieser Form nicht wiederbelebbar, sondern eine Projektion für Steuerung, Ordnung und Identität ist.

Rückkehr zu den Wurzeln als Metapher für eine legitime Selbstkonstitution und Selbststeuerung steht aber trotz der Betonung des souveränen Individuums nicht in einem unabhängigen sozialen Kontext oder in einem völlig kontrollierbaren Subkontext. Diese Rückkehr erfordert deutlich eine disziplinierte und kontinuierliche Reflexion und Erarbeitung, die im alltagsweltlichen Dialog und mehr noch in alltagsweltlichen Interaktionen stattfindet. Mit den anderen zu reden ist, wie in einzelnen Darstellungen herauskommt, sicherlich sinnvoll. Aber wirklich nachhaltig sind die praktischen Handlungen. Es genügt nicht, zu erzählen, daß der Islam im Grunde keine Frauen unterdrückt, sondern die hin und wieder mit den anderen gerauchte Zigarette, die überdurchschnittliche Leistung am Arbeitsplatz oder in der Schule – alles kleine Akte mit großer symbolischer Bedeutung, die durch die Handhabung von Syntheseleistungen die Selbstsouveränität anzeigen – erzeugen Anerkennung. Die Aufführung dieser kleinen Akte der Angleichung und der symbolischen Beherrschung des Eigenen und des Anderen ist nicht nur eine lässige Demonstration des »Sitzens auf allen Stühlen« (Otyakmaz 1996), sondern auch ein doppelter Zwang. Die

Selbstaffirmation als moderne islamische Frau jenseits traditioneller Bahnen und der Spagat zwischen ökonomischen Zwängen und multikulturellen Differenzzwängen drängt auf ›post-assimilatorische‹ Taktiken in einer Ökonomie von Differenz und Anerkennung. Dieses läßt sich aus den Erzählungen im Zusammenhang mit der Schule und dem Arbeitsplatz, wie im dritten und vierten Kapitel dargelegt, schließen.

Alles in allem zeigt sich, um es kurz auf den Punkt zu bringen, die Islamisierung der jungen Frauen als Identitätspolitik, die zwischen reflektierter Selbsttransformation, ethnischer und geschlechtlicher Essentialisierung rangiert und auf Veränderungen der sozialen Position synchron in verschiedenen Aushandlungskontexten zielt. Klasse, Ethnie, Geschlecht und Selbst sind die Kategorien, von denen man ausgehen muß, um eine theoretische Perspektive für den Prozeß der Islamisierung unter den Bedingungen des zwischen Differenz und Inklusion aufgespannten Multikulturalismus zu entwickeln. Diese Kategorien bilden den Aktionsrahmen, der die subjektiven, auf innere Gefühlslagen hinweisenden Begründungen zur persönlichen Islamisierung erzeugt. Klasse, Ethnie, Geschlecht und Selbst sind die grundlegenden Markierer von Kultur und Differenz (Wallerstein 1990). Im Verlauf der 1990er Jahre sei, so Henrietta Moore (2000: 1131f.), festzustellen, daß »the demand for the recognition of differences grows almost exponentially.« Zunehmend seien lebensgeschichtlich spezifische soziale Situierungen entdeckt worden, für die soziale Gerechtigkeit eingefordert werde und die das Selbst unter einen Zugzwang setzen, seine eigene Situierung präzise zu erfassen, um nicht von anderen Positionierungen vereinnahmt zu werden. Die biographischen Erzählungen der islamisierten Frauen sind ausgehend von dieser Perspektive als Indikatoren für das Einfließen von Differenz und Anerkennung als Regime der Selbstkonstitution über die Markierungen Klasse, Ethnie, Geschlecht und Selbst in Lebenswelten zu lesen. Sie vermitteln dieses, ihr Alltagsleben betreffend, aus einem subjektiven Blickwinkel heraus. Dessen Einstellung aber bildet sich auf einem Hintergrund von Macht und Wissen heraus, der in den Erzählungen in Bruchstücken nachzuvollziehen ist. Die nachfolgenden Ausführungen verstehen sich als eine Möglichkeit, diese Bruchstücke soziologisch einzubinden und für diesen spezifischen Fall einen Dialog zwischen Subjekt und Struktur, zwischen multikulturellem Diskurs und praktischer Differenz aufzuzeigen.

Islamisierung und soziale Klasse

Die soziale Klasse ist eine der Hauptgeneratoren von Identität. »Post-traditionelle Klassengesellschaften« (Eder 1993) sind gekennzeichnet durch eine Vielzahl koexistierender und kompetitiver Klassenfraktionen, die in der Beziehung einer »Dialektik um réclassement und déclassement« (Bourdieu 1982: 271) miteinander verbunden sind. Über eine Vielzahl von materiellen und immateriellen Zeichen stehen sie in einem auf Distinktion zielenden Spiel von Selbstaffirmation und Abgrenzung. Die Personen, die man diesen Klassen zuordnen kann, sind habituell trainierte Akteure in »einem sozialen Spiel« (Bourdieu/Wacquant 1995: 148), in dem Zeichen- und Handlungsschemata in praktisches und intuitives Wissen »below the level of explicit representation and verbal expression« (Bourdieu 1985: 728) eingebettet sind. Anhand auch unscheinbarster Details erkennen und definieren sie die anderen und sich selbst in ihrem sozialen Rang, geben sie sich selbst unwillkürlich zu erkennen. Sie sind Reproduzenten wie Produzenten klassenspezifischer Lebensstile, in denen sich soziale Machtverhältnisse, individuelle wie gemeinsame Aspirationen, Lebensläufe, Laufbahnen widerspiegeln. Und sie sind Teilnehmer in einem Spiel, dessen Regeln sie anerkennen und in dem sie vielfältige Strategien nutzen, um ihre Positionen zu halten oder zu verbessern (Bourdieu/Wacquant 1995: 149). Jede Klasse ist definiert durch eine spezifische Verteilung von verschiedene Kapitalarten, die einander stützen und miteinander konvertierbar sind. Dazu zählen »inkorporiertes Kapital (Habitus)«, »das objektivierte Kapital (soziale Merkmale)«, ökonomisches Kapital, Bildungskapital und in enger Beziehung zu ihm stehend, kulturelles Kapital (Bourdieu 1982:195, 229f., 236) sowie symbolisches Kapital (Prestige, Reputation, 1993: 230). Jeder Klassenakteur ist somit über eine spezifische Akkumulation dieser Kapitalarten und symbolischen Zeichen definiert.

Verschiedene Kritiker haben darauf verwiesen, daß dieses Klassenmodell trotz des inhärenten Konkurrenzprinzips insbesondere durch die Konzeption des Habitus als des Verinnerlichten, Einverleibten, den Kreislauf der Reproduktion festschreibend kaum sozialen Wandel zu erklären vermag. Dennoch zeigen sich Wandlungsdynamiken in einer Inflation der Zeichen der Abgrenzung, etwa wenn ein distinktives Gut absinkt zur Massenware und der gute Geschmack, die feine Lebensart sich neue Objekte, neue Schranken, neue Abstände suchen muß. Ein zweiter Dynamisierungsfaktor ist die Konkurrenz im Mittelklassebereich durch die Emergenz neuer Berufsgruppen, die über die Auskleidung mit einem spezifischen Habitus und Lebensstil auf Selbstbehauptung und damit gleichzeitig Abwertung der anderen zielen (vgl. Eder 1989; Lash 1993; Calhoun 1993; Müller 1986; Stauth/Turner 1988).

Aufstiegsambitionen einzelner Akteure sind (als Ambitionen von Individuen wie von organisierten Gruppen) durchaus realisierbar, aber kontrolliert durch eine Serie homolog operierender »magical boundaries« (Bourdieu 1991: 122) verschiedener Art. Diese reichen von inkorporierten Verhaltens- und Klassifizierungsmustern bis hin zu staatlich organisierten Distributionsmechanismen, die ein anerkanntes System »sozialer Essenz«, das nahezu jeden an seinem sozialen Platz hält und ihn veranlaßt zum »acting in keeping with one's essence and nothing else« (ebd.: 120), reproduzieren. Eine der prominenten Figuren in Bourdieus Modell ist der aufsteigende Kleinbürger, der mit einem seinem Ausgangspunkt entsprechend relativ niedrigem inkorporierten Kapital und akkumulierten anderen Kapitalarten eine höhere Position ansteuert und spezifische Strategien zur Bewältigung dieses Mangels heranziehen muß. Bourdieu verweist dabei auf folgende typische Strategien: die Konvertierung der Kapitalarten, indem der Mangel an inkorporiertem und sozialem Kapital ausgeglichen werden kann durch Bildungskapital; die Ausbildung einer habitualisierten, sich in starker Selbstkontrolle, Hyperkorrektheit und anderen asketischen Praktiken zeigenden Aufsteigermentalität; die Aneignung von kulturellem Kapital (z.B. in der Form von Bildungswissen und Geschmack, sichtbar in verschiedenen Konsumformen und -bereichen) und der Rückgriff auf »symbolische Waffen« wie die Moral der Selbstlosigkeit, die Betonung der ethischen Referenz (1982: 15ff.) bzw. eine »soziale Rationalisierung«, wie sie unter »first-generation intellectuals«, die damit konfrontiert sind, »zwei Teile ihres Lebens zusammenzufügen« zu finden sind (Bourdieu/Eagleton 1992: 117). Einzelne Personen können und müssen somit sozialen Aufstieg bewältigen. Dafür stehen den Akteuren bestimmte Strategien, Techniken und Instrumente zur Verfügung, darunter Bildung und Bildungstitel. Unter Umständen erfolgt dieser Akt im Rahmen kollektiver Aufstiegsaspirationen und -projekte als Klassenfraktionen, etwa im Falle neuer Berufsgruppen (zum Beispiel im Gesundheitsbereich), die um ihren Platz und die Anerkennung benachbarter Fraktionen kämpfen müssen.

Identität bedeutet bei Bourdieu stets soziale und praktische Identität, die sich aus der zugewiesenen bzw. erkämpften Position mit den anderen Positionen im Horizont im sozialen Raum ergibt. Das gilt auch für ethnische Identität. Ethnizität oder Regionalität, Bourdieu macht hier keinen prinzipiellen Unterschied, bildet eine weitere Klassifizierungslinie im bestehenden System der sozialen Ordnung. Allerdings tritt hier klarer zutage, daß »struggles over identity« die Klassifizierung und die Anerkennung der

Klassifizierungskriterien zum Gegenstand der Auseinandersetzung haben, weil hier zusätzliche Strategien der Naturalisierung und Verobjektivierung, die am Körper, am inkorporierten Kapital ansetzen, an der anderen Mentalität der anderen, der Kultur, an der Sprache, an der Geschichte, greifen (vgl. Bourdieu 1991: 220). Der ›Ausländerdiskurs‹ und der ›Integrationsdiskurs‹ sind unter dieser Perspektive nichts anderes als Naturalisierungsdiskurse, die unter dem Hinweis auf die Grenzen des als kulturelle Einheit definierten Nationalstaates somit der eigentlichen Nichtdazugehörigkeit weisend, einen unteren sozialen Rang performieren und praktisch bestätigen (Bauböck 1994; Kaschuba 1995; Matthes 1992; Radtke 1991).[78]

In den letzten Jahren hat unter den Immigranten, vor allem jenen der zweiten Generation, in der eine zunehmende Zahl an sogenannten »Bildungsinländern« mit hohen Schulabschlüssen bzw. erfolgreicher deutscher schulischer Sozialisation (die Definitionen schwanken) und selbständigen Unternehmern zu verzeichnen ist, eine Ausdifferenzierung eingesetzt, die bislang kaum systematisch Gegenstand sozialwissenschaftlicher und kultursoziologischer Untersuchungen sind (vgl. Caglar 1997; Roosens 1989: 138f.; Müller 1995; Sen/Goldberg 1994; Zentrum für Türkei-studien 1995a). Die Neo-Muslimas zählen weitgehend zu ebendieser Kategorie der Bildungsinländer, können aber aufgrund ihres spezifischen Kapitaleinsatzes analytisch als Vertreter einer spezifischen Klassenfraktion aufgefaßt werden. Klassen und Klassenfraktionen sind mit Bourdieu zu verstehen als »classes on paper«, als logische Klassifikationen. Sie setzen sich nach Wahrscheinlichkeitsgesichtspunkten zusammensetzen aus

> »sets of agents who occupy similar positions and who, being placed in similar conditions and submitted to similar types of conditioning, have every chance of having similar dispositions and interests, and thus of producing similar practices and adopting similar stances« (Bourdieu 1993: 231).

Ihren biographischen Verläufen, funktionalen Qualifikationen und Aspirationen nach entsprechen die islamisierten Frauen nicht mehr dem ›Gastarbeiter-Rang‹, den sie im übrigen sehr wohl der Elterngeneration zuerkennen. Ihre spezifische ›relative Position‹ im sozialen Raum hat sich aufwärtsmobil verändert, sie haben eine ›magische Grenze‹ in Richtung Verbürgerlichung überschritten. Ihre soziale Identität hat begonnen, sich den objektiven Kriterien nach zu verändern, aber sie gelten dem Habitus und dem sozialen Kapital nach noch immer als ›Ausländer‹, als ›Gastarbeiter‹ (vgl. Waldhoff 1995). Diese Feststellung impliziert, daß man von einem schrittweisen und ungleichmäßigen Prozeß der Transformation der Selbstidentität innerhalb verschiedener sozialer Felder und in verschiedenen Machtlagen ausgehen muß (McNay 1999: 110f.). Das bedeutet zum anderen, daß die Frauen eine »Arbeit der Repräsentation« leisten müssen, um sich vom zugewiesenen Platz abzukoppeln und ihre »vision of the world or the vision of their own position in this world« (Bourdieu 1993: 234) sichtbar machen müssen. Diese Repräsentation erfolgt über Zeichenproduktion auf der Alltagsebene, die zusammengeht mit der Mobilisierung von Kapitalarten zur Kompensation der fehlenden »Währungen« (Bourdieu 1982: 229). Hierbei ist zu berücksichtigen, daß die Situation der Vereinzelung (im höheren Bildungssystem, im Betrieb) spezifische am einzelnen, an seinem Körper und seiner ›Seele‹ ansetzende Strategien erzeugt und weniger organisierte kollektive Formen.[79]

Insbesondere zwei Strategien sind zu nennen: die Rationalisierung des inkorporierten Habitus durch professionsbezogenes und starke Selbstkontrolle beinhaltendes Training in Richtung einer peniblen »Angestelltenkultur« (Adorno 1964: 20) und Akte der symbolische Produktion. Das beinhaltet sowohl die Organisation nach außen, zum Beispiel durch Perfektionierung der beruflichen Leistung, als auch durch die Perfektionierung einer disziplinierten, auf persönliche Ethik verweisende körperliche Erscheinung wie die Organisation der Beziehungen nach innen in bezug auf die eigene Klassenfraktion. Diese muß, um sich selbst zu affirmieren, um erkannt und anerkannt zu werden, einen klassenspezifischen Habitus, einen entsprechenden Lebensstil, eine methodische Lebensführung (Weber 1922: 536ff.) entwickeln. Hier wird der Islam, zusammen mit Bildungskapital, in einer spezifischen methodischen Perzeption, Praxis und Repräsentation bedeutsam als kulturelles und symbolisches Kapital. Er re- präsentiert die eigene Vision von der Welt, die mehr und wertvoller, authentischer ist, als sich, wie alltagssprachlich formuliert, bloß den Deutschen anzupassen, die einen aber doch nie als gleichwertig anerkennen, selbst wenn der Körper und die überprüfbaren Qualifikationen einen nicht verraten, weil die eigene Genealogie die Abstammung aus einer muslimischen Arbeiterfamilie untilgbar enthält. Er repräsentiert aber auch eine deutliche Distinktion gegenüber Volksislam und habituellen Merkmalen, die den unteren sozialen Schichten zuzuordnen sind. Er materialisiert eine Authentizität, die dem Diversitätsparadigma des Multikulturalismus entspricht, die aber deutlich eine andere, eine ›bessere‹, eine reflektiertere, eine selbstkontrolliertere ist als jene von der symbolischen Macht benannte und in die eigene Wahrnehmung aufgenommene ethnische rangniedrige. Schließlich macht der Islam, der fundamentale Islam der Gründungsphase, der ›wahre‹ Islam, eine Reihe von Praktiken, von Selbsttechnologien (vgl. Foucault 1993) verfügbar, über die, homolog in verschiedenen Kontexten, Lebensstil und Habitus produzierbar ist, und zwar in jenen Formen, die dem Zwang zur Kräfteakkumulation sozialer Aufsteiger mit knappen Ressourcen entspricht (vgl. Bourdieu 1982: 528f.). Die Islamisierung ist damit, auch wenn man sie als Fundamentalisierung bezeichnet[80], nicht außer der Ordnung, sie arbeitet nicht gegen die Ordnung, sondern ist der Ordnung gemäß. Sie folgt ihren Konstitutionsbedingungen und Polyvalenzen. Sie befindet sich komplett im Rahmen der bewußten und unbewußten Strategien, die bei einzelnen Akteuren und Gruppen Anwendung finden zur Positionsänderung im Übergang vom unteren sozialen Raum in den des Kleinbürgertums.

Geschlecht, Multikulturalitätsdiskurs und Bedürfnisdefinition

Geschlecht bildet neben Klasse die zweite bedeutende Kategorie sozialer Identität. Es besteht eine Vielfalt an kontroversen theoretischen Perspektiven über ›Gender-Identität‹ im Allgemeinen (vgl. Benhabib et al. 1993; Docekal-Nagl 1999) sowie in der Verbindung von Geschlecht und Ethnizität (vgl. Anzaldua 1987; Trinh 1988). Es würde den Rahmen dieser Arbeit sprengen, sie in einen engeren Bezug zum Islam zu setzen. Statt dessen beschränke ich mich auf die eng eingegrenzte spezifische Frage nach den Mechanismen, die Frauen, und gerade Frauen als islamische Akteure, in Erscheinung treten lassen. Ausgehend von den vorliegenden biographischen Erzählungen schieben sich zwei Zusammenhänge in den Vordergrund: erstens der der Klasse als Situierungsmoment weiblicher Identität und zweitens der der Multikulturalitätsdiskurse als Teil einer »politics of performativity« (Yeatman 1994) mit spezifischen Effekten für die (Selbst-) Definition als weibliche Angehörige aus einer Migrantenfamilie mit islamischen Hintergrund bzw. als Muslima. Klasse, Nationalstaat und Geschlecht sind unter den modernen und postmodernen biopolitischen Erfordernissen eng miteinander verknüpfte Variablen. Konzept und »culture of citizenship« (Yeatman 1994: 78) definieren Personen nach Klassen- und Geschlechtszugehörigkeit und wirken auf ihre Selbstaffirmation und ihre Mechanismen der Selbstaffirmation, die sich am Ideal des Bürgers orientieren und bis in ihr Innerstes wirken.

Die Klassendimension

Hinsichtlich der Interdependenz von Klasse und Geschlecht läßt sich zunächst an Bourdieus Ausführungen anschließen. Demzufolge ist nicht nur jedes Ding, jede Geste, jeder Gedanke, jede Präferenz in die Produktion und Reproduktion der symbolischen Ordnung und ihrer Regeln verstrickt und durch eine Zeichenfunktion im sozialen Spiel ausgezeichnet, sondern ebenso Körper, Geschlecht und Geschlechterbeziehungen. Aus der distinktionstheoretischen Perspektive sind zwei Ebenen zu unterscheiden: eine generelle Geschlechterordnung mit einer habitualisierten, in Körper und Alltagspraktiken verankerten Essentialisierung und Hierarchisierung (Bourdieu 1997)[81] und eine klassenspezifische Ordnung, in der sich die generelle Essentialisierung in klassengemäße Variationen transformiert. Die Vorstellungen von Männlichkeit und Weiblichkeit sowie die Gestaltung der Beziehungen zwischen den Geschlechtern sind ein Kernbestandteil der Klassenaffirmation. An ihnen wird die Zugehörigkeit zu einer Klassenfraktion erkennbar:

»... eine Klasse definiert sich wesentlich auch durch Stellung und Wert, welche sie den beiden Geschlechtern und deren gesellschaftlich ausgebildeten Einstellungen einräumt. Darin liegt begründet, warum es ebenso viele Spielarten der Verwirklichung von Weiblichkeit gibt wie Klassen und Klassenfraktionen, und warum die Arbeitsteilung zwischen den Geschlechtern auf der Ebene der Praxis wie der Vorstellungen innerhalb der verschiedenen Gesellschaftsklassen höchst unterschiedliche Ausprägungen annimmt« (Bourdieu 1982: 185).

Bourdieu schreibt diesen Aspekt theoretisch nicht weiter, führt diesen Gedanken in den »Feinen Unterschieden« aber im Zusammenhang mit der Beschreibung einzelner Klassenfraktionen mit, etwa durch den Verweis auf empirische Befunde bzw. Interviewausschnitte (z.B. 1982: 542ff.). Ein Gedanke in diesem Zusammenhang ist, daß die Wahl des Ehepartners Auswirkungen hat auf den Einsatz und die Verfügbarkeit nicht nur des ökonomischen und sozialen, sondern auch des ererbten und erworbenen kulturellen Kapitals (1982: 186f.), wodurch selbst eheliche Allianzen unter modernen Bedingungen strategische Bedeutungen haben. Die theoretische Ausgangslage ist wenig elaboriert und auch im Rahmen feministischer Forschung nicht ausgearbeitet.[82] In dieser Studie zeigt sich dieser Aspekt in der sorgfältigen Auswahl von Ehegatten, in den entwickelten Kriterien zur Unterscheidung von seriösen Muslimen und sich verstellenden Traditionellen, in dem großen Wert, der auf gleiches Bildungs- und Wissensniveau gelegt wird, aber auch in der Bereitschaft, Ehen aufzulösen, wenn sich von ihnen ungewollt traditionelle Rollenstereotypen herausbilden. Nur die konjugale Ehe bietet den jungen Frauen den Rahmen, ihr Identitätsprojekt im Hinblick auf das Selbst und im Hinblick auf die soziale Anerkennung weiterzuführen. Dazu gehört auch die alltagspraktische Umformung der symbolischen Gewalt in der Ehe.

Andere Arbeiten weisen darauf, daß Geschlecht und Geschlechterbeziehungen ganz zentrale Zeichen in den Wahrnehmungs- und Klassifizierungsschemata sind, indem ihre Ausprägungen die Position einer Gruppe in einer sozialen Ordnung oder im Kontext von Gruppenbeziehungen legitimieren (z.B. Bohnsack 1989; Theweleit 1980; Said 1981). Sie bilden in der Konnotation mit Gleichheit und Gerechtigkeit ein Kriterium der »nominellen Identität« (Bourdieu 1982: 750), der Bewertung und Hierarchisierung. Die Ausprägung der Geschlechterbeziehung ist somit stets auch ein Zeichen der Klassenzugehörigkeit. Niedriger sozialer Rang ›zeigt sich‹ über nicht egalitäre Geschlechterbeziehungen. Sie bilden den Kern eines Gastarbeiter-Stigmas, indem ›die Türken‹, ›die Muslime‹ wesentlich über ihre Geschlechterrollen definiert werden. Margret Jäger (1996: 11) verweist darauf, »daß sowohl im Alltag als auch in den Medien mit dem Verweis auf patriarchalisches und/oder sexistisches Auftreten von Einwandern gegenüber Frauen häufig die Ablehnung dieser Menschen begründet wird«. Gleichheit zwischen den Geschlechtern gilt als Kennzeichen des demokratischen Bürgers. Dieses haben, wie verschiedentlich zum Ausdruck kommt, auch die jungen Männer erkannt. Es ist nur die Frage, ob sie sich intern daran halten oder dieses Prinzip lediglich zum Gegenstand öffentlicher Rhetoriken machen, der von den Frauen genauer untersucht sein will.

Die politische Dimension

›Geschlechterverhalten‹, soziales Geschlecht steht im Zentrum der Wahrnehmung und Erzeugung sozialer Hierarchisierung, die auf spezifische Art das Subjekt Mädchen/Frau einkreist. Analog zur lebensweltlichen Ebene sind Mädchen und Frauen mit islamischen Hintergrund sowohl in der ›Ausländerforschung‹ wie auch in multikulturellen Diskursen viktimisiert: als Opfer ihrer kulturellen Herkunft, als Opfer männlicher Interessen. Sie sind definiert über Beschränkung und die Ohnmacht, sie aufzuheben. Individuelle Bedürfnisse bilden dabei einen durch Macht und Wissen bearbeiteten Gegenstand, von dem ausgehend sich über Diskurse und Praktiken bis in alltägliche Interaktionen und Selbstbeschreibungen hinein Essentialisierungen der Bedürftigen entfalten. Mädchen und Frauen gelten als diskriminierte Personen, deren Bedürfnisse systematisch mißachtet werden, diejenigen, die im Vergleich zu nicht-islamischen

Gleichaltrigen kaum etwas »dürfen« (Granato 1994: 104f.; Neumann 1981; Rosen/Stüwe 1985). Bezeichnungen wie »verkaufte Bräute« (Baumgartner-Karabak/Landesberger 1978) oder »Handelsware« (König 1989: 309) sind Metaphern, die wohl am deutlichsten die Definition einer negativen ethnisch-islamischen Kultur vermittelt über die Geschlechterbeziehungen zum Ausdruck bringen, während dezentere Diagnosen auf eine erschwerte Herausbildung von Selbstidentität zwischen den Anforderung zweier Kulturen hinauslaufen (Riesner 1990).[83]

Die sich in der Bundesrepublik Deutschland in den frühen 1990er Jahren entfaltenden, von den einen als zu liberal und von den anderen als zu verhalten kritisierten Multikulturalitätspolitiken und -diskurse, die sich vor allem um die Frage der Einbürgerung bewegten und zu einer Verschiebung von Ausländern zu Minoritäten geführt haben, laufen, wenn man die biographischen Verläufe der jungen Frauen in ihrer zeitlichen Perspektive betrachtet, parallel zur Islamisierung der zweiten Immigrantengeneration. Auch sie gründen sich auf ein Konzept von Bedürfnissen. Die Organisation kultureller Bedürfnisse und die Anerkennung von Differenz stehen im Kontrast zur Vorstellung des homogenen Nationalstaates, aber der Radius von organisierter Differenz findet seine Begrenzung am »gemeinsame(n) Wertehorizont« (Taylor 1993). Dieser muß freilich erst bestimmt werden, so daß Fragen nach den Grenzen virulent werden (vgl. Zizek 1997). Auffälligerweise zirkuliert in politisch orientierten Diskursen, die die Wertfrage behandeln, der Islam als Beispiel zur Illustrierung der Grenzen des Multikulturellen und zwar im Rückgriff auf Geschlecht und Geschlechterverhältnis. Das zeigen folgende Beispiele, die sicherlich nicht mehr als Mikrobestandteile in einem breiten Diskursrahmen darstellen, gleichwohl auf eine »Macht/Diskurs-Matrix« (Frazer 1993: 69) deuten, die zur Konstituierung eines weiblichen islamischen Subjektes beitragen:

Daniel Cohn-Bendit, lange Jahre Leiter des Frankfurter Amtes für Multikulturelle Angelegenheiten, und Thomas Schmid zum Beispiel sehen die »Nagelprobe für die multikulturelle Gesellschaft ... (im) ... Umgang der Deutschen mit der moslemischen Minderheit« (1992: 306) und betonen eine grundsätzliche »Parteinahme für die Töchter« im Falle einer persönlichen Unterdrückung durch Eltern und Tradition, etwa im Falle von Verheiratungen (ebd.: 312). Jürgen Habermas verweist auf

> »Konzeptionen des Guten, die autoritäre Binnenverhältnisse sanktionieren« und fügt hinzu: »Nötigenfalls müssen in Deutschland nicht nur die Rechte türkischer Mädchen gegen den Willen von Vätern, die sich auf Prärogative ihrer Herkunftskultur berufen, durchgesetzt werden, sondern überhaupt individuelle Rechte gegen

Kollektivansprüche, die einem nationalistischen Selbstverständnis entspringen« (1996: 332).

Heiner Geißler (1996: 136f.), mit gleichem Argument und islamisch-exotischem Beispiel, plädiert dafür, daß »wer zum Beispiel als fundamentalistischer Moslem die Gleichberechtigung der Frau und die Religions- und Glaubensfreiheit nicht akzeptiert, ... in Deutschland nichts verloren hat«, daß »falsche Multikulturelle verlangen ..., daß die Gleichberechtigung der Frau in abgeschlossenen ethnischen Zirkeln innerhalb der Bundesrepublik außer Kraft gesetzt würde, daß sozusagen ein Moslem aus Bottrop auf dem Wege des Familiennachzugs dort einen Harem aufmachen könnte« und daß auch die kulturellen Eigenarten Bestand haben, die gegen das Erbe der Aufklärung, die Grund- und Menschenrechte und damit gegen das Grundgesetz verstoßen.

Auf der Suche nach den Grenzen multikultureller Politik erfolgt eine Einbindung des Islam oder eines präziser eines Bildes des Islam in der Funktion »of supplying a meta-discourse ... and transform ... claims within a managerialist-functionalist rhetoric« (Yeatman 1994: 110). »Autoritäre Binnenverhältnisse« (Habermas), die sicherlich in einigen Fällen faktisch existieren, in anderen aber nicht (vgl. z.B. Nauck 1994), erscheinen als nahezu naturalisierte Zustände, in denen das Konzept eines weiblichen Individuums unvereinbar ist mit dem Islam bzw. islamischer Kultur. Das Opfer Frau wird gesetzt als polarisierendes Zeichen eines Wertkonfliktes, der zwischen Universalität und partikularer Gemeinschaft angesiedelt wird. Das Argument der Individualrechte zielt auf Gleichstellung unabhängig von ethnischer Zugehörigkeit, enthält aber zugleich eine moralisierende Essentialisierung in der Reproduktion der Vorstellung der Anpassungsbedürftigkeit, der Verbesserungsbedürftigkeit der anderen. Hergestellt wird eine ideelle Allianz zwischen Staat und weiblichem Individuum ohne komplexere Aushandlungsmechanismen auf der Ebene alltagsweltlicher Strategien und Gegenstrategien zu berücksichtigen. Statt dessen werden Geschlecht und Geschlechterbeziehungen als symbolische Objekte der Klassifizierung und der Machtverteilung gesetzt. Angesiedelt zwischen Gemeinschaft und Staat erscheinen islamische Frauen als schutzbedürftige »non-citizens« (Yeatman 1994: 109), die eine hierarchische Anordnung beider Pole legitimieren. Über sie wird illustriert, wo der multikulturelle Dialog zu enden hat und bei wem die Interventionsmacht liegt. Dieser rechtliche Diskurs bildet zusammen mit dem sozialwissenschaftlichen Diskurs und einer »pädagogischen Integrationsindustrie« (Radtke 1994: 232; Herwartz-Emden 1997) homologe strategische, symbolische Machtverhältnisse markierende Imaginationen der Selbstaffirmation und der Konstitutierung/Hierarchierung des Anderen.[84]

Wenngleich anhand biographischer Erzählungen nicht immer präzise nachvollziehbar ist, wie und ob sich bestimmte wissenschaftliche und politische Diskurse in einzelnen Subjekten und Alltagswissen niederschlagen (Alheit 1997), so ist doch anzunehmen, daß sie als Bestandteile einer »Macht/Diskurs-Matrix« (Frazer 1993: 69) über verschiedenen Praktiken und Medien operieren und Subjekte essentialisieren. Aus den Feldbeobachtungen und biographischen Erzählungen lassen sich verschiedene Effekte rekonstruieren. Einer ist, daß diese Essentialisierung von den Subjekten selber affirmiert wird und sie sich unter Zugzwang fühlen, sie zu widerlegen. Der Neo-Islam der jungen Frauen ist, auch wenn er von ihnen seiner persönlichen Relevanz betont wird, ein Medium der Gegenessentialisierung, indem er sich gegen das Bevormundungsparadigma wendet. Ein anderer ist, daß Lokalpolitiker einen Konflikt zwischen Universalismus und Partikularismus, der in den oben angeführten Zitaten vorhanden ist, ins Lokale transportieren und ›vor Ort‹ kultivieren, um politisches Kapital daraus zu schlagen. Das ist zum Beispiel der Fall, wenn, wie in einem Frankfurter Stadtteil geschehen, CDU-Politiker islamischen Frauen in der lokalen Presse vorwerfen, »sich selbst auszugrenzen« und überdies die deutsche Familie in ihren Optionen zur Freizeitgestaltung zu beeinträchtigen, weil sie in Übereinkunft mit den städtischen Behörden sonntags vormittags ein öffentliches Schwimmbad für die ausschließliche Benutzung durch Frauen reserviert haben. In diesem Beispiel, das als eine lokale Adaption allgemeiner Diskurse zu sehen ist und in dem islamische Frauen im Rahmen einer parteipolitischen Konfliktkonstellation instrumentalisiert werden, ergeht die Herausforderung an die Frauen, sich, möglichst öffentlich, mit ihrer kulturellen Identität und ihren Bedürfnissen auseinanderzusetzen und sie gegenüber anderen zu legitimieren. Dieses wäre ein Beispiel für eine politische Konstituierung des Subjekts.

Es ist somit davon auszugehen, daß Multikulturalitätsdiskurse auf verschiedenen Ebenen Subjekte konstituieren und in einer Hierarchie auf der Basis von Kultur und Recht, Gleich-Berechtigung anordnen. Sie tun dies im Rekurs auf Bedürfnisse. Die Definition von Bedürfnissen aber ist eine Frage von Performanz und Machtbeziehungen mit dem Effekt, daß schließlich die »Mitglieder untergeordneter Gruppen ... gemeinsam die Bedürfnisinterpretationen, die sich zu ihrem eigenen Nachteil auswirken ... internalisieren« (Frazer 1994: 261). Die Multikulturalismus-Idee öffnet über die diskursive Auseinandersetzung um Öffnung und Grenzen den Raum für eine Verschiebung, indem die Legitimation vordefinierter Bedürfnisse einer Auseinandersetzung um die Interpretation von Bedürfnissen und Bedürfnisansprüchen zu weichen hat. Die Kontroverse setzt ein, wenn Bedürfnisse politisiert werden, wenn sich mindestens »eine Öffentlichkeit«, ein Teil der »differenzierten Öffentlichkeit« (ebd.: 258) in den »Kampf um Bedürfnisse« (Frazer) in wohlfahrtsstaatlichen Gesellschaften als Teil einer produktiven Machtbeziehung einmischt.

Bedürfnisse und ihre Befriedigung, so kann man Nancy Frazer verstehen, schaffen Identität und Anerkennung. Und sie sind öffentliche Objekte. Sind diese Bedürfnisse als ethnisch oder kulturell definiert, sind ethnische oder sich als ethnisch definierende Akteure als »eine Öffentlichkeit« erforderlich. Hieraus zieht die Islamisierung ihre Bedeutung in Hinsicht auf die Definition eigener Bedürfnisse und ihrer Aushandlung. Die Neo-Muslimas setzen im Rekurs auf einen egalitären Ur-Islam am Aspekt der Interpretation weiblicher Bedürfnisse an. Sie bestreiten ihre Positionierung im unteren sozialen Raum und ihre Viktimisierung, die sich in einer öffentlichen Sorge um ihre individuellen Bedürfnisse und Rechte zeigt. Statt dessen verweisen sie auf den frühen Islam als Instrumentarium des Rechts, das Gleichheit sowohl in Hinblick auf Geschlecht wie auf die Person zusichert und darüber die Formulierung der eigenen, der authentischen und ihrer Situierung gemäßen Bedürfnisse zuläßt. Der fundamentale, das heißt sich auf die Wurzeln beziehende Islam wird zu einer offensiven Kraft im alltagspraktischen Kampf um Bedürfnisse, zu einer Technik der Integration. Über die Idee des Ur-Islam erfolgt eine eigenmächtige Rekonstitution vom »non-citizen«, vom Mündel zum Bürger, der mit anderen Bürgern die »culture of citizenship« (Yeatman 1994: 78) teilt und alle Formen von Vormundschaft, Pädagogisierung ebenso wie Traditionalisierung, zurückweist. Islamisierung ist somit gleichzusetzen mit Verbürgerlichung.

Insofern entspricht die »Idee Islam« (Stauth 2000) der jungen Frauen nicht dem in den Multikulturalitätsdiskursen konstruierten kontrollbedürftigen anderen. Vielmehr erfolgt eine Umlagerung vom Differenten zum Diversen (Bhabha 1990: 208; Al-Azmeh 1996: 13f.). Die Entdeckung des Islam als ›meine eigentliche Kultur‹ und die Modellierung des Islam zu ›meiner faktischen Kultur‹ entsteht im Kontrast zur und als Reaktion auf die Benennung als von seinen Bedürfnissen abgeschlossenes Gastarbeitermädchen. Nancy Frazer folgend kann die Islamisierung der jungen Frauen als ein Prozeß beschrieben werden, der sich über die Etappen Enteignung – Transformierung – Wiederaneignung erstreckt. Enteignung bezieht sich dabei auf die Definition des Selbst durch einen Komplex von Macht und Wissen, der das Subjekt erzeugt. Transformation meint die administrative Interpretation und institutionellen praktischen Auswirkungen (zum Beispiel sichtbar in den Klassifizierungen im Rahmen der Schule). Aneignung bzw. Wiederaneignung zielt auf die reflektierte Übernahme des Subjekts, in diesem Fall eines Subjekts, das sich umdefiniert von einer Opferfigur zu einem Individuum (im Sinne von Agnes Heller [1984] oder auch Anna Yeatman), das seine eigenen Bedürfnisse bestimmt und seine Bedürfnisansprüche formuliert. Genau diesen Verlauf zeigen die biographischen Trajekte der jungen Frauen, etwa wenn sie sich als Akteur während ihrer frühen Schulzeit, die als Zeit der Enteignung und Transformation erscheint, in bezug setzen zu der Zeit als islamischer Akteur. Die erste Phase erscheint dabei als Phase der Exklusion, insofern islamisch begründete Verbote, die vor allem die Mädchen betreffen (z.B. Nicht-Teilnahme am Schwimmunterricht oder an Klassenfahrten) Viktimisierung erzeugen. Die zweite Phase hingegen erscheint als Phase der Inklusion, indem solche Verbote von ihnen selbst entweder rational begründet, aufgehoben oder umgelagert werden. Diese zweite Phase ist gekennzeichnet durch eine diskursive Aufrüstung für den Kampf um Bedürfnisse und seine Sprache. Ebenso wird in einer Kulturalisierung »in reverse« (Al-Azm 1981) alles was an Assoziationen mit dem Ethnischen und dem Traditionellen zirkuliert, auf seine Aneignungswürdigkeit hin überprüft.

Geschlecht und Geschlechterbeziehungen bilden, um es zusammenzufassen, die strategische Ansatzpunkte, um eine symbolische Ordnung im Kontext von Bedürfnissen und der Interpretation von Bedürfnissen zu bestimmen. Schon von der Ausgangslage her als Markierer sozialer Ordnung und Schutzbefohlene gesetzt, erscheint es den Frauen angemessen und notwendig, selbst als Repräsentantinnen ihrer Bedürfnisse und als Verteidiger ihrer eigenen Identität aufzutreten und zwar auf zwei verschiedenen Ebenen.

Die erste Ebene ist eine öffentliche. Einige wenige der Neo-Muslimas sind lokale Politikerinnen, insofern sie sich in kleinen Arenen (wie in ehrenamtlichen kommunalpolitischen Gremien oder in Diskussionsrunden zum christlich-muslimischen Dialog) diskursiv vertreten. Als »Kulturvermittler« (Bourdieu 1982) vertreten sie das Bedürfnis Anerkennung entweder zu gezielten Anliegen oder allgemein, indem sie die Leute, gebürtige Muslime wie Nicht-Muslime, nach eigener Formulierung »über den Islam aufklären«, wobei diese Aufklärung sich neben einer Aufforderung zu mehr Disziplinierung (an die gebürtigen Muslime) sich meist auf Rechte, vor allem weibliche Rechte konzentriert. Die zweite und eigentliche politische Arena der Vermittlung aber liegt in der Bewährung in alltäglichen Kontexten (Heller 1984) wie dem Arbeitsplatz oder der Schule. Das sind die für die jungen Frauen relevanten Arenen, in denen Diskurse und Imaginationen mit Praktiken interferieren, in denen das Subjekt und sein Körper sich in die Diskurse einschalten und praktische, sichtbare Wahrheiten erzeugen. Über den Körper, über ihre Leistungen erzwingen sie lokalen Dialog und vermitteln sie situierte Differenz, arbeiten sie an der praktischen Re-Imagination des Islam. Das unmittelbare Bild der Kopftuchträgerin, die in der Arztpraxis den Computer bedient und ebenso selbstbewußt wie effektiv Patienten und Arbeitsabläufe organisiert, wirkt auf die Überlagerung anderer Bilder wie etwa das in Zeitungen übermittelte von kleinen Mädchen im Koranunterricht, die, mit im Verhältnis zu ihren kleinen Gesichtern und Körpern überdimensional großen Kopftüchern, die sie fast zu erdrücken scheinen, vor Schriften hocken, die ebenfalls zu mächtig für sie sind. Hier schlägt über alltagspraktische Handlungen abstrakter Diskurs in Evokation um; hier residiert das Subjekt über seinen Habitus als zentrale Instanz der Vermittlung.

Die innerislamische Dimension

Nicht minder wichtig als die Vermittlung nach außen ist, um wiederum am Klassenaspekt anzuknüpfen, die binnenzentrierte Kulturvermittlung, die zugleich, weil Transformation einschließend, Kulturproduktion ist. Diese Kulturproduktion bezieht sich ganz wesentlich auf eine als authentisch islamisch definierte Transformation des sozialen Geschlechts und der Geschlechterbeziehungen. Diese hat ihre Bedeutung in der Markierung einer neuen Klassenfraktion im mittleren sozialen Bereich der multikulturellen Gesellschaft, indem sie sich über die Stilisierung eines ›hohen islamischen Paares‹ von der traditionellen Geschlechterhierarchie deutlich unterscheidet durch eine Gleichstellung. Dazu gehört die reflektierte Organisierung und Akkumulation des habituellen Kapitals in der ehelichen wie in der Eltern-Kinder-Beziehung. Von anderen benachbarten Klassenfraktionen hebt sich diese Klassenfraktion ab durch die Moral und durch die Stilisierung einer Auseinandersetzung zwischen den Geschlechtern als gemeinsames Projekt der Umordnung. Nicht der offene Geschlechterkampf oder die Abkopplung steht zur Debatte, sondern die gemeinsame und reziprok wirksame Verpflichtung auf eine Moral, die als kultivierte praktische Weisheit wirksam werden soll. Die rationale Umordnung der Geschlechterbeziehung (im Einverständnis mit männlichen antitraditionellen Muslimen und gezeichnet durch ähnliche Konfliktlinien und Aushandlungsprozessen wie in nicht islamischen Partner-Ehen) ist zentral als Zeichen und ethische Praxis einer neuen Mittelklassefraktion.

Diese Umordnung weist, wenn man Bourdieus Kriterien der sozialen Geschlechterdifferenzierung zugrunde legt, deutlich eine bürgerliche Orientierung auf. Gemäß der klassenspezifischen zwischengeschlechtlichen Arbeitsteilung, die er in den Vordergrund rückt, deutet er die Frauen als zuständig für die Ästhetik und den Dienst (vgl. 1982: 561f.). Die Zuständigkeit für den Geschmack beinhaltet, eminent wichtig für das aufsteigende Kleinbürgertum, die Gestaltung von Lebensstil. Der Dienst, das Helfende, das Pflegende umfaßt, auf den häuslichen Bereich bezogen, die Reproduktion der Familie und ihrer Werte. Damit stehen die Frauen, selbst wenn sie, was nur wenige ausdrücklich tun, die These einer biologisch determinierte Geschlechterdifferenz vertreten, als Kulturvermittler im Zentrum der Arbeit der Lebensstilisierung. Diese produktive Arbeit (die homolog auch nach außen geleistet wird, wodurch die weibliche Berufstätigkeit so wichtig ist) erklärt ihre, durchaus auch von den islamisierten Männern erkannte, zentrale Bedeutung als Frauen im praktischen Islamisierungsprozeß und macht ihr Geschlecht zum Plus. Auch als Ehefrauen und Mütter konstituieren sie sich zum Bürger.

Unter diesen Bedingungen, bei denen das Private und das Öffentliche ineinander verschwimmen, ergibt sich eine Umkehrung: Die Frauen stehen nicht am Rande einer islamischen Bewegung, sondern im Zentrum eines polyvalenten sozialen Produktionsprozesses. Das macht sie zu reflektierenden verantwortungsbewußten Akteuren, die nicht den alltagsweltlichen Rahmen, aber den bloßen Reproduktionsradius reflektierend überschreiten und sie ins Zentrum von Wandlungsstrategien stellen (vgl. Heller 1984: 88f., 259ff.).[85] Der Islam macht sie zu Akteuren, zu gleichermaßen ethisch sich bindenden statt von anderen gebunden werdenden und alltagpraktisch kreativen Subjekten. Er ersetzt mündelhafte Differenz durch eine reflektierte Differenz von Bürgern. Daraus erklärt sich sein Potential als Anerkennungsstrategie und die weibliche Wahl für diese Strategie.

Selbstkonstituierung zwischen Islam und Bürgerlichkeit

Bislang sind zwei Kontexte der Formierung sozialer Identität beschrieben worden: Klasse und Staat. Beide konstituieren und positionieren Subjekte, statten sie mit Diskursen und Praktiken aus, bzw. bearbeiten sie über Diskurse und Praktiken. Mit der Idee der multikulturellen Gesellschaft rückt das Subjekt auf spezifische Weise ins Zentrum der Betrachtung. Kulturelle Identität und ihre Anerkennung sind legitime Ansprüche und führen das

Subjekt in einen »Kampf um die Anerkennung von Identitätsansprüchen« (Honneth 1994: 230). Die »Möglichkeit der positiven Selbstbeziehung (ist) allein mit der Erfahrung von Anerkennung gegeben« (ebd.: 278), das heißt von intersubjektiver und sozialer Wertschätzung in ihren verschiedenen Formen. Jede Person hat demzufolge »Identitätsansprüche« (ebd.: 213), moralische Ansprüche auf die Anerkennung ihres Selbst und ist auf die Anerkennung durch andere angewiesen, um zu einer positiven Selbstbeziehung zu kommen (vgl. Todorov 1998). In der multikulturellen Gesellschaft wird Identität in Verbindung mit Ethnizität und Abgrenzung zu einem Schlüsselbegriff, und Fragen der Repräsentation kultureller Identität sowie nach dem Wesen, das kulturelle Identität ausmacht, rücken in den Mittelpunkt. Wenn auch einerseits die Zirkulierung verschiedener, sich teilweise widersprechender Bedeutungen von Identität Zweifel wecken, ob dieses »suggestive oxymoron« (Brubaker/Cooper 2000: 34) überhaupt eine fruchtbare Grundlage für ein analytisches Konzept bilden kann, so steht andererseits im Diskurskontext von Multikulturalität und institutionalisierter Steuerung von Identitätsansprüchen der Aspekt einer kollektiven Identität im Vordergrund. Jürgen Habermas (1993) zum Beispiel sieht die Gefahr eines verwalteten »Artenschutzes« und befürchtet eine Instrumentalisierung des Bedürfnisses Identität im Rahmen von Interessenspolitiken. Andere deuten auf das Problem einer staatlich legitimierten Retraditionalisierung und »Zwangsidentitisierung«, vor allem im Hinblick auf islamische Minoritäten (vgl. Bloul 1996; Leggewie 1993; Werbner 1997). Es ist diese Spannung zwischen Individuum, Gemeinschaft und Gesellschaft, die den Multikulturalitätsdiskurs kennzeichnet, die aber auf der empirischen Ebene, aus der subjektiven Perspektive nicht derartig zentral sein muß.

Fraglich ist, ob es aus der lebensweltlichen Perspektive Sinn macht, nur eine Variante von Identität in Betracht zu ziehen oder ob es nicht angemessener ist davon auszugehen, daß mehrere Konzepte sich überlagern und daß diese Konzepte auch selber Gegenstand von Auseinandersetzungen um die Definition von Identität und Anerkennung bzw. um die symbolische soziale Ordnung sind. Erstens ist zu berücksichtigen, daß die jeweilige lokale ›islamische Szene‹ nicht einheitlich, sondern in sich differenziert ist und entsprechend verschiedene Konzepte von Islam und ›richtigen‹ Muslimen beinhaltet. Sicherlich weist der Islam einen allgemeinverbindlichen und schriftlich fixierten Korpus an Ritualen und Regulationen auf, die individuelle und kollektive islamische Identität vermitteln. Aber deren Ausgestaltung und deren Bedeutungshorizont im einzelnen ist eingebettet in soziale, durchaus nicht konsensuelle Beziehungsrahmen. Das betrifft, wie andere Studien zeigen, sowohl die nationalstaatliche (vgl. Starrett 1995) wie die mikrosoziale Ebene (vgl. Klein-Hessling 1999; Peleikis 1999; Werner 1999). In der vorliegenden Studie ist vor allem im zweiten Kapitel der von den einzelnen Subjekten reflektierte Umgang mit den Regulationen und ihre Einbettung in Alltagszusammenhänge aufgezeigt worden. Sowohl aus der ethischen islamischen Lebensführung wie aus der ästhetischen Dimension heraus erfolgen in verschiedene Richtungen stets Abgrenzungen, Distinktionen und Auseinandersetzungen um Deutungen und Praktiken. Zweitens ist die Frage der ethnischen oder kulturellen Identität nicht isoliert zu betrachten, sondern als das Glied einer Kette, die in den 1950er/60er Jahren beginnt und zunehmend differente Identitäten auf die Bühne bringt. Verschiedene soziale Bewegungen wie die Frauen-, die Homosexuellen-, die ökologische Bewegungen, um nur die größten und nachhaltigsten zu nennen, zeugen davon (vgl. Brubaker/Cooper 2000; Yeatman 1994). Damit einher geht eine Partikularismus-Sensibilität, die das Subjekt dazu führt, sich mit seiner individuellen Authentizität auseinanderzusetzen und sich selbst zu navigieren, seine Bedürfnisse und sich selbst zu erkennen. Dieses betrifft sowohl die psychologische wie die politische Ebene. Anna Yeatman spricht von einem »post-ontological approach to citizenship«, »a politics of difference«, die nicht mehr auf der Grundlage des »Vergessens« (»forgettings«), der Voraussetzung zur Herstellung von Konformität und der Unterdrückung von Inkohärenzen, beruht und damit auf Individuen, die sich verstehen als »selves ... required to conform to the liberal model of self« nach dem Modus von »exit and voice«, sondern auf Individuen, die sich selbst verstehen als

> »selves which understand their integrity to lie indeed in the historically specific dynamics of their own contradictions, incoherencies, ambivalences, repressions, and in the intersection of these with the contingencies and changes of the histories within which they find themselves situated« (Yeatman 1994: 83f.).

Daraus folgt zweierlei: Das dem liberalen Konzept entsprechende »autonome Individuum« ist der Hauptreferent für alltagsweltliche Differenzpolitiken und nicht ein Kollektiv. Die Frage der Selbsterkennung, die Diagnose der eigenen sozialen Situierung, und damit auch der zugewiesenen Situierung, tritt in den Vordergrund. Die einzelne Person wird zum zentralen Selbst-Akteur, das Innere, Psychische wird politisch, zum Bestandteil des Bürgers, der im Dialog steht mit anderen Bürgern und deren Identitäten.

Die Beziehung zum Selbst wie zu den anderen ändert sich. An die Stelle eines Selbst mit der Aufgabe »to express itself as univocal, clear, and monorational purpose«, was einschließt, daß »it must submit itself to a harsh and rigorous regime of self-mastery«, um den Ansprüchen des Regime an das Selbst zu genügen, tritt die Anforderung, die eigene Authentizität darzulegen. Das bedeutetet, »to ›other‹ vast areas of its own internal complexity, ... to ›other‹ those subjects whose presence it requires in order to make its will socially visible.« Damit einher gehen verschärfte innere Aushandlungen und Aushandlungen mit anderen, die zudem dadurch verstärkt werden, daß das »›being‹« der ontologischen Orientierungen »is more a creature of contingent history than it is of some pre-historical point of origin« (ebd.: 82f.).

›Post-ontologische‹ Identität zielt auf ein morphologisches Selbst: Auf der Basis von reflexiver »biographischer Arbeit« (Apitzsch 1999; vgl. Marcus 1995) hat die einzelne Person sich ihre authentische, ihre partikulare Identität, die sich aus jeweils spezifischen und sich wandelnden Kontexten zusammensetzt, zu erarbeiten, gegebenenfalls auch zu revidieren, mit anderen zu vergleichen und gegenüber anderen zu vertreten (Gergen 1996; McNamee 1996; Simonds 1996; Somers 1994):

»... only *I* can shape and re-shape who I am. Thus, although it is true, ... that in late modern society individuals often seek to redefine themselves, such redefinitions must still be seen as *mine*, as voluntarily chosen, and my redefined self will be, authentically, *me*« (Goldstein/Rayner 1994: 368).

Die Islamisierung der jungen Frauen ist als ein Bestandteil der Morphologisierung des Selbst zu begreifen. Der Islam ist für sie nicht ein durch andere Personen aufzwingbarer Ritus, eine erzwingbare Normierung, auch keine verborgene, sozusagen genetisch verankerte Kultur, die lebenszyklisch, mit der Übernahme einer Weiblichkeitsrolle in Aktion tritt (das deuten die anderen, wenn sie das für sie plötzlich erfolgende Einsetzen des Kopftuchtragens mit Verlobung, Heirat oder strengen traditionellen Eltern in Verbindung bringen), sondern Bestandteil eines biographisch bedingten Prozesses des Findens der eigenen Authentizität in der Aushandlung mit anderen, islamischen wie nicht islamischen Repräsentationen von Authentitizität. Es handelt sich dabei um einen mehrdimensionalen Ordnungsprozeß, der vom situierten, das heißt, nicht einem abstrakten, sondern einem konkrete Positionen akkumulierendem, Subjekt ausgeht und auf dieses Subjekt gerichtet ist. Eine Besinnung auf die eigenen Wurzeln, auf ›meine eigene‹ oder ›meine eigentliche Kultur‹ hat eine mehrdeutige Referenz: Sie bezieht sich auf Vorstellungen eines Ur-Islam und auf eine konkrete normative wie praktische Kultur (vermittelt durch Eltern, ›Landsleute‹ in Deutschland und im Herkunftsland), die als Habitualisierung persönliche Einstellungen und Handlungen formt. Beides wird zueinander wie auch zur ›dominanten Kultur‹ einer Mehrheitsgesellschaft in bezug gesetzt. Kultur wird demnach als vielschichtig definiert, dekonstruiert und im Hinblick auf persönliche Identität, auf situierte Subjektivität rekonstruiert. Die Autonomie des Individuums bemißt sich dann zum Beispiel in der subjektiven Fähigkeit, Kopftuch und Karriere, um es bildhaft zu formulieren, zu regulieren, seine persönlichen Bedürfnisse nach religiösem und beruflichem Leben gleichermaßen zu verfolgen, seine Authentizität offen darzulegen, ohne einen Teil, das Islamische, unsichtbar zu machen, es, wie eine Frau es formuliert, zu »verstecken.« Faktisch bedeutet diese Anlagerung von Kultur an der persönlichen Authentitizität Aushandlungen nach allen Seiten hin, auch mit anderen inneren (nicht-islamischen) Stimmen.

Persönliche Authentitizität, Identität ist also nicht vorgängig vorhanden, für die jungen Frauen auch und schon gar nicht durch eine verstärkte Hinwendung zu einer türkischen, marokkanischen oder sonstwie nationalstaatlich bzw. lokal definierte Kultur – im Gegenteil, in dieser Hinsicht überwiegt eine Haltung des Ressentiments –, sondern sie residiert im dialogischen und interaktiven Selbst. Dieses muß entdeckt, entwickelt und in eine stabile Position gebracht werden, die der »Forderung nach kultureller Anerkennung, ... (die) in einen radikalisierten Zwang zur Selbstbehauptung ... mündet« (Stauth 1995: 95f.) genügt. Hier setzt der Islam, ausgehend vom einzelnen in seiner Beziehung zu Gott und in seiner Eigenverantwortung für ein gottgefälliges Leben, das erreichbar ist durch die Orientierung an einem transparenten schriftlich fixierten Korpus an Regulationen, in seiner Bedeutung als logisch nachvollziehbares System einer Lebensstilisierung ein. Ähnlich den Ausführungen Webers zum Calvinismus bietet sich eine Ethisierung des persönlichen Lebens. Für die Frauen bedeutet dies die Reflektierung und Umorganisierung des Alltagshandelns. Sie treten in einen Prozeß der Selbstkonstituierung ein, der aufgrund fehlenden oder, in ihren Augen falschen, religiösen Trainings eines hohes Maß an Selbstdisziplinierung erfordert. Was sie als Befreiung oder Autonomisierung beschreiben, ist ein Prozeß der Selbstkalibrierung (Bateson 1984: 242f.), eine veränderte Einstellung des Selbst und seinen Beziehungen zur sozialen Umwelt. Nicht mehr auf ein durch »magical boundaries« (Bourdieu 1991), durch naturalisierte Grenzziehungen ohnehin zum Scheitern verurteiltes simples »passing« von einem Pol zum anderen (Ahmed 1999) richtet sich das Begehren, sondern auf eine Ethisierung des Selbst, auf eine Entwicklung des Selbst, die eine eigene Logik hat, die nicht den Beifall der Anderen erheischt, aber ihre von den Multikulturalitätsdiskursen nicht unberührt gebliebene Dialogmoral herausfordert.

»Die etymologische Bedeutung des Wortes *Islam* ist: sich (Gott) hingeben, sein ganzes Selbst Gott anheimgeben« (Gardet 1968: 27). Sich hingeben, sich anheimgeben ist gleichbedeutend mit Selbstbegrenzung. In der Tat bedeutet die persönliche Islamisierung für die jungen Frauen Einschränkung: die Riten, allen voran die fünf über den Tag verteilten Gebete einschließlich der vorangehenden Waschungen, die Modellierung des Verhaltens anhand der durch Koran und Sunna vorgegebenen »islamischen Etiquette« (Shad 1985), die Orientierung an einem Gewissen, das dazu veranlaßt, nicht leichtfertig Regelverletzungen zu begehen bzw. richtig einzuschätzen, welche Handlungen ›islamisch korrekt‹ sind (was sich nicht immer mit traditionellen Gepflogenheiten deckt) – all dies bedeutet hochgradige Selbstdisziplinierung, die sich über alle Lebensbereiche erstreckt. Der Islam bildet somit ein Regime praktischer, in alltagspraktischen Handlungen sich reifizierende Identitätsbildung. Diese entrollt sich als ein Prozeß, der ebenso abhängig ist vom persönlichen Wissensstand über den Islam wie von den jeweiligen sozialen Einbindungen. Angesichts geringer sozialer islamischer Kontrollen in der Diaspora-Situation und angesichts der Modernisierungserfordernisse, einen frühen Islam mit gegenwärtigen Lebensbedingungen zu verbinden, ist das Selbst der zentrale Steuerungsinstanz in diesem Prozeß.[86] Für die einzelnen bietet der Islam ein Regime der Selbsttransformation und Selbststeuerung, das in dieser Form für den »radikalisierten Zwang zur Selbstbehauptung« (Stauth) unter den Bedingungen der Multikulturalität gewappnet ist. Er ist durch seinen Apparat an Selbsttechniken eine selbstproduktive, nach innen wirksame »Zuchtordnung« (Foucault 1989b: 133), die auf partielle »Autoformation«, auf den Versuch »sich herauszuarbeiten, sich zu transformieren und zu einer bestimmten Seinsweise Zugang zu finden« (Foucault 1985: 10) zielt und, nicht nur auf sich selbst bezogen, gleichzeitig einer dezenten, sich der Entschlüsselung Anderer anbietenden, ohne sich ihnen aufdrängenden, einer auf Tiefe und Seriosität gerichteten Ästhetik des Selbst entspricht[87], eines konkurrenzfähigen und daher dialogfähigen Selbst.[88]

Zusammenfassend kann man die Islamisierung in Anlehnung an Norbert Elias oder auch an Max Weber als einen Prozeß begreifen, in dem eine gesteuerte Transformation des Selbst im Zusammenhang mit einer sozialen Repositionierung erfolgt. Reflektierte islamische Ethik und Praxis bilden im lebensweltlichen Kontext den Hintergrund für Identitäts- und Anerkennungspolitiken, die über Ethnie, Klasse und Geschlecht verlaufend, auf persönlicher Repositionierung durch Differenz basieren. Über Technologien des Selbst wird der Islam gewendet zu einer einerseits distinguierenden und andererseits konkurrierenden Ressource ›ethnischer‹ individuierter Akteure, die sich unter dem Bezug auf ihre spezifischen Koordinaten der sozialen Situierung (Abstammung, Geschlecht, Bildung) in die Auseinandersetzung um die symbolische Rangordnung einschalten. Sie tun dies primär nicht über ideologische Konzepte, sondern, der Strategie jener entsprechend, die über keine bedeutenden sozialen Machtressourcen verfügen, über den Körper, über Körperpolitiken und Techniken der Stilisierung des Selbst, verbunden mit der »Suche nach Originalität« (Lepenies 1968: 88) und zugleich Anerkennung.

Was einerseits als Radikalisierung erscheint, etwa in der strikten Unverzichtbarkeitserklärung hinsichtlich des Kopftuchtragens oder in der betonten Selbstdisziplinierung, kann andererseits als Zuführung des Islam in das Netz der Systemrationalitäten charakterisiert werden. In der Auseinandersetzung um Bedürfnisse, Differenzen und Identitäten erscheint der Islam als Inklusionsstrategie, in der die moderne islamische Frau eine Schlüsselposition einnimmt als Verwalterin ihrer Bedürfnisse, ihrer Identität und ihrer Biographie. Sie tritt auf als souveräne Bürgerin, die eingreift in die Steuerung alltagsweltlicher interaktiver identitätsproduzierender Prozesse und Bilder. Klasse, Ethnie, Geschlecht und Selbst bilden dabei eine Matrix für die lokale praktische Repräsentation von Wahrheiten (vgl. Rabinow 1993). Die durch den Islam evozierte Selbstfindung und Selbstaffirmation beinhaltet, darin den frühbürgerlichen und den sogenannten Neuen Sozialen Bewegungen ähnlich, eine Reflektion und Transformation des Selbst und des Alltagslebens einschließlich der privaten Beziehungen auf der Basis dieser Matrix (vgl. Mouffe 1988; Touraine 1992; Taylor 1992 sowie bezogen auf den Islam Göle 1997, 2000). In Reflektion auf diese Matrix und in der Referenz auf eine eigene Kultur, die die sozialen Imaginationen der anderen nicht aufhebt, sondern korrigiert, emergieren individuelle soziale Akteure. Ihre alltagspraktische Rekonstruktion des Islam bildet für sie den Motor einer auf Gleichheit basierenden Hyper-Integration, die das Selbst über die Alltagspraxis autorisiert, sein privates Leben in eigener Regie in Einklang mit den sozialen Imaginationen zu organisieren.

Anhang

Methodische Erläuterungen

Es handelt sich, um es noch einmal deutlich zu machen, bei dieser Studie um ein zufällig entstandenes Untersuchungssample, das sich nach und nach im Verlauf der Feldkontakte ergeben hat. Vor Beginn eines Interviews hatte ich in der Regel kaum Informationen über die Person der biographischen Erzählerin. Oftmals hatte ich anfangs von einer Frau die Telefonnummer einer Freundin (welche sich nicht selten als schon länger nicht mehr gesehene und gesprochene Bekannte entpuppte) erhalten, von der angenommen wurde, daß sie an der Untersuchung teilnehmen würde. Verbunden mit der Übergabe der Telefonnummer waren mehr oder weniger knappe und vage Hinweise auf Alter oder, soweit bekannt, berufliche Tätigkeit, oder auf ethnische Abstammung. Geschlecht und die Selbstdefinition als Muslima, nicht unbedingt das Tragen des Kopftuches, das allerdings in allen Fällen gegeben war, waren die einzigen Auswahlkriterien. Hinzu kam mit Rücksicht auf die Ergiebigkeit einer biographischen Erzählung noch das Kriterium eines Mindestalters von 17, 18 Jahren. Zwei Fragestellungen, bewußt weit gehalten und sich auf die Ebene der Alltagswelt zentrierend, waren relevant: erstens wie man als Muslima in einer nicht islamisch geprägten Welt zurechtkommt und zweitens, welche persönlichen Umstände dazu geführt haben, Muslima zu werden. Das bedeutet, daß bei der Auswahl weder exponierte Positionen (wie Politikerinnen) gesucht, noch exponierte Fragestellungen (wie das Kopftuch bei Lehrerinnen) verfolgt wurden. Der Fokus lag vielmehr auf der Eruierung und Analyse breiter individueller Erfahrungen und Deutungen, die Aufschluß geben über die Entstehung einer islamischen Bewegung in Deutschland.

Die Struktur dieser Studie ergibt sich aus einer Analyse von Themenfeldern, die sich, wenn auch in unterschiedlicher Ausprägung, in allen Erzählungen als bedeutsam herauskristallisierten. Mit der Schwerpunktlegung auf Themenfelder und der damit verbundenen modulhaften Herangehensweise erfolgte ein Verzicht auf die dezidierte Darstellung der individuellen Biographien, so daß die Personen eher im Hintergrund bleiben. Neben der Befürchtung, die Anonymität der Erzählerinnen durch eine Fülle von Details aufzuheben, erschien es aus methodischen Gründen und im Sinne einer straffen Struktur geboten, nicht entlang einzelner Biographien und einzelner Personen, die mehr oder weniger vergleichend und im Sinne einer Typographie ins Visier genommen werden, zu arbeiten. Dominierend sollte vielmehr die Struktur der Erzählfelderthematisierung bleiben, um zu einer Analyse der sozialen und strukturellen Logik zu kommen, die die Emergenz islamischer Akteure und die Form eines Typs islamischer Akteur hervorruft.

Um jedoch aus Gründen der besseren Übersichtlichkeit wenigstens in Ansätzen die einzelnen biographischen Profile sowie das Profil des gesamten Untersuchungssamples darzulegen, sei an dieser Stelle ein Gesamtüberblick eingeflochten. Die Kurzdarstellungen folgen, neben jenen Daten, die eher von statistischer Bedeutung sind, im großen und ganzen dem Leitmotiv, das jede der Erzählerinnen ihrer biographischen Erzählung gegeben hat. Fast überflüssig ist die Erwähnung, daß die Namen der Erzählerinnen willkürlich gewählt sind.

Hinzuzufügen ist noch, daß die verschiedenen biographischen Erzählungen nicht gleichgewichtig in den Text der vorliegenden Studie einfließen. Vielmehr haben einige Erzählungen sich als zentrale Texte erwiesen, entweder durch die Ausführlichkeit von Schilderungen oder durch eine treffende Wortwahl. Aus Gründen der Übersichtlichkeit, der besseren Anschließbarkeit wie der Vermeidung von Redundanz habe ich vornehmlich auf diesen kleinen Kreis von Erzählerinnen zurückgegriffen, während andere, namentlich nicht immer erwähnte Erzählerinnen additiv oder kontradiktorisch von Fall zu Fall auftreten. Auch wenn diese Erzählungen im Hintergrund bleiben, haben sie, da es sich um ein insgesamt relativ homogenes Untersuchungssample handelt, stets die für die Analyse unverzichtbare Funktion der Kontrolle, indem sie Deutungen bestätigen oder auch Variationen aufzeigen.

Die Befragten im Überblick

Afaf, 23, ist verheiratet und hat ein Kind. Sie studiert Jura, ist zur Zeit im Erziehungsurlaub und hadert damit, daß gewählte Studienfach weiterzuführen oder sich anders zu orientieren. Ihre Eltern sind arabischer Herkunft. Die gesamte Familie ist seit einigen Jahren eingebürgert. Wie auch *Jehan* (s.u.) ist sie nicht die ›typische Gastarbeitertochter‹, sondern hat einen stabilen Mittelschichthintergrund: Die Eltern sind Akademiker und reflektierende Muslime, die ihren Kindern von klein auf eine kohärente und rationale religiöse Erziehung gegeben haben. Seit ihrem vierzehnten Lebensjahr trägt sie das Kopftuch. Eine islamische Lebensführung ist seit langem für sie selbstverständlich. Kennzeichnend für sie ist jedoch eine ständige Aushandlung der Grenzen.

Amina, 21, ist ledig. Sie hat eine Krankenschwesterausbildung begonnen und wird demnächst Medizin studieren. Ihre Eltern, die sie als sehr traditionell bezeichnet, sind aus Marokko eingewandert. Der Vater ist Arbeiter, die Mutter Hausfrau. Sie hatte keinerlei religiöse Erziehung. Bezeichnend für sie ist die Entwicklung eines enormen Ehrgeizes, der dazu führt, daß sie stets zu den Klassenbesten zählt. Sie gerät jedoch in eine Identitätskrise. Einerseits stellt sie zunehmend fest, daß sie sich nicht mit den in der Familie übermittelten traditionellen Werten und insbesondere mit einem traditionellen Weiblichkeitskonzept identifizieren kann, andererseits taugen ihre schulischen Erfolge nicht mehr als Zentrum ihres Selbst. Mit etwa 19 beginnt sie, sich mit dem Islam auseinanderzusetzen. Die Identität als Muslima erweist sich für sie als Ausweg aus einem binationalen Dilemma der alternativlosen Wahl. Kurz nach Beginn des Kopftuchtragens stellt sie einen Einbürgerungsantrag. Einerseits bestrebt, sich eine umfassende korrekte islamische Lebensführung anzueignen, steht sie einengenden Auslegungen zur Rolle der Frau sehr kritisch gegenüber und versteht sich als eine »Art Emanze«.

Aysel, 21, ist ledig. Die Eltern stammen aus der Türkei. Der Vater ist gelernter Handwerker und Arbeiter. Die Mutter ist Hausfrau und arbeitet stundenweise. Sie bezeichnet ihre Eltern als traditionell, empfindet das aber nicht als einengend, sondern gesteht ihnen eine gewisse Toleranz zu; so haben sie ihre Kinder religiös erzogen, aber nicht repressiv, sondern mit einer umsichtigen Pädagogik der Belohnung und Anerkennung. Einen wesentlichen Teil ihres religiösen Wissens verdankt sie einem früheren Aufenthalt in einer islamischen Schule in der Türkei, an der es fortschrittliche Lehrer gab und die sie mit der irrtümlichen Hoffnung einer späteren Studienmöglichkeit besucht hatte. Wie Amina ist sie sehr ehrgeizig, kann aber nicht so nahtlos wie diese eine lückenlos gute Schulkarriere vorweisen. Über den zweiten Bildungsweg war ihr schließlich der Zugang zu einem naturwissenschaftlichen Studium möglich. Aufgewachsen in einem ›türkischen Stadtteil‹ einer deutschen Stadt ist sie nach wie vor stark in einer ethnischen ›community‹ verhaftet und sehr familienorientiert. Ihr Problem ist weniger eine traditionelle Auslegung des Islam als vielmehr ein traditionelles weibliches Rollenmodell, das ihre beruflichen Pläne gefährdet. An ihrem Wohnort spielt sie die Rolle einer modernen islamischen Multiplikatorin. Sie hat Bindungen zur Milli Görüs, die aber eher lose und ambivalent zu sein scheinen. Das Kopftuch trägt sie ständig seit dem Schulwechsel mit 17; in der vorherigen Schule war es verboten, und ihr individueller Versuch es dort einzuführen, scheiterte.

Birgül, 24, verheiratet, ein Kind, ist türkischer Abstammung und studiert Jura. Seit dem 19. Lebensjahr ist sie Kopftuchträgerin. Der Vater ist der Ausbildung nach Lehrer und wird von ihr als intellektueller Mensch beschrieben. Die Mutter hat eine handwerkliche Ausbildung und früher in der Türkei ebenfalls als Lehrerin in einer berufsbildenden Schule gearbeitet. Beide Eltern sind religiös. Diskussionen über Religion wie auch Kultur haben in der Familie immer eine große Rolle gespielt, waren gewichtiger Bestandteil der religiösen Erziehung der Kinder. Das Tragen eines Kopftuches war für die Töchter nicht obligatorisch. Erst nach dem Schul- und Ortswechsel während des letzten Schuljahres wegen ihrer Heirat begann sie das Kopftuch ständig zu tragen. In der alten Umgebung wagte sie es nicht. Sie ist Mitglied in einer Akademiker-Organisation der Milli Görüs.

Birzel, 21, ist Arzthelferin. Sie ist türkischer Abstammung und gehört zu den wenigen regelmäßigen Pendlerinnen zwischen Deutschland und der Türkei. Dazu hat auch beigetragen, daß sie dort ihren zukünftigen Ehemann kennengelernt hat. Sie hat einen Einbürgerungsantrag gestellt. Religion hat in der Familie bis vor etwa zwei Jahren keine Rolle gespielt. Eingeführt und von den Familienmitgliedern bereitwillig aufgegriffen wurde eine religiöse Lebensführung durch einen Bruder, der mit der Milli Görüs in Berührung kam. Seit knapp zwei Jahren trägt sie ein Kopftuch. In dieser Untersuchung ist sie, vielleicht nicht die einzige, aber die deutlichste, die ein konservatives Geschlechtermodell favorisiert und ideologisiert. Sie ist die einzige, die sich offen und umfassend zur Ideologie der Milli Görüs bekennt. Sie hat ausgeprägte pädagogische Ambitionen, verbringt die Wochenenden in der lokalen kleinen Moschee und hat an Fortbildungskursen der Milli Görüs teilgenommen.

Ece, 26, ist verheiratet, türkischer Abstammung und steuert auf das Ende ihres Studiums der Wirtschaftswissenschaften zu. Seit einem Jahr ist sie Kopftuchträgerin. Zum Islam gekommen ist sie, nach jahrelangem Widerstreben, durch den Ehemann und die Schwester. Deutlich sind ihre Ressentiments gegenüber der islamischen Idee und Praxis eines ›ungebildeten Volkes‹. Sie lebt sehr zurückgezogen. Sie will sich als Steuerberaterin später selbständig machen, um Problemen wegen des Kopftuches aus dem Weg zu gehen.

Elif, 21, türkischer Abstammung, ist Krankenschwester und ledig. Sie lebt fern von ihren Eltern in einer Wohngemeinschaft und fühlt sich eher von einem alternativen Lebensstil angezogen. Sie haßt die Gehorsams- und Obrigkeitsmentalität der braven Bürger, auch der eigenen Eltern, die nichts so sehr fürchten, als Regeln in der Öffentlichkeit zu verletzen und aufzufallen. Kopftuchträgerin ist sie seit zwei Jahren. Sie verweist auf eine religiöse Erziehung im Elternhaus, die sie als offen beschreibt.

Fatima, 19, ist Schülerin. Sie will Dolmetscherin werden. Ihre Eltern, der Vater ist Arbeiter, die Mutter Hausfrau, sind aus Marokko. Sie wurde nicht religiös erzogen. In der letzten Zeit hat in der Familie eine Orientierung zum Islam hin stattgefunden, die sie mit fast allen Geschwistern teilt. Sie hat vor, demnächst die deutsche Staatsbürgerschaft anzunehmen, weil sie davon ausgeht, daß ihr weiteres Leben in Deutschland verlaufen wird. Seit einem halben Jahr trägt sie ein Kopftuch, das sie erst nach einem Schulwechsel zum festen Bestandteil ihres Lebens machte. Als wichtigen Anstoß für ihre Islamisierung nennt sie eine gleichaltrige bereits islamisierte junge Frau, die sie während eines der häufiger vollzogenen Familienbesuche in Frankreich kennengelernt hat und die sie für ihre Standhaftigkeit und ihre Selbstaffirmation bewundert. Mit einer ›marokkanischen Kultur‹ hat sie (im Gegensatz zu Amina) keine gravierenden Probleme. Ihr Verhältnis zu den Eltern ist ausgesprochen gut. Sie belächelt sie als etwas altmodisch, wie die ganze ältere Generation eben, aber nicht als Statthalter von Regeln, die sie ablehnt. Ihr Kernproblem ist, wie das der meisten anderen in dieser Studie vertretenen Frauen, eine aufgezwungene Wahl zwischen zwei Kulturen, die in ihren Augen in einer Affirmation ›des Deutschen‹ auf Kosten ›des Marokkanischen‹ gipfelt, ohne die persönliche hybride Identität zu berücksichtigen. Sie berichtet, wie auch die meisten anderen, über keinerlei persönliche Diskriminierungserfahrungen.

Gülay, 21, ist ledig und steht kurz vor Beginn des Medizinstudiums. Seit knapp einem Jahr ist sie Kopftuchträgerin und sieht (wie Amina) in ihrer Islamisierung die Überwindung einer Identitätskrise. Durch den Islam ist sie zu einem selbstsouveränem Subjekt geworden, das sich freigemacht hat von der Gängelung durch andere. Ihr Entschluß, auch am Arbeitsplatz und damit öffentlich und nicht systemkonform das Kopftuch zu tragen, bildet einen wichtigen Wendepunkt in diesem Prozeß. Ihre Eltern, beides Fabrikarbeiter, beschreibt sie als traditionsverhaftete Türken mit einer völlig anderen Lebenswelt, von der aus ihre Islamisierung nicht nachzuvollziehen ist. Sie hat vor, einen Einbürgerungsantrag zu stellen.

Hamida, 24, ist seit kurzem verheiratet und studiert Sprachwissenschaften. Die ersten Lebensjahre hat sie in Deutschland verbracht. Aufgewachsen ist sie bei Verwandten in Marokko, wo sie auch ihr Studium begonnen hat und im Rahmen ihres Studiums Kontakte zu Islamisten gefunden hat. Dort hat sie auch an Campus-Demonstrationen teilgenommen. Nach dem Studium will sie auf jeden Fall wieder in Marokko leben. Sie ist sehr engagiert in der Moschee und bemüht um die Übermittlung des ›richtigen‹ Islam, verbunden mit der Vision einer fortschrittlichen Gesellschaft auf der Basis moralischer Individuen. Dabei ist sie, die kritische Beobachterin zweier Gesellschaften, für die in Deutschland aufgewachsenen Mädchen und jungen Frauen ein bedeutendes Vorbild einer modernen, intellektuellen und selbstbewußten islamischen Frau und eine wichtige Diskussionspartnerin für die Definition von Kultur sowie das Verhältnis von Kultur und Identität.

Hatice, 27, ist verheiratet mit einem (ehemaligen) Studenten der islamischen Theologie. Sie hat zwei Kinder und trägt das Kopftuch seit etwa sechs Jahren. Sie ist Erzieherin und hat ein Semester Sozialarbeit studiert. Ihre Orientierung am Islam hat zu einem Bruch geführt mit der grünen linken Szene ihrer Heimatstadt, in der sie früher engagiert war. Sie ist enttäuscht, daß ehemalige Freunde, die sich für die Integration von Ausländern eingesetzt haben, sich von ihr abgewendet haben, als sie zur Kopftuchträgerin geworden ist, keinerlei Anerkennung finden können für diesen Weg der kulturellen Identität und die Diskriminierungserfahrungen als unter diesen Umständen selbstverschuldet begreifen. Zur Zeit sucht sie nach einer Stelle als Erzieherin, sieht jedoch in ihrer modernen islamischen Haltung den Grund für bisher gescheiterte Bewerbungen. Sie ist Mitglied im lokalen Ausländerbeirat und allgemein engagiert in der Vertretung islamischer Interessen im öffentlichen Bereich. Sie gehört keiner islamischen Partei oder Gemeinde an.

Ilknur, 21, ist ledig. Sie möchte Lehrerin werden und macht sich im Moment noch keine Gedanken über die spätere Vereinbarkeit von Beruf und Kopftuch. Sie ist eine der wenigen in dieser Studie, die eine eventuelle spätere Berufsausübung in der Türkei ins Auge faßt. Kopftuchträgerin ist sie seit vier Jahren. Eine parteiliche Orientierung ist nicht zu erkennen. Das Kopftuch ist für sie nach etlichen Erlebnissen der Diskriminierung eine wichtige Markierung einer selbstbewußten weiblichen türkischen Identität und sie kämpft in lokalen öffentlichen Zusammenhängen um Anerkennung einer islamischen Identität.

Jehan, 28, ist verheiratet und hat drei Kinder. Wegen der Geburt des ersten Kindes kurz nach dem Abitur, dem bald darauf die anderen folgten, hat sie noch keine Ausbildung absolviert, sondern ist Hausfrau und arbeitet gelegentlich im Betrieb ihres Mannes. Wenn das jüngste Kind älter ist, möchte sie ein Studium, vielleicht Jura oder Medizin, beginnen. Zur Zeit ist ein engagiertes Mitglied des örtlichen Ausländerbeirates, in dem sie sich erfolgreich für die Interessen von Migrantinnen aus islamischen Ländern einsetzt. Sehr engagiert ist sie ebenfalls in der Moschee, vor allem im Bereich einer islamischen Bildung von Kindern und Jugendlichen. Sie stammt aus einer gläubigen arabischen Akademikerfamilie. Ein Kopftuch trägt sie seit dem dreizehnten Lebensjahr. Deutsche Staatsbürgerin ist sie bereits seit mehreren Jahren.

Saida, 20, ist marokkanischer Abstammung. Sie hat einen Hauptschulabschluß, absolviert zur Zeit ein Praktikum und sucht nach einer Ausbildungsstelle. Nach kurzer, von den Eltern nicht gebilligter Ehe hat sie sich scheiden lassen, weil sich der ebenfalls sehr junge Ehemann als unreif und »nicht-islamisch« erwies. Sie hat sich bewußt entschlossen, nach der Trennung wieder bei den Eltern zu leben, weil sie feststellte, daß ihr trotz der vorangegangenen Spannungen sehr viel an ihnen liegt. Kopftuchträgerin ist sie seit vier Jahren. Wegweisend war die sehr viel ältere, spät nachgezogene Schwester, von der sie auch Arabisch gelernt hat.

Serap, 19, ist ledig. Sie hat einen Hauptschulabschluß. Die Abendrealschule hat sie abgebrochen. Sie sucht nach einer Ausbildungsstelle als Schneiderin. Ihre Eltern und Geschwister hat sie damit verblüfft, daß sie nach jahrelanger Rebellion gegen die von ihnen gesetzte Grenzen plötzlich religiös geworden ist. Zum Zeitpunkt des Interviews trägt sie das Kopftuch erst seit einigen Wochen und pflegt bewußt einen Kleidungsstil, der sich deutlich von dem der traditionell eingestellten Nachbarschaft unterscheidet. Sie hatte keinerlei religiöse Erziehung, hatte bis vor kurzem in ihrem ganzen Leben nur äußerst selten, anläßlich von Hochzeitsfeiern, eine Moschee betreten. Anlaß für ihre Auseinandersetzung mit dem Islam war das Kennenlernen einer gleichaltrigen Muslima, die nicht das verkörperte, was sie als das Traditionelle ablehnte. Sie ist froh, den Islam ›gefunden‹ zu haben und eine Lebensführung, die nicht Mode und körperliche Attraktivität zu den zentralen Techniken von Selbstaffirmation und Anerkennung macht.

Serpil, 25, ist geschieden und hat ein Kind. Sie hat ihr Studium abgebrochen und sich zur Computer-Fachfrau ausbilden lassen. Inzwischen hat sie eine gut bezahlte Stelle in einem privatwirtschaftlichen Betrieb, in dem sie das Arbeitsklima sehr schätzt. Aufgewachsen ist sie in einer strengen traditionellen und religiösen Familie. Seit dem zwölften Lebensjahr trägt sie ein Kopftuch. Spätestens mit siebzehn begann sie, sich zunehmend gegen eine traditionelle Auslegung des Islam aufzulehnen, vor allem im Kontext von rigiden Geschlechterrollen. Mit der Idee einer ›islamischen Identität‹ (ein Begriff, den sie in ironischem Tonfall ausspricht) entwickelt sie zunehmend festere Vorstellungen von einer persönlichen Identität, die sie ebenfalls zunehmend zu einer kritischen Einstellung gegenüber den Interpretationen und Ideologien des Islam bringt. Sie hat und hatte keinerlei organisatorische Verortung. Die Bekanntschaft mit sich ideologisch gebärdenden Muslimen, die sich, in ihren Augen fälschlicherweise, als fortschrittlich begriffen, hat schließlich zu einer weiteren Abneigung gegenüber gemeinschaftlichen Attitüden geführt. Kennzeichnend für sie ist eine sukzessive Ausweitung der Grenzen. Sie wählt fast stets die liberalste Auslegung.

Sevim, 20, ist ledig. Die Eltern sind traditionsbewußte und religiöse Türken, die sich ausgiebig um eine religiöse Erziehung der Kinder gekümmert haben. Seit dem vierzehnten Lebensjahr ist sie Kopftuchträgerin. Sie lehnt, generell, ein traditionelles Milieu ab, vor allem hinsichtlich des damit verbundenen Geschlechtermodells. Gleichzeitig hat sie, im persönlichen praktischen Rahmen, keine Probleme mit der Tradition. Sie hält sich an die Minimalregeln (kein Freund, religiöse Lebensführung) und entwirft im Konsens mit ihnen für sich ein Projekt der emanzipierten, über Wissen verfügenden Frau. Mit großem Ehrgeiz absolviert sie ein Studium der Wirtschaftswissenschaften. Organisatorische Bindungen sind nicht ersichtlich.

Zelda, 18, ist seit kurzem verheiratet. Sie hat einen Realschulabschluß und will demnächst vielleicht eine Ausbildung zur Erzieherin beginnen, wobei sie allerdings keinen großen Ehrgeiz zeigt. Sie hat keinerlei familiären religiösen Hintergrund; im Gegenteil, die Eltern sind geradezu Atheisten. Ihr Freund, mit dem sie schon seit drei Jahren ›ging‹ und der aus einer sehr religiösen Familie stammt, war für sie der Anlaß, sich mit dem Islam auseinanderzusetzen. Er machte sie darauf aufmerksam, daß bestimmte Dinge sich nicht für einen guten Menschen gehören, wie zum Beispiel Alkohol zu trinken. Mit der Heirat, mit der die Eltern der beiden sich nur äußerst widerwillig arrangierten, wurde die Kopftuchfrage akut: ohne Kopftuch, stellte ihr Freund unmißverständlich in den Raum, keine Heirat. Nach anfänglicher großer Überwindung wurde sie schließlich zur Kopftuchträgerin. Sie schätzt den Islam, auch wenn sie sich damit nicht intellektuell auseinandersetzt, als eine Richtlinie für ein gutes und rechtschaffenes Leben jenseits von Konsumismus (der freilich auch kaum mit den bescheidenen Mitteln des Paares zu finanzieren ist) und individueller Fehl-Entscheidung (wie das Vertrauen in angebliche Freunde, die einem schaden). Sie ist froh, daß ihre Freundin ebenfalls zur gleichen Zeit zur Kopftuchträgerin geworden ist. Das erleichtert ihr den Umgang mit Exklusionserfahrungen, die sie als Kopftuchträgerin gemacht hat.

Anmerkungen

1 Statt dessen dominieren kleine, in den (oder vor den) Klassenzimmern gelöste Individualkonflikte (vgl. Mihciyazgan 1993; Roth 1999). Eine andere Konfliktlinie besteht in der Auseinandersetzung um kopftuchtragende Lehrerinnen (vgl. Karakasoglu-Aydin 1999).

2 In diesem Zusammenhang danke ich Frau Dr. Blum vom *Frankfurter Amt für Multikulturelle Angelegenheiten* für hilfreiche Hinweise.

3 Davon zeugen die Leserinnen-Anzeigen unter der Rubrik »Gesucht – Gefunden« in *Huda. Die Islamische Frauenzeitschrift.* Dort werden nicht nur andere Muslimas in Wohnortnähe gesucht, sondern auch Wohnungen, Babykleidung, Jobs, Übersetzerinnen, Computerspezialistinnen.

4 Zudem liegen einige biographische Erzählungen von deutschstämmigen islamischen Frauen vor, die ich während der Erhebungsphase kennenlernte. Diese fließen in die Analyse aus methodischen Gründen nur am Rande ein. Allerdings bilden sie als Minderheit in der Minderheit häufig ein wesentliches Element in den Gruppierungen und Netzwerken der »deutschsprachigen Muslimas«, so der zuweilen verwendete Eigenbegriff auch der nicht deutschstämmigen Frauen. Es ist eben nicht zwangsläufig und vor allem in der jüngeren Generation nicht der Fall, daß diejenigen, die praktizierende Muslime sind, sich in ethnischen Zirkeln verschanzen. Vielmehr kann man, analog zu Analysen über den subjektiven Umgang mit Multilokalität (vgl. z.B. Dürrschmidt 1995; Eade 1997; Gupta/Ferguson 1993) von einen deutschen mikroglobalen Islam, der über die Abstammung hinausgeht, sprechen.

5 Vgl. z.B. zum feministischen Diskurs Felski 1997; Nagl-Docekal 1999; zu generellen Fragen des Multikulturalismusdiskurses Habermas 1996; Taylor 1993; Walzer 1994 und zu empirisch-praktischen Fragen Clark et al. 1993; Bennett 1998; Balke et al. 1993; Harzig/Rätzel 1995.

6 Für den Begriff Neo-Islam gelten die gleichen Bedenken, die O'Fahey und Radtke (1993) bezogen auf den Begriff Neo-Sufismus äußern: neo impliziert einen zeitlich und inhaltlich verifizierbaren Bruch, den idealerweise die Träger reflektieren. Im Rahmen dieser Studie ist weder ein forschungstechnisches Instrumentarium zum Zug gekommen, um einen solchen Bruch bzw. Bruchstellen aufzuweisen, noch deklarieren die TrägerInnen einen Neo-Islam, sondern sie sehen sich der Tradition des Ur-Islam, der für sie weitgehend im Gegensatz zu

›traditionellen‹ volksislamischen Praktiken steht. Neu ist der Islam für sie in bezug auf die eigene Biographie, aber auch in bezug auf die Kontextualisierung (Ricœur 1996), d.h. im ›Einbau‹ in ihre vom Universalismus durchdrungenen Lebenswelten. Darin unterscheiden sie sich gravierend von der Elterngeneration. Ich verwende die Begriffe Neo-Islam und Neo-Muslimas im Rahmen der Kategorisierung einer spezifischen »Idee Islam« (Stauth 2000), die für die jungen Frauen charakteristisch ist und sie in bestimmten Aspekten von anderen unterscheidet. Der Verwendung liegen somit in erster Linie analytisch-technische Motive zugrunde.

7 Hinsichtlich der Zahlen ist zu bemerken, daß sie variieren, je nachdem ob man Bundes-, Landes- oder kommunale Statistiken zugrunde legt, da jeweils verschiedene Kriterien vorhanden sind. Bezogen auf Bielefeld weichen sie jeweils um etwa 1000 Personen voneinander ab. So weist die Landesstatistik eine niedrigere Anzahl auf im Verhältnis zur kommunalen, weil bei Wohnortwechsel nicht die Abmeldung, sondern die Neuanmeldung, die aber nicht immer erfolgt, zum Umtrag führt.

8 Die folgenden Ausführungen stützen sich vor allem auf eigene Beobachtungen und Informationen von Moscheebesuchern bzw. führenden Mitgliedern einzelner Vereine.

9 Der Begriff Gemeinde wird des öfteren von einzelnen Personen benutzt. Er ist den Kirchengemeinden entlehnt sowie dem Ordnungsrecht, indem er die Beitrag zahlenden Vereinsmitglieder bzw. die regelmäßigen Besucher umfaßt. Der Islam in den Kernregionen kennt keine Gemeinden.

10 In einem Fall wurde angedeutet, daß die Miete für den Raum nicht gerade gering sei. Aus anderen Quellen war ergänzend zu erfahren, daß der Friseur trotz des relativ großen Umfangs der Vereinsmitglieder nicht genug Unterhalt für den Familienerhalt erwirtschaftet, so daß seine Ehefrau auch erwerbstätig sein muß. Da es sich um eine Gemeinde handelt, die eine traditionelle Rollenaufteilung präferiert, ergibt sich somit ein Widerspruch.

11 Inzwischen ist das Vorhaben in die Tat umgesetzt worden. In einem zentral gelegenen Gebäude hat sich inzwischen ein reges Gemeindeleben, das auch Frauen einschließt, entfaltet.

12 Vgl. dazu auch Schiffauer 1988.

13 Erstaunlicherweise konnte der lokale Frankfurter AMGT-Verein, der über einen sehr großen Gebäudekomplex verfügt, was ihn zur hessischen Zentrale macht, zur Zeit der Untersuchung keinen Koranunter-

richt anbieten, weil sich keine Erziehungsurlaubsvertretung fand, so daß einige wenige ältere Frauen und Mädchen sich an den Wochenenden auf den Weg in eine Moschee des VIKZ (*Verein Islamischer Kulturzentren e. V.*) aufmachten, wo man sie nicht gerade herzlich empfing, sie aber auf keinen Fall abgewiesen hätte. Beim VIKZ, dessen Anhänger nach dem Gründer auch Süleymancilar (eingedeutscht Süleymancis) genannt werden, handelt es sich um einen strikt organisierten, seit der frühen kemalistischen Ära bestehenden Sufi-Orden mit vielen lokalen Gemeinschaften in Deutschland. Hier fiel er in den späten 1970er/frühen 80er Jahren auf als Organisierer des Koranunterrichts für Kinder.

14 In diesem Zusammenhang fiel die Bemerkung, etliche Eltern schickten ihre Kinder nur, um eine Ferienbetreuung zu haben.

15 Die Ansicht über ihre Teilnahme ist geteilt. Während die einem der Ansicht sind, daß sie bei ihren Veranstaltungen nichts zu suchen hätten, halten andere die politische Orientierung des Vereins für belanglos: Wenn sie den Koran lernen wollten und gerade keine Personen zur Vermittlung hätten, könnten sie ruhig kommen. Während der in der kleinen fensterlosen Küche stattfindenden Pause der Frauen (die Mädchen zieht es zu den Pommes frites in der sogenannten Kantine; sie hätten auch keinen Platz mehr in der Küche), die den Koranunterricht an den Vormittagen des Wochenendes in zwei Blöcke teilt, war die Trennung zwischen den ›AMGT-Frauen‹, die für sich saßen, und den ›VIKZ-Frauen‹ ganz deutlich. Sie wechselten kaum ein Wort miteinander. Sie kannten sich nicht, suchten aber auch keine Kontakte.

16 Auch ein informeller Informationsfluß scheint kaum vorhanden zu sein. So nutzte eine Frau im Zuge der biographischen Erzählung die Gelegenheit, mich zu fragen, ›was die Männer denn so machen‹, das heißt, welche Gruppenaktivitäten sie im Rahmen ›ihrer‹ Moschee entwickelt haben. Und das, obwohl Vater und Brüder daran beteiligt sind.

17 Der Begriff ›Muslimas‹ ist eingedeutscht, aber auch bei den islamischen Frauen so im Gebrauch. Im Arabischen ist die korrekte Pluralform *muslimat.* Ähnlich ist der Plural von *hadith* (durch die Inkorporierung in die deutsche Umgangssprache zu Hadithen (statt *ahadith*, Überlieferungen von den Worten und Handlungen des Propheten) geworden.

18 Diese Informantin erwähnt nicht die türkischen Produktionen der Sparte Konversionsdramen, in denen jugendliche Heldinnen auf der Suche nach persönlicher Identität zu Gläubigen werden. Eine andere Informantin mit Hauptschulabschluß deutet darauf, daß es gerade

dieses Genre ist, daß ersten Zugang zur Religiosität gewährt. Inzwischen gibt es auch deutschsprachige Übersetzungen wie »Der Hilferuf« von Mustafa Akgün (2000), der sich, im Stile eines Groschenromans, an eine globalisierte Jugend wendet.

19 Sie hatten nicht teilgenommen, weil sie durch Schulunterricht oder Arbeitszeit daran gehindert waren oder weil sie ihre Menstruation hatten. In bezug auf das letztere tauschten sich zwei Mädchen kurz aus, wobei die eine ironisierend ihren Zustand als »unrein sein« bezeichnete. Daraufhin schnaubte die andere: »Unrein! Wenn ich das schon höre!«

20 Diese Frage wurde per Telefon während eines meiner Gespräches mit einem Imam von einem aufgebrachten Ehemann gestellt. Offensichtlich ging es nicht nur um diese eine Frage, sondern um tiefergehende Auseinandersetzungen, in die der Imam sich in mißbräuchlicher Weise hineingezogen fühlte. Nichtsdestoweniger blieb er am Telefon sachlich und höflich und lud das Paar zu einem späteren gemeinsamen Besuch ein, um die Frage abzuklären.

21 Deren Entwicklung beginnt gegen Ende des 19. Jahrhunderts mit der sich gegen die Orthodoxie richtenden und Vernunft als Deutungsprinzip betonenden Salafiyya-Bewegung (vgl. z.B. Al-Azmeh 1996).

22 Vgl. auch Monika Wohlrab-Sahr (1996) zu den Motiven von Konvertitinnen, die die Geborgenheit traditioneller und paternalistischer Beziehungen im Sufi-Islam finden.

23 Die Naturwissenschaften sind dabei ein hoch geschätztes Mittel dieser Entschlüsselung, Teil einer abgeforderten Entzifferungsarbeit (vgl. z.B. Internationales Institut für Islamisches Gedankengut/Muslim Studentenvereinigung e.V. 1988). Das spiegelt sich zum Beispiel in der Aussage einer jungen Frau, daß bereits im Koran Aussagen über die biologischen Vorgänge der Entstehung des individuellen menschlichen Lebens zu finden sei, oder daß Homosexualität nicht genetisch bedingt sei, weil es dafür keine Hinweise im Koran gebe.

24 Kontroversen werden, soweit mir ersichtlich war, zumeist klein gehalten. Verschiedene Ansichten, die einzelne Personen in fester konstellierten Gruppen haben, werden aber auch nicht verborgen gehalten, sondern als personen- und biographiegebunden registriert. So kann es vorkommen, daß in einer privaten Gesprächsrunde eine Frau in Beobachtungsposition einen ironischen Kommentar über die an der anderen Seite des Tisches fallen läßt, die sich gerade in frommen Diskursen ergehen – »jetzt fühlen sie sich wieder so richtig heilig« –, ein Kommentar, der ignoriert wird. Damit werden ohnehin bekannte dif-

ferente Positionen markiert, ohne den Inhalt zum Gegenstand von Diskursen zu machen. Nie werden solche Kommentare und nur sehr diskret Wertungen über abwesende andere angebracht.

25 Aus der Erzählung einer spätislamisierten Frau aus einem ›Türkenviertel‹ mit relativ hoher sozialer Kontrolle geht hervor, daß zu den anderen Mädchen und Frauen, die keine neo-islamische Orientierung haben, auch keine Beziehungen hergestellt werden. Im Gegenteil, die ihr früher, als sie noch enge Jeans und dekolletierte T-Shirts trug, als die ›guten Mädchen‹ präsentierten verachtet sie dafür, daß sie unter Kontrollbedingungen gehorsam sind, aber außerhalb des Viertels die Röcke höher ziehen und sich schminken.

26 Ob am Arbeitsplatz gebetet wird, hängt aber auch mit Position im Arbeitsleben zusammen. Religiöse Männer, die im Angestelltenbereich beschäftigt sind verzichten darauf, während Männer, die als Arbeiter beschäftigt sind, eher dazu neigen. Aus den knappen Erzählungen der Frauen zu diesem Gegenstand im Verweis auf Väter und Ehemänner lassen sich folgende Gründe ersehen: Die Arbeiter handeln im kollektiven Kontext, das heißt meist finden sich mehrere zusammen, die in größeren Betrieben einen ungenutzten Raum finden und ihn als sauberen Gebetsraum herrichten, die sich also zusammen kurzfristig absondern können. Im Angestelltenkontext hingegen sind die Betriebe nicht nur kleiner, sind die Muslime nicht nur vereinzelt, sondern auch einer stärkeren Verhaltenskontrolle ausgesetzt

27 »Die Kurden und auch die Iraner haben einen Raum für sich. Dann steht uns auch einer zu« – das ist die Argumentation, die in einem Erzählzusammenhang fiel. Offen bleibt, inwieweit unter solchen Umständen eine religiöse Okkupation des einzelnen stattfinden und neue Bürden für ihn schaffen kann. Der öffentliche Gebetsraum erscheint allerdings nicht als von allen angestrebtes Ziel. Mehrfach bekunden Schülerinnen und Studentinnen ihren Unwillen, konzentrierte Lernphasen durch Gebete unterbrechen zu müssen, oder sie vergessen es dann häufig. Am frühen Morgen, wenn das Morgengebet lange vor dem üblichen Aufstehen liegt, steht keine der befragten Frauen extra auf. Wo der Ritus die berufliche Leistungsfähigkeit beeinträchtigen kann, wird er auf ein Minimum reduziert.

28 Reckeweg 1977: 8; es handelt sich dabei um eine kleine Schrift, die der SKD Bavaria Verlag, der deutschsprachige Bücher über den Islam vertreibt, im Programm hat.

29 Zur Notation:

/ bezeichnet kurze Pausen

,	ein Komma kann, zur Wiedergabe des Redeflusses, kurze Stockungen angeben.
(3)	Pause in Sekunden
—	Abbrüche
fett	fettgedruckte Worte (z.B. 'das ist eben **nicht** egal') weisen auf die stimmliche Hervorhebung der Erzählerin
*	steht für äh, ehm, öh und ähnliche Laute.

30 Hier erfolgen weitschweifigere Ausführungen über Untersuchungen zur »Tierquälerei« durch unzureichende Betäubungen.

31 ›Alternatives Essen‹ wie Vollkornprodukte oder Getreidebreie, die zentral in der ökologisch orientierten Eßkultur sind, spielen so gut wie keine Rolle. Ein Grund ist vermutlich darin zu sehen, daß Getreidegerichte Bestandteil der ländlichen Kultur sind, zu der von der islamischen Perspektive aus eine große Distanz besteht. Andererseits sind Tendenzen zum Vegetariertum ersichtlich sowie zuweilen eine Präferenz für eine moderne ›light cuisine‹, wie sie in Modemagazinen zu finden ist.

32 Die Übersetzung bei Karaman weicht beträchtlich ab.

33 Dieser Hadith hat im Rahmen einer Moschee alltagspraktische Verwendung gefunden. Um Mädchen und junge Frauen, die von ihren Arbeitgebern aufgefordert werden, sich modisch und ›offener‹ zu kleiden, zu unterstützen und ihre Verweigerung zu legitimieren, hat der Imam einen Vordruck entworfen, bei dem ebendieser Hadith zentral ist.

34 Rabia Yalniz ist deutscher Herkunft und seit über 20 Jahren Muslima. Ihrer mündlichen Auskunft nach gibt es keine verbindliche Form für den Schleier. Man könne sich die Form wählen, von der man glaubt, daß sie am besten zu einem passe. Sie selbst bevorzugt seit einigen Jahren einen schwarzen Tschador, den sie ins Gesicht zieht. Die Variationsbreite innerhalb der Ahmadiyya-Gemeinde ist groß und bewegt sich zwischen einem losen bunten Schal tragen, der viel Haar sehen läßt, und dem Tragen eines Gesichtsschleiers.

35 Eine intensive Reflexionsarbeit zur Vereinbarung beider Positionen zeigt sich in der folgenden Erzählpassage:

»Homosexualität ist eindeutig verboten. Das wird auch etwas gesteuert find ich, diese ganze Entwicklung. Die Medien und so. Vor allem im Fernsehen wird so oft darüber geredet, so viel darüber berichtet. Das ist alles Werbung dafür, finde ich. Und auch Jugendliche, die ein bißchen Probleme haben mit ihrer Dings haben, Sexualität, die werden sofort umgepolt. Die denken, ist ja in, ist ja cool, ne, schwul zu sein, mach ich mal. Weißt du, und das find ich schade, anstatt mal mit den Menschen vernünftig darüber zu reden, daß es wirklich nicht normal ist, sowas. Ich finde das nicht normal. Ich finde das überhaupt nicht natürlich. Das tut mir leid, ich kann ja intolerant sein, aber das ist wirklich nicht. Das ist gegen die Natur finde ich. Warum hat denn Gott überhaupt zwei Geschlechter erschaffen. Sonst hätte er nur männliche oder nur weibliche Menschen erschaffen können, wenn das natürlich wäre. Kann sein, daß einige Menschen vielleicht zwei Geschlechter haben. Es gab, also in der Türkei gibts solche Leute, die beide Geschlechtsteile haben. Ich finde das nicht schlimm, wenn sie für ein Geschlecht sich entscheiden und dann sich umoperieren lassen, dementsprechend. Das find ich in Ordnung. Aber, ich find das schlimm, wenn ein Mensch sich total umoperieren läßt, so ganz anders, ohne daß er überhaupt ganz anders lebt (!). Find ich nicht so schön. Ich würde sowas nicht tolerieren. Okay, was heißt nicht tolerieren, ich tu nichts dagegen, aber ich will auch nicht mit solchen Leuten was zu tun haben. Das bringt mir nichts. (4) Das find ich sehr schade. Das ist nicht nur hier so, sondern in der Türkei auch. Da wird im Fernsehen auch sehr offen drüber gesprochen. Zum Beispiel war da ein Mann, der hatte sich zur Frau umoperieren lassen und wendete sich gegen die Vorurteile, daß ein Umoperierter nie eine vollständige Frau werden kann. Sie (!) hat gesagt, sie würde einen viel besseren Orgasmus kriegen als eine normale Frau, also so nach dem Motto, wir sind doch besser als normale Frauen. Weißt du, das wird immer so, das ist nur Werbung für mich, ›so Leute, macht mal‹, ne, ›seht ihr, ist doch schön, sie ist zufrieden und glücklich, macht ihr auch‹. Das find ich sehr schade. Und dann immer mit den Prominenten. Der ist homosexuell, die ist so eine, immer so, so Vorbilder. In den Talk-Shows taucht jede Woche was auf, der ist schwul und der war so und die ist so eine, dann denken sie, ›guck mal, ist was Besonderes‹.«

Geradezu paradigmatisch für den Umgang mit den Quellen ist die Argumentationsreihe, die, wie man nicht aus den Augen verlieren sollte, eine spontane Produktion ist. Sie beginnt mit dem Text, geht über in die eigene Stellungnahme, bezieht eine Sozialanalyse mit ein und fächert den Gegenstand in verschiedene Kategorien auf, die wiederum in Beziehung zum Text gesetzt werden. Es erfolgt somit eine Art Dekonstruktion, ohne die Offenbarung anzutasten.

Zu verweisen sei in diesem Zusammenhang auf eine andere Erzählerin, die mit einem jungen homosexuellen Mann auszugehen pflegt, was, wie sie mutmaßt, bestimmt kein Zufall sei. Es gibt ihr Sicherheit, daß keine sexuelle Beziehung entsteht und damit verhält sie sich regelgerecht und zwar auf einer Basis, die die Quellen nicht erwähnen. Nicht die Sexualität der anderen gehört unter Kontrolle, sondern die eigene.

36 Während einer Modenschau haben mir Zuschauerinnen mit geübten Augen mitgeteilt, daß jedes der vorgeführten zwanzig, dreißig Modelle mit einem spezifischen Arrangement des Kopftuches verbunden war, das sich in der Folge nicht mehr wiederholte. Neben dem großen Interesse an dieser Modenschau war aber auch offensichtlich, daß die besonders weiten Modelle keinen großen Anklang fanden, zuweilen auch mit lauten Bemerkungen wie »Damit kann man ja fliegen« kommentiert wurden.

37 Die Gepflogenheit mancher Frauen, die dem Sufi-Islam folgen, den Haaransatz an der Stirn ca. ein bis zwei Zentimeter sichtbar sein zu lassen, ist ihnen suspekt und unverständlich. Hinzuzufügen wäre auch noch, daß örtliche Moden entstehen können. So kam zum Beispiel in einem Ort eine Frau auf die Idee – sie hatte irgendwo ein Bild davon gesehen – eine Kombination aus zwei einfarbigen, aber jeweils verschiedenfarbigen Tüchern zu fertigen, bei dem das untere eng und das gesamte Haar bedeckend um den Kopf geschlungen wird, im Nakken von einem Knoten zusammengehalten. Das obere kommt in der gleichen Art eines Turbans darüber, läßt das untere über der Stirn aber etwa zehn Zentimeter sichtbar. Die Schultern sind dabei nicht bedeckt. Die ästhetische Wirkung ist eine ganz andere als bei dem Tuch, das nur das Gesichtsdreieck sichtbar läßt. Manchen ist diese Art, die anscheinend vor allem Hosenträgerinnen bevorzugen, zu extravagant. Im übrigen tragen auch andere Frauen unter dem Kopftuch ein zweites von grober Struktur oder ein Haarnetz, um die Rutschgefahr des äußeren zu bannen.

38 Aus Gesprächen geht hervor, daß bei den jungen Frauen ein Bedarf danach besteht. Das läßt darauf schließen, daß hier eine Lücke besteht. Ein weitgehend unbekanntes Buch, das in diese Richtung geht, ist das in einer islamischen Buchhandlung angebotene, aus Pakistan importierte »Muslim Etiquettes« von Abdur Rehman Shad (1985), in dem vornehmlich Hadithe aus verschiedenen Sammlungen und ergänzende Kommentare themenspezifisch angeordnet sind.

39 Hier wäre als Frage am Rande einzubringen, ob man nicht Parallelen ziehen kann zu einem unakademischen Feminismus der Straße, einem ›Feminismus von unten‹, wie Valentine Moghadam (1993) für die islamischen Kernländer konstatiert. Der wäre in diesem Fall allerdings im Kontext eines ikonographischen ›postmodernen‹ Feminismus, wie ihn Popstars wie Madonna und ihre zahlreichen Nachfolgerinnen zelebrieren und in dem körperliche Repräsentation und ›postmoderne‹ Körperkultur, die ebenfalls die Innen-Außen-Kohärenz be-

tont, eine herausragende Rolle spielt (Featherstone 1992; Frank 1991; Kaplan 1993; Shilling 1993: 2f.; Wald 1998). Dafür spricht, daß die jungen Frauen, deren Erzählungen hier vorliegen, durchaus mit der aktuellen Popkultur und ihrer Weiblichkeitsästhetik vertraut sind. Daß sie Modelle sehen, die ihrem persönlichen Geschmack oder ihrer persönlichen Lebensführung nicht entsprechen, heißt nicht, daß sie sie nicht aufmerksam und interessiert betrachten und Botschaften vernehmen, mit denen sie sich auseinandersetzen und in den Pool der alltagsweltlichen »Fabrikation« (de Certeau 1988: 13) einspeisen. Gerade umgekehrt haben sie durch ihr ›Othering‹ und ihren Islamisierungsprozeß ziemlich feine Antennen für Zeichen und Markierungen entwickelt.

40 Eine andere Frau löst diesen Widerspruch auf, indem sie als ihr Motto folgenden Aphorismus aufgreift: Nur wer sich verändert, bleibt sich treu.

41 Integration ist im übrigen für sie, die einen stabilen Mittelschichtshintergrund hat, kein Reizwort. Damit unterscheidet sie sich von den Frauen, die aus dem ›Gastarbeiter-Milieu‹ stammen. Das verweist auf die enge Verbindung zwischen diesem Begriff und dem Kontext der Klassenkonkurrenz.

42 Sie hat auch noch auf einer anderen Bühne gespielt, und zwar im Rahmen einer Mädchentheatergruppe innerhalb eines Moscheevereins. Die Moschee dient als Übungs- und Auftrittsraum. Auftritte erfolgen nur für Frauen. Es gibt mehrere solcher Theatergruppen, die in selbst geschriebenen Stücken mal ironisch, mal moralisierend auf Bekehrung gerichtet die eigene Lebenssituation als Migrantin und Muslima ›bearbeiten‹.

43 Bei Max Weber gelten berufliche Arbeit und Arbeitsethos als »rational nüchterne Mitarbeit an den durch Gottes Schöpfung gesetzten sachlichen Zwecken der *rationalen Zweckverbände* der Welt« (1981: 324). Eine ähnliche Argumentation findet sich bei Ismail al-Faruqi, einem einflußreichen Advokaten des modernen Islam, für den es ein göttliches Gebot ist, die persönlichen Fähigkeiten in der Welt, in der Schöpfung nutzbringend einzusetzen. Allerdings sollen sie im Dienst der *umma* stehen und nicht im Dienst einer »persönlichen ökonomischen Unabhängigkeit«, die von materialistischen und individualistischen Werten getragen ist (1982: 136).

44 Meine Kontaktpersonen, die einen guten Überblick darüber haben, wer zum engeren Kreis der ›Gemeinde‹ gehört, wiesen auf eine Abiturientin hin. Die Art, wie sie es taten, zeigte an, daß es sich um eine

Ausnahme handelt. Ansonsten ist die Frequentierung von Frauen und Mädchen in der entsprechenden Altersgruppe ziemlich gering und auch institutionell nicht gezielt eingebunden. Der Koranunterricht wird vor allem von jüngeren Mädchen und das wöchentlich stattfindende abendliche Treffen von älteren Frauen besucht.

45 Neben den moralischen und symbolischen Zusammenhängen stehen vielfach auch die reinen ökonomischen. So ist in einigen Fällen der verheirateten Frauen nicht zu übersehen, daß die Ehemänner ihrer islamischen Pflicht der Versorgung der Familie kaum in ausreichendem Maße kontinuierlich nachkommen können, so daß die Arbeit der Frauen für die Versorgung der Familie notwendig ist.

46 Einige Zeit zuvor hatte sie bereits eine befristete, auf wenige Wochenstunden beschränkte Aushilfsstelle bei einer kleinen Firma. Dort, so erzählt sie amüsiert, hatte eine Kollegin ihr später mitgeteilt, es habe ihr, als sie sie zum ersten Mal zur Tür hereinkkommen sah, der Satz auf der Zunge gelegen, es sei schon geputzt worden. Mit dieser Assoziation von Kopftuch und Putzfrau sind die Kopftuchträgerinnen vielfach konfrontiert.

47 Gute gottgefällige Taten werden am Tag des Jüngsten Gerichts gegen schlechte Taten aufgewogen. Die Frauen arabischer und maghrebinischer Abstammung bezeichnen dieses Punktesystem, in dem sich die individuelle Verantwortung für die islamische Moral berechenbar macht, als *hassanat*. Im türkischen Islam traditionaler Prägung werden die Verdienstpunkte (*sevap*) von den Engeln ins Buch der guten und schlechten Taten (*amel defteri*) eingetragen und miteinander verrechnet (vgl. Geiersbach 1989, 1990). In nur zwei Erzählungen nehmen die jungen Frauen, darunter Birzel, direkten Bezug auf dieses Abrechnungssystem, obschon es von großem Einfluß auf die religiöse Praxis ist. Möglicherweise gehen die sich als intellektuell, rational und innerlich verstehenden Neo-Muslimas zu einer populistisch-bildlichen Version und den damit verbundenen Abhängigkeiten und Spielen, die der Idee vom autonomen Individuum nicht entgegenkommen, auf Distanz. Im Effekt zielen sie auf das gleiche, nämlich die Akkumulation von guten Taten, aber die Begründungszusammenhänge sind abstrakter und innerweltlicher. Der Referenzrahmen ist nicht allein das Selbst und der Richter, sondern entspricht eher dem von Robertson (1992) aufgezeigten, zwischen Individuum, Menschheit, Nationalstaat und Welt abgesteckten Rahmen unter religiösen Vorzeichen.

48 Diese Situation ähnelt der, die Serpil am Anfang dieses Kapitels be-

schreibt. Dieses Ignorieren, diese betonte Achtlosigkeit, in der die gesamte Person, nicht eine benennbare Handlung, zum Objekt der Beschwerde gegenüber Vorgesetzten gemacht wird, scheint eine häufiger angewendete Taktik der Herabsetzung zu sein. Amina rutscht hiermit in die Position eines »Ausländers am Bahnhof«, für sie bislang das Synonym für Ausländersein.

49 Im Erzählkontext wirft sie ihrem Vater vor, dieses zuzulassen.

50 Es ist dabei nicht so, daß Schweigen oder Umwertung die einzigen Alternativen wären. Aber nur eine einzige biographische Erzählung erweist sich als relativ unbelastet vom Gastarbeiterstigma, indem starke Züge eines intensiven Dialogs, eines persönlichen Austausches sichtbar werden. Dabei handelt es sich um eine arabische Mutter mit hohem Bildungsgrad und guten deutschen Sprachkenntnissen, die aufmerksam die Lebenswelt der Tochter sowie die soziale Umwelt beobachtet, durchaus hilfreiche Meinungen und Hinweise dazu abgibt, die überdies, selber religiös, Religiosität und lokale Tradition erfolgreich zu synthetisieren versteht.

51 Es ist der gleiche Onkel, der ihr bis heute ihren Islamismus nicht verzeiht, der nicht versteht, wie man trotz einer vernünftigen schulischen Erziehung religiös werden kann und ein Kopftuch trägt.

52 In ähnlicher Weise verweist auch eine andere Frau auf eine Großmutter, die eine »starke Frau«, die »wie ein Mann« gewesen sein soll.

53 Dieses wäre vielleicht ein Beispiel für die Auseinandersetzung um den Habitus, wie Bourdieu ihn formuliert. Kritiker merken an, daß dieses durch die von Bourdieu konstatierte Verinnerlichung ein auf Perpetuierung zielendes, nicht mit sozialem Wandel und nur bedingt mit strategischer Handlung zu vereinbarendes Konzept sei. In diesem konkreten Beispiel geht die Gastfreundschaft nicht in Inkorporierung über. Hatice weiß zwar ›wie es geht‹, es ist für sie auch ein Wert, ein islamischer Wert, den sie hochschätzt, aber sie modifiziert, sie ›modernisiert‹ ihn, weil die praktische soziale Einbettung eine andere ist. Sie ist nicht mit Leuten zusammen, mit denen sie dieses Spiel in diesen ausgefeilten Formen abhandeln könnte. Und sie hat auch noch anderes »geerbt« in der Schule, nämlich »Kritik gegenüber den Eltern«, »Kritikbewußtsein«, ohne dabei »lieb zu sein«. Sie hat »geerbt«, zu ordnen, zu bewerten, sich entsprechend der Bewertung zu verhalten, aber sie hat nicht gelernt, ein Spiel des Bedienens, des Dienens zu spielen. Auf die Frage, wie Handlungsakte sich unter der Bedingung sozialer und kognitiver Veränderung modifizieren, ist bei Bourdieu, der sich auf alte intakte kabylische Regeln bezieht, keine Antwort zu finden.

54 Dabei ging es darum, daß die Mutter die Kündigung erhalten hatte. Sie wollte Widerspruch einlegen und beauftragte Hatice wegen ihrer Deutschkenntnisse, diesen Prozeß einzuleiten. Hatice, damals noch unerfahren mit und leichtfertig in der Auslegung juristischer Texte, übersah die gesetzte Widerspruchsfrist, so daß der aufgesuchte Anwalt machtlos war, was er mit den, von Hatice als beleidigend empfundenen Worten quittierte ›Daß ihr aber auch immer zu spät kommt.‹

55 Im Wortlaut heißt es bei einer anderen Frau zur »Erziehung so richtig nach türkischer Tradition«:

»Ich war mit 13, 14 schon ziemlich reif. Ich wurde nicht so wie ein kleines Kind behandelt. Ich bin damit aufgewachsen, daß immer etwas verboten ist. ... Also ich hab angefangen mit fünf zu spülen und sauber zu machen mit sechs, sieben Jahren. ... Erziehung so richtig nach türkischer Tradition. Also die Frauen müssen immer zu Hause bleiben, ständig sauber machen, Verantwortung tragen, nie widerreden, wenn die Eltern was sagen und halt alles ernst nehmen, nichts auf die leichte Schulter nehmen was passiert.«

56 Hier rekurriere ich auf die neo-aristotelische Konstruktion der gegenseitigen Freundschaft als Akt der praktischen Weisheit, die zu einer wechselseitigen Beziehung mit dem anderen führt (vgl. z.B. Ricœur 1996). Diese Konzeption ist als Gegenentwurf zu Habermas' diskursiver Vernunft als Prinzip der Aushandlung der Beziehung zum anderen zu sehen (vgl. Delanty 1997).

57 Es gibt dabei kein »Verschwimmen der Generationsgrenzen« (Prokop 1994), in dem sich »sexuell und ökonomisch ... die Felder von Müttern und Töchtern heute zunehmend ... überlappen« und Konkurrenzbeziehungen entstehen lassen, weil »Mütter ... jung bleiben wollen ... und den Raum für die Töchter nicht freigeben« (Prokop 1994: 80f.).

58 Offensichtlich gibt es einen Zyklus der elterlicher Kontrolle. Sie setzt mit der Pubertät ein und erscheint im Nachhinein, wenngleich nicht immer in der gegebenen Ausprägung, den jungen Frauen als gerechtfertigt. Mit den Jahren reduzieren die Eltern ihre Kontrolle oder die Töchter pochen auf die Reduzierung, wobei auch der Hinweis auf die juristische Mündigkeit eine Rolle spielt. Eine Frau, Ilknur, formuliert das im Zusammenhang ihrer Freundschaft auch mit jungen Männern im Rahmen einer Jugendclique folgendermaßen:

»Ich weiß doch was ich haben will und was ich nicht haben will. Ich bin ja nicht 14 oder 15, wo man sagen könnte, sie ist in der Pubertät und kann jeden jetzt nach Hause schleppen. Die Zeiten sind doch schon vorüber. Wenn mich ein Mann ehrlich haben möchte, ne, dann sag ich, hier, den möchte ich heiraten.

Dann haben sie nichts zu sagen. Die würden auch dazu nichts sagen. Das ist mein Leben schließlich, wie ich bestimme.«

Ein möglicher Weg der Autonomisierung ist die Islamisierung. Durch sie entwickeln Töchter, die zuvor als rebellische Töchter Konflikte produziert haben, einen Habitus von Selbstsouveränität, Selbstdisziplinierung und Moral, der hinausgeht über das, was die Eltern von einer guten Tochter fordern, der aber nicht Anpassung bedeutet, sondern Öffnung auf der Basis einer gewählten Selbstkalibrierung (vgl. auch Nökel 2000).

59 Afaf schildert das Vorgehen in ihrem Fall folgendermaßen:

»Ich hatte meinen Mann, also mein Mann, der ist aus X., also der ist aus einem anderen Land als ich und da hatt' ich eigentlich am Anfang Angst, daß meine Eltern was dagegen haben, daß es ein Landsmann sein soll. Aber dann hab ich mir gedacht, meine Eltern sind eigentlich nicht so. Die sind eigentlich sehr liberal. Und wir haben eigentlich auch viel, guten Kontakt zu Deutschen, nicht nur wir Kinder, auch meine Eltern. Dann hab ich gedacht, nee, ist Quatsch. Dann dacht ich, solang er Muslim ist, werden die wohl nichts dagegen haben. Und das war dann auch so. Jaa, halt am Anfang, ich hatte ihn gekannt, ein paar Mal gesehen, so auf Treffen und dann hab ich auch öfter mit ihm gesprochen. Ja und da haben wir halt beide gemerkt, daß da was ist. Und dann hat er mich gefragt, ob ich bereit wäre, daß er sich bei meinen Eltern mal vorstellt. Und wenn ich dann gesagt hätte, nee, dann hätt er gewußt, die hat kein Interesse an mir. Dann hab ich gesagt, ja, stell dich dann mal meinen Eltern vor (belustigt), aber noch nicht jetzt, sondern erst später. Jetzt nicht so während dem Abistreß. Und dann hat er bei meinen Eltern angerufen, kam dann vorbei. Meine Eltern waren erst mal baff, woher der uns kennt und die Nummer und so. Und ja, hab ich gesagt, ich hab den mal gesehen und so. Da waren sie erst mal schon so'n bißchen überrascht. Meine Mutter sagte, ja, ja, man erlebt hier noch Dinge, ne, bringt die Tochter uns den Mann ins Haus, ne. Und das war dann eigentlich erst mal so lustig. Ja. Das war halt sehr gewagt, weil das war nicht üblich.«

60 Im Falle Afafs leisteten die Eltern diese durch die große räumliche Distanz besonders aufwendige Überprüfung durch eine mehrere Tausende Kilometer umfassende Kette von Kontaktpersonen, ausgehend von einem Arbeitskollegen des Vaters, dessen Verwandten und deren Bekannten im Heimatland.

61 Allerdings ist das, was sie als Freiraum definiert, relativ zu sehen. Sie realisiert, daß sie nicht alles haben kann, sondern bestimmte Anpassungsleistungen erbringen und sich an bestimmte Regeln halten muß:

»Hier zum Beispiel, so viel Platz (sie bewohnt ein großes, von der elterlichen

Wohnung abgeschiedenes Zimmer, S.N.). Und * daß ich tun kann, was ich will. Daß ich tun kann, was ich will, ist in Anführungsstrichen, ne, ich halt mich ja auch in Grenzen. Die wissen das. Und natürlich hat das auch gedauert, bis ich das Vertrauen meiner Eltern so hatte. ... Aber dann, meine Eltern, die haben wirklich Vertrauen zu mir. Zum Beispiel, daß ich so allein nach London gefahren bin, oder nach Paris. Ich kenne kein Mädchen, die das durfte. Auch bei den Leuten nicht, die als, in Anführungsstrichen, modern betrachtet werden. Und ich hab, ich finde, das ist für mich die Freiheit und dann *, ich lebe ja auch *, weil ich nach dem Islam mich richte, deshalb fühle ich mich auch nicht hier zu Hause so eng oder * also ich fühle diese * wie nennt man das?, * ich fühle mich nicht eingeengt. Das einzige ist, ja ich kleide mich nach dem Islam. Ich bete und ich habe keinen Freund. Das sind ja die wichtigsten Sachen. Und * meine Eltern wissen auch, daß ich mich daran halte, also haben sie auch volles Vertrauen zu mir.«

62 Eine solche als relativ liberal beschriebene Praxis schreiben in dieser Untersuchung alle Frauen ihren Eltern zu. Aber sie betrachten sie nicht als selbstverständlich. Während sie einerseits das unmittelbare persönliche soziale Terrain als unbedrohlich beschreiben, haben sie andererseits einen Begriff von streng hierarchisch organisierter Tradition im Horizont. Sie unterscheiden somit zwischen ›weicher‹ und ›harter‹ Tradition. Die erste Variante ist die, die sie betrifft, aber sie scheinen stets damit zu rechnen, daß Elemente der zweiten Variante plötzlich einbrechen können. Der Begriff Tradition ist nicht nur relativ, mit ihm verbinden sich auch komplexe soziale Spiele.

63 Eine der jungen Frauen beschreibt genau diesen Prozeß als Grund für die Auflösung ihrer Ehe. Andere Frauen, die diese Geschichte kannten, deuteten sie als Folge einer überstürzten Heirat, bei der die Liebe sozusagen den Verstand verdrängt und die Betroffene dazu verleitet habe, den jungen Mann im schönsten Licht zu sehen, statt ihn, seinen Charakter genauer zu überprüfen. Sich nur aufgrund von Verliebtheit zu binden, ist für sie ein Zeichen mangelnder persönlicher Reife.

64 Hierzu ist noch anzumerken, daß Serpil sich noch im Nachhinein über die in dieser Situation gezeigte Freizügigkeit der Mutter, die für sie ansonsten die Verkörperung einer geradezu gnadenlosen traditionellen, individuelle Bedürfnisse strikt disziplinierenden Moral ist, wundert. Darin zeigt sich im Konkreten eine Elastizität dessen, was ›traditionell sein‹ bedeutet.

65 In einem Fall verweigerten die Eltern strikt ihre Zustimmung, beteiligten sich auch nicht an den Formalitäten. Bei der Scheidung der Ehe traten Komplikationen zutage, die durch eine geordnete Regelung hät-

ten vermieden werden können. Aus solchen Gründen weisen einige der nicht mehr ganz so jungen Muslimas, die einerseits das Recht der individuellen Partnerwahl betonen, andererseits ebenso auf die Notwendigkeit hin, sich Wissen über die Abfassung des Ehevertrages zu verschaffen.

66 Die Vorstellung des Zusammenlebens mit einem deutschen Muslim ist in verschiedenen Erzählungen anzutreffen. Das spiegelt sicherlich jeweils eine ganz persönliche Ansicht wider, die von zufälligen Bekanntschaften abhängt. Faktisch ist es so, daß die Ehen der verheirateten Erzählerinnen zumeist nicht binational sind. Das Beispiel einer türkisch-marokkanischen, nach kurzer Zeit zerbrochenen Ehe löste bei denen aus der Ferne beobachtenden Frauen Bedenken aus: Man wisse nie, mit welchen lokalen Traditionen der andere auf einmal aufwarte. Die Ehe mit einem Partner des gleichen lokalen kulturellen Hintergrundes wird hingegen für kalkulierbarer gehalten. Das schließt jedoch nicht Deutsche als ›gelernte Muslime‹ ein; diese gelten als Konvertiten, deren Wissen vom Islam sich auf die Schrift stützt, von vornherein als frei vom Makel der Tradition. Das sind jedenfalls die Hoffnungen, die sich damit verbinden. Gleichzeitig ist es bei den meisten so, daß die Wahl eines deutschen Ehemannes zumindest vorübergehend zu Konflikten mit der Familie führen würde. Für die jungen Frauen verbindet sich mit einer solchen Überlegung eine Idee der ›multikulturellen‹ Integration als Reflex auf das Assimilationspostulat: Als Ehepartnerin eines Deutschen ist bewiesen, daß man Gleiche ist, daß man die andere Kultur gut genug beherrscht, um enge Beziehungen zu bilden. Zugleich ist es keine Gunst, ›genommen‹ zu werden, sondern man selber setzt die Bedingungen, zu denen man zu haben ist: die wirkliche, innere Konversion. Konversion ist ein Faktor der Sicherheit. Mit ihr läßt sich ein verbreitetes Problem lösen, nämlich der Zweifel an der Ernsthaftigkeit der Absicht desjenigen Deutschen, in den man sich verliebt hat und seiner Kapazität der Anerkennung des Selbst. Das ist auch der Beweis, daß sich die Auseinandersetzung mit der eigenen Familie lohnt. In diesen Zusammenhängen ist der Rat, die Konversion sozusagen als Prüfung zu verlangen, wie er von älteren Muslimas an jüngere, deren Konflikte sie selber kennengelernt haben, als subjektive Absicherungsstrategie zu verstehen.

67 Ein Beispiel ist die in den Hadithen aufgenommene Geschichte von Aisha, seiner jüngsten Frau, die bei einer Reise in die Situation geriet, den allgemeinen Aufbruch verpaßt zu haben und über Nacht mit einem Mann allein zurückblieb. Entgegen der daraufhin entstehenden

allgemeinen Mutmaßungen von begangenem Ehebruch, vertraute der Prophet ihren Aussagen und nicht den Mutmaßungen Unbeteiligter.

68 Daß das Taktieren noch viel weiter gezogen werden kann, zeigt sich in diesem Fall noch an anderer Stelle: Kurz nach der Scheidung hatte A. eine Freundin, die nicht aus einem islamischen Land stammte und auch nicht religiös war. Nachdem diese Beziehung beendet war, heiratete er eine Türkin, die, wie Serpil angesichts der traditionellen Attitüde, mit der er sie jahrelang traktierte, fassungslos feststellt, kein Kopftuch und Minirock trägt.

69 An anderer Stelle spricht Serpil sich vehement gegen Geschlechtertrennung in der Erziehung aus. So konstatiert sie im Zusammenhang mit ihren Erfahrungen in einem türkischen Internat, einem Leben nahezu ausschließlich unter Mädchen und Frauen (abgesehen von einem alten unattraktiven Lehrer), daß homoerotische Neigungen gezüchtet würden wie auch Unsicherheiten, fast schon Verhaltensstörungen im Umgang mit Jungen bzw. Männern, mit denen man im öffentlichen Raum früher oder später sowieso zusammentrifft, versehen mit dem Effekt von Wettbewerbsnachteilen, weil man nicht wisse, wie man sich verhalten solle.

70 Mit normativ ist nicht eine unveränderliche Eigenschaft gemeint, sondern ein kontextgebundenes Spiel.

71 In diesem Zusammenhang stellt sich die Frage nach einer möglichen Entthronisierung dessen, der dieser Funktion nicht gerecht wird. Es scheint nicht so, als ob Alternativen vorhanden seien. Dann befindet sich der gläubige männliche Muslim tatsächlich in einer prekären Situation.

72 Man kann den Schluß ziehen, daß Hamidas Vorstellung konservativen bürgerlichen Vorstellungen entspricht und Frauen auf eine Familienrolle reduziert, von der aus dann eine rhetorische gesellschaftliche Bedeutung abgeleitet wird. Aber diese Annahme konvergiert nicht mit dem Selbstbild der Frauen, die Anerkennung im öffentlichen Bereich suchen. Entweder tun sich hier lokale Differenzen auf oder intern-islamische. Betrachtet man die Argumentationslinie Hamidas, so beginnt sie mit der Vorgabe des Textes, mit dem hierarchischen Aspekt und wendet in der Folge seine inhaltliche Bedeutung zunehmend zu einem egalitär-reziproken Verhältnis, so daß Hierarchie nur noch von formaler Bedeutung ist. Auf diese Weise gelingt es, den Text und ein modernes partnerschaftliches Verhältnis zu integrieren und zugleich als Alternative auf der Basis Authentizität zu postieren.

73 Rechtliche Aufklärung dieser Art scheint ein wesentlicher Bestandteil

dessen zu sein, was als Aufklärung über den Islam unter Töchtern der muslimischen Immigranten zirkuliert und was diese, zumindest am Anfang ihrer Auseinandersetzung, am meisten interessiert. Die Älteren hingegen, die diese Aufklärung machen, sind dieses Themas schon überdrüssig und wollen den Islam nicht darauf reduziert wissen, richten sich aber mit weiteren Veranstaltungen nach der Nachfrage. Die beschriebene Situation ist ein Beispiel dafür, daß es zwei Fraktionen unter den neo-islamischen Frauen gibt, die Strengeren, die für eine striktere Selbstunterwerfung und eine stärkere Bindung an die Quellen plädieren, und die Lockereren mit einer weiteren Dehnung in der Auslegung, die mehr an einer Verzahnung mit weltlichen Bedingungen orientiert sind. Offensichtlich gibt es keine Instanz, die diese Spannung zugunsten einer Fraktion aufheben könnte.

74 Allerdings gibt es durchaus einzelne buchstabengetreue Praktiker unter den jungen Muslimen. Es scheinen allerdings eher Konvertiten zu sein, die sich ernstlich damit auseinandersetzen (vgl. Blau 1995).

75 Spürbar ist allerdings auch eine Bewertung als ›positiv unter Vorbehalt‹, denn nicht nur die ›dunkle‹ Seite einer übermäßigen Ritualisierung und Hierarchisierung legt ihren Schatten darauf, sondern auch die der Fremddefinition und Essentialisierung, die Soziabilität (z.B. als Gastfreundschaft, positive Einstellung gegenüber Kindern) in einem Universalitätsschema wiederum einen niedrigeren Rang einräumt.

76 Das zeigt sich in der folgenden Erzählsequenz Afafs, die ein langjähriges »Superverhältnis« zu einer deutschen Freundin hat, aber deren Einstellung gegenüber engen Sozialbeziehungen kritisiert:

»Ich kann mit ihr auch über alles reden. Wenn ich vielleicht mal irgendwas hab, sag ich mal, ich hab mich gerade mit meinem Mann gestritten (belustigt), in jeder guten Ehe kommt auch mal ein Ehestreit vor, aber wenn ich jetzt * mich jetzt einer deutschen Freundin anvertraue, das ist, ich nehm's ihr nicht übel oder so, das ist halt die Kultur, man ist anders erzogen, die haben 'ne andere Denkweise, ich hab 'ne andere Denkweise, obwohl ich hab sehr, sehr, überwiegend deutsche Mentalität, aber trotzdem, manchmal ist es vielleicht erziehungsbedingt, ich mein, ich hab halt arabische Eltern und * das kriegt man natürlich mit. Wenn ich dann halt ein Problem habe, dann redet man darüber und dann merk ich, daß sie dann total 'ne andere—, weil, einmal hab ich meiner Freundin mal was gesagt, ja mein Mann hat das und das zu mir gesagt, und da war nur ihre Antwort auf einmal ›ach, jetzt bist du auch noch schwanger, das wär ja jetzt blöd, wenn du dich scheiden läßt‹. Höh, und dann war das erstmal für mich wie ein Brett vor dem Kopf. Hab ich gedacht ›was ist denn jetzt los?‹

Ich war halt nur wütend und dann will man halt reden und dann flucht man vielleicht halt mal. Aber dann versöhnt man sich ja auch wieder und ich hab ja auch meine Fehler. Dann hieß es einfach nur, ja dann geht eben jeder seinen eigenen Weg. Hab ich nur zu ihr gesagt ›ja das ist ja mal wieder typisch deutsch, kaum klappt's nicht, dann sucht gleich jeder seinen eigenen Weg‹. Das hat halt nicht diese gesellschaftliche Verbindung oder das ist halt nicht dieses, ja so, es geht halt nicht mit uns und tschüß. Also versucht man weniger, ich mein, das kann man nie verallgemeinern, ... aber es wird weniger nach Lösungen gesucht. Dann ist auch immer diese Unabhängigkeit und es klappt halt nicht mehr oder die Liebe ist nicht mehr so wie Anfang. Obwohl, das ist klar, daß im Alltag die Liebe nicht mehr so ist wie am ersten Tag. Aber man liebt sich zwar und respektiert sich, aber auf 'ne andere Art. ... Ich rede meistens mit meiner Mutter darüber, weil meine Mutter hat oft auch die Ansichten wie ich. Sagt sie mir immer so ›ja okay, mach das, aber, oh, sieh mal zu, daß das jetzt nicht unbedingt die ganzen Araber erfahren‹ (lacht), so ungefähr. Ja, es ist halt leider, man achtet halt leider, also ich weniger, aber daß man drauf achtet, so, ja was werden denn die Leute dazu sagen. Das ist halt im Arabischen wahrscheinlich, also im Deutschen ist man, der Deutsche ist eher unabhängig. Er denkt also, ich tu das, was ich für richtig halte. ... Wenn ich zu meiner Freundin sag ›höh, meine Eltern wollen heute abend, daß wir zu ihnen gehen, nur weil die Besuch bekommen, erwarten die, daß wir auch kommen. Obwohl, wir haben andere Pläne, aber das kann ich dann nicht, um meine Eltern nicht zu beleidigen‹, dann sagt sie mir ›ja, dann sagt denen doch, ihr habt was anderes vor‹. ... Und dann werden sie halt sauer. ›Du hast dein eigenes Leben‹. Und dann kommt immer wieder dieses, ja die Eltern wissen, du bist erwachsen, führst dein eigenes Leben. Das stimmt ja alles haargenau. Aber ich bring das dann nie fertig, das meinen Eltern zu sagen. Und dann steh ich da auch immer ›ach, gehst du, gehst du nicht‹. Wird dann der Mann sauer, werden die Eltern sauer. Denk ich manchmal auch, wenn ich keine Araberin wär oder so, dann hätt ich das Problem nicht. Dann hätten meine Eltern das vielleicht eher verstanden. Obwohl meine Eltern sind ja sehr liberal drauf, aber naja, die erwarten halt, auch wenn ich jetzt eine Familie hab—, ich bin halt die Tochter. Nee, das ist nicht, daß die sagen, ja, du kommst jetzt oder weil es irgendwie, nein, im Gegenteil, das ist halt, weil die mich halt gerne dabeihaben. Das ist halt immer nur gut gemeint. Das ist ja nicht so, du kommst jetzt, weil sich das so gehört, aus irgendwelchen Gründen. Nein, das ist ja nur gut gemeint. Und weil das gut gemeint ist, fällt mir das auch schwer. ... Das sind dann halt so Sachen, das ist dann halt auch immer für mich sehr schwer, daß so hinzubiegen.«

77 Daß der Haushalt als ordnende Struktur zwischen den Geschlechtern zur Debatte steht, zeigt sich zum Beispiel auch am Titel eines Wochen-

endseminares einer islamischen Bildungsstätte: »... und wer kocht heute?«

78 Die Wirksamkeit der Performanz zeigt sich in einer relativen bereitwilligen Aufnahme der so Benannten (vgl. Hassan 1998; Waldhoff 1995: 195f., 223f.).

79 Vgl. dazu die Ausführungen von Wolf Lepenies (1969) am Beispiel des frühen Bürgertums und des Salon-Adels, deren Position der Machtlosigkeit zum Rückzug ins Innerliche und zur Ideologisierung der Reduktion geführt hat.

80 Sadik J. Al-Azm zeigt auf, daß sich in den innerislamischen Diskursen mit dem Begriff des Fundamentalismus völlig verschiedene, auch konträre Bedeutungen und Intentionen verbinden (1993: 77f.). Fundamentalismus ist, mit anderen Worten, ein kontextueller Begriff, dessen Sinn vom Sprecher abhängig ist. Martin Riesebrodt stellt klar heraus, daß »Fundamentalismus ... keine *single-issue*-Bewegung ... ist« (1990: 239), sondern sich aus Akteuren verschiedener sozialer Positionen zusammensetzt.

81 Vgl. dazu auch Krais (1993) und Döcker (1997).

82 Die Frage von Geschlecht und Klasse, im Zusammenhang mit der Kapitalismuskritik in den 1970er Jahren aufgeworfen, erfährt unter der Perspektive des auch den Feminismus erfassenden Dekonstruktivismus und der Positionierung des Individuums wieder erneute Beachtung (vgl. z.B. Felski 1997).

83 Spätere Studien relativieren dieses Bild mit Hinweis darauf, daß die Langzeitmigration zu liberaleren Beziehungen zwischen den Generationen geführt haben bzw. daß ihr Verhältnis nicht durch eine totale einseitige Machtbeziehung charakterisiert ist (Rosen 1993; Nauck 1994; Otyakmaz 1996), bleiben aber ohne Wirkung auf die Imagination des Anderen über ein negativ bilanziertes Geschlechterverhältnis.

84 Im übrigen soll nicht in Abrede gestellt werden, daß »autoritäre Binnenverhältnisse« in der einen oder anderen Form real existieren können. Aber hier geht es um den Zusammenhang von Ethnisierung, Anomisierung, Disziplinierung mit als neutral formulierten Aspekten von Recht, Moral, Macht und Geschlecht. Zu trennen ist dabei analytisch zwischen den Logiken und Realitätsimaginationen bzw. -bildungen von Rechtsdiskursen und alltagsweltlichen strategischen interaktiven Logiken (z.B. Bourdieu 1979). Im Auge zu behalten ist auch die Konstellation von Recht und Macht. Spivak etwa verweist auf ein Beispiel aus der indischen Kolonialzeit, wo britisches Recht die Position der Frauen verbessern sollte, aber als kolonialistisches Recht, verbun-

den mit der Attitüde »white men are saving brown women from brown men« nicht annehmbar war und Traditionen auf Kosten der Frauen erzeugte (Spivak 1988).

85 Dieser Umorganisierungsprozeß, der sich in der Veränderung der Beziehungen zwischen den Generationen und den Geschlechtern zeigt, schließt eine Reihe von Konflikten und Widersprüchen ein. Dazu gehört auch die Koexistenz des im Koran angeführten Stufenkonzepts, wonach der Mann eine Stufe höher steht als die Frau und eine lebensweltliche Minimierungsstrategie der Frauen, für die die soziale Gleichheit außer Frage steht. Ein wesentliches Element ist die historische Relativierung. Das kommt deutlich zum Ausdruck in den folgenden Stellungnahmen Shahla Sherkat's, der Hauptherausgeberin der iranischen Zeitschrift *Zanan*: »the Quran has not banned women from becoming judges. This prohibition was initiated in the history of jurisprudence and in the opinions of the previous religious authorities, whose ideas on women probably where shaped by the examples of their own wives or female relatives whom they generalized to the entire female population.« Und: »In the name of religion they (traditionalists) have wanted to hide women away in the home, to make them believe that they are mere instruments of biological reproduction ... that they do not need science, awareness, and social participation ... In our culture, women are regarded as the second sex and a secondary subject who have no personality without their husbands and gain respect only because of their children ... A part of the law is derived from religious interpretations which do not account for factors of time and space ... Education is one of the foundations of individual awareness and enables women to rediscover themselves ...« (zit. in Kian-Thiébaut 2000). Weniger elaboriert, weniger klar und bezogen auf den alltagsweltlichen Radius findet sich diese Argumentation auch in den Einstellungen der Neo-Muslimas wieder (vgl. Kapitel 6 und 7).

86 Das zeigt sich etwa an folgender Ausführung:
»Der Lebensstil, den der Islam in der ersten Periode eingeführt hat, sei es durch die Ausarbeitung oder durch die Ausbreitung der qur'anischen und der von der sunnah des Propheten (a.s.s.) abgeleiteten Verordnungen, muß heute neu definiert werden, um solche Tätigkeiten abzudecken, die früher nicht bekannt oder ungewohnt waren, und um entschlossener auf jenen Gebieten angewendet werden, die die Modernität vom Status der Üppigkeit zum Status des Notwendigen erhob. Die Gebiete des sozialen Umgangs, der Reise und des Transportes, der Erholung, der audio-visuellen Kunst, der Massenkommunikation z.B.

müßten von dem Urteil des Islam erfaßt und abgedeckt werden« (Internationales Institut für Islamisches Gedankengut 1988: 48).

87 Vgl. Bourdieus Ausführungen zur Ästhetik (1982: 756f.).

88 Foucaults Idee von der Selbstsorge kann sich seinen eigenen Worten nach nicht unter den Bedingungen moderner Machtbeziehungen realisieren (1985: 54), aber sie zirkuliert möglicherweise als praktisch wirksames »Simulacrum« (Baudrillard 1981) im Zusammenhang mit der Vorstellung der Selbststeuerung. In den biographischen Erzählungen klingt eine solche Idee an, die freilich aus der Bourdieu'schen Perspektive nicht mehr ist als eine strukturell bedingte kleinbürgerliche »Feier des Ich« (1982: 579) im Spiel der Distinktion.

Literatur

Abdallah, Muhammad S. (1987), ›... *und gab ihnen sein Königswort.‹ Berlin – Preußen – Bundesrepublik. Ein Abriß der Geschichte der islamischen Minderheiten in Deutschland*, Altenberge: CIS

Ahmed, Sara (1999), »›She'll Wake Up One of These Days and Find She's Turned into a Nigger‹. Passing through Hybridity«. *Theory, Culture & Society* 16/2: 87-106

Akgün, Mustafa (2000), *Der Hilferuf*, Ankara: Verlag Rahmet Yayinlari

Al-Azm, Sadik J. (1981), »Orientalism and Orientalism in Reverse«, Khamsin: *Journal of Revolutionary Socialists of the Middle East* 8: 5-26

Al-Azm, Sadik J. (1993), *Unbehagen in der Moderne. Aufklärung im Islam*, Frankfurt/Main: Fischer

Al-Azmeh, Aziz (1996), *Die Islamisierung des Islam*, Frankfurt/New York: Campus

al-Faruqi, Ismail R. (1982/1412), *Al tawhid: It's Implications for Thought and Life*. Herndon: The International Institute of Islamic Thought

Alheit, Peter (1996), »Die Spaltung von ›Biographie‹ und ›Gesellschaft‹«. In: Fischer-Rosenthal, Wolfram/Alheit, Peter (Hg.), *Biographien in Deutschland*, Opladen: Westdeutscher Verlag, 87-115

Alheit, Peter (1997), »›Individuelle Modernisierung‹ – Zur Logik biographischer Konstruktion in modernisierten modernen Gesellschaften«. In: Stefan Hradil (Hg.), *Differenz und Integration. Die Zukunft moderner Gesellschaften*. Verhandlungen des 28. Kongresses der Deutschen Gesellschaft für Soziologie in Dresden 1996, Frankfurt/Main: Campus, 941-951

al-Qaradawi, Jusuf (1989), *Erlaubtes und Verbotenes im Islam*, München: SKD Bavaria

Andezian, Sossie (1988), »Migrant Muslim Women in France«. In: Gerholm T./Lithman Y.G. (Hg.), *The New Islamic Presence in Western Europe*, London: Mansell, 196-205

Antoun, Richard (1968), »On the modesty of women in Arab Muslim villages: a study in the accomodation of traditions«. *American Anthropologist* 70/4: 671-679

Anzaldúa, Gloria (1988), *Borderlands – La Frontera*, Berkeley and Los Angeles: University of California Press

Apitzsch, Ursula (1999), »Traditionsbildung im Zusammenhang gesellschaftlicher Migrations- und Umbruchprozesse«. In: Apitzsch, Ursula

(Hg.), *Migration und Traditionsbildung*, Opladen: Westdeutscher Verlag, 7-20

Arendt, Hannah (1960), *Vita Activa – oder Vom tätigen Leben*, Stuttgart: Kohlhammer

Arkoun, Mohammed (1994), *Rethinking Islam*, Boulder: Westview

Aslan, Adnan (1996), »Geschlechtserziehung in den öffentlichen Schulen und die islamische Haltung«. *Schriftenreihe zur islamischen Erziehung* 1, hrsg. vom Institut für islamische Erziehung, Stuttgart: Islamisches Sozialdienst- und Informationszentrum

Balibar, Etienne (1993), »Gibt es einen »europäischen Rassismus?« In: Balke, Friedrich/Habermas, Rebecca/Nanz, Patricia/Sillem, Peter (Hg.), *Schwierige Fremdheit*, Frankfurt/Main: Fischer, 119-136

Balke, Friedrich/Habermas, Rebecca/Nanz, Patricia/Sillem, Peter (Hg.) (1993), *Schwierige Fremdheit. Über Integration und Ausgrenzung in Einwanderungsländern*, Frankfurt/Main: Fischer

Barot, Rohit (Hg.) (1993), *Religion and Ethnicity*, Kampen: Kok Pharos

Bastenier, Albert (1988), »Islam in Belgium: Contradictions and Perspectives«. In: Gerholm T./Lithman Y.G. (Hg.), *The New Islamic Presence in Western Europe*, London: Mansell, 133-145

Bateson, Gregory (1984), *Geist und Natur*, Frankfurt/Main: Suhrkamp

Bauböck, Rainer (1994), »Drei multikulturelle Dilemmata«. In: Ostendorf, Bernd (Hg.), *Multikulturelle Gesellschaft: Modell Amerika*, München: Fink, 237-256

Baudrillard, Jean (1991), *Der symbolische Tausch und der Tod*, München: Matthes & Seitz

Baumgartner-Karabak, Andrea/Landesberger, Gisela (1984), *Die verkauften Bräute. Türkische Frauen zwischen Kreuzberg und Anatolien*, Reinbek bei Hamburg: Rowohlt

Beauvoir, Simone de (1973), *Das andere Geschlecht*, Reinbek bei Hamburg: rororo

Beck, Ulrich (1986), *Risikogesellschaft*, Frankfurt/Main: Suhrkamp

Beck, Ulrich/Beck-Gernsheim, Elisabeth (1990), *Das ganz normale Chaos der Liebe*, Frankfurt/Main: Suhrkamp

Benhabib, Seyla/Butler, Judith/Cornell, Drucilla/Frazer, Nancy (1993), *Der Streit um Differenz*, Frankfurt/Main: Fischer

Bennett, David (Hg.) (1998), *Multicultural States. Rethinking Difference and Identity*, London: Routledge

Berger, Peter (1970), *Auf den Spuren der Engel: die moderne Gesellschaft und die Wiederentdeckung des Transzendenten*, Frankfurt/Main: Fischer

Berger, Peter/Luckmann, Thomas(1969), *Die gesellschaftliche Konstruktion der Wirklichkeit*, Frankfurt/Main: Fischer

Bhabha, Homi (1990), »The Third Space«. In: Rutherford, Jonathan (Hg.), *Identity, Community, Culture, Difference*, London: Lawrence & Wishart, 207-221

Bhabha, Homi (1994), *The Location of Culture*, London/New York: Routledge

Binswanger, Karl (1990), »Islamischer Fundamentalismus in der Bundesrepublik«. In: Nirumand, Bahman, *Im Namen Allahs: islamische Gruppen und der Fundamentalismus in der Bundesrepublik Deutschland*, Köln: Dreisam, 38-54

Binswanger, Karl/Sipahioglu, Fethi (1988), *Türkisch-islamische Vereine als Faktor deutsch-türkischer Existenz*, München: Rieá und Druck

Blau, Rosa (1995), *Der geteilte Mann*, Reinbek bei Hamburg: Rowoht

Bloul, Rachel (1996), »Engendering Muslim Identities: Deterritorialization and the Ethnicization Process in France«. In: Metcalf, Barbara (Hg.), *Making Muslim Space in North America and Europe*, Berkeley: University of California Press, 234-250

Bohnsack, Ralf (1989), *Generation, Milieu, Geschlecht*, Opladen: Leske + Budrich

Borgogno, Victor (1990), »Le Discours Populaire Sur L,Immigration«. *Peuples méditerranéens* 51: 7-30

Bourdieu, Pierre (1979), *Entwurf einer Theorie der Praxis*, Frankfurt/Main: Suhrkamp

Bourdieu, Pierre (1982), *Die feinen Unterschiede*, Frankfurt/Main: Suhrkamp

Bourdieu, Pierre (1985), »The Social Space and the Genesis of Groups«. *Theory and Society* 14/4: 723-744

Bourdieu, Pierre (1991), *Language and Symbolic Power*, London: Polity Press

Bourdieu, Pierre (1991a), »Die Illusion der Biographie«. *Die Neue Rundschau* 102/3: 109ff.

Bourdieu, Pierre (1992), *Rede und Antwort*, Frankfurt/Main: Suhrkamp

Bourdieu, Pierre (1993), *Sozialer Sinn*, Frankfurt/Main: Suhrkamp

Bourdieu, Pierre (1997), »Männliche Herrschaft revisited«. *Feministische Studien* 15/2: 88-99

Bourdieu, Pierre/Eagleton, Terry (1992), »Doxa and Common Life«. *New Left Review* 2: 111-121

Bourdieu, Pierre/Passeron, Jean Claude (1973), *Grundlagen einer Theorie der symbolischen Gewalt*, Frankfurt/Main: Suhrkamp

Bourdieu, Pierre/Wacquant, Loic (1996), *Reflexive Anthropologie*, Frankfurt/Main: Suhrkamp

Braun, Christina von (1992), »Das Kloster im Kopf«. In: Flaake, Karin/King, Vera (Hg.), *Weibliche Adoleszenz. Zur Sozialisation junger Frauen*, Frankfurt/Main/ New York: Campus, 213-239

Brubaker, Roger/Coopers, Frederick (2000), »Beyond ›identity‹«. *Theory and Society* 29: 1-47

Bruner, Jerome (1995), »The Autobiographical Process«. *Current Sociology* 43 2/3: 161-178

Büchner, Hans-Joachim (1997), »Les Marocains de Dietzenbach et leur mosquée ou les difficultés de vivre dans un ghetto«. In: Berriane, M./Popp H. (Hg.), Migrations internationales entre le Maghreb et l'Europe – les effects sur les pays de destination et d'origine. *Maghreb-Studien* 10: 29-37

Bude, Heinz (1984), »Rekonstruktion von Lebenskonstruktionen – eine Antwort auf die Frage, was die Biographieforschung bringt«. In: Kohli, Martin/Robert, Günther (Hg.), *Biographie und Wirklichkeit*, Stuttgart: Metzler, 7-28

Bukow, Wolf-Dietrich (1996), *Feindbild Minderheit: Zur Funktion von Ethnisierung*, Opladen: Leske + Budrich

Bukow, Wolf-Dietrich/Ottersbach, Markus (Hg.) (1999), *Fundamentalismusverdacht*, Opladen: Leske + Budrich

Caglar, Ayse S. (1997), »Hyphenated Identities and the Limits of ›Culture‹«. In: Modood, Tariq/Werbner, Pnina (Hg.), *The Politics of Multiculturalism in the New Europe: Racism, Identity and Community*, London/New York: Zed Books, 169-185

Calhoun, Craig (1993), »Habitus, Field and Capital: The Question of Historical Specifity«. In: Calhoun, Craig/LiPuma, Edward/Postone, Moishe (Hg.), *Bourdieu: Critical Perspectives*, Cambridge/Oxford: Politiy Press, 61-88

Calhoun, Craig (1993), *Social theory and the polititcs of identity*, Oxford: Blackwell

Chambers, Iain (1996), *Migration, Kultur, Identität*, Tübingen: Stauffenburg

Clark, Gordon/Forbes, Dean/Francis Roderick (Hg.) (1993), *Multiculturalism, Difference and Postmodernism*, Melbourne: Longman

Cohn-Bendit, Daniel (1990), »Francfort: Ville Multiculturelle«. *Peuples méditerranéens* 51: 131-144

Cohn-Bendit, Daniel/ Shmid, Thomas (1992), *Heimat Babylon*, Hamburg: H & C

Dangschat, Jens S. (1999), »Nur ein Irrtum? Von der eigenen Überschätzung der Erfinder der multikulturellen Gesellschaft«. In: Honegger, Claudia/Hradil, Stefan/Trxler, Franz (Hg.), *Grenzenlose Gesellschaft?* Verhandlungen des 29. Kongresses der Deutschen Gesellschaft für Soziologie, des 16. Kongresses der Österreichischen Gesellschaft für Soziologie, des 11. Kongresses der Schweizerischen Gesellschaft für Soziologie in Freiburg im Breisgau 1998, Teil 2, Opladen: Leske + Budrich, 519-538

Dassetto, Felice/Bastenier, Albert (1989), *l'Islam Transplanté*, Anvers (Berchem): Editions EPO

de Certeau, Michel (1988), *Kunst des Handelns*, Berlin: Merve

Debold, Elizabeth/Wilson, Marie/Malavé, Idelisse (1994), *Die Mutter–Tochter–Revolution*, Reinbek bei Hamburg: Rowohlt

Delanty, Gerard (1997), »Habermas and Occidental Rationalism: The Politics of Identity, Social Learning, and the Cultural Limits of Moral Universalism«. In: *Sociological Theory* 15/1: 30-59

Denffer, Ahmed von (1993), *Islam und Umwelt*, München: SKD Bavaria

Djebar, Assia (1997), *Fern von Medina*, Zürich: Unionsverlag

Döcker, Ulrike (1997), »Die Ordnung der Geschlechter bei Pierre Bourdieu und Norbert Elias«. In: Klein, Gabriele/Liebsch, Katharina (Hg.), *Zivilisierung des weiblichen Ich*, Frankfurt/Main: Suhrkamp, 337-364

Donzelot, Jacques (1980), *Die Ordnung der Familie*, Frankfurt/Main: Suhrkamp

Doomernik, Jeroen (1995), »The institutionalization of Turkish Islam in Germany and The Netherlands: a comparison«. *Ethnic and Racial Studies* 18/1: 46-63

Douglas, Mary (1985), *Reinheit und Gefährdung*, Berlin: Reimer

Douglas, Mary (1991), *Wie Institutionen denken*, Frankfurt/Main: Suhrkamp

Dumont, Louis (1991), *Individualismus. Zur Ideologie der Moderne*, Frankfurt/New York: Campus

Dürrschmidt, Jörg (1995), *Individual Relevances in the globalized world city: an analysis of extended milieux under conditions of (micro)globalization*, Bielefeld, Diss.

Eade, John (1997), *Living the Global City: Globalization as Local Process*, London: Routledge

Eder, Klaus (1989), »Jenseits der nivellierten Mittelstandsgesellschaft«. In: Eder, Klaus (Hg.), *Klassenlage, Lebensstil und kulturelle Praxis*, 341-392

Eder, Klaus (1993), *The New Politics of Class*, London (u.a.): Sage

El-Bahnassawi, Salim (1993), *Die Stellung der Frau zwischen Islam und weltlicher Gesetzgebung,* München: SKD Bavaria,

El-Guindi, Fadwa (1999), *Veil. Modesty, Privacy and Resistance,* Oxford/New York: Berg

Elias, Norbert (1976/78), *Über den Prozeß der Zivilisation,* 2 Bände, Frankfurt/Main: Suhrkamp

Elias, Norbert (1983), *Die höfische Gesellschaft,* Frankfurt/Main: Suhrkamp

Elias, Norbert (1986), »Wandlungen der Machtbalance zwischen den Geschlechtern«. *Kölner Zeitschrift für Soziologie und Sozialpsychologie* 38: 425-449

El-Zayat, Farouk M. (1992), *Mütter der Gläubigen. Die Geschichte der Ehefrauen des Propheten Muhammad,* München: SKD Bavaria

Ètienne, Bruno (1987), *L'Islamisme radical,* Paris: Hachette

Featherstone, Mike (1991), »The Body in Consumer Culture«. In: Featherstone, Mike/Hepworth, Mike/Turner, Bryan S. (Hg.), *The Body. Social Process and Cultural Theory,* London: Sage, 170-196,

Felski, Rita (1997), »The Doxa of Difference«. *Signs* 23/1: 1-21

Foucault, Michel (1977), *Überwachen und Strafen,* Frankfurt/Main: Suhrkamp

Foucault, Michel (1978), *Dispositive der Macht,* Berlin: Merve

Foucault, Michel (1980), The Politics of Health in the Eighteenth Century. In: Colin Gordon (Hg.), *Power/Knowledge. Selected Interviews and Other Writings, 1972-1979,* Brighton: Harvester, 166-182

Foucault, Michel (1983), *Sexualität und Wahrheit,* Bd. 1. Frankfurt/Main: Suhrkamp

Foucault, Michel (1984), *Von der Freundschaft als Lebensweise,* Berlin: Merve

Foucault, Michel (1985), »Freiheit und Selbstsorge«, hrsg. von Becker, Helmut/Wolfstetter, Lothar/Gomez-Muller, Alfred/Fornet-Betancourt, Raúl, Frankfurt/Main: Materialis

Foucault, Michel (1987), »Nietzsche, die Genealogie, die Historie«. In: ders., *Von der Subversion des Wissens,* Frankfurt/Main: Fischer, 69-90

Foucault, Michel (1989a), *Der Gebrauch der Lüste: Sexualität und Wahrheit 2,* Frankfurt/Main: Suhrkamp

Foucault, Michel (1989b), *Die Sorge um sich: Sexualität und Wahrheit 3,* Frankfurt/Main: Suhrkamp

Foucault, Michel (1993), Technologien des Selbst. In: Foucault, Michel/Martin, Luther/Gutman, Huck/Hutton, Patrick, *Technologien des Selbst,* Frankfurt/Main: Fischer, 24-62

Foucault, Michel (1999), Botschaften der Macht. Hrsg. von Jan Engelmann, Stuttgart: DVA

Frank, Arthur W. (1991), »For a Sociology of the Body: An Analytical Review«. In: Featherstone, Mike/Hepworth, Mike/Turner, Bryan S. (Hg.), *The Body. Social Process and Cultural Theory*, London: Sage, 36-102

Frazer, Nancy (1993), »Falsche Gegensätze«. In: Benhabib, Seyla/Butler, Judith/Cornell, Drucilla/Frazer, Nancy, *Der Streit um Differenz*, Frankfurt/Main: Fischer, 59-79

Fuchs, Peter (1996), »Das Phantasma der Gleichheit«. *Merkur* 50/9, 10: 959-964

Gardet, Louis (1968), *Islam*, Köln: Verlag J.P. Bachem

Gaspard, Francoise/Khosrokhavar, Ferhad (1995), *Le foulard et la République*, Paris: Découverte

Geertz, Clifford (1991), *Religiöse Entwicklungen im Islam*, Frankfurt/Main: Suhrkamp

Geiersbach, Paul (1990), *Ein Türkenghetto in Deutschland*, 2 Bände, Berlin: Mink

Geissler, Birgit/Oechsle, Mechthild (1996), *Lebensplanung junger Frauen*, Weinheim: Deutscher Studienverlag

Geißler, Heiner (1996), »Bürger, Nation, Republik – Europa und die multikulturelle Gesellschaft«. In: Bade, Klaus (Hg.), *Die multikulturelle Herausforderung*, München: Beck, 125-146

Gergen, Kenneth J. (1996), »Technology and the Self: From the Essential to the Sublime«. In: Grodin, Debra/Lindlof, Thomas R. (Hg.), *Constructing the Self in a Mediated World*, London: Sage, 127-140

Gerhardt, Uta (1996), »›Ideal Type‹ and the Construction of the Life Course. A New Look at the Micro-Macro-Link«. In: Weymann, Ansgar/Heinz, Walter (Hg.) (1996), *Society and Biography*, Weinheim: Deutscher Studienverlag, 21-49

Gerholm, Thomas/Lithman, Yngve G. (Hg.) (1988), *The New Islamic Presence in Western Europe*, London: Mansell

Gibb, H.A.R. (1986/1949), *Islam*, Oxford :Oxford University Press

Glaser, Barney/Strauss, Anselm (1967), *The Discovery of Grounded Theory*, Chicago: Aldine

Goldstein, Jonah/Rayner, Jeremy (1994), »The politics of identity in late modern society«. *Theory and Society* 23: 367-384

Goldziher, Ignaz (1971), *Muslim Studies, Vol. II*, London: George Allen & Unwin

Göle, Nilüfer (1995), *Republik und Schleier*, Berlin: Babel

Göle, Nilüfer (1997), »The Gendered Nature of the Public Sphere«. *Public Culture* 10: 61-81

Göle, Nilüfer (2000), »Snapshots of Islamic Modernities«. *Daedalus* 129/1: 91-118

Gomolla, Mechthild (1997), »Mechanismen institutionalisierter Diskriminierung in Bildungsorganisationen«. In: Waldhoff, Hans-Peter/Tan, Dursun/Kürsat-Ahlers, Elcin (Hg.), *Brücken zwischen Zivilisationen*, Frankfurt/Main: IKO, 153-174

Granato, Mona (1994), *Hochmotiviert und abgebremst: junge Frauen ausländischer Herkunft in der Bundesrepublik Deutschland*, Bielefeld: Bertelsmann

Gross, Peter (1994), *Die Multioptionsgesellschaft*, Frankfurt/Main: Suhrkamp

Gupta, Akhil/Ferguson, James (1993), »Beyond ›Culture‹: Space, Identity and the Politics of Difference«. *Cultural Anthropology* 5: 6-23

Gür, Metin (1993), *Türkisch-Islamische Vereinigungen in der Bundesrepublik Deutschland*, Frankfurt/Main: Brandes & Apsel

Gutman, Huck (1993), »Rousseaus *Bekenntnisse*: eine Selbsttechnik«. In: Foucault, Michel/Martin, Rux/Martin, Luther H., *Technologien des Selbst*, Frankfurt/Main: Fischer, 118-143

Habermas, Jürgen (1968), *Erkenntnis und Interesse*, Frankfurt/Main: Suhrkamp

Habermas, Jürgen (1981), *Theorie des kommunikativen Handelns*, Bd. 1, Frankfurt/Main: Suhrkamp

Habermas, Jürgen (1992), *Faktizität und Geltung*, Frankfurt/Main: Suhrkamp

Habermas, Jürgen (1993), »Anerkennungskämpfe im demokratischen Rechtsstaat«. In: Taylor, Charles et al. (Hg.), *Multikulturalismus und die Polititk der Anerkennung*, Frankfurt/Main: Fischer, 147-196

Habermas, Jürgen (1996), *Die Einbeziehung des Anderen*, Frankfurt/Main: Suhrkamp

Harzig, Christiane/Räthzel, Nora (Hg.) (1995), *Widersprüche des Multikulturalismus*, Hamburg: Argument-Verlag

Hauff, Mechthild (1993), *Falle Nationalstaat: die Fiktion des homogenen Nationalstaates und ihre Auswirkungen auf den Umgang mit Minderheiten in Schule und Erziehungswissenschaft*, Münster/New York: Waxmann

Heine, Ina/Heine, Peter (1993), *Oh, ihr Musliminnen*, Freiburg: Herder

Heine, Peter (1990), »Ethnizität und Fundamentalismus – Nationalitätenspezifische Eigenschaften«. In: Nirumand, Bahman (Hg.), *Im Namen Allahs: islamische Gruppen und der Fundamentalismus in der Bundesrepublik Deutschland*, Köln: Dreisam-Verlag, 94-115

Heine, Peter (1997), *Halbmond über deutschen Dächern. Muslimisches Leben in unserem Land,* München: Paul List Verlag

Heinz, Walter R. (Hg.) (1991), *Institutions and Gatekeeping in the Life Course,* Weinheim: Deutscher Studien Verlag

Heitmeyer, Wilhelm/Müller, Joachim/Schröder, Helmut (1997), *Verlokkender Fundamentalismus,* Frankfurt/Main: Suhrkamp

Heller, Agnes (1984), *Everyday Life,* London: Routledge & Kegan Paul

Hippler, Jochen/Lueg, Andrea (1993), *Feindbild Islam,* Hamburg: Konkret

Hoerning, Erika M. (1995), »Biographische Ressourcen und sozialer Wandel«. In: Berger, Peter A./Sopp, Peter (Hg.), *Sozialstruktur und Lebenslauf,* Opladen: Leske + Budrich, 235-252

Hoffmann, Lutz (1981), ›Wir machen alles falsch‹. Wie türkische Jugendliche sich in ihren Alltagstheorien mit ihrer Lage in der Bundesrepublik Deutschland auseinandersetzen. *Materialien des Zentrums für Wissenschaft und berufliche Praxis* Heft 12, Universität Bielefeld, Bielefeld

Honneth, Axel (1994), *Kampf um Anerkennung. Zur moralischen Grammatik sozialer Konflikte,* Frankfurt/Main: Suhrkamp

Huntington, Samuel (1996), *Kampf der Kulturen: die Neugestaltung der Weltpolitik im 21. Jahrhundert,* München/Wien: Europaverlag

Hutton, Patrick H. (1993), »Foucault, Freud und die Technologien des Selbst«. In: Foucault, Michel/Martin, Rux/Martin, Luther H., *Technologien des Selbst,* Frankfurt/Main: Fischer, 144-167

Internationales Institut für Islamisches Gedankengut/Muslim Studentenvereinigung e.V. (Hg.) (1988), *Das Einbringen des Islam in das Wissen.*

Jacobson, Jessica (1998), *Islam in Transition. Religion and Identity among British Pakistani Youth,* London/New York: Routledge

Jäger, Margret (1996), *Fatale Effekte. Die Kritik am Patriarchat im Einwanderungsdiskurs,* Duisburg: Diss

Jameson, Fredric (1991), *Postmodernism,* Durham: Duke University Press

Jasser, Ghaiss (1999), »The Twin Evils of the Veil«. *Social Identities* 5/1: 31-45

Joas, Hans (1992), *Die Kreativität des Handelns,* Frankfurt/Main: Suhrkamp

Joseph, Suad (1994), »Problematizing Gender and Relational Rights: Experiences from Lebanon«. *Social Politics* 1/2: 271-285

Joseph, Suad (1998), »Comment on Majid's ›The Politics of Feminism in Islam‹: Critique of Politics and the Politics of Critique«. *Signs* 23/2: 363-368

Kaplan, Ann E. (1993), »Madonna Politics: Perversion, Repression or Subversion? Or Masks and/as Mastery«. In: Schwichtenberg, Celia (Hg.),

The Madonna Connection: Representational Politics, Subcultural Identites, and Cultur Theory, Oxford. Westview Press

Karakasoglu-Aydin, Yasemin (1999), »Eine Analyse der Reaktionen auf den ›Fall Ludin‹ in der politischen und Medienöffentlichkeit«. In: Jonker, Gerdien (Hg.), *Kern und Rand. Religiöse Minderheiten aus der Türkei in Deutschland*, Berlin: Das Arabische Buch

Karaman, Hayrettin (1993), *Erlaubtes und Verwehrtes*, Ankara: Türkiye Diyanet Vakfi

Kaschuba, Wolfgang (1995), »Kulturalismus: Kultur statt Gesellschaft«. *Geschichte und Gesellschaft* 21: 80-95

Kegan, Robert (1986), *Die Entwicklung des Selbst: Fortschritte und Krisen im menschlichen Leben*, München: Kindt

Kepel, Gilles (1993), »Zwischen Gesellschaft und Gemeinschaft: Zur gegenwärtigen Lage der Muslime in Großbritannien und Frankreich«. In: Balke, Friedrich/Habermas, Rebecca/Nanz, Patricia/Sillem, Peter (Hg.), *Schwierige Fremdheit*, Frankfurt/Main: Fischer, 81-102

Kepel, Gilles. (1996), *Allah im Westen*, München/Zürich: Piper

Kian-Thiébaut, Azadeh (2000), Iranian Women and Public Sphere, Manuskript, Vortrag beim Workshop »Public Space and Islam« unter der Leitung von Nilüfer Göle im Kulturwissenschaftlichen Institut Essen im April 2000

Klein-Hessling (1999), »Wo endet die Trauer? Soziale Praktiken im Diskurs über islamische Identität im Nordsudan«. In: Klein-Hessling, Ruth/Nökel, Sigrid/Werner, Karin, *Der neue Islam der Frauen. Weibliche Lebenspraxis in der globalisierten Moderne – Fallstudien aus Afrika, Asien und Europa*, Bielefeld: transcript, 229-248

Klinkhammer, Gritt (1999), »Individualisierung und Säkularisierung islamischer Religiosität: zwei Türkinnen in Deutschland«. In: Gerdien Jonker (Hg.), *Kern und Rand. Religiöse Minderheiten aus der Türkei in Deutschland*, Berlin: Das Arabische Buch, 221-236

Klinkhammer, Gritt (2000), »Zur Bedeutung des Kopftuchs für das Selbstverständnis von Musliminnen im innerislamischen Geschlechterverhältnis«. In: Lukatis, Ingrid/Sommer, Regina/Wolf, Christoph (Hg.), *Religion und Geschlechterverhältnis*, Opladen: Leske + Budrich, 271-278

Kluckhohn, Clyde (1967), »Values and Value-Orientations in the Theory of Action: An Exploration in Definition and Classification«. In: Parsons, Talcott/Shils, Edward (Hg.), *Toward a General Theory of Action*, Cambridge/Massachusetts: Harvard University Press, 388-433

Knapp, Gudrun-Axeli (1997), »Differenz und Konstruktion: Anmerkungen zum ›Paradigmenwechsel‹ in der Frauenforschung«. In: Hradil, Stefan (Hg.), *Differenz und Integration. Die Zukunft moderner Gesellschaften.* Verhandlungen des 28. Kongresses der Deutschen Gesellschaft für Soziologie in Dresden 1996, 941-951, Frankfurt/New York: Campus

Kohli, Martin (1985), »Die Institutionalisierung des Lebenslaufs«. *Kölner Zeitschrift für Soziologie und Sozialpsychologie* 37/1: 1-29

Kohli, Martin (1988), »Normalbiographie und Individualität: Zur institutionellen Dynamik des gegenwärtigen Lebenslaufregimes«. In: Brose, Hanns-Georg/Hildenbrand, Bruno (Hg.), *Vom Ende des Individuums zur Individualität ohne Ende*, Opladen: Westdeutscher Verlag, 33-53

Kohli, Martin (1991), »Lebenslauftheoretische Ansätze in der Sozialisationsforschung«. In: Hurrelmann, Klaus/Ulich, Dieter, *Neues Handbuch der Sozialisationsforschung*, Weinheim und Basel: Beltz, 303-317

König, Karin (1989), *Tschador, Ehre und Kulturkonflikt. Veränderungsprozesse türkischer Frauen und Mädchen durch die Emigration und ihre Folgen*, Frankfurt/Main: Verlag für interkulturelle Kommunikation

Krais, Beate (1993), »Gender and Symbolic Violence: Female Oppression in the Light of Bourdieu's Theory of Social Practice«. In: Calhoun, Craig/LiPuma, Edward/Postone, Moishe (Hg.), *Bourdieu: Critical Perspectives*, Cambridge/Oxford: Politiy Press

Lacoste-Dujardin, Camille (1994), »Transmission religieuse et migration: l'Islam identitaire des filles de maghrébins immigrés en France«. *Social Compass* 41/1: 163-170

Lash, Scott (1993), »Pierre Bourdieu: Cultural Economy and Social Change«. In: Calhoun, Craig/LiPuma, Edward/Postone, Moishe (Hg.), *Bourdieu: Critical Perspectives*, Cambridge/Oxford: Politiy Press, 95-119

Lederer, Helmut (1997), *Migration und Integration in Zahlen*, Mitteilungen der Beauftragten der Bundesregierung für Ausländerfragen, Bonn

Leggewie, Claus (1990), Multikulti. *Spielregeln der Vielvölkerrepublik*, Berlin: Rotbuch

Leggewie, Claus (1993), »SOS France: Ein Einwanderungsland kommt in die Jahre«. In: Robertson-Wensauer, Caroline (Hg.), *Multikulturalität – Interkulturalität*, Baden-Baden: Nomos, 212-238

Leggewie, Claus (1993a), *Alhambra – Der Islam im Westen*, Reinbek bei Hamburg: Rowohlt

Lepenies, Wolf (1969), *Melancholie und Gesellschaft*, Frankfurt/Main: Suhrkamp

Leveau, Rémy/Kepel, Gilles (Hg.) (1988), *Les Musulmans dans la societé francaise*, Paris: Presses des la fondation nationale des sciences politiques

Levy, René (1996), »Toward a Theory of Life Course Institutionalization«.

In: Weymann, Ansgar/Heinz, Walter R., *Society and Biography*, Weinheim: Deutscher Studien Verlag 1996, 83-108

Lewis, Bernard (1994), »Legal and historical reflections on the position of Muslim populations under non-Muslim rule«. In: Lewis, Bernard/ Schnapper, Dominique (Hg.), *Muslims in Europe*, London/New York: Pinter, 1-18

Luhmann, Niklas (1993), *Gesellschaftsstruktur und Semantik*, Band 3, Frankfurt/Main: Suhrkamp

Luhmann, Niklas (1993a), »Quod omnes tangit ...«. *Rechtshistorisches Journal* 12: 36-57

Lukács, Georg (1963), *Die Eigenart des Ästhetischen*, 2 Bände. Neuwied: Luchterhand

Lutz, Helma (1991), *Migrant Women of ›Islamic Background‹. Images and Self-Images*, Amsterdam: Stichting MERA

Mann, Bettina (1991), *Essen und Identität: Zur sozialen und kulturellen Dimension der Ernährung*. Working Paper Nr. 161, Bielefeld (Fakultät für Soziologie, Forschungsschwerpunkt Entwicklungssoziologie)

Marcus, Laura (1995), »Autobiography and the Politics of Identity«. *Current Sociology* 43/2, 3: 41-52

Matthes, Joachim (Hg.) (1992), »Zwischen den Kulturen? Die Sozialwissenschaften vor dem Problem des Kulturvergleichs«. *Soziale Welt*, Sonderband 8

Mauss, Marcel (1984), *Die Gabe*, Frankfurt/Main: Suhrkamp

McNamee, Sheila (1996), »Therapy and Identity Construction in a Postmodern World«. In: Grodin, Debra/Lindlof, Thomas R. (Hg.), *Constructing the Self in a Mediated World*, Thousand Oaks: Sage, 141-155

McNay, Lois (1999), »Gender, Habitus and the Field«. *Theory, Culture & Society* 16/1: 95-117

Mernissi, Fatima (1987), *Geschlecht. Ideologie, Islam*, München: Frauenbuchverlag

Mernissi, Fatima (1996), *Women's Rebellion & Islamic Memory*, London/ New Jersey: Zed Books

Metcalf, Barbara Daly (Hg.) (1996), *Making Muslim Space in North America and Europe*, Berkeley/Los Angeles/London: University of California Press

Meyer, John W. (1987), »Self and life course: institutionalization and its effects«. In: Thomas, Gerald/Meyer, John W./Ramirez, Fernando/Boli, Thomas (Hg.), *Institutional Structure: Constituting State, Society and the Individual*, Newbury: Park, 242-260

Meyer, John W./Boli, Thomas/Thomas, Gerald. (1987), »Ontology and Rationalization in the Western Cultural Account«. In: Thomas, Gerald/ Meyer, John W./Ramirez, Fernando/Boli, Thomas (Hg.), *Institutional Structure: Constituting State, Society and the Individual*, Newbury: Park, 12-38

Meyer, John W./Jepperson, Ronald (2000), »The ›Actors‹ of Modern Society: The Cultural Construction of Social Agency«. *Sociological Theory* 18/ 1: 100-120

Mihciyazgan, Ursula (1993), *Moscheen türkischer Muslime in Hamburg. Hamburg*, hrsg. von der Behörde für Arbeit, Gesundheit und Soziales der Stadt Hamburg

Mihciyazgan, Ursula (1993a), Die Macht der Kultur. In: Leggewie, Claus/ Senocak, Zafer (Hg.), *Deutsche Türken – Türk Almanlar*, Reinbek bei Hamburg: Rowohlt, 92-102

Moghadam, Valentine (1993), »Rhetorics and the Rights of Identity in Islamist Movements«. *Journal of World History* 4/2: 243-264

Montesquieu, Charles-Louis (1991), *Persische Briefe*, Leipzig: Reclam

Moore, Henrietta (1990), *Mensch und Frau sein. Perspektiven einer feministischen Anthropologie*, Gütersloh: Gütersloher Verlagshaus Gerd Mohn

Moore, Henrietta (2000), »Differences and Recognition: Postmillennial Identities and Social Justice«. *Signs* 25/41: 1129-132

Mouffe, Chantal (1988), »Hegemony and New Political Subjects: Toward a New Concept of Democracy«. In: Grossberg, Lawrence/Nelson, Cary (Hg.), *Marxism and the Interpretation of Culture*, Houndmills: Macmillan, 89-101

Müller, Hans-Peter (1986), »Kultur, Geschmack und Distinktion«. In: Neidhardt, Friedrich/Lepsius, M. Rainer/Weiß, Johannes, Kultur und Gesellschaft, *Kölner Zeitschrift für Soziologie und Sozialpsychologie*, Sonderheft 27

Müller, Hans-Peter (1995), »Differenz und Distinktion«. *Merkur* 49: 558f., 927-934

Murata, Sachico/Chittick, William C. (1994), *The Vision of Islam*, St. Paul: Paragon House

Nagl-Docekal, Herta (1999), *Feministische Philosophie*, Frankfurt/Main: Fischer

Nauck, Bernhard (1994), »Changes in Turkish migrant families in Germany«. In: Lewis, Bernard/Schnapper, Dominique (Hg.), *Muslims in Europe*, London: Pinter Publishers, 130-147

Nauck, Bernhard/Kohlmann, Andrea/Diefenbach, Heike (1997), »Familiäre Netzwerke, intergenerative Transmission und Assimilationsprozesse bei türkischen Migrantenfamilien«. *Kölner Zeitschrift für Soziologie und Sozialpsychologie* 49: 477-499

Nestvogel, Renate (1996), »Zum Umgang mit Bildern von ›Fremden‹«. *Beiträge zur feministischen Theorie und Praxis* 42: 53-63

Neumann, Gerhard (1993), »›Jede Nahrung ist ein Symbol‹. Umrisse einer Kulturwissenschaft des Essens«. In: Wierlacher, Alois/Neumann, Gerhard/Teuteberg, Hans Jürgen, *Kulturthema Essen*, Berlin: Akademie Verlag, 385-444

Neumann, Ursula (1981), *Erziehung ausländischer Kinder*, Düsseldorf: Pädag. Verlag Schwann

Nieuwenhuijze, C. A. O. van (1996), »Islamism – A Defiant Utopianism«. *Die Welt des Islams* 53/1: 1-36

Nirumand, Bahman (Hg.) (1990), *Im Namen Allahs. Islamische Gruppen und der Fundamentalismus in der Bundesrepublik Deutschland*, Köln: Dreisam

Nökel, Sigrid (2000), »Migration, Islamisierung und Identitätspolitiken: Zur Bedeutung der Religiosität junger Frauen in Deutschland«. In: Lukatis, Ingrid/Sommer, Regina/Wolf, Christof (Hg.), *Religion und Geschlechterverhältnis*, Opladen: Leske + Budrich, 261-270

Nökel, Sigrid (2001), »Personal Identity and Public Spaces. Micropolitics of Muslim Women in Germany«. In: Jörn Rüsen (Hg.), Jahrbuch 2000/2001, Essen: Kulturwissenschaftliches Institut im Wissenschaftszentrum NRW, 113-147

O'Fahey, R.S./Radtke, Bernd (1993), »Neo-Sufism Reconsidered«. *Der Islam* 70/1: 52-87

Otyakmaz, Berrin (1996), *Auf allen Stühlen*, Frankfurt/Main: IKO

Pasha, Mustafa K./Samatar, Ahmed I. (1996), »The Resurgence of Islam«. In: Mittelman, James H. (Hg.), *Globalization: critical reflections*, Boulder/London: Lynne Rienner Publishers, 187-203

Peleikis, Anja (1999), »›Ich bin kein Symbol, eine Frau bin ich!‹ Weibliche Identitifikationsmuster im ›Globalisierten Dorf‹«. In: Klein-Hessling, Ruth/Nökel, Sigrid/Werner, Karin (Hg.), *Der neue Islam der Frauen. Weibliche Lebenspraxis in der globalisierten Moderne – Fallstudien aus Afrika, Asien und Europa*, Bielefeld: transcript, 208-228

Pinn, Irmgard/Wehner, Marlies (1995), *EuroPhantasien – Die islamische Frau aus westlicher Sicht*, Duisburg: Diss.

Pitzer-Reyl, Renate (1996), *›Gemäss den Bedingungen der Zeit‹. Religiöser Wandel bei Muslimen in der heutigen Türkei*, Berlin: Dieter Reimer Verlag

Poston, Larry (1992), *Islamic Da'wah in the West. Muslim Missionary Activity and the Dynamics of Conversion to Islam*, New York/Oxford: Oxford University Press

Prokop, Ulrike (1994), »Einige Überlegungen zum Thema Entwicklungstendenzen weiblicher Identität«. In: Brückner, Margrit/Meyer, Birgit (Hg.), *Die sichtbare Frau. Die Aneignung der gesellschaftlichen Räume*, Forum Frauenforschung Bd. 7, Freiburg i. Br.: Kore

Rabinow, Paul (1993), »Repräsentationen sind soziale Tatsachen. Moderne und Postmoderne in der Anthropologie«. In: Fuchs, Martin/Berg, Eberhard (Hg.), *Kultur, soziale Praxis, Text*, Frankfurt/Main: Suhrkamp, 158-199

Radtke, Frank-Olaf (1991), »Die Rolle der Pädagogik in der westdeutschen Migrations- und Minderheitenforschung«. *Soziale Welt* XXXXII/1: 93-108

Radtke, Frank-Olaf (1994), »Multikulturalismus – ein postmoderner Nachfahre des Nationalismus?« In: Ostendorf, Bernd (Hg.), *Multikulturelle Gesellschaft. Modell Amerika*, München: Fink, 229-237

Räthzel, Nora (1992), »Formen des Rassismus in der Bundesrepublik«. In: Jäger, Margret/Jäger, Siegfried (Hg.), *Aus der Mitte der Gesellschaft I*, Duisburg: Diss, 31-48

Räthzel, Nora (1993), »Selbstunterwerfung in Bildern der anderen«. In: WIDEE (Hg.), *Nahe Fremde, fremde Nähe*, Wien: Wiener Frauenverlag, 145-165

Rawls, John (1993), »Gerechtigkeit als Fairness: politisch und nicht metaphysisch«. In: Honneth, Axel (Hg.), *Kommunitarismus: eine Debatte über die moralischen Grundlagen moderner Gesellschaften*, Frankfurt/Main: Campus, 36-67

Reckeweg, Hans-Heinrich (1977), *Schweinefleisch und Gesundheit*, Baden-Baden: Aurelia-Verlag

Reese, Dagmar/Rosenhaft, Eve/Sachse, Carola/Siegel, Tilla (1993), *Rationale Beziehungen? Geschlechterverhältnisse im Rationalisierungsprozeß*, Frankfurt/ Main: Surkamp

Rex, John (1994), »The Political Sociology of Multiculturalism and the Place of Muslims in West European Societies«. *Social Compass* 41/1: 79-92

Ricoeur, Paul (1996), *Das Selbst als ein Anderer*, München: Fink

Riemann, Gerhard (1991), »Arbeitsschritte, Anwendungsgebiete und Praxisrelevanz der sozialwissenschaftlichen Biographieanalyse«. In: *Sozialwissenschaften und Berufspraxis* (SUB) 14: 253-264

Riesebrodt, Martin (1990), *Fundamentalismus als patriarchalische Protestbewegung*, Tübingen: J.C.B. Mohr

Riesner, Silke (1990), *Junge türkische Frauen der zweiten Generation in der Bundesrepublik Deutschland*, Frankfurt/Main: IKO

Robertson, Roland (1991), »Social Theory, Cultural Relativity and the Problem of Globality«. In: King, Anthony, *Culture, Globalization and the World System*, London: Routledge, 69-90

Robertson, Roland (1992), *Globalization. Social Theory and Global Culture*, London: Sage

Roebers, Claudia/Mecheril, Anita/Schneider, Wolfgang (1998), »Migrantenkinder in deutschen Schulen«. *Zeitschrift für Pädagogik* 44/5: 723-736

Roosens, Eugene (1989), *Creating Ethnicity. The Process of Ethnogenesis*, London: Sage

Rosen, Rita (1993), *Mutter – Tochter. Anne – Kiz. Zur Dynamik einer Beziehung*, Opladen: Leske + Budrich

Rosen, Rita/Stüwe, Bernd (1985), *Ausländische Mädchen in der Bundesrepublik Deutschland*, Opladen: Leske + Budrich

Rosenthal, Gabriele (1995), *Erlebte und erzählte Lebensgeschichte*, Frankfurt/Main: Campus

Roth, Hans Joachim (1999), »Und immer wieder das Kopftuch – Zur Bedeutung des Themas Islam im Kontext Interkultureller Pädagogik«. In: Bukow, Wolf-Dietrich/Ottersbach, Markus (Hg.), *Fundamentalismusverdacht*, Opladen: Leske + Budrich, 207-230

Sahlins, Marshall (1981), *Kultur und praktische Vernunft*, Frankfurt/Main: Suhrkamp

Said, E.W. (1981), *Orientalismus*, Frankfurt: Ullstein

Salvatore, Armando (1998), »Staging Virtue: The Disembodiment of Self-Correction and the Making of Islam as Public Norm«. *Yearbook of Islam*, hrsg. von Georg Stauth, Hamburg: LIT, 87-120

Schiffauer, Werner (1988), »Migration and Religiousness«. In: Gerholm, T./Lithman, Y.G. (Hg.), *The New Islamic Presence in Western Europe*, London: Mansell, 146-158

Schiffauer, Werner (1991), *Die Migranten von Subay*, Stuttgart: Klett-Kotta

Schiffauer, Werner (1993), »Die *civil society* und der Fremde – Grenzmarkierungen in vier politischen Kulturen«. In: Balke, Friedrich/Habermas, Rebecca/Nanz, Patricia/Sillem, Peter (Hg.), *Schwierige Fremdheit*, Frankfurt/Main: Fischer, 185-199

Schiffauer, Werner (1999), *Fremde in der Stadt*, Frankfurt/Main: Suhrkamp

Schmid, Thomas (1992), *Nicht-Deutsche in einer Großstadt. Über die Entwicklung der ausländischen Populationen in Frankfurt am Main*, Untersuchung im Auftrag des Amtes für multikulturelle Angelegenheiten. Frankfurt/Main

Schütze, Fritz (1981), »Prozeßstrukturen des Lebenslaufs«. In: Matthes, Joachim, *Biographie in handlungswissenschaftlicher Perspektive*, Nürnberg: Verlag der Nürnberger Forschungsvereinigung, 67-156

Sen, Faruk/Goldberg, Andreas (1994), *Türken in Deutschland*, München: C.H. Beck

Shad, Abdur Rehman (1985), *Muslim Etiquettes*, Lahore: Kazi Publications

Shah-Kazemi, Sonia Nurin (2001), »Untying the Knot. Divorce and Muslim law in the UK«. *ISIM Newsletter* 7: 31

Shilling, Chris (1993), *The Body and Social Theory*, London: Sage

Simonds, Wendy (1996), »All Consuming Selves: Self-Help Literature und Women's Identities«. In: Grodin, Debra/Lindlof, Thomas R. (Hg.), *Constructing the Self in a Mediated World*, Thousand Oaks u.a.: Sage, 15-29

Somers, Margaret (1994), »The narrative constitution of identity: A relational and network approach«. In: *Theory and Society* 23: 605-649

Spivak, Gayatri Chakravorty (1988), »Can the Subaltern Speak?« In: Nelson, Cary/Grossberg, Lawrence (Hg.), *Marxism and the interpretation of culture*, Houndmills/London: Macmillan

Spuler-Stegemann, Ursula (1998), *Muslime in Deutschland*, Freiburg: Herder

Starrett, George (1995), »The Hexis of Interpretation: Islam and the Body in the Egyptian Popular School«. In: *American Ethnologist* 22: 953-69

Stauth, Georg (1992), »Nietzsche, Weber, and the affirmative sociology of culture«. *European Journal of Sociology* XXXIII: 219-247

Stauth, Georg (1993), *Islam und westlicher Rationalismus*, Frankfurt/Main/New York: Campus

Stauth, Georg (1995), »Globalisierung, Modernität, nicht-westliche Zivilisationen«. In: Langer, Josef (Hg.), *Kleine Staaten in großer Gesellschaft*, Wien: Verlag für Soziologie und Humanethologie, 89-107

Stauth, Georg (1998), »Islam and Modernity: The Long Shadow of Max Weber«. In: *Islam – Motor or Challenge of Modernity, Yearbook of the Sociology of Islam* 1: 163-186

Stauth, Georg (1999), *Authentizität und kulturelle Globalisierung. Paradoxien kulturübergreifender Gesellschaft*, Bielefeld: transcript

Stauth, Georg (2000), *Islamische Kultur und moderne Gesellschaft*, Bielefeld: transcript

Stauth, Georg/Turner, Brian S. (1988), »Nostalgia, Postmodernism and the Critique of Mass Culture«. *Theory, Culture & Society* 5: 509-526

Straßburger, Gaby (1999), »›Er kann deutsch sein und kennt sich hier aus‹. Zur Partnerwahl der zweiten Migrantengeneration türkischer Herkunft«. In: Jonker, Gerdien (Hg.), *Kern und Rand. Religiöse Minderheiten der Türkei in Deutschland*, Berlin: Das Arabische Buch, 147-168.

Strathern, Marilyn (1997), »Gender: division or comparison?« In: Hetherington, Kevin/Munro, Rolland, *Ideas of Difference*, Oxford: Blackwell, 42-63

Strauss, Anselm (1994), *Grundlagen qualitativer Sozialforschung*, München: Fink

Swidler, Anne (1986), »Culture in Action: Symbols and Strategies«. *American Sociological Review* 51: 273-286

Swietlik, Gabriele (1994), »›Die Wurzeln liegen in der Religion‹. Lebensgestaltung im bireligiösen Kontext«. In: Mecheril, Paul/Teo, Thoma, *Andere Deutsche*, Berlin: Dietz, 25-56

Taylor, Charles (1992), »Modernity and the Rise of the Public Sphere«. *The Tanner Lectures on Human Values* 14: 201-260

Taylor, Charles (1993), *Multikulturalismus und die Politik der Anerkennung*, Frankfurt/Main: Fischer

Taylor, Charles (1995), *Quellen des Selbst*, Frankfurt/Main: Suhrkamp

Theweleit, Klaus (1980), *Männerphantasien*, Bd. 1, Reinbek bei Hamburg: Rowohlt

Todorov, Tzvetan (1998), *Abenteuer des Zusammenlebens*, Frankfurt/Main: Fischer

Touraine, Alain (1992), »Beyond Social Movements?« *Theory, Culture & Society* 9: 125-145

Trinh, Min-ha (1989), *Woman Native Other*, Bloomington: Indiana University Press

Venel, Nancy (1999), Französische Muslimas – Glaubensbiographien von Studentinnen mit Kopftuch. In: Klein-Hessling, Ruth/Nökel, Sigrid/Werner, Karin (Hg.), *Der neue Islam der Frauen. Weibliche Lebenspraxis in der globalisierten Moderne – Fallstudien aus Afrika, Asien und Europa*, Bielefeld: transcript, 81-105,

Vertovec, Steven/Peach, Ceri (Hg.) (1997), *Islam in Europe*, Houndsmill: Macmillan

Vester, Michael (1994), »Die verwandelte Klassengesellschaft. Modernisierung der Sozialstruktur und Wandel der Mentalitäten in Westdeutschland«. In: Mörth, Ingo/Fröhlich, Gerhard (Hg.), *Das symbolische Kapital der Lebensstile: zur Kultursoziologie der Moderne nach Pierre Bourdieu*, Frankfurt/Main/New York: Campus

Waardenburg, Jacques (1988), »The Institutionalization of Islam in the

Netherlands, 1961-86«. In: Gerholm, T./Lithman, Y.G. (Hg.), *The New Islamic Presence in Western Europe*, London: Mansell, 8-31

Wald, Gayle (1998), »Just a Girl? Rock Music, Feminism, and the Cultural Construction of Female Youth«. *Signs* 23/3, 585-610

Waltz, Viktoria (1996), »Toleranz fängt beim Kopftuch erst an. Zur Verhinderung der Chancengleichheit durch gesellschaftliche Verhältnisse«. In: Heitmeyer, Wilhelm/Dollase, Werner (Hg.), *Die bedrängte Toleranz*, Frankfurt/Main: Suhrkamp, 477-500

Walzer, Michael (1994), *Lokale Kritik – globale Standards*, Hamburg: Rotbuch

Watson, Helen (1994), »Women and the veil: Personal responses to global process«. In: Ahmed, Akbar S./Donnan, Hastings (Hg.), *Islam in the Age of Postmodernity*, London/New York: Routledge, 141-159

Weber, Max (1922), *Gesammelte Aufsätze zur Religionssoziologie*, Tübingen: Mohr

Weber, Max (1981), *Die protestantische Ethik I*, Gütersloh: Gütersloher Verlagshaus Mohn

Weber, Max (1995), Zwischenbetrachtung: Theorie der Stufen und Richtungen religiöser Weltablehnung. In: *Schriften zur Soziologie* 363-407, Leipzig: Reclam

Weiss, Anita M. (1994), »Challenges for Muslim women in a postmodern world«. In: Ahmed, Akbar S./Donnan, Hastings (Hg.), *Islam in the Age of Postmodernity*, London/New York: Routledge, 127-140

Werbner, Pnina (1997), »Essentialising, Essentialism, Essentialising Silence: Ambivalence and Multiplicity in the Constructions of Racism and Ethnicity«. In: Werbner, Pnina/Modood, Tariq, *Debating Cultural Hybridity*, London/New Jersey: Zed Books, 226-254

Werner, Karin (1997), Between westernization and the veil: contemporary lifestyles of women in Cairo. Bielefeld: transcript

Werner, Karin (1999), »Vom wilden Teenager zur Bürgerin – Der Islamismus als neue Form der Vergesellschaftung junger Frauen in Ägypten«. In: Klein-Hessling, Ruth /Nökel, Sigrid/Werner, Karin (Hg.), *Der neue Islam der Frauen. Weibliche Lebenspraxis in der globalisierten Moderne – Fallstudien aus Afrika, Asien und Europa*, Bielefeld: transcript, 249-276

Westphal, Manuela (1996), »Arbeitsmigrantinnen im Spiegel westdeutscher Frauenbilder«. *Beiträge zur feministischen Theorie und Praxis* 42: 17-28

Weymann, Ansgar/Heinz, Walter (Hg.) (1996), *Society and Biography*, Weinheim: Deutscher Studienverlag

Wohlrab-Sahr, Monika (1996), »Konversion zum Islam als Implementation von Geschlechtsehre«. *Zeitschrift für Soziologie* 25/1: 19-36

Yalniz, Rabia (1993), *Über den Schleier*, Frankfurt: Verlag ›Der Islam‹

Yazbeck-Haddad, Yvonne/Lummis, Adair T. (1987), *Islamic Values in the United States*, New York/Oxford: Oxford University Press

Yeatman, Anna (1994), *Postmodern Revisionings of the Political*, New York/London: Routledge

Yuval-Davis, Nira (1997), »Ethnicity, Gender Relations and Multiculturalism«. In: Werbner, Pnina/Modood, Tariq (Hg.), *Debating Cultural Hybridity*, London/New Jersey: Zed Books, 193-208

Zentrum für Türkeistudien (1995), *Migration und Emanzipation*, Opladen: Leske + Budrich

Zentrum für Türkeistudien (1995a), *Türkische Frauen in Nordrhein-Westfalen*, Opladen: Leske + Budrich

Zentrum für Türkeistudien (1995b), *Türkische Muslime in Nordrhein-Westfalen*, hrsg. vom Ministerium für Arbeit, Gesundheit und Soziales des Landes Nordrhein-Westfalen

Zentrum für Türkeistudien (1995c), *Islamische Organisationen der türkischen, marokkanischen, tunesischen und bosnischen Minderheiten in Hessen*, hrsg. vom Hessischen Ministerium für Umwelt, Energie, Jugend, Familie und Gesundheit – Büro für Einwanderer, Flüchtlinge und ausländische Arbeitnehmer , Wiesbaden

Zizek, Slavoj (1997), »Multiculturalism, Or, the Cultural Logic of Multinational Capitalism«. *New Left Review* 225: 28-51

Weitere Titel zum Thema

Bereits erschienen:

Margaret Rausch
Bodies, Boundaries and Spirit Possession
Maroccan Women and the Revision of Tradition

2000, 275 Seiten,
kart., 28,80 €,
ISBN: 3-933127-46-7

Alexander Horstmann, Günther Schlee (Hg.)
Integration durch Verschiedenheit
Lokale und globale Formen interkultureller Kommunikation

2001, 408 Seiten,
kart., 24,80 €,
ISBN: 3-933127-52-1

Georg Stauth
Islamische Kultur und moderne Gesellschaft
Gesammelte Aufsätze zur Soziologie des Islams

2000, 320 Seiten,
kart., 29,80 €,
ISBN: 3-933127-47-5

Ayhan Kaya
"Sicher in Kreuzberg"
Constructing Diasporas: Turkish Hip-Hop Youth in Berlin

Oktober 2001, 236 Seiten,
kart., 30,80 €,
ISBN: 3-933127-71-8

Hans-Ludwig Frese
»Den Islam ausleben«
Konzepte authentischer Lebensführung junger türkischer Muslime in der Diaspora

Februar 2002, 350 Seiten,
kart., 25,80 €,
ISBN: 3-933127-85-8

Margret Spohn
Türkische Männer in Deutschland
Familie und Identität. Migranten der ersten Generation erzählen ihre Geschichte

Februar 2002, 474 Seiten,
kart., 26,90 €,
ISBN: 3-933127-87-4

Weitere Titel zum Thema

Neuerscheinungen Frühjahr 2002:

Werner Friedrichs,
Olaf Sanders (Hg.)
Bildung / Transformation
Kulturelle und gesellschaftliche Umbrüche in der bildungstheoretischen Reflexion

April 2002, 252 Seiten,
kart., 24,80 €,
ISBN: 3-933127-94-7

Julia Lossau
Die Politik der Verortung
Eine postkoloniale Reise zu einer ANDEREN Geographie der Welt

April 2002, ca. 228 Seiten,
kart., 25,80 €,
ISBN: 3-933127-83-1

Georg Stauth
Politics and Cultures of Islamization in Southeast Asia
Malaysia - Indonesia in the Nineteen-nineties

April 2002, ca. 300 Seiten,
kart., 30,80 €,
ISBN: 3-933127-81-5

Anja Peleikis
Lebanese in Motion
Gender and the Making of a Translocal Village

Mai 2002, ca. 250 Seiten,
kart., 29,80 €,
ISBN: 3-933127-45-9

Volker Heins
Das Andere der Zivilgesellschaft
Krieger, Irre, Handarbeiter

Mai 2002, ca. 150 Seiten,
kart., ca. 13,80 €,
ISBN: 3-933127-88-2

Leseproben und weitere Informationen finden Sie unter:
www.transcript-verlag.de